普通高等学校人文社会科学重点研究基地
黑龙江大学俄罗斯语言文学与文化研究中心　学术丛书

黑龙江省高校哲学社会科学学术创新团队建设计划　资助
广东外语外贸大学"翻译研究中心"

严复变译思想考

黄忠廉　著

商务印书馆
2016年·北京

图书在版编目(CIP)数据

严复变译思想考/黄忠廉著. —北京:商务印书馆,2016
ISBN 978-7-100-11615-2

Ⅰ.①严… Ⅱ.①黄… Ⅲ.①严复(1853~1921)—翻译理论—研究 Ⅳ.①H159

中国版本图书馆 CIP 数据核字(2015)第 235044 号

所有权利保留。
未经许可,不得以任何方式使用。

严复变译思想考

黄忠廉 著

商 务 印 书 馆 出 版
(北京王府井大街36号 邮政编码 100710)
商 务 印 书 馆 发 行
北 京 冠 中 印 刷 厂 印 刷
ISBN 978-7-100-11615-2

2016年3月第1版　　　开本 787×1092　1/16
2016年3月北京第1次印刷　印张 22

定价:52.00元

谨以此书献给变译大师——严复

序　　一

百年来，严复及其三字经"信达雅"颇受关注。尽管人们不断解读，意在为文化、为翻译学做出有益的探索，但在翻译界，隔岸观火者有之，隔靴搔痒者有之，更多的人对严译及其思想不甚了了却大谈特谈。黄忠廉同志不从众，不虚谈，以务实的态度，以科学的方法，一头扎入所建的国内第一个"英—古译—今译"式变译对比语料库，在对严复翻译理论做梳理和总结之后，采用详细描述、解剖麻雀式个案研究等方法，从严译事实出发，用大量的篇幅以"严"解"严"，深入系统地探讨严复丰富多彩的变译现象，进而获得全面而独特的识解，深化了对严译思想的认识，探清了严译思想的真谛，推出了问题意识很强、目标明确且逻辑性严密的著作——《严复变译思想考》。全书基于语料库，资料扎实；行文流畅，结构合理；论述严谨，思路清晰；言之有物，持之有据，是一部高质量的著作。创新识解，结论可靠，独树一帜，令人钦佩。

《严复变译思想考》是非常难得的变译思想研究，同时也是继作者规律研究《翻译变体研究》、理论研究《变译理论》（被国内认为原创性研究）、学科研究《科学翻译学》（入选中国出版集团千卷本经典名著）、方法论研究《翻译方法论》（获第六届教育部社科优秀成果奖）之后对变译研究的又一次深入推进。它抓住了历史上颇具争议的翻译问题，顺应了我国新时期文化输入与输出的时代需求，从翻译史和文化史等角度切入，独辟蹊径，利用变译语料库，地毯式地研究严复变译思想的来源与实质，难能可贵，为重新审视国内外的翻译研究提供了有力的证据；不仅澄清了"信达雅"与"达旨术"的内在一致性，澄清了历史上的种种误解，拨开了严译思想的迷雾，还译界、译学界乃至整个学术界一个真正的严复；还建立了严复变译思想体系，为变译理论的建立与完善提供有力的支撑，为翻译学研究做出贡献，令人耳目一新。

黄君勉乎哉，为往圣继绝学，吾知其必有成也！

李锡胤谨序
2015 年春日

李锡胤,男,1926年生,研究员,博士生导师,博士后流动站合作导师。普希金奖章获得者。曾受访于中央电视台著名栏目"东方之子"。曾任黑龙江大学辞书研究所所长。第七、八届全国人大代表。先后主持编写《大俄汉词典》《俄汉详解大词典》等,译审《苏联百科词典》,翻译《聪明误》《伊戈尔出征记》《老人与海》《翻译算法》《数理逻辑入门》等。著有《李锡胤集》《霜天星影》(诗存)等。

序 二

康有为曾因"译才并世数严林"一句,得罪了"严"与"林",成为学术界和翻译界的趣谈。这"严"便是以翻译西方社科名著而享有"中国近代思想先驱"之誉的翻译家严复,"林"便是以翻译西方文学作品而享有"中国传统古文殿军"之称的翻译家林纾。

对从思想家或文化角度研究严复或严译者众,文献汗牛充栋,而从译学本体角度究之,尤其是用语料库方法论之者则前无古人!《天演论》并非由严复"译"出,如鲁迅所言,是"做"出的。这种"做"法,即严复之"达旨术",或黄忠廉之"变译"。

1898年严译《天演论》正式出版,题曰"达旨"。而"达旨术"也并非严氏所创,其同时代人梁实秋就创有"豪杰译",史上也曾有过,却在上个世纪之交被严复大用特用。其八大名译均为变译,不经意间促使严复跻身于中国近代思想先驱行列,以至于本书作者将其奉为"变译大师"。百年后的世纪之交黄忠廉"重识严复的翻译思想"(《中国翻译》1998年第2期);无独有偶,100年之后的1998年,黄忠廉以之为研究对象,申请了国家社科基金项目"变译理论研究",110年后的2008年申请了国家社科基金项目"基于语料库的严复变译思想研究"。十几年来,他发表了几十篇有关变译的论文,出版了《翻译变体研究》(2000)、《变译理论》(2002)、《科学翻译学》(2004/2007)、《翻译方法论》(2009)、《应用翻译学》(2013)等,对变译现象深挖猛掘。

《严复变译思想考》,是作者在变译的规律研究、原理研究、方法论研究、学科研究之后的个案研究。这一研究始于作者1998年刊于《中国翻译》《中国科技翻译》《福建外语》的系列论文。作者以之为基础,又在严复变译思想的实质、来源、研究史等方面展开了深入研究,其专著有如下几点研究特色:

第一,区分了翻译思想与翻译理论,进一步厘清了翻译思想家与翻译理论家。整个研究新人耳目,有理有据,有助于学界正确认识国内外翻译学者,有助于翻译思想升为翻译理论,更有利于理论创新。

第二，总结了严复的变译思想，是整理国故的力作。近年来译史研究渐成显学，但发掘之功有待提升。中国翻译史上众多的翻译思想应该从本体上有系统地深挖，且要升至理论高度；不仅仅要占有史料，更应重史识，进而史论和史学，甚至是史学研究所重的史德。

第三，翻译本体研究意识突出。针对20世纪八九十年代的传统研究，新世纪翻译研究顺应了世界潮流，研究的文化意识越来越强，翻译本体研究无形中略有忽略，这也是研究发展的常态。只有守住译学研究的本体，才有根本性作为，这是源，其他是流。该书根植于严复变译的语料，研究人类与全译不同的另一种翻译形式，这也是译学研究之根本。作者的研究抓住根本，很踏实，也很充实，更是务实。

第四，采用了新的研究方法，推动了译学研究。该书首次将语料库方法与变译研究结合起来，建立了第一个变译语料库，是第一部以语料库方法研究变译的翻译学专著。这是对语料库翻译学的一次有益尝试，与现行的基于全译语料库研究翻译的方法有所不同，其特色重在翻译过程标注、翻译方法标注等，深化了语料库翻译学研究。

第五，仰望理论星空，兼具接地气的勇气。翻译史研究要钻故纸堆，但还得走出来，关注当下；走向高度的同时，还得关注低度。变译思想蕴于严复的翻译实践，可以酿出变译理论，还可以走向变译学，更可以用它指导广泛的翻译实践。从译才培养来看，翻译本科专业可以训练变译中的摘译、编译、译述、缩译、阐译等，而MTI（翻译学硕士）和DTI（翻译学博士）更可训练变译的其他形式，如综述、述评、译写、译评、参译、仿作等。翻译教育除了训练全译的转化意识外，还应提升变译的变通意识。

第六，潜心探索，自成系统。就某一理论和方法苦心孤诣地展开系统性合性研究，既能由宏观见高度，又能由微观见深度，以建构严密的系统，这类学者时下不多。黄忠廉能坚持不懈地在变译的现象、规律、理论、学科、应用和方法论各层面均展开研究，有的层面还不止一项研究，其成长之路，可以借鉴。

多年来，黄忠廉静守学苑，淡定问学，形成了自己的研究特色，彰显了一种学术自信、理论自信和人生自信。

仲伟合
2015年春

仲伟合，男，1966年生，教授，博士生导师，博士后流动站合作导师。"教育部新世纪优秀人才支持计划"入选者、"新世纪百千万人才工程"国家级人选、享受国务院政府特殊津贴专家。现任广东外语外贸大学校长。发表翻译学研究论文50余篇，出版教育部有关国家级重点教材《英语口译教程》《英语基础口译教程》《英汉同声传译教程》和《口译研究概论》《口译研究方法论》等教材、专（译）著等10多部。

目　录

前　言 ………………………………………………………………… 1
第一章　重识严复的翻译思想 ……………………………………… 3
　第一节　思想与理论 ……………………………………………… 3
　　一、翻译思想≠翻译理论 ……………………………………… 3
　　二、从思想到理论的历程 ……………………………………… 4
　第二节　重识严复的翻译思想 …………………………………… 5
　　一、重识的缘起 ………………………………………………… 6
　　二、重读与重识 ………………………………………………… 6
　　三、意外的收获 ………………………………………………… 6
　　四、几点认识 …………………………………………………… 9

第二章　严复变译思想实质考 ……………………………………… 10
　第一节　"达旨术"：变译的策略 ………………………………… 10
　　一、变通策略概览 ……………………………………………… 10
　　二、"达旨术"之一：增 ………………………………………… 22
　　三、"达旨术"之二：减 ………………………………………… 62
　　四、"达旨术"之三：编 ………………………………………… 77
　　五、"达旨术"之四：述 ………………………………………… 88
　　六、"达旨术"之五：缩 ………………………………………… 98
　　七、"达旨术"之六：并 ………………………………………… 105

　　　　八、"达旨术"之七：改 ………………………………………… 115
　第二节　"信达雅"：变译的思想 ………………………………… 128
　　　　一、《天演论》前言今译 ………………………………………… 128
　　　　二、"信"之真谛与例解 ………………………………………… 131
　　　　三、"达"之真谛与例解 ………………………………………… 135
　　　　四、"雅"之真谛与表现 ………………………………………… 138
　第三节　"达旨术"与"信达雅"的关系 …………………………… 146
　　　　一、"达"——"信达雅"的轴心 ………………………………… 148
　　　　二、"达"——"达旨术"的灵魂 ………………………………… 153
　　　　三、"达旨术"与"信达雅"的一致 ……………………………… 154
　第四节　严复变译思想体系 ………………………………………… 155
　　　　一、严译思想有待系统化 ……………………………………… 155
　　　　二、变—通—达内在关联 ……………………………………… 156
　　　　三、严复的变译思想体系 ……………………………………… 160

第三章　严复变译思想来源考 ………………………………………… 162
　第一节　严复的全译实践 …………………………………………… 162
　　　　一、《天演论》之前的全译实践 ………………………………… 162
　　　　二、《天演论》之中的全译实践 ………………………………… 163
　　　　三、《天演论》之后的全译实践 ………………………………… 168
　第二节　严复的变译实践 …………………………………………… 169
　　　　一、《天演论》之前的变译实践 ………………………………… 169
　　　　二、《天演论》之中的变译实践 ………………………………… 169
　　　　三、《天演论》之后的变译实践 ………………………………… 176
　第三节　变译思想的胜出 …………………………………………… 178
　　　　一、应运而译 …………………………………………………… 178
　　　　二、读者需求 …………………………………………………… 183
　　　　三、主观努力 …………………………………………………… 187
　　　　四、成功效应 …………………………………………………… 192

第四节　变译思想的渊源 …………………………………… 197
　　　一、来源于古代 …………………………………………… 197
　　　二、取法于先人 …………………………………………… 203
　　　三、受惠于时贤 …………………………………………… 205
　　　四、有别于西方 …………………………………………… 206

第四章　百年辨难、辩难与研究 …………………………………… 209
　　第一节　"信达雅"辨难 ……………………………………… 209
　　　一、"信达雅"之内涵与作用 ……………………………… 209
　　　二、"信达雅"之联系与区别 ……………………………… 212
　　第二节　"信达雅"辩难 ……………………………………… 215
　　　一、辩护"信达雅" ………………………………………… 215
　　　二、问难"信达雅" ………………………………………… 217
　　第三节　"达旨术"研究 ……………………………………… 223
　　　一、难得肯定 ……………………………………………… 223
　　　二、初步研究 ……………………………………………… 225
　　　三、系统研究 ……………………………………………… 229
　　第四节　变译论诞生 ………………………………………… 230
　　　一、严复:变译大师 ………………………………………… 230
　　　二、严译:文化之译 ………………………………………… 232
　　　三、思想催生理论 ………………………………………… 234

尾　章 …………………………………………………………………… 237
　　　一、立题与方法 …………………………………………… 237
　　　二、核心内容与观点 ……………………………………… 238
　　　三、意义、创新与问题 …………………………………… 240

参考与研究文献 ………………………………………………………… 242
附录一　严复传略 ……………………………………………………… 249
附录二　严复译事年表 ………………………………………………… 251

附录三　*Evolution and Ethics Prolegomena*
　　　　全译与变译对应语料…………………………………… 256
后　记……………………………………………………………… 333

CONTENTS

Preface ·· 1

Chapter 1   Re-understanding Yan Fu's Translation Thought ············ 3
   Section 1   Thought and Theory ·· 3
      1. Translation Thought≠Translation Theory ································ 3
      2. The Process from Thought to Theory ······································ 4
   Section 2   Re-understanding Yan Fu's Translation Thought ········· 5
      1. The Cause of Re-understanding ·· 6
      2. Re-reading and Re-understanding ·· 6
      3. Some Unexpected Findings ··· 6
      4. Several Views after Re-understanding ····································· 9

Chapter 2   The Nature of Yan Fu's Thought of Translation Variation ······ 10
   Section 1   Adaptation Techniques: The Strategies of
                Translation Variation ·· 10
      1. An Overview of Adaptation Techniques ································· 10
      2. Adaptation Technique 1: Amplification ·································· 22
      3. Adaptation Technique 2: Omission ··· 62
      4. Adaptation Technique 3: Edition ·· 77
      5. Adaptation Technique 4: Narration ·· 88
      6. Adaptation Technique 5: Condensation ································· 98

7. Adaptation Technique 6: Combination ·········· 105

8. Adaptation Technique 7: Rewriting ·········· 115

Section 2 Faithfulness • Expressiveness • Elegance:
The Thought of Translation Variation ·········· 128

1. *The Preface* to *Evolution and Ethics*
in Modern Mandarin Translation ·········· 128

2. The Essence of "Faithfulness" and Example Analysis ·········· 131

3. The Essence of "Expressiveness" and Example Analysis ·········· 135

4. The Essence of "Elegance" and Example Analysis ·········· 138

Section 3 The Relationship between Adaptation Technique and
Faithfulness • Expressiveness • Elegance ·········· 146

1. Expressiveness: The Axis of Faithfulness • Expressiveness •
Elegance ·········· 148

2. Expressiveness: The Soul of Faithfulness • Expressiveness •
Elegance ·········· 153

3. The Consistency of Adaptation Techniques and Faithfulness •
Expressiveness • Elegance ·········· 154

Section 4 Yan Fu's Thought System of Translation Variation ·········· 155

1. Yan's Thought of Translation Variation Needed to Be Systemized ·········· 155

2. The Intrinsic Relation among Changing • Smoothing • Achieving ·········· 156

3. Yan Fu's Thought System of Translation Variation ·········· 160

**Chapter 3 The Origin of the Yan Fu's Thought of
Translation Variation** ·········· 162

Section 1 The Practice of Complete Translation Made by Yan Fu ·········· 162

1. The Practice of Complete Translation before the Translating of
Evolution and Ethics ·········· 162

2. The Practice of Complete Translation during the Translating of
Evolution and Ethics ·········· 163

3. The Practice of Complete Translation after the Translating of
Evolution and Ethics ·········· 168

Section 2 Yan Fu's Practice of Translation Variation ……… 169
  1. The Practice of Translation Variation before the Translating of *Evolution and Ethics* ……………………………………… 169
  2. The Practice of Translation Variation during the Translating of *Evolution and Ethics* ……………………………………… 169
  3. The Practice of Translation Variation after the Translating of *Evolution and Ethics* ……………………………………… 176
Section 3 The Winning of Translation Variation Thought ……… 178
  1. Translating for Social and Personal Reasons ………… 178
  2. Meeting the Request of Target Readers ……………… 183
  3. Subjective Effort …………………………………………… 187
  4. Successful Effects ………………………………………… 192
Section 4 The Origin of Translation Variation Thought ………… 197
  1. Originating from the Ancient Times …………………… 197
  2. Learning from the Ancestors …………………………… 203
  3. Benefiting from Social Elite ……………………………… 205
  4. Being Different from the West ………………………… 206

Chapter 4 Hundred-Year Analyzing, Defending, Questioning and Research …………………………………………………… 209

Section 1 The Analyzing of Faithfulness • Expressiveness • Elegance ………………………………………………… 209
  1. The Connotation and Function of Faithfulness • Expressiveness • Elegance ……………………………… 209
  2. The Relations and Differences of Faithfulness • Expressiveness • Elegance ……………………………… 212
Section 2 Defending and Questioning Faithfulness • Expressiveness • Elegance ………………………………………………… 215
  1. Defending Faithfulness • Expressiveness • Elegance ……… 215
  2. Questioning Faithfulness • Expressiveness • Elegance ……… 217

Section 3   The Research of Adaptation Techniques 223
  1. Valuable Recognition 223
  2. Initial Research 225
  3. Systematic Research 229
Section 4   The Birth of Translation Variation Theory 230
  1. Yan Fu: The Master of Translation Variation 230
  2. Yan's Translation: A Perspective of Cultural Translation 232
  3. Yan's Translation Thought: The Origin of Translation Variation Theory 234

Closing Chapter 237
  1. Research Project Determining and Methodology 237
  2. Core Contents and Views 238
  3. Significance, Innovation and Questions 240

Bibliography 242
Appendix 1: The Brief Biography of Yan Fu 249
Appendix 2: The Chronological Table of Yan Fu's Translation Activities 251
Appendix 3: The Corresponding Materials of *Evolution and Ethics* between Complete Translation and Translation Variation 256
Epilogue 333

前　言

被奉为"译圣"、"中国译学之父"的人，本应成为研究焦点，本应成为个案研究的对象。然而系统、全面、真实地研究翻译家严复的变译思想，却姗姗来迟，说来叫人心酸。

严复是翻译家，而非翻译理论家。他从实践中提出了自己的思想，并一以贯之，付诸实践，却无暇使之深化、系统化，只发出了几声感叹，那是来自翻译实践的真情实感，好比远祖劳动时发出的"吭唷"声，是语言劳动起源的假说，却非语言系统本身。严复"信达雅"与"达旨术"是翻译理论的源泉，却非译论本身。

百年来，"信达雅"极受关注，受屈受难也极多，严复生前没有过多回应，书信也未系统讨论翻译。而后人争辩了百余年，对"信达雅"三字经分解者有之，整合者有之，另作他解者有之，唯独细读严译者不多。直到21世纪之交有人比较系统地从严译出发考察他的翻译思想，才拨开严译思想的迷雾，捅开那一层薄薄的窗纸。

对严复的研究，笔者始终没有释怀，尤其是最近看了几份研究严译的文献，觉得严复还被人曲解着。十多年来，我将《天演论》原文、严译和中国科学院1973年的全译输入计算机，逐字逐句比较，条分缕析，彻底还严译以真面目。笔者以事实说话，进而理性思考，形成《严复变译思想考》的写作思路。严复的翻译活动最早可追及1878年，比译《天演论》要早15年。据考，严复始于全译，享誉于变译，从译一生，变译盖过全译，变译思想胜出，有其深刻的社会文化背景。

考究严译思想的实质，才知"达旨术"是变译的策略，"信达雅"是变译的思想,二者并非矛盾关系,而是自我统一,自成体系。

百年辨难与辩难使严译研究看似热闹,实则冷清。这是精神的孤独,文化的孤独。严译未遭误解,至少不曾失真;一旦误读,不仅失真,还会误人,让后人穿行于译事丛林,迷失方向,韶华付诸东流,使得译论研究停滞不前,令人扼腕长叹。

严译思想如同烛光,吸引人们深掘下去,提出新的理论观点。十多年来,我们受严复变译的启发,对变译做了系列研究,如规律层面的《翻译变体研究》(2000)、理论层面的《变译理论》(2002)、学科层面的《科学翻译学》(2004)和《应用翻译学》(2013)、译才培养层面的《俄汉翻译开发基础》(2007)和《英汉双向变译实践教程》(2014)、方法论层面的《翻译方法论》(2009)和《译学研究批判》(2013)。现在回过头来,把严译作为个案研究,实属现象层面的研究。所有的认识都基于严复《天演论·上卷》的分析,用解剖麻雀的方式,以严解严,听其言,观其行,以期透彻地展开译家个案研究。

做个案研究,有个缺点,就是只能就事说事,不能人为地求全面,只能就其深挖,个案所无的不能强加,因而就会显得不全面,却会显得真实,凸显特色,是鲜明的"这一个"。

严译八大名著是一座富矿,《严复变译思想考》只是对其译作及其思想做的阶段性的发掘,因而所得有限,仅以此抛砖引玉,以期与更多学人一同淘金。

第 一 章

重识严复的翻译思想

思想是理论的原料,但不等于理论。由思想产生理论要历经一系列的提升过程:产生感性认识、确立翻译思想、验证翻译假说和形成翻译理论。为重识严复的变译思想,本书拟从《天演论·上卷》入手,辅以其他几部译著,建立全译与变译平行对比语料库,进行穷尽性剖析,以揭示严复变译思想的真谛。

第一节 思想与理论

一、翻译思想≠翻译理论

有人把严复对翻译的认识称为理论,更有人把他称为翻译理论家,这都有些失当。

在别的研究领域,严复充其量被视作思想家,很少被誉为理论家。到了译学界却被抬为理论家。说到底,严复是翻译家,变译大师。一位翻译家说的一些理性的话,还不能上升为理论;至于话中蕴含的理论元素,也只是思想火花。严复对翻译的态度和思考,至多是一种思想。相对而言,思想如同火花,闪烁如星,理论好比火焰,成片成柱。

严复虽有翻译思想,但算不上翻译思想家,更称不上翻译理论家。

严复的翻译思想主要集于《天演论·译例言》,而"译例言"是译完《天演论》后的些许想法,是整个《天演论》翻译活动在其意识中的反映,经过思考产生的结果,属于理性认识。这一思想虽未理论化,但很明确,并行之于严复后来的翻译实践,符合严复由内籀(归纳)至外籀(演绎)的过程。

有翻译思想就一定是翻译思想家吗?不是。翻译思想家除了深入研究翻译、提出独到的见解外,还要使自己的思想自成体系,使之系统化,唯有如此,才能成为翻译思想家。

为什么说严复的翻译思想称不上理论呢?翻译理论是从翻译实践中概括出来的、系统的知识和原理,翻译家的几点想法并不成系统。只言片语之后,严复也未曾深入阐发,倒是留下许多空间给后人。后人可以史海钩沉,总结理论,那已不是严复的理论,而是严复翻译思想在翻译理论形成过程中的历史贡献。

思想不等于理论,理论家是具有很高的理论修养和理论水平、能运用理论解决实际问题的专家。以严复为例,他在军事学方面应该很有理论学养,对社会科学也颇有钻研。汉英双语,他是精通者,高超的运用者,而翻译理论他并未系统学习过,只能说其双语修养高深,翻译艺术高超,但并不一定说明翻译理论水平高。翻译大师不一定是理论大师,翻译理论大师也不一定是翻译大师,诚如语言学大师不一定是语言大师。

翻译思想不等于翻译理论,但蕴含理论元素,可以走向理论。严复的翻译思想也是如此。

二、从思想到理论的历程

思想不等于理论,混淆了二者,小则分不清研究对象的层次,大则失去将思想提升成理论的机会,失去创建理论的源泉。严译研究一百多年来便是明证,从思想到理论必须历经一系列过程,二者正是这一过程的两端。

(一)产生感性认识

翻译实践产生的问题或矛盾总要逼迫译家思考,解决问题的过程形成最初的感性认识。最初的感性认识和思考凭借系统、严谨的表述,才能成为思想。翻译家的感性认识来源于翻译实践和相关知识背景,如傅雷在大量的翻译实践中认识到译与画(尤其是中国画)相通,于是借用中国画论说翻译,感觉文学译作与原作之间有神似之感;钱锺书古今相承,中西贯通,译文出神入化。他还受林纾无痕妙译的启迪,悟出文学译作与原作之间有达意化形之妙。

(二)确立翻译思想

翻译思想是对翻译实践的认识的系统表述,是早期翻译阶段思考的小结和概括,由若干概念构成论述体系。思想的论述主要以概念为基础,有时通过判断和推理等基本抽象思维形式而展现。由此看来,在此阶段对翻译的思考主要立足于认识概念阶段,辅之以判断过程,但缺乏严密的逻辑推理过程,至多能定位于翻译思想,如傅雷的"神似论"、钱锺书的"化境说"等。

翻译观必须有体现其核心思想的概念。譬如严复"信达雅",分为三个概念,多数学者认为其中核心概念是"信",只有少数人,如王宏志(1999)等认为是"达"。观念已具理论的基本雏形,但还不是理论本身。严复翻译思想至多是一种"达旨观",而且就此打住了,没有经过下面的假说验证和理论推演的两个环节。"严复虽然没有一部翻译理论专著留世,但散见于他写的译例言、序言、按语、书信及其他著作中关于翻译的大量言论,已经具有了相当的体系性。可以说,这些虽然还不具备完整理论形态的翻译见解,集中国历史上翻译观点之大成,有承前启后、推陈出新的作用,因而有待我们做进一步钩沉发微和整理分析的工作。"①

(三)验证翻译假说

假说的灵魂在于它是"姑且认定"的一种判断,是真是伪,还有待论证。假说是思想和观念的升华;人们将思想和观念以命题的方式提出,再证实或证伪。无论是证实还是证伪,都表现为概念之间的推导,最终结果要么正确,值得推广;要么偏颇,需要改进和完善;要么完全错误,必须重新思考。

(四)形成翻译理论

理论可从假说发展而来,以假说为基础。假说一旦得到证实和证伪,就会得到发展和修正,理论的概念推导比假说的逻辑推演性更严格,理论对现象的本质认识比假说更深刻、更明确,理论的论述体系比假说更完善;理论比假说更能接受实践的证实和证伪。比方说,把"信达雅"与"达旨术"定于变译范围内,对其内在逻辑关系进行推演,建立其论述体系,一个丰富的严复变译思想体系必定会脱颖而出!

第二节 重识严复的翻译思想

我们曾对严复做过重新认识,随着变译理论研究的深入,我们认为有必要对严译实践与理论问题做更深入的个案研究。

---

① 高惠群、乌传衮:《翻译家严复传论》,上海:上海外语教育出版社,1992年,"前言"。

一、重识的缘起

严复1895年早春前后开译 Evolution and Ethics,暮春停笔,《天演论》初稿1895年3月由陕西味经售书处最早刊印,1897年连载于《国闻汇编》,1898年由湖北沔阳卢氏慎始基斋私自木刻印行问世,1905年由商务印书馆正式出版。百余年来,不少人专论或涉及严复及其翻译思想,在他们看来,"信达雅"似乎成了其翻译思想的全部。但果真如此吗?其翻译思想还有无挖掘的必要?在严译名著出版百十年来,重读严译名著,重识严复的翻译思想,能发现以往研究视野未及之处。这对中国译界,乃至世界译坛,或有一定的参考价值。

二、重读与重识

1987年读研时,出于对译史了解的需要,笔者读了《论严复与严译名著》。受国内译界舆论的影响,笔者仅认识了严复的"标准"——"信达雅",这大概是由于当时翻译实践不足而无检验真理的标准的缘故吧!20世纪90年代,有了口笔译实践,再次捧读《论严复与严译名著》,并参阅严译作品,笔者顿觉石门洞开,发现了历史背后的真实:严复翻译思想远不止于翻译的标准。"信达雅"被捧上天也好,被批得体无完肤也好,只代表其思想的一部分,而更丰富的内涵却被历史尘埃给淹没了。由重读严复走向重识严复,探得更为可贵、却很少为人关注的翻译思想,从而找到了远非译界所宣传、所了解的严复。

三、意外的收获

翻开近、现代中国译史,论及严复翻译思想的学者,大多讨论过"信达雅",推崇者为之欢呼,质疑者攻击"达"或"雅"。大概因为这种热闹,他们较少潜心比读严译名著,反复研究的也就是令严复叫苦不迭的三个字。不过,也有明察者,他们细究严译名著,提出了不少真知灼见。现概述并讨论他们的意见,也许能醒人耳目,还原一个完整的译才严复。

《天演论》每篇译完之后,严复常加案语,发表己见。严译作品凡170余万字,其中,严复的案语有几百条,约占翻译文字的1/10。案语或诠释,或补充,或指出原书的缺点,加以评说,或联系国内外(尤其是国内)实际,借题发挥。如在《法意》的案语中他常常联系中国当时的现状加以申论[①]。——同时代的许多人并未多读严复的文章,却非常注重他的译文及其案语。严复的案语旁征博引,

---

[①] 王栻等:《论严复与严译名著》,北京:商务印书馆,1982年,第6—8页。

解说详明,多为适时而发的感叹,因人因事而加的评语,随机插入的阐述。正是通过变译,他才能表明自己的政治态度,提出自己的政治主张,阐发自己的思想。严复的译文是译、评、释、写等行为的杂糅,不是道地的全译。像他那样在翻译中突出自己的思想,在历史上是少有的。其价值何在?只有以此为前提,才能研究其翻译思想。

严复将许多自己的论述融入译文中,一面介绍西学,一面仍不忘弘扬国故。傅斯年批评说严复不曾对作者负责,只对自己负责。我们认为,他实质上是对读者负责。正如张岂之、杨超所言,人们读《天演论》,似乎并不怎么在意原作的生物进化原理,反被严复救亡图存的大声疾呼所深深震撼。① ——这是译与写,还有译与评的共同效应,其效果恐怕是全译所不能企及的!

在《群学肄言》里有的地方增加了原文所无词句,不仅未改变原意,反使原文意思更显明通达,译文语言更流利顺畅;《天演论》案语多次提到达尔文(Darwin)《物种起源》、斯宾塞(Spencer)《综合哲学》、马尔萨斯(Malthus)《人口论》以及苏格拉底(Socrates)、亚里士多德(Aristotle)、伊壁鸠鲁(Epicurus)等人的学说,在不少地方加以介绍和阐释。贺麟②说,严复译《穆勒名学》,实际上是想把培根、洛克开创的英国经验论搬过来,所以在《穆勒名学》案语中经常提到培根、洛克及其学说。——这是译中有写,译中有编,译述与综述结合;原著已不再是原本,而是多本的融合;在这种背景下,能谈今人所理解的"信达雅"吗?!

严复曾写道:"中间义旨,则承用原书,而所引喻设譬,则多用己意更易。盖吾之为书,取足喻人而已,谨合原书与否,所不论也。"③——在此,严复采用了全新的翻译方法,不拘于原文原例,采用国人所解的实例,以助理解。这可算是改译或译写。作为利用国外信息的一种手段,难道不可堂堂正正地存在,受到翻译理论的关注,而只能被视为旁门左道,弃之不用?后人能仿效吗?把这种方法总结出来,相信会有其用场。

严复像其他近代的先进人物一样,在向西方寻求真理的时候,并不是原封不动地输入,而是有所取舍,进行改造,最大限度地将译作与中国现实问题结合

---

① 王栻等:《论严复与严译名著》,北京:商务印书馆,1982 年,第 104 页。
② 同上书,第 31—40 页。
③ 高惠群、乌传衮:《翻译家严复传论》,上海:上海外语教育出版社,1992 年,第 136 页。

起来。他结合中国时局所译的《天演论》只是《进化与伦理》的一半,《穆勒名学》不及原书一半。《天演论》的特点恰恰在于不是赫胥黎(Huxley)原作的忠实译本,而是有选择、有取舍、有评论、有改造,根据现实对原作"取便发挥"的变译本。——《天演论》能有巨大影响,原因也在于此,它对外国思想的译介没有生搬硬套,而是力求服务于当时中国的需要。这正是目前广大译者翻译科技文献所采用的"摘译法"、"编译法"、"阐译法"等,文学作品也部分地采用。

吴汝纶在《天演论》序中称严译:"其书乃骎骎与晚周诸子相上下。"①这是对严译语言的褒奖,并不是关涉双语转换与变通水平的评价。比读严译与原作,发现其文笔很美,其义不信,这种现象又该如何对待?游离于原作却又受读者欢迎的译作有无存在的必要?一种从信守原语文化到趋向译语文化的审视态度妥当与否?值得三思。

对严译名著,冯友兰说得更为率直:"严复翻译《天演论》,其实并不是翻译,而是根据原书的意思重写一遍。文字的详略轻重之间大有不同,而且严复还有他自己的案语,发挥他自己的看法。所以严复的《天演论》并不就是赫胥黎的《进化论与伦理学》(《天演论》的原名)。其中的进化论和不可知论,在内容上和赫胥黎的原来的理论,并不是完全相同。"②——由此看来,《天演论》含有改译、译述、编译,甚至是综述(其中顺便介绍了其他学术思想)、述评等成分,也就是说,《天演论》已不再是大家潜意识中的全译了。严复"所言"被研究再三,"所为"则被遗忘殆尽,当言行不一致时,以"所为"为研究的根本,恐怕是个案研究要遵循的更高原则。

严复在《天演论·译例言》里自责道:"题曰达旨,不云笔译,取便发挥,实非正法。"③如同王克非所总结的:"由于特殊摄取的需要,严复不循翻译之正法,而采用他自称的'达旨'或'译述'。"④他将这种"译述"分为"加、减、改、案"四种。严复的翻译用心良苦,也如王佐良所言,严复翻译的重要性可能比我们已经认识的还要大,而他所采取的翻译方法也可能另有深意。——果然是"非正法",

---

① [英]赫胥黎著,严复译:《天演论》,北京:科学出版社,1971年,第3页。
② 王栻等:《论严复与严译名著》,北京:商务印书馆,1982年,第101—102页。
③ 高惠群、乌传衮:《翻译家严复传论》,上海:上海外语教育出版社,1992年,第9页。
④ 王克非:《中日近代对西方政治哲学思想的摄取:严复与日本启蒙学者》,北京:中国社会科学出版社,1996年,第51页。

却又为何处处用之?! 时过百年,我们不仅要研究他所说的、也是广大译人所珍视的"正法",更要研究这种"非正法","正法"变为"非正法"的深刻背景也许比方法本身更能叫人生趣。1997年我们称"非正法"为"翻译变体"(后来简称"变译"),翻译变体很大程度上能切实地指导有效地开发利用国内外信息。据以上所述和笔者的思考,严译名著还可总结更多、更具体、更宏观的变译方法——摘译、编译、译述、综述、述评、阐译、译写、改译、参译、仿作等。

四、几点认识

经典因年代久远,多汗漫不清,或因时代变迁,世风多变,经典的思想被后人所歪曲、增删,真伪难辨是一问题,众说纷纭又是一问题。严复几乎从未完整地译过一部作品,为了译介域外学术思想,同时阐明自己的思想,真可谓是"宁为玉碎,不为瓦全"。而一个世纪以来,多数人研究严复的翻译思想,却是抱残守缺。他们为什么对真实的严复视而不见呢?这不是完整的严复,也不是真正的严复。

重读严复,有以下几点认识:

第一,研究译家的翻译思想,只有读其译著,才可深究真谛。否则,对其人其说也只能是一知半解。重识严复,最大的收获在于:其翻译思想的另一半"非正体"——变译是亟待挖掘的宝贵财富。

第二,重识严复所得的变译方法显然不同于通常的全译方法,它是更宏观的翻译手段,虽"非正法",却是在特定条件下、特定程度上更具特效的方法。严复具体是如何操作的,需要详细而深入的研究,这是比"信达雅"更能指导实践的翻译策略,因为只有实在的实践策略才是切实可行、具体可用的。

第三,对严复所用的"达旨术"在方法论上很有总结的必要,更须切实地研究其具体操作的理据,将其作为理论研究对象,以丰富中国的翻译理论。

第四,要研究译家的所言,更要研究译家的所为,对其所为有所思,才能有所得。严译虽不是全译,却获得了巨大的成功,因此有必要考究其独特的翻译思想。

第五,研究翻译历史,是为了更好地在翻译理论上把握现在,昭示未来。20世纪之交严复独特的"达旨术"跨越一个世纪,为21世纪的翻译活动提供更大的发展空间,这已不再是一般意义上的翻译方法,而将成为文化输入与输出的重要方法之一,进入人类翻译思想宝库并予以发扬光大。

第 二 章

严复变译思想实质考

基于严复《天演论》变译语料库、对七大变通策略进行考察,可以考证"达"在"信达雅"中的中心地位:为"达"即为"信",而严复之"信"是部分"信"于原作,更多的是取信于读者;为"雅"即为"达",同样是为取悦于读者,"辞达而已"。而包含增、减、编、述、缩、并、改的"达旨术"是严复"做"《天演论》的策略。"达"贯穿于"信达雅"和"达旨术",将二者有机地联系起来;为"达旨",必求"通",为求"通",必求"变","达"是严复变译思想与行为的灵魂,以之为中心可建其变译思想体系。

第一节 "达旨术":变译的策略

本节不细论严复变译方法,只谈他所用的七大变通策略,即"达旨术"。暂不定义"达旨",先看严复《天演论·上卷》使用变通策略的情况。

一、变通策略概览

"我们研究'信达雅'说是为了用于翻译实践。'信达雅'作为翻译原则应否肯定,要从实质上加以分析研究,而不必在考校用词上做功夫。固然,名实必须要相符,立名十分重要,但如不究其实而徒务其名,则似无多少理论价值。"[①]沈苏儒这段话立论不错,但若真要循实正名,他是循什么"实"呢?在其《论信达雅——严复翻译理论研究》第六章"从翻译的实践看'信、达、雅'"中,

---

① 沈苏儒:《论信达雅——严复翻译理论研究》,北京:商务印书馆,1998年,第116页。

他用例并非取自《天演论》或其他严译名著,而是其他人的全译作品,因此无法切中"信达雅"的要害。解铃还须系铃人,以严解严才是良策,即用严复的达旨实践考察其变译思想,尤其是以滋长"信达雅"思想的《天演论》为根基,进行研究分析,才更具说服力。

总体来说,严复共用了增(写、释、评)、减、编、述、缩、并、改七大变通策略,据附录三可整理出 *Evolution and Ethics* 变译与全译单位对应及变通策略表。(见表1)

表1 *Evolution and Ethics* 变译与全译单位对应及变通策略

原文		全译		变译		变通策略
I	段1	句1	段1	句1	导言一察变 段1	句1—2	减、增(释,写),改,编
		句2		句2—3		句3	增(释,评,写),减,述,改
		句3		句4a		句4	增(写),减,编
				句4b		句5	增(释,写)
				句4c		句6	增(释),减
		句4		句5		句7,10	减,增(写)
						句8,9	增(写,释,评)
		句5a		句6a			减
						句11	增(写)
		句5b		句6b		句12	减,增(写),述,改
	段2	句1	段2	句1			减
		句2a		句2a		句1—2	增(释,写)
		句2b		句2b		句3	增(释,写)
		句3		句3		句4	增(释),改
						句5	增(评)
					段2	句6	增(评,写)
	段3	句1	段3	句1		句7—8	减、述
						句9—10	增(写)
		句2		句2		句11—12	减,增(写),改,述
						句13—16	增(写,评,释)
		句3		句3		句17—18	减,述,增(写)
						句19	增(评)
	段4	句a—b	段4	句1—2			减

	原文		全译		变译		变通策略
I	段5	句1	段5	句1	导言一 察变	句1	减,述
		句2		句2		句2	述,减
		句3		句3		句3—4	改,增(写),述
		句4		句4		段3 句5—7	增(写),减,改,述
		句5a—5b		句5—6		句8—14	编,增(写,释)
						句15—16	增(写)
		句5c		句7		句17—18	减
		句6—7		句8—9			减
						段4	增(写),并,缩,评
	段6	句1	段6	句1		句1—2	减,增(释,写),述
		句2		句2	段1	句3	减,述
						句4—5	增(写)
		句3		句3		句6	减,改,缩
						句7—12	增(写)
	段7		段7				减
	段8	句1a	段8	句1a	导言二 广义	句1—3	增(写)
		句1b		句1b		句5	减,增(写)
						句4	增(释)
		句2		句2	段2	句6—8	述
		句3		句3			减
		句4		句4		句9	减,述
						句10—13	减,述,增(评,写)
	段9		段9				
	段10	句1	段10	句1		句14	减,增(写),述
						句15—16	增(写)
					段3	复案	增(写),评,减,缩
					导言三 趋异	段1	增(写)
	段10	句2a	段10	句2a		句1	增(写),减
		句2b		句2b	段2	句2—5	减,增(写)
		句2c		句2c		句6—8	增(写),减

原文		全译		变译		变通策略
I	段10 句3	段10	句3	导言三 趋异	段2	句9—13 增(评)
	段10 句4		句4			句14 增(写,释)
	段10 句5		句5			句15 增(释)
						句16 增(释)
						句17—18 增(写)
	段11		段11			减
					段3 复案	增(写,释),并,缩
					段4 复案	
II	段1 句1	段1	句1	导言四 人为	段1	句1—5 增(写,释,评),编
	段1 句2		句2			句6 减,增(写)
	段1 句3—4		句3—4			句7 述
	段1 句5—6		句5—6			句8 减,缩
						句9 增(评)
	段1 句7—8a		句7—8a			句10—11 增(写),述,改
	段1 句8b—9a		句8b—9			句12—13 减,增,并,改
	段1 句9b	二	句10			句14 减,增(写)
						句15 增(评)
	段2 句1	段2	句1			句16 减,增(写)
	段2 句2		句2			句17—18 增(写),述
	段2 句3a		句3a			句19 减,改,述
						句20 增(评)
	段2 句3b		句3b			句21 减,增(评)
						句22—24 增(写,评)
	段2 句4		句4			句25 减,述
					段2 复案	增(写),并
III	段1	段1		导言五 互争	段1	句1 减,编,缩
	段2 句1a	段2	句1			句2—5 增(写)
	段2 句1b		句2		段2	句1—2 增(写),述
	段2 句2a		句3			句3 增(写),述

原文		全译		变译		变通策略
III	段2 句2b	三	段2 句4	导言五 互争	段2 句4	述
					句5	增（写）
	句3		句5		句6	减,改
	句4		句6		句7	增（写）
	句5a		句7a		句8	增（写）
	句5b		句7b		句9—10	述,增（写）
	段3 句1		段3 句1		句11	减,增（写）,述,改
	句2		句2			减,增（写）
					句12—17	增（写）
					段3 复案	增（评）,写,缩
IV	段1 句1	四	段1 句1	导言六 人择	段1 句1—2	减,增（写）
					句3	增（写）
	句2—3		句2—3		句4	述
	句4a		句4		句5	增（写）
					句6—7	增（写）,减
	句4b		句5		句8	增（写）
	段2 句a		段2 句1		句9	增（写）,减
	句b—c		句2—3		句10	增（写）,述,减
					句11—15	增（写）
	段3		段3		句16—17	述,增（写）,编,减
					句18—19	增（写）
	段4 句1—2		段4 句1—2		句20	减,增（写）
	句3		句3		句21	增（释）,改,全译
	句4		句4		句22	减,增（评,释）,述
					句23—25	增（评）
	段5 句1		段5 句1		句26	减,述
	句2		句2			减
					句27	增（写）
	句4		句4		句28	减,缩
	句5		句5			减
					句29	增（写）
	句6		句6		句30	述
	句7—9		句7—9			减

原文		全译		变译		变通策略
					句31—32	增(评,写)
				段2	复案	述,缩,增(写)
V	段1	五	段1	导言七 善败	句1	述
					句2—4	减,增(释)
					句3—4	
					句5	减,述,增(写),并
						减
					句6	减,增(释,写)
					句7	增(写)
					句8	增(写)
	句1		句1			
	句2		句2			
	句3—4		句3—4			
	句5		句5			
	句6		句6			
	句7		句7			
	句8		句8		段1	
	句9		句9		句9	增(写),减
					句10—11	增(写,释),述
	段2 句1		段2 句1a		句12	减,改
	句2		句1b		句13	增(写)
	句3		句1c		句14	减,增(写)
	句4		句2		句15	减
					句16	增(写,释)
					句17	增(评)
				段2	复案	增(评)
VI	段1	六	段1	导言八 乌托邦	句1	增(写,释),述
	句1		句1		句2	增(写)
	句2		句2		句3—5	增(写),减
	句3		句3		句6	减,增(释,写),述
	句4		句4		句7	减,增(写),述
	段2 句1a		段2 句1a		句8a	编,减
	句1b		句1b		句8b	减,增(写),述
	句2—3		句2—3		句9	增(写)
				段1	句10	减,增(写)
	段3 句1		段3 句1—2		句11	全译
	句2a—2c		句3a—3c		句12	增(写)
	句2d—2e		句3d—3e		句13	减,增(写)
	句3		句4		句14—15	增(写)
	句4		句5		句16—19	减,增(写,释)
	句5		句6			减

原文			全译			变译		变通策略
VI	段 4	句 1a—1d	六	段 4	句 1—3b	导言八 乌托邦	段 2	句 20—21 增(评)
								句 1 增(写)
		句 1e			句 3c			句 2 减,述,增(写)
								句 3 减,增(写)
		句 1f			句 3d			句 4 增(写)
								句 5 减,述
								句 6—7 增(写,释)
		句 2			句 4			句 8 减,缩,增(写)
							段 3	复案 增(写),并,编
VII	段 1	句 1	七	段 1	句 1	导言九 汰蕃	段 1	减
								句 1 增(写)
		句 2			句 2			句 2 减,增(写)
								句 3—8 增(写)
		句 3			句 3			句 9—10 减,述,增(写)
								句 11—14 增(写),编
	段 2			段 2				减
	段 3	句 1		段 3	句 1			减
		句 2			句 2		段 2	句 1—10 增(写),述
	段 4	句 1		段 4	句 1			句 11—12 减,增(写),编
		句 2			句 2			句 13—14 增(写)
		句 3			句 3			句 15 减,增(写),述,改
								句 16 减,增(写)
								句 17 增(写)
							段 3	复案 增(写)
						导言十 择难	段 1	增(写)
VIII		句 1—2	八		句 1—2			句 1 增(写)
		句 3			句 3		段 2	句 2—4 减,增(写,释),改,述
		句 4			句 4			句 5 减,增(写)
		句 5			句 5			句 6 述
		句 6—7			句 6—7			句 7—9 减,述,增(释)
								减

第二章 严复变译思想实质考

原文		全译		变译		变通策略
Ⅷ	句8—11	八	句8—11		句10—14	编,增(写)
Ⅸ	段1 句1	九	段1 句1	导言十一 蜂群	段1 句1	减,增(写),述
	句2		句2		句2—3	增(写)
					句4	减,增(写),述
					句5—6	增(评)
	段2 句1		段2 句1		句7	增(写)
	句2a		句2		句8—9	增(写,释)
	句2b		句3		句10—11	增(写),述,改,编
	句3		句4		段2 句1	增,改
	句4		句5		句2—4	增(释,评)
	句5		句6			减
	句6		句7		句5—6	减,述
					句7—13	增(写,释)
						减
	段3 句1—2		段3 句1—2		句14	减,述,增(写)
	句3		句3		句15—17	改
	句4		句4		句18	减
	句5		句5		句19—20	减,述,增(释)
	句6		句6		句21—23	减,述,增(写)
	句7		句7		句24	述
	句8		句8		句25—27	减,述,增(写),改
Ⅹ	段1 句1	十	段1 句1	导言十二 人群	段1 句1	减,改
	句2		句2			减
	句3		句3		句2	增(写)
					句3	减,述
	句4		句4		句4—5	增(评)
					句6	增(写),改,述
	段2 句1		段2 句1		句7—8	改
	句2		句2		句9	增(释),改
	句3		句3		句10—13	增(写)
	句4		句4			减
	段3 句1—2		段3 句1—2		句14	减,增(写),述
					句15	增(写)
	句3		句3—4		句16	减,述
					句17	增(评)

原　文			全　译			变　译		变通策略
X	段3	句4	段3	句5	导言十二 人群	段1	句18—19	增(释)
							句20—22	增(写)
							句23	减,增(写),述
							句24—25	增(写)
		句5a		句6a			句26	增(评)
		句5b		句6b			句27	全译
							句28	述
							句29—30	增(释),改
							句31	增(写)
						段2	句1—10	增(写),并
	段4	句1	段4	句1	导言十三 制私	段1	句1—3	减,增(写,释)
							句4	述
							句5—6	增(写)
							句7	增(写)
		句2		句2			句8	减,改,增(写)
		句3		句3				减
							句9—13	增(写)
		句4		句4—5			句14	减,述,增(写)
							句15	增(写)
		句5—6		句6—7			句16	减,述,增(写),编
		句7		句8			句17—18	减,述,改
							句19—20	增(写)
		句8		句9		段2	句1	减,增(释,词,评)
		句9		句10			句2	增(写)
		句10		句11			句3—7	改,增(释)
	段5	句1	段5	句1			句8—9	减,增(写),改
		句2a		句2a			句10	述
		句2b		句2b			句11	全译
	段6	句1	段6	句1			句12	增(写)
		句2		句2			句13	减,述
		句3		句3			句14—15	减,增(写)
		句4		句4			句16	减,增(写),述
								减
							句17—18	增(写)

第二章 严复变译思想实质考 19

原文			全译			变译		变通策略
X	句5			句5	导言十三 制私		句19	减,述
	句6			句6			句20	述
						段3	复案1—2	增(评)
							复案3—9	增(评)
							复案10	增(评)
							复案11	增(写)
						段4	又案1—3	增(写)
XI	段1	句1	十一	段1	句1—2	导言十四 恕败	句1—3	减,述,增(写,择)
		句2			句3		句3	增(写)
		句3			句4		句4	减,述
							句5—7	减,述,增(写)
							句8—9	增(写),减
	段2	句a		段2	句a		句10	减,述
		句b			句b		句11—12	减,述,增(写,释)
						段1	句13	增(写)
							句14—16	增(写,释)
							句17	述,减,改
	段3	句1		段3	句1		句18	述
		句2			句2		句19—22	减,述,增(写,评)
		句3			句3		句23	减,述
	段4	句1		段4	句1		句24—25	减,述
		句2			句2			减
		句3—5			句3—5		句26—31	增(评)
	段5			段5				减
						段2	复案	增(写),述,评,减
XII	段1	句1a		段1	句1	导言十五 最旨	句1	减,增(写)
		句1b			句2		句2—3	述,缩
		句1c			句3		句4	减,述,缩
		句2a			句4a		句5	减,述,缩
		句2b			句4b	段1	句6	述,增,缩
		句3			句5		句7	减,增(写,评),述,缩

原文			全译			变译		变通策略
XII	段2	句1a	十二	段2	句1	导言十五最旨	句8	减,述,缩
		句1b—2a			句2—3		句9	减,述,缩
		2b			句4		句10	减,述,缩
	段3	句1a		段3	句1	段1	句11	减,述,增(释),缩
		句1b			句2			
		句2			句3			
	段4	句1		段4	句1		句12	减,述
							句13	增(写)
		句2			句2		句14	减,缩
		句3—4			句3—4		句15	减,增(写)
	段5	句1—4		段5	句1—4		句16—17	述
	段6	句1a		段6	句1		句1	减,改,述
							句2	增(写)
		句1b			句2	段2		减
		句2			句3—4		句3—4	减,述,增(写)
		句3—4			句5—7			减
							句5—13	增(写),减
							句1—2	增(写,评)
						段3	句3	增(写)
							句4—71	减
							句72—74	增(写)
						段1	句1—21	增(写,释)
XIII	段1		十三	段1		导言十六进微	句1	减,述
	段2	句1		段2	句1		句2—3	增(释),改
		句2			句2		句4	减,述
		句3—4			句3—4		句5—6	减,述,增(写,释)
	段3	句1		段3	句1	段2	句7—8	减,增(写),述
		句2			句2		句9	减,增(写)
		句3a			句3a		句10	减,述,增(写)
		句3b			句3b		句11	述
		句3c			句4		句12	增(写),改

原文		全译		变译		变通策略
XIII	段3	十三	段3	导言十六 进微	句13	减,增(写),述
	句4		句5		句14	增(写)
	句5		句6		句15	减,增(写)
	句6		句7			减
	句7		句8		句16—17	改,增(写)
	句8		句9		句18—20	述,改
	句9		句10		句21	减,述,增(写)
	句10		句11		句22	减,述
	段4		段4			减
	句1		句1		句23	减,增(写),改
	句2		句2		句24	增(写),减,改
					句25	述,改
				段3	句1—24	增,并
XIV	段1	十四	段1	导言十七 善群	段1	
	句1		句1		句1	减,改,述
	句2		句2		句2	减,增(写),述
	句3—4		句3—4		句3—4	全译
	段2		段2		句5—7	增(写),减,述
	句a—c		句a—c		句8	增(写)
	句d		句d		句9	减
	段3		段3		句10	增(评)
	句1		句1		句11	增(写)
	句2a		句2a		句12	全译
	句2b		句2b		句13	增(写),改
	段4		段4		句14	减,增(写)
	句1		句1		句15—16	增(释),改
	句2		句2	段2	句1	增(写)
	句3		句3		句2	增(评),述
	段5		段5		句3—6	增(释)
	句1a		句1		句7—10	减,增(写)
	句1b		句2	段3	句1—2	减,述,改
	句2		句3		句3	减,述,增(写)
					句4—5	减,增(评),述
				段4	句1—15	增,写,并

原文		全译		变译		变通策略
XV	段1	句1—2	十五	句1—2	导言十八新反	
					段1	句1—6 增(写),减,述
						句7 增(写)
		句3		句3		句8—13 减,增(评,写),述
	段2	句1		句1		句14—15 减,增(写),述
		句2a		句2a		句16 增(写,释),述
		句2b		句2b		句17—18 减,增(写),述
						句19—20 增(写)
		句3		句3		句21 增(写)
				句4		句22—26 增(写)
						句27 并,增(释)
	段3	句1		句1	段2	句1 减,增(写),述
		句2		句2		句2—3 减,增(写),改
						句4 增(写)
		句3		句3		句5 述
						句6 增(写),减,述
	段4	句a		句1		句7 增(写)
		句b		句2		句8—11 增(写),减
						句12 增(写)
					段3	句1—18 复案
					段4	句1—18 复案

二、"达旨术"之一:增

变译之"增"的策略具体包括"写"、"释"和"评"。

(一)写

所谓"写",指在译作中加写与所译部分相关的内容。

看整个《天演论》笔势豪放,开天下奇译之先,可知严复实为变译奇手。标志之一是严复不仅将原作了然于心,融会贯通,还将原作的内容译得自然顺手,无雕琢之感,所写与所译接合自然,都是极好的文字。

据我们做的语料库统计,严译《天演论·上卷》至少有202处对原作施以"写"的策略,其语表形式有词、语、小句、复句、句群与段,以词语和句子为多;写的方式有承前启后式加写、引申式加写、总结式加写、同类加写等;写的功用有承上启下、反复强调、显示层次、显示逻辑、增加可读性、深化内涵、减轻读者理解负担、介绍背景、取便发挥等。

1."写"的单位

"写"的单位,指相对于原文在译文中纯加写的内容单位,有词、短语、句、句群和段。

(1)词

增词是为了与其他词构成短语,或者为了修辞或描写另一词,增加了原文的内涵,使译文显得比原文更丰富多彩。如:

原文Ⅰ段8[①]:(1a)As a natural process, of the same character as the development of a tree from its seed, or of a fowl from its egg.

导言二段2[②]:(5)夫拔地之木,长于一子之微;垂天之鹏,出于一卵之细。

减去"As a natural process, of the same character"等之后,严复添"拔地"以修辞"木",加"微"以描写"子"之细小,添"垂天"以修饰"鹏",加"细"以描写"卵"之微小。这些限定修饰语为原文所无,却增强了译文的形象与生动。

(2)短语

短语的加写,与词的加写一样,只是作为概念的表现形式更加繁复,增加的内涵更丰富。如:

原文Ⅸ段2:(1)Social organization is not peculiar to men.

导言十一段1:(7)虽然,天之生物,以群立者,不独斯人已也。

原文是第2段的首句,严复将原文段2与段1合并了。本来段落划分就有逻辑关系,原文另起一段,通过语篇关系看出段2是段1语义的转折。所以严复合段后,为显示逻辑关系,加写了"虽然",这是加词。接着,他又加写了"天之生物",这是一个大概念,潜含于"is not peculiar to men",把原文所指的

---

① "原文Ⅰ段8"指原文第Ⅰ节第8段,下同。
② "导言二段2"指原译《天演论》导言第二节第2段,下同。

社会组织即人类组织置于整个生物界,而下文讨论的是人之外的其他动物的"善群"。所以,加写的短语显得立足点更高,好比增大了背景,再用"以群立者,不独斯人已也"译述原文,语势有破竹之感。

(3)句

句子,包括单句和复句,是构筑语篇最灵活的加写单位,与前后句之间的关系最易建立,因此加写句子,要么填补逻辑链,以便读者理解原作;要么上引下接,将前后内容连贯起来;要么补充内容,扩大原作的内涵。如:

原文Ⅹ Ⅴ段2:(4)But the practice of selfrestraint and renunciation is not happiness,though it may be something much better.

导言十八段1:(27)是故成己成人之道,必在惩忿窒欲,屈私为群,此其事诚非可乐,而行之其效之美,乃不止于可乐。

严复加了单句"而行之其效之美",且将"it may be something much better"译作"乃不止于可乐"。为什么"乃不止于可乐"呢?原文似乎隐含了什么,不补不足以让读者明白。严复读懂了,他认为"惩忿窒欲,屈私为群"虽不可乐,但行之有效,结果出人意料,因此虽不乐,但远胜于乐。将原文的逻辑关系推理出来,使读者一目了然。再如:

原文Ⅰ段3:(1)Yet nothing is more certain than that,measured by the liberal scale of time-keeping of the universe,this present state of nature,however it may seem to have gone and to go on for ever,is but a fleeting phase of her infinite variety; merely the last of the series of changes which the earth's surface has undergone in the course of the millions of years of its existence.(2)Turn back a square foot of the thin turf,and the solid foundation of the land,exposed in cliffs of chalk five hundred feet high on the adjacent shore,…

导言一段2:(8)京垓年岁之中,每每员舆,正不知几移几换而成此最后之奇。(9)且继今以往,陵谷变迁,又属可知之事,此地学不刊之说也。(10)假其惊怖斯言,则索证正不在远。(11)试向立足处所,掘地深逾寻丈,将逢唇灰。

导言句 10 为加写,句 8—9 是原文句 1 的译述,而句 11 的"试向立足处所"更是设立情境,"试向"轻轻一试,便将读者引入证据之中,比原文突兀地说"Turn back"要来得自然妥帖。更重要的是加写句 10,将前文的常理或不刊之说与眼前的事例结合起来,以"假其惊怖斯言"承接上文,以"则索证正不在远"引出下文。

(4)句群

句群的加写便于连续说理,利于思想的铺陈。句群式加写多半位于段首或段末,位于段中的较少。如:

> 导言二段 2:(1)且伊古以来,人持一说以言天,家宗一理以论化。(2)如或谓开辟以前,世为混沌,溟涬胶葛,待剖判而后轻清上举,重浊下凝;又或言抟土为人,咒日作昼,降及一花一草,蠕动蜾飞,皆自元始之时,有真宰焉,发挥张皇,号召位置,从无生有,忽然而成;又或谓出王游衍,时时皆有鉴观,惠吉逆凶,冥冥实操赏罚。(3)此其说甚美,而无如其言之虚实,断不可证而知也。

这是段首纯粹加写,但与原文内容并非无关。与导言二段 2 句 1—3 相关的原文Ⅰ段 8 句 1b 讲了各种创世说,导言段 2 句 1—2 讲的正是三种创世说,而导言二段 2 句 3 是对句 1—2 的评论,加写与翻译丝丝入扣。又如:

> 原文Ⅰ段 1:(3)On the contrary, it furnishes us with conclusive reasons for thinking that, if every link in the ancestry of these humble indigenous plants had been preserved and were accessible to us, the whole would present a converging series of forms of gradually diminishing complexity, until, at some period in the history of the earth, far more remote than any of which organic remains have yet been discovered, they would merge in those low groups among which the boundaries between animal and vegetable life become effaced.

导言二段1:(6)假由当前一动物,远迹始初,将见逐代变体,虽至微眇,皆有可寻,迨至最初一形,乃莫定其为动为植。(7)凡兹运行之理,乃化机所以不息之精。(8)苟能静观,随在可察。(9)小之极于跂行倒生,大之放乎日星天地;隐之则神思智识之所以圣狂,显之则政俗文章之所以沿革。(10)言其要道,皆可一言蔽之,曰:天演是已。(11)此其说滥觞隆古,而大畅于近五十年。(12)盖格致学精,时时可加实测故也。

导言句6是原文的缩译或译述。句7—12位于导言二段1的末尾,为严复所加,以照应段落主旨,也是点明主题"天演"。加写的句7—12,衔接巧妙:句7点明前面句6的实质;句8揭示运行的机制,随时可察。在此严复把生物天演推至人类天演,是他自己的思想;句9是从大小空间角度以隐显方式去验察;句10又是高度概括,实为再次点明主题"天演";句11指明此理源于古代;句12则为之提供科学依据,旨在让读者信服这一古今不刊之说。

(5)段

段的加写,一般位于节首或节末,旨在承上节或几节内容,或者启动下一节。各节末尾的案语纯属加写。此外,严译本文中加写在各节前面的有:导言三段1、导言十段1、导言十六段1。看其中一例:

导言十段1:(1)天演家用择种留良之术于树艺牧畜间,而繁硕茁壮之效,若庋左契致也。(2)于是以谓人者生物之一宗,虽灵蠢攸殊,而血气之躯,传衍种类,所谓生肖其先,代趋微异者,与动植诸品无或殊焉。(3)今吾术既用之草木禽兽而大验矣,行之人类,何不可以有功乎?(4)此其说虽若骇人,然执其事而责其效,则确然有必然者。(5)顾惟是此择与留之事,将谁任乎?(6)前于垦荒立国,始设为主治之一人,所以云其前识独知,必出人人,犹人人之出牛羊犬马者,盖必如是而后乃可独行而独断也。(7)果能如是,则无论如亚洲诸国,亶聪明作元后,天下无敢越志之至尊;或如欧洲,天听民听,天视民视,公举公治之议院,为独为聚,圣智同优,夫而后托之主治也可,托之择种留良也亦可。(8)而不幸横览此三洲六十余国之间,为上下其六千余年之纪载,此独知前识,迈类逾种如前比者,尚断断乎未尝有人也。

句 1—2 与"导言六·人择"相关,句 3—6 与"导言七·善败"、"导言八·乌托邦"相关,都是对前面三节的概括。句 7 假设能按理想去做,则欧亚大兴,能择种留良。句 8 则纵观历史,横览全球,进而否定句 7 的假设,可见人择之难,以此进入导言十的主题——"择难"。

2. "写"的方法

(1) 承前启后式加写

承上启下可能发生在句与句、句群与句群、段与段、节与节之间,反言之,加写的内容可能串起句与句、句群与句群、段与段、节与节,更有可能是这些单位之间的交叉关系。如:

原文Ⅹ段 4:(2) One of these is the mutual affection of parent and offspring, intensified by the long infancy of the human species.

导言十三段 1:(7)夫物莫不爱其苗裔,否则其种早绝而无遗,自然之理也。(8)独爱子之情,人为独挚,其种最贵,故其生有待于父母之保持,方诸物为最久。

严复加写内容,作为导入语,有些现在看来可能多余,当时在严复却是必要。句 7 是铺垫,先从万物爱其苗裔说起,不爱则绝种;句 8 接着论人,用"独爱子之情,人为独挚"将原文句 2 核心内容窄化了,原文为父子互爱,严译缩小为"爱子之情"。这是句与句之间的衔接。又如:

原文Ⅰ段 5:(5a) And in the living world, one of the most characteristic features of this cosmic process is the struggle for existence, the competition of each with all, the result of which is the selection, (5b) that is to say, the survival of those forms which, on the whole, are best adapted to the conditions which at any period obtain; (5c) and which are, therefore, in that respect, and only in that respect, the fittest.

导言一段 3:(8)以天演为体,而其用有二:曰物竞,曰天择。(9)此万物莫不然,而于有生之类为尤著。(10)物竞者,物争自存也。(11)以一物以与物物争,或存或亡,而其效则归于天择。(12)天择者,物争焉而独存。

(13)则其存也,必有其所以存,必其所得于天之分,自致一己之能,与其所遭值之时与地,及凡周身以外之物力,有其相谋相剂者焉。(14)夫而后独免于亡,而足以自立也。

导言句 8 为总说,一体二用。句 9 旨在与原文接上,先说天演于万物皆然,于生物尤甚。句 10 释"物竞",句 11 讲如何"物竞",加写"或存或亡",指明物竞结果,接着传达结果"其效则归于天"。句 12 顺接上句解释"天择",句 13 解释"天择"所存的理由,"必其所得于天之分,自致一己之能"为加写的内因,"与其所遭值之时与地,及凡周身以外之物力,有其相谋相剂者焉"为原文转述,是外因。句 14 再次加写,强调天择而立世的结果。总体看,句 8—9 为写+译,以与前面句 5—7"虽然,天运变矣,而有不变者行乎其中。不变惟何?是名天演"相衔接,同时又可启动下文。再如:

原文Ⅵ段 6:(1)Every forward step of social progress brings men into closer relations with their fellows, and increases the importance of the pleasures and pains derived from sympathy.

导言十三段 2:(12)凡此皆感通之机,人所甚异于禽兽者也。(13)感通之机神,斯群之道立矣。

严复将原文段 5 与段 6 并入导言十三段 2,导言句 12 起衔接作用,是过渡句。句 13 才是原文段 6 句 1 的译述。而句 12 的"凡此……"实指原文段 5 所述的内容。句 13 的"感通之机神"引出下文(见附录三),且后面均围绕它展开。这是段与段之间承上启下式衔接,超出段与段之间的衔接,则进入节与节之间的衔接。且看一例:

导言十三段 1:(1)自营甚者必侈于自由,自由侈则侵,侵则争,争则群涣,群涣则人道所恃以为存者去。(2)故曰自营大行,群道息而人种灭也。(3)然而天地之性,物之最能为群者,又莫人若。

句 1 是上一节"导言十二·人群"的概括,句 2 是上节正文句 30 的重复,这是承上;句 3 则点明"最能为群者"即人类,这是过渡。为何"能群"?则由整个"导言十三·制私"作答,这是启下。句 1—2 纯粹是加写,是节与节之间的衔接手段。

(2)引申式加写

引申式加写,即从原文语料或事理出发,引出一定的说理文字,深化读者对原文的理解。如:

原文Ⅲ段 2:(1a)But if, following up this admission, it is urged that, such being the case, the cosmic process cannot be in antagonism with that horticultural process which is part of itself...

导言五段 1:(1)难者曰:信斯言也,人治天行,同为天演矣。(2)夫名学之理,事不相反之谓同,功不相毁之谓同。(3)前篇所论,二者相反相毁明矣。(4)以矛陷盾,互相抵牾,是果僢驰而不可合也。(5)如是岂名学之理,有时不足信欤?

导言句 1 为原文的编译或译述,导言句 2—5 是引申式加写。由句 1 严复似乎担心读者看出矛盾,于是引出逻辑学规律,即同一律。导言四(见附录三)所论对象相互矛盾,用心的读者如严复者会拷问其逻辑性,提出质疑,所以句 2—5 是对问难者的学理性回答。由此可见,严复常常是站在读者的角度进行加写。又如:

原文Ⅹ段 1:(4)And, as in the hive, the progressive limitation of the struggle for existence between the members of the family would involve increasing efficiency as regards outside competition.

导言十二段 1:(6)盖惟泯其争于内,而后有以为强,而胜其争于外也,此所与飞走蠕泳之群同焉者也。

严复用"飞走蠕泳之群"代替"蜂群",把家庭成员之争模糊为"争于内",上升为人群或人类社会之争,概念的内涵发生了变化。另外他还加写了"而后有以为强",于前一句是顺因导果,于后一句是补因接果。

(3) 总结式加写

总结式加写,是严复基于原文的内容,接续性地加写部分内容,往往带有总结性质,篇幅不大,却简明扼要。如:

原文Ⅲ段2:(2b)And, as is the case with every other artificial thing set up in the state of nature, the influences of the latter are constantly tending to break it down and destroy it.

导言五段2:(4)<u>独是人力既施之后,是天行者,时时在在,欲毁其成功,务使复还旧观而后已</u>。(5)倘治园者不能常目存之,则历久之余,其成绩必归于乌有,此事所必至,无可如何者也。

导言句4画线部分是对原文的译述,比原文更显豁。而"务使复还旧观而后已"是对原文的续写,是总结。句5是从人的角度对比续写,指出人治不持之以恒,日长月久,则前功尽弃,所写的是同一道理。再如:

原文Ⅳ段4:(1)If the fruits and the tubers, the foliage and the flowers thus obtained, reach, or sufficiently approach, that ideal, there is no reason why the *status quo* attained should not be indefinitely prolonged. (2)So long as the state of nature remains approximately the same, so long will the energy and intelligence which created the garden suffice to maintain it.

导言六段1:(20)使其果实材荫,常有当夫主人之意,则爱护保持之事,自相引而弥长;又使天时地利人事,不大异其始初,则主人之庇,亦可为此树所长保,此人胜天之说也。

通过原文内容的增减,引出结论"此人胜天之说也",这是一种逻辑归纳。同理可见导言六段1句22中的"此天胜人之说也",二者形成理论上的前后照应。

(4) 同类加写

同类加写,指相同或相似内容的补充加写,往往可以产生内容丰富、语势夺人的效果。如导言十四段1"今天下之言道德者,皆曰:终身可行莫如恕,平天下莫如絜矩矣。泰东者曰:己所不欲,勿施于人。所求于朋友,先施之。泰西者曰:施人如己所欲受"中,只有最末一句才是原文的内容,而前面"己所不欲,勿施于人"用的是中国典故,也属于同类加写,与西方的观点相似,一东一西,给读者全面周到的印象。再看一例:

原文Ⅵ段3:(2d)Mechanical engines would supplement the natural strength of men and of their draught animals;(2e)hygienic precautions would check, or remove, the natural causes of disease. (3)With every step of this progress in civilization, the colonists would become more and more independent of the state of nature;more and more, their lives would be conditioned by a state of art.

导言八段1:[(10)屈则治化不进,而民生以雕,是必为致所宜以辅之,而后其业乃可以久大。(11)为"是故民屈于寒暑雨旸,则为致衣服宫室之宜;民屈于旱干水溢,则为致潴渠畎浍之宜;民屈于山川道路之阻深,而艰于转运也,则有道途、桥梁、漕挽、舟车",](12)致之汽电诸机,所以增倍人畜之功力也;致之医疗药物,所以救民之厉疾夭死也;为之刑狱禁制,所以防强弱愚智之相欺夺也;为之陆海诸军,所以御异族强邻之相侵侮也。(13)凡如是之张设,皆以民力之有所屈,而为致其宜,务使民之待于天者,日以益寡;而于人自足恃者,日以益多。

导言句11—12由原文与加写构成,句式整齐,形成很强的语势。导言八段1第11句写人类与自然的抗争,严复觉得原文内容不够深刻,于是又加写了"为之刑狱禁制,所以防强弱愚智之相欺夺也;为之陆海诸军,所以御异族强邻之相侵侮也",将内容上升到法制,上升到国防,这是人类社会的内部抗争。严复译尽了衣食住行,又写足了法制国防,在导言句13里再次加写"凡如是之张设,皆以民力之有所屈,而为致其宜"以弥补结论之不足,使之与前面句10遥相呼应,自我圆通。

3. "写"的功用
(1)承上启下
一般说来语篇都有承上启下的机制,而语际转化有时需要采用一些关联手段,以便原作内容能更好地为译语读者所接受。关联手段中,除了关联词语,更多的是关联句;段落虽说较能发挥承上启下的作用,但因篇幅较长,用得较少。如《天演论》"导言十六·进微"(见附录三)第1段全是加写,整段为"进微"一节开篇,且一段之中两处点明"进微"的主题,即句16"是故天演之事,其端恒娠于至微,而为常智之所忽"与句21"天演之效,非一朝夕所能为也"。在《天演论》中承上启下的功用更多地由所加写的词、语、句完成。如:

原文Ⅻ段1:(1a) Under the preceding heads, I have endeavoured to represent in broad, but I hope faithful, outlines the essential features of the state of nature and of that cosmic process of which it is the outcome, so far as was needful for my argument;

导言十五段1:(1)上十四篇,皆诠天演之义,得一一复按之。

"上十四篇,皆诠天演之义"是原文的译述或缩译,同原文句1a一样有承上作用,而严复加写的"得一一复按之"为原文所无,却能起到比原文更好的启下作用。再如:

原文Ⅰ段10:(1) With none of these have I anything to do, at present, except with that exhibited by the forms of life which tenant the earth.

导言二段2:(14)姑就生理治功一事,撮略言之。(15)先为导言十余篇,用以通其大义。(16)虽然,隅一举而三反,善悟者诚于此而有得焉,则管秘机之扃钥者,其应用亦正无穷耳。

导言句14有详述原因与引领全篇的作用,句15则为加写,告诉后面有十余小节。

(2)反复强调

反复强调,用于着重突出某一思想。原文本无反复,而译者从不同侧面几度反复书写同一内容,具有层层递进、步步加强的作用。这一方式有如新闻写作中的三度反复。严复在《天演论·自序》中说过:"且于自强保种之事,反复三致意焉。"除采用其他变通手段外,"写"是他常用的策略。如导言一段3句10—14按物竞天择的因果顺序既译又写,而句15—16则反其道,按天择物竞的顺序由果索因,讲明事物因优势而独存,最终促成天择。再看一例:

原文Ⅱ段2:(2)The energy localised in certain human bodies, directed by similarly localised intellects, has produced a collocation of other material bodies which could not be brought about in the state of nature.

导言四段1:(17)大抵天之生人也,其周一身者谓之力,谓之气;其宅一心者谓之智,谓之神。(18)智力兼施,以之离合万物,于以成天之所不能自成者谓之业,谓之功,而通谓之曰人事。

"energy"可译作"力"、"力量",其次引申为"能力"。"气"为古代哲学概念,指形成宇宙万物的最根本的物质,如:"天地合气,万物自生。"[①]人为万物之一,原文意为"energy"蕴藏于人体,反思之,人体由气组成,"气""力"常常合用,如:"取道致远气力有余。"[②]"智",古指"智慧";"神",古指"精神"、"意识"。现代汉语合用"神智",指精神智慧。上述四个概念均属表智类,近义复写,有加强语气之效。导言句18中"业"与"功"的复写同理同效。

(3)显示层次

层次感是文章思路清晰的标志之一,要么有语篇标记,如"第一,第二,第三"之类,要么在逻辑上体现总分、顺次、时空等关系。此外,有时还可通过重复句子,达到显示层次的目的,这时加写的语篇衔接手段多为句子。如"导言十二·人群"将原文三段合为一段,篇幅长,容量大,就须加写一些语篇衔接手段。如其中句15"此其异于鸟兽昆虫者一也"与句31"此人所与鸟兽昆虫异者又其一也"均为严复所加,先后呼应,既可将意义凝结为整体,又可保证内容的层次性。

有时同一内容从不同程度和层次上反复表述,也能达到层层纵深拓展的效果。看实例:

---

① 《论衡·自然》。
② 《列子·汤问》。

原文Ⅰ段10：(2b)It is the tendency of the conditions of life, at any given time, while favouring the existence of the variations best adapted to them, to oppose that of the rest and thus to exercise selection;

导言三段2：(2)且周身之外，牵天系地，举凡与生相待之资，以爱恶拒受之不同，<u>常若右其所宜，而左其所不相得者</u>。(3)夫生既趋于代异矣，而寒暑燥湿风水土谷，洎夫一切动植之伦，所与其生相接相寇者，又常有所左右于其间。(4)于是则相得者亨，不相得者困；相得者寿，不相得者殇。(5)日计不觉，岁校有余，浸假不相得者将亡，而相得者生而独传种族矣，<u>此天之所以为择也</u>。

原文除去"at any given time"，导言画线部分基本译述了原意；其他部分均为严复所加：导言句2加写了"且周身之外，牵天系地"与"以爱恶拒受之不同"，而句3点明生物游离于存亡之间，句4阐明顺条件者昌，逆条件者亡，句5再次升华，以时间尺度指明存亡之后生者独存传种，最后小结：发生选择。如此反复，层层递进，丰富了原作的思想。又如：

原文Ⅵ段1：(3)In the first place, he would, as far as possible, put a stop to the influence of external competition by thoroughly extirpating and excluding the native rivals, whether men, beasts, or plants.

导言八段1：(3)园夫欲其草木之植，凡可以害其草木者，匪不芟夷之，剿绝之。(4)圣人欲其治之隆，凡不利其民者，亦必有以灭绝之，禁制之，使不克与其民有竞立争存之势。(5)故其为草昧之君也，其于草莱、猛兽、戎狄，必有其烈之、驱之、膺之之事。

严复将原句分为两层展开，加写了许多内容：导言句3指消除植物，句4指消除人，算作分说；句5为合说，但也包括具体行为，且是对原文行为具体化，非常形象。试比较"草莱"与"烈之"，"猛兽"与"驱之"，"戎狄"与"膺之"，会发现可以顺理成章的。

(4)显示逻辑关系

翻译离不开对逻辑关系的把握，它是互文语境下的连贯重构，从逻辑关系的角度可以实现语篇连贯。写作的思维过程,各人有自己的特点。在甲看来不言而喻,在乙则必不可少;甲语文化可以省去的逻辑环节,乙语文化则不可或缺。有时加写省去的一些逻辑环节,意义会更加清楚。所显示的逻辑关系有时是推理出来的,加写内容无非是显示这一推理过程。

请看附录三"导言三·趋异"段2,原文句2从正面论述:2a 趋向变异,2b 发生选择,2c 发生竞争;而原文句3—5则分别从反面议论。在两个意义板块之间,严复用导言三句14的"自其反而求之"作为语篇衔接手段,以显示前后内容的逻辑对立关系。看实例:

原文Ⅶ段1:(1) But the Eden would have its serpent, and a very subtle beast too. (2) Man shares with the rest of the living world the mighty instinct of reproduction and its consequence, the tendency to multiply with great rapidity. (3) The better the measures of the administrator achieved their object, the more completely the destructive agencies of the state of nature were defeated, the less would that multiplication be checked.

导言九段1:(2)盖天地之大德曰生,而含生之伦,莫不孳乳,乐牝牡之合而保爱所出者,此无化与有化之民所同也。(3)方其治之未进也,则死于水旱者有之,死于饥寒者有之。(4)且兵刑疾疫,无化之国,其死民也尤深。(5)大乱之后,景物萧寥,无异新造之国者,其流徙而转于沟壑者众矣。(6)洎自新治出,物竞平,民获息肩之所,休养生聚,各长子孙。(7)卅年以往,小邑自倍。(8)以有限之地产,供无穷之孳生,不足则争,干戈又动,周而复始,循若无端,此天下之生所以一治而一乱也。(9)故治愈隆则民愈休,民愈休则其蕃愈速。

导言句2译述了原文句2,导言句9缩译了原文句3。导言句3—8写了"乱—治—乱"周而复始的过程:大治之前,旱涝饥寒,兵刑疾疫作祟,一片萧肃;大治开始,休养生息,人口繁衍,又起大乱,这一过程是写。即使是导言句9内,也两次加写了"民愈休",补充了逻辑关系。原文在"治愈隆"和"蕃愈速"之间似乎少了环节,补充并重复"民愈休",搭上逻辑链,接起了前后两个环节。又如:

原文 X 段 4：(4) Man is the most consummate of all mimics in the animal world; none but himself can draw or model; none comes near him in the scope, variety, and exactness of vocal imitation; none is such a master of gesture; while he seems to be impelled thus to imitate for the pure pleasure of it.

导言十三段 1：(14) 又有异者，惟人道善以己效物，凡仪形肖貌之事，独人为能。(15) 案：昆虫禽兽亦能肖物，如南洋木叶虫之类，所在多有，又传载寨女丝一事，则尤异者，然此不足以破此公例也。

严复通过加写案语，增添反例，对本文进行补充，既有普遍现象，又有特殊现象，使读者对问题有更辩证的了解。再如：

原文 XV 段 4：(b) In which, and by which, man may develop a worthy civilization, capable of maintaining and constantly improving itself, until the evolution of our globe shall have entered so far upon its downward course that the cosmic process resumes its sway; and, once more, the State of Nature prevails over the surface of our planet.

导言十八段 2：(8) 夫如是以保之，夫如是以将之。(9) 然而形气内事，皆抛物线也。(10) 至于其极，不得不反。(11) 反则大宇之间，又为天行之事。

导言句 8 译述了原文 "capable of maintaining and constantly improving itself" 的内容，句 11 译述了 "the cosmic process resumes its sway; and, once more, the State of Nature prevails over the surface of our planet" 的内容。而句 9 用抛物线作比：物体向上斜抛，运至最高点，必定向下斜落。人治也呈抛物线轨迹发展，必有升降，句 10 正阐述此理。这一译写过程将原文 "until" 所蕴含的内容采用推理法补充出来，读者一目了然。

(5) 增加可读性

译作可读性强，对读者会产生很大的吸引力，译作的交际价值可以得到迅速、广泛、充分的实现。反之，可读性差，读者的兴趣和动力受到影响，甚者还会导致读者放弃阅读,译作的交际价值受到抑制或者得不到实现。任何文章,即便是说理,有了可读性,总能增强文章的吸引力。严复变译常常采用一些变通手段,化虚为实,以增强实感,以求可读。"我们很少像法国蒙田、英国拉穆那样着重悬空写感触的作品;中国历代文人的习惯是寓情于景,寓感于事。"[①]如《左传》《史记》是记事的,不管西方人怎样看,我们都觉得富于文学味,上口耐读。如:

原文Ⅱ段1:(2)The patch was cut off from the rest by a wall; within the area thus protected, the native vegetation was, as far as possible, extirpated; while a colony of strange plants was imported and set down in its place.

导言四段1:(6)忽一旦有人焉,为之铲刈秽草,斩除恶木,缭以周垣,衡从十亩,更为之树嘉葩,栽美箭,滋兰九畹,种橘千头,举凡非其地所前有,而为主人所爱好者,悉移取培植乎其中。

"忽一旦有人焉"属于情景性描写。用"铲刈秽草,斩除恶木,缭以周垣"扩写"the native vegetation was, as far as possible, extirpated",把植被具体化;用"更为之树嘉葩,栽美箭,滋兰九畹,种橘千头"扩写"while a colony of strange plants was imported and set down in its place",显得生动形象,有意增强可读性。而"举凡非其地所前有,而为主人所爱好者,悉移取培植乎其中"又是纯粹加写,强调更换植物皆为主人所好,强调人为因素,无形之中又引出导言四的主题"人为"。

(6)深化内涵

深化是促使所译内容向深度发展。为了深化内涵,需加写内容,从微观上讲是增加了一些词句,从效果上讲则增强了原作内容的思想力度。严复有时增加内容,补充说理,以助原作内容抵达译语读者的内心,这是原文作者始料不及的。如:

原文Ⅹ段4:(9)Indeed, I doubt if the philosopher lives, or ever has

---

① 张中行:《文言和白话》,哈尔滨:黑龙江人民出版社,1997年,第29页。

lived, who could know himself to be heartily despised by a street boy without some irritation.

导言十三段 2：(2)但设今者有高明深识之士，其意气若尘垢秕糠一世也者，猝于涂中，遇一童子，显然傲侮轻贱之，谓彼其中毫不一动然者，则吾窃疑而未敢信也。

严复所加内容为"其意气若尘垢秕糠一世也者，猝于涂中"，以突显"高明深识"，反差极大，正因为加写才显出路遇顽童遭侮辱的原因，更加深了"我"的狐疑。这一背景的加写，增加了原文内容的深度和力度。又如：

原文Ⅵ段 3：(4)In order to attain his ends, the administrator would have to avail himself of the courage, industry, and cooperative intelligence of the settlers; and it is plain that the interest of the community would be best served by increasing the proportion of persons who possess such qualities, and diminishing that of persons devoid of them.

导言八段 1：(14)且圣人知治人之人，固赋于治于人者也。(15)凶狡之民，不得廉公之吏；偷懦之众，不兴神武之君。(16)故欲郅治之隆，必于民力、民智、民德三者之中，求其本也。(17)故又为之学校庠序焉。(18)学校庠序之制善，而后智仁勇之民兴。(19)智仁勇之民兴，而有以为群力群策之资，夫而后其国乃一富而不可贫，一强而不可弱也。

删减"increasing the proportion of persons who possess such qualities"之后，导言画线部分是对原文的译述，这部分是赫胥黎的正面说理，而严复要宣扬"鼓民力、开民智、新民德"的主张，为加深读者印象，他还要反面说理，为此加写了句 14 和句 15，一正一反，对比鲜明，且先反后正，顺理成章地突出和深化了作者的思想，既传作者之志，又达译者之旨。

(7)减轻读者理解负担

本土写作多为了本土读者或本语读者，传入异域，用外语承载，内容上总有异域读者所不能直接理解的。种种因素造成理解的障碍，有时则要求译者不辞劳苦，助读者思考之力和知识之力，从而减轻其阅读负担，最终促进原作思想的传达。如：

原文 I 段 10：(3) Without the first tendency there could be no evolution. (4) Without the second, there would be no good reason why one variation should disappear and another take its place; that is to say, there would be no selection. (5) Without the third, the struggle for existence, the agent of the selective process in the state of nature, would vanish.

导言三段 2：(14) 自其反而求之，使含生之伦，有类皆同，绝无少异，则天演之事，无从而兴。(15) 天演者以变动不居为事者也，使与生相待之资，于异者匪所左右，则天择之事，亦将泯焉。(16) 使奉生之物，恒与生相副于无穷，则物竞之论，亦无所施，争固起于不足也。(17) 然则天演既兴，三理不可偏废。(18) 无异、无择、无争，有一然者，非吾人今者所居世界也。

原文句 3—5 的内容是上文"(2a) All plants and animals exhibit the tendency to vary, the causes of which have yet to be ascertained; (2b) it is the tendency of the conditions of life, at any given time, while favouring the existence of the variations best adapted to them, to oppose that of the rest and thus to exercise selection; (2c) and all living things tend to multiply without limit, while the means of support are limited; the obvious cause of which is the production of offspring more numerous than their progenitors, but with equal expectation of life in the actuarial sense"的逆向思考，即句 3—5 所缺的三种趋向，从句 2a、2b、2c 的反思中可得。这种逆向思维方式在汉民族并不缺乏，但不如西方发达，因此严复为当时知识界着想，干脆自己嚼好吐出，以便理解，更好地吸收进化论思想，于是有了导言句 14 对应原文句 3，句 15 对应原文句 4，句 16 对应原文句 5，三句之中均有不同程度的加写。而导言句 18 更绝，将三种趋势的缺失高度提炼为"无异、无择、无争"，实为读者而总结，比前三句更加凝练，无比精当！再如：

原文 XV 段 3：(2) But, so long as he remains liable to error, intellectual or moral; so long as he is compelled to be perpetually on guard against the cosmic forces, whose ends are not his ends, without and within himself; so long as he is haunted by inexpugnable memories and hopeless aspirations; so long as the recognition of his intellectual limitations forces him to acknowledge his incapacity to penetrate the mystery of existence; the prospect of attaining untroubled happiness, or of a state which can, even remotely, deserve the title of perfection, appears to me to be as misleading an illusion as ever was dangled before the eyes of poor humanity. (3) And there have been many of them.

　　导言十八段2：(3)夫如是而曰人道有极美备之一境，有善而无恶，有乐而无忧，特需时以待之，而其境必自至者，此殆理之所必无，而人道之所以足闵叹也。(4)窃尝谓此境如割锥术中，双曲线之远切线，可日趋于至近，而终不可交。(5)虽然，既生而为人矣，则及今可为之事亦众矣。

　　导言句4因原文"illusion"（幻觉）而写。何为"幻觉"？虽有定语界定，仍难以理解，有些虚幻。"illusion"意为视、听、触三觉未受刺激而产生的虚假感觉。原文为视觉上的幻觉，本为心理学知识，在此实为子无虚有之事。严复用"此殆理之所必无"译之，本想将原文内涵说白，不料原文仅有的一点形象失去了，更显抽象。怎么办？为补偿生动性，严复补写几何知识，用"双曲线之远切线"作比。我仍担心，当时知识界中懂算术者多，知几何者少，能明白者几何？不论怎样，严复彼时彼地也算尽力补救了。

　　(8)介绍背景

　　原书作者撰稿，读者一般是本国读者或本语读者。作品跨越文化之疆，读者变了，文化背景变了，有些背景知识就成了阅读的障碍。有时不得不做一些背景补充。有时，这些补充还是旁逸斜出的，如附录三中导言十三段1的案语"(5)复案：人道始群之际，其理至为要妙。(6)群学家言之最晰者，有斯宾塞氏之《群谊篇》，柏捷特《格致治平相关论》二书，皆余所已译者"，其中句5是对前文的评论，句6则是发布相关信息：二书已为我严某所译，当时还未出版，广而告之，有兴趣的读者就翘首以盼吧！

　　不过，更多的背景介绍还是直接服务于原作上下文的内容。如：

原文十三段 3：(4) But the proportion of the population which they influence is very small; and, generally, the hereditary criminal and the hereditary pauper have propagated their kind before the law affects them.

导言十六段 2：(13)盖如是之事，合通国而计之，所及者隘，一也；民之犯法失业，事常见诸中年以后，刑政未加乎其身，此凶民惰民者，已婚嫁而育子矣，又其一也。

原文说影响人口比例很小，辖定在什么范围内？严复扩充了"合通国而计之"，揭示其潜在内容，使背景得以显化；而罪犯与贫民人到中年，法律对其发挥作用时，他们已婚嫁生育了，"事常见诸中年以后"是对原文的加写。再看一例：

原文 X 段 3：(4) That is their inheritance (the reality at the bottom of the doctrine of original sin) from the long series of ancestors, human and semi-human and brutal, in whom the strength of this innate tendency to self-assertion was the condition of victory in the struggle for existence.

导言十二段 1：(18)人之先远矣，其始禽兽也。(19)不知更几何世，而为山都木客；又不知更几何年，而为毛民猺獠；由毛民猺獠，经数万年之天演，而渐有今日，此不必深讳者也。

导言是对原文的阐释，对人类起源于兽做了简介。严复认为有必要再做生发，介绍更多的背景知识，于是又做导言十二段 2：

复案：(1)西人有言，十八期民智大进步，以知地为行星，而非居中恒静，与天为配之大物，如古所云云者。(2)十九期民智大进步，以知人道，为生类中天演之一境，而非笃生特造，中天地为三才，如古所云云者。(3)二说初立，皆为世人所大骇，笃旧者，至不惜杀人以敚其说。(4)卒之证据厘然，弥攻弥固，乃知如如之说，其不可撼如此也。(5)达尔文《原人篇》，希克罗德国人《人天演》，赫胥黎《化中人位论》，三书皆明人先为猿之理。(6)而现在诸种猿中，则亚洲之吉贲音奔、倭兰两种，非洲之戈票拉、青明子两种为尤近。

(7)何以明之？(8)以官骸功用，去人之度少，而去诸兽与他猿之度多也。(9)自兹厥后，生学分类，皆人猿为一宗，号布拉默特。(10)布拉默特者，秦言第一类也。

复案句1讲地球科学知识，句2讲人类起源，句3与句4讲世人态度与学术的生命力。句5开始切入主题。英德两国三位科学家著书证明人类祖先为猿类。句6又以亚非两洲现存猿类为例，从生理学上证明它们更近于兽类和其他猿类。句9又从生物学角度证明人猿一家，统属灵长类（布拉默特）。

(9)取便发挥

取便发挥，指译者借翻译之机，一是把自己的想法或认识充分地表达出来，二是基于原作的思想把话说得更充分，把理说得更透彻。如：

原文Ⅶ段3：(1)Thus, as soon as the colonists began to multiply, the administrator would have to face the tendency to the reintroduction of the cosmic struggle into his artificial fabric, in consequence of the competition, not merely for the commodities, but for the means of existence. (2)When the colony reached the limit of possible expansion, the surplus population must be disposed of somehow; or the fierce struggle for existence must recommence and destroy that peace, which is the fundamental condition of the maintenance of the state of art against the state of nature.

导言九段2：(1)设前所谓首出庶物之圣人，于彼新造乌托邦之中，而有如是之一境，此其为所前知，固何待论。(2)然吾侪小人，试为揣其所以挽回之术，则就理所可知言之，无亦二途已耳。(3)一则听其蕃息，至过庶食不足之时，徐谋所以处置之者；一则量食为生，立嫁娶收养之程限，使无有过庶之一时。(4)由前而言其术，即今英伦、法、德诸邦之所用。(5)然不过移密就疏，挹兹注彼，以邻为壑，会有穷时，穷则大争仍起。(6)由后而言，则微论程限之至难定也，就令微积之术，格致之学，日以益精，而程限较然可立，而行法之方，将安出耶？(7)此又事有至难者也。(8)于是议者曰：是不难，天下有骤视若不仁，而其实则至仁也者。(9)夫过庶既必至争矣，争则必有所灭，灭又未必皆不善者也。(10)则何莫于此之时，先去其不善而存其善。

原文段3句1谈日用品和生存资料的竞争,此时此地这不是严复眼中的重点。他看重的是人的繁殖及其处理措施,因而舍去。而导言句1暂且不论导言八的主题"乌托邦",导言句2则猜测其挽救措施(即处理人口繁殖);关于处理人口过剩,严复总结赫胥黎和自己观点,不出二途:其一,"当人口增长达到该殖民地可能扩展的极限时,必须设法把过剩的人口处理掉",这是赫胥黎的观点,来自原文句2前半部;其二:"激烈的生存斗争就又会重新开始",这是严复的观点,下文句4—5对应第一途径,为例证;句6对应第二途径,为论证,但无例证。出于语篇容量的考虑,严复又以导言段3为续写:

  复案:(1)此篇客说,与希腊亚利大各所持论略相仿。(2)又嫁娶程限之政,瑞典旧行之民欲婚嫁者,须报官验明家产及格者,始为胖合。(3)然此令虽行,而俗转淫佚,天生之子满街,育婴堂充塞不复收,故其令寻废也。

复案句1所提"亚利大各"即亚里士多德,时人对这位希腊哲学家及其论说有何种程度的了解,此句提示有无作用,不得而知。复案句2—3是对导言九段2句6的具体证明与回答,进而是对段2句3第二途径的例说。
  上述几处的加写,加强充实了赫胥黎观点,补充之后,正文部分也随之进一步展开,但严复还嫌不够,于是又加写较大规模的复案。至于导言九段3句7—10则纯为加写,严复借此直抒己见,大肆发挥。
  (二)释
  所谓"释",即阐释,是在译文中对原作某处的解释。与"释"相应的变译方法是阐译,即利用增译手段增加译文透明度的变译方法。
  "翻译就是向接近原文本意的方向努力的阐释过程,这一过程永无休止。"[①]这是对全译而言,而变译的阐释,除了以此为基点外,更是以满足读者理解原文的需求而揭示内涵的过程。时代不同,变译者面对的读者不同,所需阐释的程度也不同,因此阐释在一定程度上是与时俱进的。严译阐释多半是对原作中某些词、语、句的阐释,但也有自写自释,即严复对自己加写的内容又

---

① 李静滢:《论翻译中文本阐释与译者的取向作用》,载《深圳大学学报》(人文社会科学版),2001年第6期,第122—127页。

进行阐释。如导言二段1"自递嬗之变迁,而得当境之适遇,其来无始,其去无终,曼衍连延,层见迭代,此之谓世变,此之谓运会。运者以明其迁流,会者以指所遭值,此其理古人已发之矣",原文论述世变,严复加写了"运会",旋即对"运"与"会"又分别阐释。另外,还存在释中有释现象,即在解释原作内容之后,发现所释内容中还有需要阐释的内容,再做阐释,形成连环阐释。

据语料库统计,严译《天演论·上卷》至少有50处对原作施以"释"的策略;"释"的单位有字、词、小句、复句,以词语为多;"释"的方式有释正以俗、释以中例、释略以详、释以背景、释以内涵等;"释"的功用有释疑解惑、解释原因、具化内容、提供相关知识等。

1."释"的单位

(1)词

释词,即阐释的对象为原文中的人名、地名或者科技术语。前二者为专名,不为中国读者所知时须做解释,以便读者了解上下文;科学术语则因行业不同或过于专业,会给中国读者带来不便,加以诠释。这种阐释仿佛在做科学普及。如:

原文Ⅷ段2:(3)I have not met with any grounds for suspecting that the average Englishmen of today are sensibly different from those that Shakspeare knew and drew. (4)We look into his magic mirror of the Elizabethan age, and behold, nowise darkly, the presentment of ourselves.

导言十六段2:(5)词人狭斯丕尔之所写生,狭,万历间英国词曲家,其传作大为各国所传译宝贵也。(6)方今之人,不仅声音笑貌同也,凡相攻相感不相得之情,又无以异。

正文已对Shakspeare做了解释,即在其前增加"词人"二字,在注解中又解释:"狭,万历间英国词曲家,其传作大为各国所传译宝贵也。"不过,"词人"和"词曲家"二者同义不同形,为重复解释,有叠床架屋之感。词人指填词方面有成就的人,词曲是词与曲两种文艺形式的合称,所以更确切的说法应是"戏剧家",广义上也称作词曲家!"万历年间"即1573—1620年,而莎士比亚生卒年为1564和1616年,区间大致吻合。可见严译短短的阐释包含了作家的生卒时间、国籍、职业与成就,非常简明。

严复也有释词不准的时候,这反映出一种比附现象。如:

导言十六段 3：(16)如至今马种，尚有忽出遍体虎斑，肖其最初芝不拉野种者。(17)或谓此即《汉书》所云天马。

严复译介的"芝不拉"原文为"zebra"，原产美国南部，即白斑马，而阐释援引《汉书》的"天马"，一指古代骏马名，如："得乌孙马好，名曰'天马'……及得大宛汗血马，益壮，更名乌孙马曰西极，名大宛马曰天马云。"① 二指神马，如："太一况，天马下，沾赤汗，沫流赭。"②

(2) 短语

释语，即阐释的对象为原文的短语。比方说，原文涉及某一事物、某一历史事件、某一历史时期等，所反映的原语内涵比词丰富，不为译语读者所知。从应释的内涵上讲，所释文字多半比词要丰富，从外延上讲，所释文字比词要窄。如：

原文Ⅸ段 2：(2a) Other societies, such as those constituted by bees and ants, have also arisen out of the advantage of cooperation in the struggle for existence; (2b) and their resemblances to, and their differences from, human society are alike instructive.

导言十一段 1：(8)试略举之：则禽之有群者，如雁如乌；兽之有群者，如鹿如象，如米利坚之䴇，阿非利加之猕，其尤著者也；昆虫之有群者，如蚁如蜂。(9)凡此皆因其有群，以自完于物竞之际者也。(10)今吾将即蜂之群而论之，其与人之有群，同欤异欤？(11)意其皆可深思，因以明夫天演之理欤？

看变译，禽、兽、昆虫似乎属于遍举，对照原文，才知赫胥黎旨在突出蜂和蚁，因为本节讲蜂群，但原文中"other societies"具体指哪些呢？严复走笔略举一二，一来揭示"other societies"的内涵，二来丰富原文的形象。请注意，严复并未忘记原文的重点，导言句 10 用"今吾将即蜂之群而论之"在语篇上起强调的作用。

---

① 《史记·大宛列传》。
② 《汉书·礼乐志》。

(3) 句

句子是言语交际最小的独立单位,因此能陈述事件,说明事物,发表议论。所陈所说所议比原文词语更丰富,不为读者所明之处,就需一番阐释。不过,因语句是构筑语篇的最小言语单位,而需解释的语句不会太多,相对于词语略少一些。如:

原文Ⅰ段2:(2)Turn back a square foot of the thin turf, and the solid foundation of the land, exposed in cliffs of chalk five hundred feet high on the adjacent shore, yeilds full assurance of a time when the sea covered the site of the "everlasting hills"; and when the vegetation of what land lay nearest, was as different from the present Flora of the Sussex downs, as that of Central Africa now is.

导言一段2:(11)试向立足处所,掘地深逾寻丈,将逢蜃灰。(12)以是蜃灰,知其地之古必为海。(13)盖蜃灰为物,乃蠃蚌脱壳积叠而成。(14)若用显镜察之,其掩旋尚多完具者。(15)使是地不前为海,此恒河沙数蠃蚌者胡从来乎?(16)沧海扬尘,非诞说矣!

原文分号后有两次比较。前一次是所翻开之地与英国苏塞克斯丘岗的种类比较,后一次是中非与英国苏塞克斯丘岗的种类比较,因中国读者对苏塞克斯不知,同时这种比较无实在信息,严复舍去。原文分号前表明白垩峭壁古时实为海洋所淹,于当时中国读者而言,是比较专业的学说(于现代读者也是如此)。首先,什么是"chalk"(白垩)?白垩为疏松的石灰质岩石,主要成分是碳酸钙,严复用"蜃灰"译之。而什么是蜃灰?蜃即平常所说的大蛤蜊,而蜃灰大致相当于蜃炭,即蚌和蛤烧成的灰,有防潮作用。可见这种翻译是一种附会。附会也是一种解释,而更大的解释是对前一分句的解释,即导言句13—16,句13说蜃灰的成因,但从地质学上讲,蜃灰在此不是烧制而成,而是巨量蚌蛤沉积、被覆盖埋藏、经高温高压而成。句14介绍蜃灰中还有未完全成灰的蚌或蛤。句15则是反问,实为再次指明成因。句16是议论,肯定成因。

2. "释"的方式
(1) 释正以俗

"俗"即通俗的说法,"正"即规范的名称。释正以俗或以俗释正,有助于科技术语的传播；另外，有些术语是音译，徒有形音而无实义，国内读者不懂，以俗称释之，可以中西接轨。如：

  导言二段3：(38)官与物尘相接，由涅伏俗曰脑气筋。以达脑成觉。

该句取自严复案语，介绍斯宾塞的天演之义，无原文。严复用俗称"脑气筋"解释音译词"涅伏"，即"nerve"（神经）的音译。
(2) 释以中例

释以中例，即同一道理用原文例子证明当时中国读者不能明白，严复用本土例子解释。马祖毅曾认为："严复阐释西方经典的目标的是'新学'与'旧学'做斗争，批判洋务派的'中学为体，西学为用'，要学习西方的自然科学方法和民主政治制度。"①如：

  原文Ⅷ：(1) Of the more thoroughgoing of the multitudinous attempts to apply the principles of cosmic evolution, or what are supposed to be such, to social and political problems, which have appeared of late years, a considerable proportion appear to me to be based upon the notion that human society is competent to furnish, from its own resources, an administrator of the kind I have imagined. (2) The pigeons, in short, are to be their own Sir John Sebright.

  全译八：(1)近年来出现的，比较彻底的无数次试用宇宙进化的原理，或者假定是这样的原理于社会的和政治的问题，我认为很大一部分是基于这样的看法，即认为人类社会有能力从自己的人力资源中提供我所想象的那种行政长官。(2)简言之，鸽子们将成为他们自己的约翰·塞伯莱特爵士。

  导言十段2：(2)今乃以人择人，此何异上林之羊，欲自为卜式；汧渭之马，欲自为其伯翳，多见其不知量也已。(3)案原文用白鸽欲自为施白来。(4)施，英人最善畜鸽者也，易用中事。

---

① 马祖毅：《中国翻译简史——五四以前部分》（增订版），北京：中国对外翻译出版公司，1998年，第382页。

导言中"此何异上林之羊,欲自为卜式;汧渭之马,欲自为其伯翳,多见其不知量也已"是严复替换原文的例子,原作内容则转为注释即案语,导言句3是严复的坦率交代,述原文之意,可见其态度严谨。至此,严复最终还是没有交代施白来为何许人物。接着导言句4又注"施,英人最善畜鸽者也",不仅如此,还对自己的变通行为做出交代("易用中事"),可见是为读者所想。本例属于释中有释。

（3）释略以详

释略以详,即用详细内容表达原文过简的内容。这种阐释通常是融入式阐释,即阐释文字与正文融合,不对原文,不易察觉。如导言一段1句对原文"Cæsar"进行阐释,译作"罗马大将恺彻",加入的是"罗马大将",不读原作,定然发现不了这是加写的。这类阐释较多,在此不赘。

（4）释以背景

有的背景知识若不阐释,或者释得不清,读者就不能或者不能完全理解。翻译的文本目的和非文本目的,翻译的政治目的、文化目的或经济目的与翻译的文本目的是有区别的。各种目的译前与译后产生的矛盾就需要解释。如:

原文Ⅹ段4:(10) And, though one cannot justify Haman for wishing to hang Mordecai on such a very high gibbet, yet, really, the consciousness of the Vizier of Ahasuerus, as he went in and out of the gate, that this obscure Jew had no respect for him, must have been very annoying.

全译十段4:(11)虽然人们不能替哈曼想要把摩迪开吊死在那样一个很高的绞架上进行辩护,但是,说真的,当阿哈苏鲁斯的这位大臣出入宫门而这个卑贱的犹太人对他毫不尊敬时,他的内心一定是很恼火的。

导言十三段2:(3)李将军必取霸陵尉而杀之,可谓过矣。(4)然以飞将威名,二千石之重,尉何物,乃以等闲视之,其憾之者犹人情也。(5)案:原文如下:埃及之哈猛,必取摩德开而枭之高竿之上,亦已过矣。(6)然彼以亚哈木鲁经略之重,何物犹大,乃漠然视之,门焉再出入,傲不为礼,则其恨之者尚人情耳。(7)今以与李广霸陵尉事相类,故易之如此。

严复将《圣经》中哈曼受辱的故事换作李广取霸陵尉而杀之的故事,

二者情节本质相同。先看原作注释所讲的故事内容：哈曼在王宫门口遇到摩迪，见他既不起立也不行礼，极为愤怒。再看李将军的故事：西汉著名军事将领李广(？—前119年)有一次去蓝田南山射猎，夜归路过霸陵亭，霸陵亭尉醉酒，呵斥并扣留李广等人留宿霸陵亭下。不久，匈奴攻入辽西，击败了韩安国的军队，皇帝册封李广为右北平太守。李广求皇帝派霸陵亭尉一同前去，到了军中，李广就把亭尉杀了。两个故事严复均按同一模式而写：先概括事件，再下评语。严复有所交代，句5之首"案：原文如下"是交代，句7则说明"本人"的换例属于同质替换，能取同样效果，实为读者着想。Haman(哈曼)、Mordecai(摩迪开)、Ahasuerus(阿哈苏鲁)三者何人？前者为波斯大臣，中者为波斯国王后的继父，后者为波斯国王。只有明白了三人的关系，才可知摩迪开为何可以蔑视哈曼。由此看来，尽管严复为"哈猛"作了"埃及"限定，但对"摩德开"和"亚哈木鲁"未做阐释，严复的努力只算完成了一半。

本例反证了背景知识的阐释对理解的重要性。严复先以译例换原例，然后又将原例译作案语，说明严复谨慎；反过来看，原例留在文中，反而束缚了严复的手脚，他想说清，却未能如愿。

(5) 释以内涵

释以内涵，即揭示原作词语的内涵。严复常采用夹注式阐释，即阐释文字夹在正文之中，用小字号突出，有时会加上"案"等字样，如导言三段3 "(4)马尔达有言：万类生生，各用几何级数。(5)几何级数者，级级皆用定数相乘也。(6)谓设父生五子，则每子亦生五孙。"再如：

原文Ⅷ段2：(1) There can be no doubt that vast changes have taken place in English civilization since the reign of the Tudors.

导言十六段2：(2) 持今日之英伦，以与图德之朝相较，自显理第七，至女主额勒查白，是为图德之代，起明成化二十一年至万历三十一年。(3) 则贫富强弱，相殊远矣。

"since the reign of the Tudors"(都铎王朝)具体指什么时段？相当于中国哪朝哪代？中国人一般不知，若是现在，一般释之以公元纪年。一百多年前则用"朝代＋帝王年号＋数字"表示，所以严复释之以英国王朝的起始朝代，即

"自显理第七,至女主额勒查白",这是英国历史时段表示法。严复唯恐中国当时知识界不明白,又用中国历史时段表示法即"起明成化二十一年至万历三十一年"做二重解释,可谓详备之至。若是当下,严复定会注释为"1486—1604年",做三重解释。

3."释"的功用

美国著名文化学者阿皮亚提出了"深度翻译"观(thick translation),国内亦译作"厚翻译",在译中加写注释,以显示原作丰厚的语言与文化语境。(Appia,2000:417—429)与常规的阐释不同,严复变译所释的内容既非脚注,也非尾注,而是与原文的汉译或夹注,或融为一体,有时不与原文对比分析,断然看不出所释内容与译文二者的界限。

(1)释疑解惑

解释疑难,解除疑惑,是阐释策略的主要功能。文本有自己的视野,译者也有自己的视野,二者不完全一致;此外,读者会有自己的期待视野,三种视野的不一致,必生疑惑,要想产生"视野融合",就有必要予以解释。在此仅以最小的单位"词"为例,看严复如何释义或释音。如:

> 导言二段 3:(16)所谓由流之凝者,盖流者非他,此流字兼飞质而言。

例中"此流字兼飞质而言"旨在释"流"。"流",古汉语有"液体、移动、行走、流行、动荡、流放、寻求、河流、流派"等义,而"兼飞质"之义,实为"流"的语境义,是严复用于此而产生的临时义。严复释之,以便读者确切理解他的用意,因为这是严复案语中的一句话。再看例。

> 导言十二段 2:(6)而现在诸种猿中,则亚洲之吉贲音奔、倭兰两种,非洲之戈栗拉、青明子两种为尤近。

本例为严复案语,介绍了亚非的猿人。其中小五号字"音奔"是释音。释音的例子《天演论·上卷》仅此一例。"贲"有三音:bēn、bì 和 féi,第三个音用于姓,在此不论。bēn 音少用,意为"奔跑",现代汉语组词一般只有"虎贲"(古代指像追逐猎物的老虎一样勇猛的武士)和"贲门"(指与食管相连的胃上端的入口,食物由食管通过贲门进入胃里)。bì 属于文言,意为"光彩华美",也不大用。整部《天演论》用了不少繁体、异体、通假字,为何独独对"贲"字加注读音?原来严复对产生于印度及南方诸岛的"gibbon"(长臂猿)采用的是音意兼译,为何不选"奔"而选"贲"呢?笔者认为,这应归于"雅"的作用。多用生僻字词,且古代有"虎贲"一说,而长臂猿作为人类祖先,高大威猛,像武士。所以在 bēn 与 bì 之间,严复认为有必要注音,多替读者着想。正如"陈寅恪"第三个字的读音,如果他父母或者本人不做说明,后人只有猜测了。我们发现,严复注的还是近古音,用的是北方官话,而非他家乡的闽南话!另外,"贲"注的是"gibbon"的后一音节,而前一音若用"急"或"疾",又怕用太俗的字,给人非动物的印象,最后用了"吉"字。这只是笔者的理解与解释。

引例中"倭兰"的原文是"orang"或"orang-outang",即猩猩,它产于苏门答腊、婆罗洲、爪哇等海岸及多沼泽的森林。"戈栗拉"的原文是"gorilla",即大猩猩,它产于纽义利亚山。"青明子"的原文为"chimpanzee",即黑猩猩,它产于中央非洲西部森林。这些均是可释而未释之处。

(2)解释原因

事出总有因,有的原因是作者忘了交代,较多的是作者认为没有必要交代,更多的是原作不必交代,进入译语背景则有必要交代。所以,严复对原作的不少内容做了原因解释。如:

原文Ⅰ段2:(2b) And they followed ancestors which, in the climate of the glacial epoch, probably flourished better than they do now.

导言一段2:(3)<u>遐古之前</u>,坤枢未转,英伦诸岛,乃属冰天雪海之区,<u>此物能寒,法当较今尤茂</u>。

导言画线部分是对原文的译述,而"坤枢未转"属于增添,是对英伦诸岛处于"glacial epoch"(冰天雪海)成因的解释;而"此物能寒"又是"probably flourished better than they do now"(法当较今尤茂)原因的交代。

(3)具化内容

具化内容,即释抽象以具象。当原文很抽象、泛泛而谈时,严复会将其具体的内容表达出来,向读者传达实际内容。原文话语有时只在原语背景下才能明白,译成汉语,字是认识,内涵却不清,必要时需阐释。1973 年中国科学院全译 *Evolution and Ethic* 时在序言翻译中对内涵也加了注释,所不同的是全译者在

释文之后加上破折号,并标明"译注"二字,整个阐释文字放在方括号内。如:

  我现在要竭力去做到的,就是去澄清那种看来对许多人已证明是障碍的东西,这就是指那种表面上的反论[著者在这里是说,表面上看起来是错误的而实际上是正确的论点——译注]

全译本序言翻译对一个成语还加了注,以揭示其内涵:

  然而伦理科学在各个方面都是同宗教和政治纠缠得如此之紧,以致一个讲演人要讨论伦理问题而不牵涉到宗教问题或政治问题,他非得具备一个跳鸡蛋舞[蒙着眼睛在散布着鸡蛋的地上跳舞——译注]的人所具有的那种机敏的技巧不可。

与其不同,在所释文字前严复有时标明"案语",整个阐释文字有时用小字号突出,例见下文。请看严复使用的其他的具体化手段:

  原文Ⅵ段1:(1) Let us now imagine that some administrative authority, as far superior in power and intelligence to men, as men are to their cattle, is set over the colony, charged to deal with its human elements in such a manner as to assure the victory of the settlement over the antagonistic influences of the state of nature in which it is set down.
  导言八段1:(1)又设此数十百民之内,而有首出庶物之一人,其聪明智虑之出于人人,犹常人之出于牛羊犬马,幸而为众所推服,立之以为君,以期人治之必申,不为天行之所胜。

"cattle"本指"家畜",是上位概念,严复将其具化为下位概念,选其次级范畴中的"牛羊犬马"取代其上位概念,这种具化使译文获得实在感,很符合汉民族的阅读心理。再看一例:

  原文Ⅰ段8:(1b) Evolution excludes creation and all other kinds of supernatural intervention.

导言二段 2：(4)故用天演之说，则竺乾、天方、犹太诸教宗，所谓神明创造之说皆不行。

"creation"虽说首字母没有大写，也未加定冠词"the"，但仍指《圣经》所说的上帝创造世界的创世说；而"all other kinds of supernatural intervention"到底指什么呢？严复知识渊博，将其内容具体化，释为"竺乾、天方、犹太诸教宗"，使变译比全译要具体实在。

(4) 提供相关知识

原作 *Evolution and Ethic* 虽为普及性演讲词，毕竟涉及许多知识，有些不为当时中国读者所知，因此，对相关知识背景有必要做一交代。凭严复的博闻强识，所释之处基本上精当明了，要言不烦。如：

原文Ⅸ段 2：(5) Queen, drones, and workers have each their allotted sufficiency of food; each performs the function assigned to it in the economy of the hive, and all contribute to the success of the whole cooperative society in its competition with rival collectors of nectar and pollen and with other enemies, in the state of nature without.

导言十一段 2：(5)一群之民，宜通力而合作。(6)然必事各视其所胜，养各给其所欲，平均齐一，无有分殊。(7)为上者职在察贰廉空，使各得分愿，而莫或并兼焉，则太平见矣。(8)此其道蜂道也。(9)夫蜂有后，蜂王雌故曰后。(10)其民雄者惰，而操作者半雌。(11)采花酿蜜者皆雌而不交不孕，其雄不事事，俗误为雌，呼曰蜂姐。

导言句 5—6 译述了原文的内容。严复用"一群之民"代替原文的"queen, drones, and workers"，可能顾及中国读者对蜜蜂还不十分了解，所以导言句 9 释蜂后，句 10—11 再释雄蜂和工蜂。

严译阐释所提供的知识也有瑕疵，如导言三段 3"英国计学家*即理财之学*。马尔达有言：万类生生，各用几何级数"用"理财之学"释"计学家"，所释对象不准，这并非知识有误，而是严复错放了位置，所释文字应在"计学"之后。再如：

原文Ⅴ段 1：(2) Suppose a shipload of English colonists sent to form a settlement, in such a country as Tasmania was in the middle of the last century.

导言七段 1：(2)<u>今设英伦有数十百民，以本国人满，谋生之艰，发愿前往新地开垦</u>。(3)满载一舟，到澳洲南岛<u>达斯马尼亚所</u>。(4)澳士大利亚南有小岛。

严复以"以本国人满，谋生之艰"释殖民者前去开拓殖民地的原因，对地名"Tasmania"(塔斯马尼亚)加限定语"澳洲南岛"，既指明了该地的国属，又明确了方位。但是，严复将"澳洲南岛"融入正文之后，又用小字号注解塔斯马尼亚，形成双重阐释，有蛇足之嫌。尽管严译的阐释有些微瑕疵，但其阐译具有时代性，发挥了应有的作用。

（三）评

所谓"评"，即评论，指对所译的内容进行批评或发表议论。

美国学者许华茨认识到："严复主要是以一个翻译家和评论家而著称于世。顺便说一句，对严是一个评论家这一点必须加以强调，因为他的大多数翻译都是同他的按语交织在一起的。因此，这些按语必然同译文本身一样引起读者的极大注意。"①我们要补充的是：严复的评论既集中于案语，也散布于本文。

据语料库统计，严译《天演论·上卷》至少有 41 处对原作实施"评"的策略，其语表形式有句、句群或段和节，以句群为多；"评"的方式有引导式评论、后续式评论、夹译夹评等；"评"的功用有承前启后、透彻说理、深化主题、促人深思等。

1."评"的单位

"评"的单位，指严译中的被评论的单位。由于严复往往是对某一思想进行评论，所以评的单位以句、句群或段、节为主。

(1)句

句子是独立表述思想的最小单位，严复要评论原作，最容易找到的对象就是句子。如：

---

① [美]许华茨著，滕复等译：《严复与西方》，北京：职工教育出版社，1990 年，第 76 页。

原文Ⅱ段 2：(3a) The same proposition is true of all the works of man's hands, form a flint implement to a cathedral or a chronometer; and it is because it is true, that we call these things artificial, term them works of art, or artifice,

导言四段 1：(19)自古之土铏洼尊，以至今之电车铁舰，精粗迥殊，人事一也。(20)故人事者，所以济天工之穷也。

导言句 19 改译、增译了原文，句 20 是对"人事"的评论，揭示其作用在于"济天工之穷"。这一评论在原文变译之后，所评的对象是原文的复句。

(2)句群或段

句群与段的关系为三种：大于段，等于段，小于段。所以句群的评论总与段有关。如：

原文Ⅰ段 9：So far as that limited revelation of the nature of things, which we call scientific knowledge, has yet gone, it tends, with constantly increasing emphasis, to the belief that, not merely the world of plants, but that of animals; not merely living things, but the whole fabric of the earth; not merely our planet, but the whole solar system; not merely our star and its satellites, but the millions of similar bodies which bear witness to the order which pervades boundless space, and has endured through boundless time; are all working out their predestined courses of evolution.

导言二段 2：(11)是故天演之事，不独见于动植二品中也。(12)实则一切民物之事，与大宇之内日局诸体，远至于不可计数之恒星，本之未始有始以前，极之莫终有终以往，乃无一焉非天之所演也。(13)故其事至赜至繁，断非一书所能罄。

本例一段即一个句群。原文尽管有四对"not... but..."结构将内容逻辑性地排列，而严复采用的空间布局是由近而远，再辅之以时间要素从过去到将来，将原文译述一遍，层次感更强，于是有了导言句 11—12。而对天演之赜之繁,严复做出评判"断非一书所能罄"。

(3)节

《天演论·上卷》除4小节之外,每节之后都有案语,其中多数是对本节前面本文内容的评论。如:

> 导言十三段3:复案:(1)赫胥黎保群之论,可谓辨矣。(2)然其谓群道由人心善相感而立,则有倒果为因之病,又不可不知也。(3)盖人之由散入群,原为安利,其始正与禽兽下生等耳,初非由感通而立也。(4)夫既以群为安利,则天演之事,将使能群者存,不群者灭;善群者存,不善群者灭。(5)善群者何?(6)善相感通者是。(7)然则善相感通之德,乃天择以后之事,非其始之即如是也。(8)其始岂无不善相感通者?(9)经物竞之烈,亡矣,不可见矣。(10)赫胥黎执其末以齐其本,此其言群理,所以不若斯宾塞氏之密也。(11)且以感通为人道之本,其说发于计学家亚丹斯密,亦非赫胥黎氏所独标之新理也。

> 导言十三段4:又案:(1)班孟坚曰:不能爱则不能群,不能群则不胜物,不胜物则养不足。(2)群而不足,争心将作。(3)吾窃谓此语,必古先哲人所已发,孟坚之识,尚未足以与此也。

段3句1"辨"通"辩",意为"言辞漂亮动听"。句1—2为总评:群道之立于同情是倒果为因。句3—9为剖析:句3—7论人类因利而组群,其中能群者生,生的理由是同情心,而最终才是同情心的源头——良心,即严译的"天良"。组群之初并非绝无不同情者,但因与外敌竞争的需要而群内矛盾化解,于是严复又写了句8—9。可见同情心、天良、团结保群都是天演的产物,而不是原因,是"末",而非"本"。至此是分析。而句10批评赫胥黎本末齐观,不及斯宾塞之严谨,这是横比,旨在同中求异。至于句11,指明其思想来源,让读者明白保群论并非赫胥黎原创,这是纵比,旨在异中求同。

导言十三段3既有理性思辨,又有纵横比较。段3是英国国内比较,论据都取自西方,尚缺乏本土观照,于是严复"又案"!导言十三段4,引中国古代史家班固(字孟坚,东汉扶风安陵人,著有《汉书》)与赫胥黎作比,属于中外比较,具体是中英比较。

2. "评"的方式

(1) 导引式评论

段首或节首发表一番议论，无非是为本文翻译铺路，起到导引作用。有时评论夹在上下文之间，于上文是接续，于下文则是引导。如：

> 原文 XV 段 1：(3) And the business of the moral and political philosopher appears to me to be the ascertainment, by the same method of observation, experiment, and ratiocination, as is practised in other kinds of scientific work, of the course of conduct which will best conduce to that end.

> 导言十八段 1：(7) 古之为学也，形气、道德，歧而为二，今则合而为一。(8) <u>所讲者虽为道德治化形上之言，而其所由径术，则格物家所用以推证形下者也。</u>(9) 撮其大要，可以三言尽焉。(10) <u>始于实测，继以会通，而终于试验。</u>(11) 三者阙一，不名学也。(12) 而三者之中，则试验为尤重。(13) 古学之逊于今，大抵坐阙是耳。

画线部分是原文句3的转述。导言句8前的"古之为学也，形气、道德，歧而为二，今则合而为一"是加写，也具有评论的作用。正是上文的"形气"与"道德"合二为一，才自然接上原文句3的内涵，才能讲明"形上之言"如何经由格致得出事物的道理。此外，导言句10照事理逻辑的真正句序应是：始于实测，继以试验，而终于会通（形成理论）。

(2) 后续式评论

变译原文之后，译者觉得有必要就此做出一定的评论，这属于后续式评论。后续式评论在《天演论·上卷》评的策略中占主体。严译段末、节末的案语多数具有这一性质。"有的评论论题或抽象，或涉及敏感的政治性问题，不便于正面表现，这时往往要借题发挥，化抽象为具体。"[①] 这也是后续式评论顺事说理的长处。如：

> 导言七段 2：复案：(1) 由来垦荒之利不利，最觇民种之高下。(2) 泰

---

① 黄家雄：《合机与缝合——评论用典方法谈》，载《新闻写作研究》，1998年第12期，第29—30页。

西自明以来，如荷兰，如日斯巴尼亚，如蒲陀牙，如丹麦，皆能浮海得新地。(3)而最后英伦之民，于垦荒乃独著，前数国方之，瞠乎后矣。(4)西有米利坚，东有身毒，南有好望新洲，计其幅员，几与欧亚埒。(5)此不仅习海擅商，狡黠坚毅为之也，亦其民能自制治，知合群之道胜耳。(6)故霸者之民，知受治而不知自治，则虽与之地，不能久居。(7)而霸天下之世，其君有辟疆，其民无垦土。(8)法兰西、普鲁士、奥地利、俄罗斯之旧无垦地，正坐此耳。(9)法于乾、嘉以前，真霸权不制之国也。(10)中国廿余口之租界，英人处其中者，多不逾千，少不及百，而制度厘然，隐若敌国矣。(11)吾闽粤民走南洋美洲者，所在以亿计，然终不免为人臧获被驱斥也。(12)悲夫！

往近处说，导言七段 2 在评"通力合作"可以"蔚然成国"之理，是对前面整个段 1（见附录三导言六段 1 句 12）的评论；往远处说，是在受"垦土建国之事，明人治之正术"的点评（见附录三导言十五段 1 句 8 对导言七的主题概括）。后者是对节内容的评论。例中句 1 摆出论点，句 2—9 是论据之一，表现出对西方的肯定，句 10—11 是对中国及华侨的否定。中外比较，有了高下，严复大发悲叹，于是有了句 12。

(3) 夹译夹评

有时评论夹在译文前后句、前后段之间，形成夹译夹评之势。如果是两层意思，评论文字夹在其中，还有承上启下的语篇功用。评嵌于译，前后形成整体，天衣无缝。如：

原文 I 段 2：(3) Compared with the long past of this humble plant, all the history of civilized men is but an episode.

原文 I 段 3：(1) Yet nothing is more certain than that, measured by the liberal scale of time-keeping of the universe, this present state of nature, however it may seem to have gone and to go on for ever, is but a fleeting phase of her infinite variety; merely the last of the series of changes which the earth's surface has undergone in the course of the millions of years of its existence.

导言一段 2：(4) 此区区一小草耳，若迹其祖始，远及洪荒，则三古以还年代方之，犹瀼渴之水，比诸大江，不啻小支而已。(5) 故事有决无可疑者,则天道变化,不主故常是已。(6)特自皇古迄今,为变盖渐,浅人不察,遂有天地不变之言。(7)实则今兹所见,乃自不可穷诘之变动而来。(8)京垓年岁之中,每每员舆,正不知几移几换而成此最后之奇。

导言句4改译了原文I段2句3,即原段2最后一句,导言句7—8译述了原文I段3句1,导言中间的句5是对前文的评论,起承上作用;句6是对句7—8的评论,有启下作用;两句一前一后连起原文的两段,成了过渡句。从评的方法看,这是夹译夹评。

3."评"的功用
(1)承前启后
评论有时既可对本文内容的变译作评,又可充当承前启后的语篇衔接手段,起到一石二鸟的作用:既能突显题旨,亮出严复的观点,又可聚拢原文内容。评是前面译文的引申,又是对后面译文的引导。如:

原文II段1:(9b)In evidence of the victory of the cosmic powers at work in the state of nature, over the temporary obstacles to their supremacy, set up by the art of the horticulturist.

原文II段2:(1)It will be admitted that the garden is as much a work of art, or artifice, as anything that can be mentioned.

导言四段1:(14)是青青者又战胜独存,而遗其宜种矣。(15)此则尽人耳目所及,其为事岂不然哉!(16)此之取譬,欲明何者为人为,十亩园林,正是人为之一。

严复将原文段1最后一句与原文段2第一句合拢。导言句14对原文句9b有增有减,导言句15是对句14的评论,句16为句14的道理作证,且对句15的评论提供事实依据。句16正好启动原文段2句1的内容,其中的"此之取譬,欲明何者为人为"起到语篇呼应作用。

(2)透彻说理
议论有时借翻译之便,顺势发表意见,把道理说得更透彻,说得更明白。透彻说理的前提是对所译内容深入了解,把住文脉,依事说理,才能入木三分。为此,"采取立中寓破、破中有立,即摆矛盾、砭时弊、明是非、指方向的说理方

法","在破与立的结合上阐明评论的论点和见解"。① 如:

原文Ⅰ段10:(2c)And all living things tend to multiply without limit, while the means of support are limited; the obvious cause of which is the production of offspring more numerous than their progenitors, but with equal expectation of life in the actuarial sense.

导言三段2:(6)且其事不止此,今夫生之为事也,孳乳而浸多,相乘以蕃,诚不知其所底也。(7)而地力有限,则资生之事,常有制而不能逾。(8)是故常法牝牡合而生生,祖孙再传,食指三倍,以有涯之资生,奉无穷之传衍,物既各爱其生矣,不出于争,将胡获耶?(9)不必争于事,固常争于形。(10)借曰让之,效与争等。(11)何则?(12)得者只一,而失者终有徒也。(13)此物竞争存之论,所以断断乎无以易也。

跳过原文"the obvious cause of which is 和 but with equal expectation of life in the actuarial sense"之后,导言句6—8述其大意,其中用"牝牡合而生生,祖孙再传,食指三倍"生动地传达了"the production of offspring more numerous than their progenitors"的内涵,比原文更具体。句8后半部分接着发表议论,亲切自然,以"有涯之资生"应对"无穷之传衍",必然产生矛盾,有矛盾必然有竞争,这是第一层说理。句9—12指明不争相让,实为竞争,这是第二层说理。句13为上述议论作结,指明竞争都是颠扑不破的真理,这是第三层说理。三层说理,层层递进,从具体升华为抽象,读者随着严复的思路逐步攀上了"物竞"、"天择"、"适者生存"的理性高度。

(3)深化主题

原文有时主题不突出,或者严复觉得有必要深化主题,他就借译之机,大发一番议论。"如果不深化主题读者难于了解其作用和意义,甚至还可能对这一事实本身感到困惑,产生这样或那样的副作用。"② 所发议论与原文内容环环相扣,不仅译出了原文的内涵,还说明为什么这样写的理由,原文成了铺垫,

---

① 胡文龙:《于思想交锋中透彻说理》,载《新闻与写作》,1994年第4期,第15—18页。
② 邓开贵:《在采访中深化主题》,载《新闻界》,1994年第4期,第26—27页。

评论成了内容的升华,使得最后的变译作品有了深度和高度。如:

原文Ⅸ段 1:(2) In the absence of any such a severely scientific administrator as we have been dreaming of, human society is kept together by bonds of such a singular character, that the attempt to perfect society after his fashion would run serious risk of loosening them.

导言十一段 1:(4)使未得其人,而欲冒行其术,将不仅于治理无以复加,且恐其术果行,则其群将涣。(5)盖人之所以为人者,以其能群也。(6)第深思其所以能群,则其理见矣。

删减原文之后,严复用"使未得其人,而欲冒行其术,则其群将涣"直述其意,并加写了"将不仅于治理无以复加,且恐其术果行",用递进方式深化"其术"之恶果。导言句 5—6 以句首语气词"盖"字当头,发表议论。承接上文申说理由,点化"能群"和"善群"的主题,简短有力,以此启发读者。

(4)发人深省

针对国内思想的僵化与落后状态,严复借翻译之机常常取便发挥,他的许多评论审时度势,有的放矢,在重要关头,就物竞天择、变法等重大问题发表了一系列评论。有的议论发人深省,促人深思,甚至是撼人心魄。在读者中引起了强烈的反响,也把赫胥黎的道理渗进读者心里。如:

原文Ⅰ段 3:(3) No less certain is it that, between the time during which the chalk was formed and that at which the original turf came into existence, thousands of centuries elapsed, in the course of which, the state of nature of the ages during which the chalk was deposited, passed into that which now is, by changes so slow that, in the coming and going of the generations of men, had such witnessed them, the contemporary conditions would have seemed to be unchanging and unchangeable.

导言一段 2:(17)且地学之家,历验各种僵石,知动植庶品,率皆递有变迁,特为变至微,其迁极渐。(18)即假吾人彭聃之寿,而亦由暂观久,潜移弗知。(19)是犹蟪蛄不识春秋,朝菌不知晦朔,遽以不变名之,真瞽说也。

导言对原文译述之后,在句 19 中严复借用"朝菌不知晦朔,蟪蛄不知春秋"①,挖苦士大夫。蟪蛄即寒蝉,寿命只有四五周,来不及历经春秋,又何以知春秋?以此讽刺士大夫目光短浅,以己度世,自不量力。而句 18 以中国古代寿星彭聃作比:彭,据《列仙传》,指彭祖,是殷代贤大夫,历夏至商末,号称七百岁;聃,即老子,姓李名耳字聃。据《列仙传》,李耳生于殷代,活了一百六十余岁,亦称二百余岁。即使他们,也不能知晓世事变化之大,更何况士大夫呢?!接着严复又直言不讳:"遽以不变名之,真瞽说也。""瞽说"即"瞎说"、"胡说"等,严复在此批评士大夫仓促做出"不变"的结论,真是一派胡言!严复的评论掷地有声,给当时"不变论"者以当头棒喝!

三、"达旨术"之二:减

所谓"减",指去掉原作中在严复看来读者所不需要的信息内容。

"减"是为原文瘦身,让读者读到最需要、最有用的信息。"减"的策略,严复大量用过,连 1973 年中国科学院的全译本也用过。全译本在序言第一页做了脚注:"原书包括著者的五篇论文,书名是《进化论与伦理学及其他论文》,现在这个译本只包括前两篇论文。'进化论与伦理学'指这个译本的后半部。"序文之末译者又在方括号内加注:"以下是关于原书中未翻译的几篇论文的说明,因而从略。"这是因前面的脚注而相应加写的注。

据语料库统计,严译《天演论·上卷》至少有 175 处对原作实施"减"的策略,其语表形式有词、语、小句、复句、句群和段,以词语和句子为多;"减"的方式有删除重复、去掉次要内容、减去无关内容、顺应语势删除、连锁式删除等;"减"的功用有删繁就简、避虚就实、力避啰唆、引证作据、突出主题、反映主张等。

(一)"减"的单位

1. 词

词的删减,指短语或句中单个词的删除,有时体现了译者摄取异域文化的心态。

词的删减在《天演论》中随处可见,最典型的删词例子是《天演论》原书名称 Evolution and Ethics 的删减。赫胥黎认为达尔文的进化论不能完全用于人类社会,后者除进化外,还有伦理问题。而严复此前信奉斯宾塞的普遍进化

---

① 《庄子·逍遥游》。

观,而且从当时中国实情出发,认为最需要的是进化问题,同时认为伦理只是进化的产物,二者不是并列的范畴,而是两个层级的范畴,因而取"evolution"舍"ethics"。关于这一点,李泽厚看得清楚:"书名只用原名的一半,正好表明译述者不同意原作者把自然规律(进化论)与人类关系(伦理学)分割、对立起来的观点。"①王克非也说得透彻:"在严复看来,天演是总纲,伦理只是分支,甚至只是分论'人治'的分支,因为严译'人治'(或'治化')包含有关于人与自然关系的'园艺过程',也包含人与人关系的'伦理过程'。将总纲与分支并列岂不荒唐?"②所以,苏基朗批评道:"严复翻译赫胥黎的《进化与伦理》时,作了重要的观念转换,故变成严复自己创作的,以弱肉强食为要旨的天演论,与赫胥黎的原意几近南辕北辙。对近代中国思想界影响巨大的进化观,究其实是这套托赫胥黎与科学为名的弱肉强食天演论。"③

2. 短语

短语的删减,指句中短语的删除。短语较词要长,意义更丰,删减短语等于去掉了比词更多的内涵。短语有长有短,最长有时相当于一个句子。如:

原文Ⅰ段3:(2)Turn back a square foot of the thin turf, and the solid foundation of the land, exposed in cliffs of chalk five hundred feet high on the adjacent shore, yeilds full assurance of a time when the sea covered the site of the "everlasting hills"; and when the vegetation of what land lay nearest, was as different from the present Flora of the Sussex downs, as that of Central Africa now is.

导言一段2:(11)试向立足处所,掘地深逾寻丈,将逢蜃灰。(12)以是蜃灰,知其地之古必为海。

"solid"是对地基的限定,"exposed in cliffs of chalk five hundred feet high on the adjacent shore"则反映了该地处于英伦之南的具体方位、相对或绝对高

---

① 李泽厚:《严复论》,载《历史研究》,1977年第2期,第24—28页。
② 王克非:《中日近代对西方政治哲学思想的摄取:严复与日本启蒙学者》,北京:中国社会科学出版社,1996年,第61页。
③ 苏基朗:《有法无天? 严复译〈天演论〉对20世纪初中国法律的影响》,载《清华法学》,2012年第5期,第128—142页。

度、当前状况等,在严复看来这些都无关紧要,可删。随之而删的是"the everlasting hills",因为它与前面所删内容属于同指;原文的第二分句则全部删去,因为严复在段2只讨论地球科学问题,不涉及植物,使所讨论的问题专一,以集中读者的注意力。第一项减词,第二、三项减语,第四项减句。

3. 句

句的删减包括小句和复句的删减,句的删减因重复、粗细、照应等因素更受整个上下文的制约。上例已涉及句的删减,又如:

原文Ⅰ段6:(2)Paleontology assures us, in addition, that the ancient philosophers who, with less reason, held the same doctrine, erred in supposing that the phases formed a cycle, exactly repeating the past, exactly foreshadowing the future, in their rotations.

导言二段1:(3)但古以谓天运循环,周而复始,今兹所见,于古为重规;后此复来,于今为叠矩,此则甚不然者也。

不论是古生物学家,还是古代哲学家是否提出了天演学说,严复以"古"字一笔带过,省去了不少内容(以小句为单位),同时抓住原文后半句赫胥黎对古人错误思想的批判,直奔导言二的主题"广义",古今与未来,统统纳入天演之中。再如:

原文Ⅰ段2:(1)Reckoned by our customary standards of duration, the native vegetation, like the "everlasting hills" which it clothes, seems a type of permanence. (2a)The little Amarella Gentians, which abound in some places today, are the descendants of those that were trodden underfoot by the prehistoric savages who have left their flint tools about, here and there;

导言一段2:(1)英之南野,黄芩之种为多,此自未有记载以前,革衣石斧之民,所采撷践踏者。(2)兹之所见,其苗裔耳。

严复将原文句1删除,原因大致有二:其一,他立意在"变",原文句1认为本地植被和小山似乎不变,语气不肯定,这与严复的主张相悖。其二,原文句

2 所举之例属于植物,是句 1 的具体化,严复取具体,舍抽象。下面请看复句的删减:

原文 Ⅹ 段 1:(1)I see no reason to doubt that, at its origin, human society was as much a product of organic necessity as that of the bees. (2) The human family, to begin with, rested upon exactly the same conditions as those which gave rise to similar associations among animals lower in the scale.

导言十二段 1:(1)人之有群,其始亦动于天机之自然乎?

原文句 1 是总说,从句 2 开始是分说,有"to begin with"和后面原文句 3 的"further"语篇关联词为证。再细看,句 2 与句 1 内容本质上相同,是更具体的内容。严复舍去了这一不必要的重复。句 1 同时也减去了比较结构"as that of the bees",它使句 2 失去了比较的对象及其内容,这更是整个句 2 删除的原因。

4.句群

句群是比句更大的单位,能删除句群的地方,多半是其内涵不重要,或者与前后内容有重复、总分、干枝等关系,严复则从读者需求甚至是个人喜好出发,加以删除。如:

原文 Ⅳ 段 5:(1)But it is extremely important to note that, the state of nature remaining the same, if the produce does not satisfy the gardener, it may be made to approach his ideal more closely. (2)Although the struggle for existence may be at end, the possibility of progress remains. (3)In discussions on these topics, it is often strangely forgotten that the essential conditions of the modification, or evolution, of living things are variation and hereditary transmission. (4)Selection is the means by which certain variations are favoured and their progeny preserved.

导言六段 1:(26)譬如树艺之家,果实花叶,有不尽如其意者,彼乃积摧其恶种,积择其善种。(27)物竞自若也,特前之竞也,竞宜于天;后之竞也,竞宜于人。(28)其存一也,而所以存异。

导言六重点讨论"人择",既然是选择,其前提是存在多样性,只有多样才有差异,才有选择。严复用"积攈其恶种,积择其善种"具化了原文句1的部分内容,已包含差异之意;同时原文句2与句1基本同义,自然状态虽然保持原状,但还是会发生选择,斗争也许终止,但还是可能发展。导言句28"其存一也,而所以存异"译述了原文句4,已包含了原文句3交代的背景知识,所以严复将句群(原文句2—3)删除了。

5. 段

段的删减主要是立于节、章乃至书的角度,依据内容的重要性和需要程度而做出的取舍。如《天演论·上卷》共删了6段:原文Ⅰ段4、段7和段11、原文Ⅲ段1、原文Ⅶ段2、原文Ⅺ段5。以行文较长的原文Ⅰ段11为例,句1—2承认段10所论的趋异、选择、竞争三种趋向,那么生物史就有了内在的必然联系,这大大胜过段11所讨论的假说,相比之下这些假说已无甚价值,不必逐译了。再看一例:

原文Ⅰ段4:(a)But it is also certain that, before the deposition of the chalk, a vastly longer period had elapsed, throughout which it is easy to follow the traces of the same process of ceaseless modification and of the internecine struggle for existence of living things; (b) and that even when we can get no further back, it is not because there is any reason to think we have reached the beginning, but because the trail of the most ancient life remains hidden, or has become obliterated.

既然白垩层沉积之前历经了"同样的"演化过程,远古生命的痕迹尚未发现或已消失,就没有必要讨论,也就没有说服力,可以舍去。

(二)"减"的方式

1. 删除重复

原文的重复有主观重复,旨在把问题说清;有客观重复,旨在简述或回顾前述的内容,以推出后面的内容。这些重复进入汉语语境,可能成为冗余,多种重复中有时要择选其一。如:

原文Ⅵ段2:(2)Laws, sanctioned by the combined force of the colony, would restrain the selfassertion of each man within the limits required for the maintenance of peace. (3) In other words, the cosmic struggle for existence, as between man and man, would be rigorously suppressed; and selection, by its means, would be as completely excluded as it is from the garden.

导言八段 1:(8b)取一国之公是公非,以制其刑与礼,使民各识其封疆畛畔,毋相侵夺,而太平之治以基。

原文句 2 指制定法律,约束公民,使其守法。句 3 的语篇标记语"in other words"表明句 3 与句 2 基本同义,或换个说法,或以更具体的方式表达,总之,二者意义相同,译者可以根据需要择其一。严复择句 2 舍句 3,然后译述,又加写了一句"而太平之治以基",为其定性。

2. 去掉次要内容

一节一段之内,内容有主有次,译者为突出主要内容,有时会去掉某些次要内容;有时在正面和反面平行叙述中取其一面。如:

原文Ⅶ段 2:On the other hand, within the colony, the enforcement of peace, which deprives every man of the power to take away the means of existence from another, simply because he is the stronger, would have put an end to the struggle for existence between the colonists, and the competition for the commodities of existence, which would alone remain, is no check upon population.

原文Ⅶ段 1 认为,人口高速繁殖,原因有二:一是人的生殖本能,二是人治有方。这是主要原因。而原文Ⅶ段 2 认为实行和谐相处,则不许弱肉强食,而日用品之争不能控制人口繁殖,因而成不了主要原因,于是被严复删除。又如:

原文ⅩⅣ段 1:(1) What is often called the struggle for existence in society(I plead guilty to having used the term too loosely myself), is a contest, not for the means of existence, but for the means of enjoyment.

导言十七段 1:(1)今之竞于人群者,非争所谓富贵优厚也耶?

原文用了术语"the struggle for existence in society"(社会生存斗争),赫胥黎在括号里谦虚一番:"I plead guilty to having used the term too loosely myself"。在严复直叙赫胥黎思想的过程中,这类谦辞是片叶,完全可以扫去。而在"not for the means of existence, but for the means of enjoyment"这种选择关系中,前者受否定,后者受肯定。而比较中说明事物时,多半取肯定的一面,以从正面说理。删减之后,严复译述了原文,且采用了反问句式,比事实陈述更促人深思。

3. 减去无关内容

当原作中有些内容与主题无关,与节或段的主旨无关时,可以省去。如果在译者或读者看来内容无关紧要,则更可以删除。如:

原文Ⅶ段 1:(1)But the Eden would have its serpent, and a very subtle beast too. (2)Man shares with the rest of the living world the mighty instinct of reproduction and its consequence, the tendency to multiply with great rapidity.

导言九段 1:(1)虽然,假真有如是之一日,而必谓其盛可长保,则又不然之说也。(2)盖天地之大德曰生,而含生之伦,莫不孳乳,乐牝牡之合,而保爱所出者,此无化与有化之民所同也。

原文句 1 "But the Eden would have its serpent, and a very subtle beast too"是原文Ⅶ的开篇句,再看下文,与句 2 意义没有多大的关系,放在这里与题有些不合,甚至是画蛇添足,严复将其删除。再如:

原文Ⅹ段 6:(3)It becomes impossible to imagine some acts without disapprobation, or others without approbation of the actor, whether he be one's self, or any one else. (4)We come to think in the acquired dialect of morals.

导言十三段 2:(16)及其久也,乃不能作一念焉,而无好恶毁誉之别。

(17)由是而有是非,亦由是而有羞恶。(18)人心常德,皆本之能相感通而后有。

原文句4是一种交代,表明前面句3所用语词的专业属性。其实句3的表述本身就表明所用的是专业语言,无须再做叮嘱,所以严复删去了原文句4,代之以导言句17—18,句17由原文句3而来,表示人由此而知好歹,明善恶,而这正是人心之本,之"常德",起因于人的同情心。

4.顺应语势删减

语势顺应,指顺应严复变译的语势要求。语势急促时,会对内容提出相应的要求。比如,语势要求句内的内容前后整齐划一,句子因短促而掷地有声,就不可再狗尾续貂;句子的后半部分有时就可以删除。行文有时为求两两对应,一些零散字句再无处安置,这都会逼迫译者放弃原文的某些内容。如:

原文Ⅺ段5:What would become of the garden if the gardener treated all the weeds and slugs and birds and trespassers as he would like to be treated, if he were in their place?

全译十一段5:如果园丁处在杂草、蛞蝓、鸟和入侵者的地位而像他希望别人对待他自己那样去对待这些东西,那么地将会变成什么样子呢?

原文虽不长,却是一段,从上下文内容的性质看,本可与原文Ⅺ段4句2合为一处,二者均以实例作证。段4句2写社会界,而段5写自然界,放在段4后单独成段,突然插入园丁的例子,与前面段4末尾的内容不协调,即便保留,理论上也是强弩之末,有气无力。此外,严复在原段4翻译之后又大发议论:

导言十四段1:(26)持是道以与物为竞,则其所以自存者几何?(27)故曰:不相比附也。(28)且其道可用之民与民,而不可用之国与国。(29)何则?(30)民尚有国法焉,为之持其平而与之直也。(31)至于国,则持其平而与之直者谁乎?

这番话已上升到"保群"和"自存"的高度,已不能俯首迁就原文段5了,这种语势有逼迫原文段 5 隐没之效。

5. 连锁式删除

连锁式删除,指因前面删除而必须做相应删除的行为。在变译中,有时前面某处删减了内容,后面的内容则要在语篇上与其保持内在的一致,做相应内容的删减。如:

原文Ⅷ:(3)A despotic government, whether individual or collective, is to be endowed with the preternatural intelligence, and with what, I am afraid, many will consider the preternatural ruthlessness, required for the purpose of carrying out the principle of improvement by selection, with the somewhat drastic thoroughness upon which the success of the method depends.

导言十段 2:(5)且欲由此术,是操选政者,不特其前识如神明,抑必极刚戾忍决之姿而后可。

严复直取要义,原文指出无论是个人还是政府,都得具备"intelligence"和"ruthlessness",为了与"神明"相对应,严复省去了"刚戾忍决"的两个长长的限定成分"I am afraid"、"many will consider"和短语"required for the purpose of carrying out the principle of improvement by selection"。其中"selection"的删除引起连锁反应,促使紧随其后的短语"with the somewhat drastic thoroughness upon which the success of the method depends"也因此而删。又如:

原文Ⅸ段 1:(1)I have other reasons for fearing that this logical ideal of evolutionary regimentation—this pigeonfanciers' polity—is unattainable.

导言十一段 1:(1)故首出庶物之神人既已杳不可得,则所谓择种之术不可行。

这一句是由前一节"导言十·择难"得出的结论,即神人难得,人择更难,进化理想即人择不可实现。由于严复已将前一节原文句 2 中的鸽子换作羊和马(见附录三导言十段 2 句 2),原文Ⅸ段 1 开头句仍以鸽子为例,则不合语篇要求,必须随前而删,舍例而取实质内容,同时承上一节内容加写了"故首出庶物之神人既已杳不可得"一句。

(三)"减"的功用

1. 删繁就简

减去次要或非中心内容的功用就是删繁就简。文言的一大特点是文趋精简。而精简方式之一是去掉可有可无或不言而喻的修辞限定成分,如定语、状语等。如:

原文Ⅹ段2:(1)But there is this vast and fundamental difference between bee society and human society.

导言十二段1:(7)然则人虫之间,卒无以异乎? (8)曰:有。

译"vast and fundamental difference"只取中心词,而舍定语,仅用"异"字即可。《天演论》中因古文求简而舍复杂形式成分的现象比比皆是。又如:

原文ⅩⅢ段1:That progressive modification of civilization which passes by the name of the "evolution of society" is, in fact, a process of an essentially different character, both from that which brings about the evolution of species, in the state of nature, and from that which gives rise to the evolution of varieties, in the state of art.

导言十六段2:(1)是故人治天演,其事与动植不同,事功之转移易,民之性情气质变化难。

"That progressive modification of civilization"与"which passes by the name of the 'evolution of society'"之间实为定义关系,前者是"evolution of society"的定义项,非严格的论述若以描述或比喻下定义,且被定义项并不难懂,则可以直取被定义项,严复正是如此操作的。此外,原文分三层:①evolution of the state of nature,②evolution of the state of art,③evolution of society,③既不同于①,也不同于②,严译改动较大,不独"减"而已。

减去无关内容的功用主要是去枝留干。如:

原文 Ⅳ 段 1：(1) Not only is the state of nature hostile to the state of art of the garden; but the principle of the horticultural process, by which the latter is created and maintained, is antithetic to that of the cosmic process.

导言六段 1：(1) 天行人治，常相毁而不相成固矣。(2) 然人治之所以有功，即在反此天行之故。

除了表示关联的词删除之外，严复还将"horticultural process"限定从语"by which the latter is created and maintained"省去，以直接显示中心语，不过他将原文后一分句的因果关系转述出来了。另外，因为严复总用"天行"与"人治"两个术语，因求简短而舍弃了长长的限定成分。又如：

原文 ⅩⅤ 段 3：(1) That man, as a "political animal", is susceptible of a vast amount of improvement, by education, by instruction, and by the application of his intelligence to the adaptation of the conditions of life to his higher needs, I entertain not the slightest doubt.

导言十八段 2：(1) 夫人类自其天秉而观之，则自致智力，加之教化道齐，可日进于无疆之休，无疑义也。

"as"译成"作为"，指"就人的身份来说"，虽说人有多种社会身份，原文短语"as a 'political animal'"在此有语境明确作用，但毕竟是人的身份属性之一，属于次要内容，不言而喻，可以删去。这一内涵在严复所增"自其天秉而观之"中也有隐含。另外，"of the conditions of life to his higher needs"是对"adaptation"的限定，因为严复取"education、instruction、intelligence"三词为要点，受语词严整形式的要求，其中任何一词不得拖泥带水，于是有了"智力，加之教化道齐"。

2. 避虚就实

写文章有实有虚，要分文体。如文学作品务虚者多，科研作品则务实者多。具体到内容的取舍，句式的选择等方面，均有不同程度的体现。汉外之间虚实观有时不同，或者作者与译者的虚实处理的动机存在差异，原作求虚的地方，译者有时要避之，旨在求实。如：

原文 V 段 1：(4) The common plants, the common birds and quadrupeds, are as totally distinct as the men from anything to be seen on the side of the globe from which they come. (5) The colonists proceed to put an end to this state of things over as large an area as they desire to occupy. (6) They clear away the native vegetation, extirpate or drive out the animal population, so far as may be necessary, and take measures to defend themselves from the reimmigration of either.

导言七段 1：(5)弃船登陆，耳目所触，水土动植，种种族类，寒燠燥湿，皆与英国大异，莫有同者。(6)此数十百民者，筚路褴褛，辟草莱，烈山泽，驱其猛兽虫蛇，不使与人争土，百里之周，居然城邑矣。

原文句 5 务虚，交代殖民者占地之后的心愿，句 6 及后面的几句务实，铺陈具体的行为。而严复务实，舍句 5 取句 6，且加写内容：有描述，如"筚路褴褛"；有行为，如"烈山泽"；有目的，如"不使与人争土，百里之周"；有结果，如"居然城邑矣"，使务实者更实在。

3. 力避啰唆

啰唆的原因可能有几种，一是词语逻辑内涵的重复，二是词语的上下位概念重叠，三是语句逻辑性不强，说了后面忘前面，于是又说一遍。面对上述情况，可以直通原文的逻辑意义，减去不必要或重复之处。严复重逻辑，研究并翻译过逻辑学文献，对概念的内涵与语词表达掌握之精，由下例可见一斑。如：

原文Ⅷ：(8) However, I doubt whether even the keenest judge of character, if he had before him a hundred boys and girls under fourteen, could pick out, with the least chance of success, those who should be kept, as certain to be serviceable members of the polity, and those who should be chloroformed, as equally sure to be stupid, idle, or vicious.

导言十段 2：(13)吾知聚百十儿童于此，使天演家凭其能事，恣为抉择，判某也为贤为智，某也为不肖为愚，某也可室可家，某也当鳏当寡，应机断决，无或差讹，用以择种留良，事均树畜。

原文其他地方经严复删减之处不论,只说"a hundred boys and girls under fourteen"中"under fourteen"的删减。据常识可知,儿童指 14 岁(含 14 岁)以下的未成年人,因此全译用"一百个十四岁以下的男女儿童"译这一短语,有两次重复,第一次是"十四岁以下"与"儿童"的逻辑重复,第二次是"男女"与"儿童"的语境重复。所以,严复最终译为"百十儿童",甚为确当;其中"十"的使用或为概数,或是追求节奏。

4. 引证作据

严译《天演论》有时引用其他学者的观点,融入赫胥黎本文的汉译;引用的方法有多种,有的译述,有的缩译,有的摘译,其功用相当于现在的文献引用。而摘译是对原文的局部全译,一般要加引号。不过,这些引用大多是难以查明出处和原文的,这种方法在《天演论》中用得较少。如:

> 导言十四段 2:(3)且其所举泰东西建言,皆非群学太平最大公例也。(4)太平公例曰:"人得自由,而以他人之自由为界。"(5)用此则无前弊矣。(6)斯宾塞《群谊》一篇,为释此例而作也。(7)晚近欧洲富强之效,识者皆归功于计学,计学者首于亚丹·斯密氏者也。(8)其中亦有最大公例焉,曰:"大利所存,必其两益。(9)损人利己非也,损己利人亦非;损下益上非也,损上益下亦非。"

该段有两处参考文献,直接引用原文译文,如前一太平公例"人得自由,而以他人之自由为界",是西方自由主义所宣扬的一条重要原则,没有点明出处;后一太平公例"大利所存,必其两益。损人利己非也,损己利人亦非;损下益上非也,损上益下亦非"则指明了出处"斯宾塞《群谊》"。

用作参考的最长最典型的例子是导言十五段 3 句 4—73,(见附录三)共 70 句内容,可贵之处是严复标明了出处:摘译自斯宾塞《生学天演》之第十三章《论人类究竟》。这种摘译方法或摘引方法在 1894 年春发表的论文《原强》中严复也用过:

> 锡彭塞亦曰:"富强不可为也,特可以致致者何。相其宜,动其机,培其本根,卫其成长,使其效不期而自至。"

且其事有不能以自行者,苏子瞻知之矣。其言曰:"天下之祸,莫大于上作而下不应。上作而下不应,则上亦将穷而自止。"

前一例摘译自斯宾塞著作,后一例摘自苏东坡的言论,二者均用作严复"今夫人之身,惰则窳,劳则强,固常理也"这一论点的论据。引用之功在于为己代言,用东西方名人名言似乎更具权威性。

5. 突出主题

主题是任何书籍和文章都应突出的,不同的作者有不同的方法,不同文体也有不同,更何况变译过程中译者又有自己的追求,有时为适应读者而对原文焦点或主题做出一些变更。而"减"正是常用的变更方法之一,去枝留干、删繁就简之时,兼得突出强调之效。如:

原文X段6:(5)An artificial personality, the "man within", as Adam Smith calls conscience, is built up beside the natural personality. (6) He is the watchman of society, charged to restrain the antisocial tendencies of the natural man within the limits required by social welfare.

导言十三段2:(19)于是是心之中,常有物焉以为之宰,字曰天良。(20)天良者,保群之主,所以制自营之私,不使过用以败群者也。

什么是"natural personality"? 什么是"artificial personality"或"man within"? 这是经济学之父、英国经济学家亚当·斯密(Adam Smith,1723—1790)的道德哲学理论观点之一,但是上述概念全译本分别译作"天然的人格"(实际上近乎"野人之性")、"人为的人格"(实指天演人择过程中培养起来的"良心",因是长期演化过程中养成的"习性",故称"artificial personality")、"良心",也只有第三个概念能为大众明白。只有明白才可接受,所以严复舍前二者,连其提出者也舍去,只用了第三个概念,译作"天良"。顺前述取舍之势,导言句20更是转述原句的本质,认为"天良"为"保群"的主宰,用"保群之主"述"watchman of society",用"制自营之私"述"restrain the antisocial tendencies of the natural man",用"不使过用以败群者"述(restrain...)"within the limits required by social welfare",三者连贯,作为导言十三文本的结尾,顺理成章,点明了严复为本节标定的主题——"制私"。

6. 反映主张

严复在变译中通过取舍方法反映其进化论主张。他不完全服膺赫胥黎进化论,一面用斯宾塞的观点比较陪衬,一面不时地掺入自己的思想。如:

> 原文Ⅰ段7:(1)The word "evolution," now generally applied to the cosmic process, has had a singular history, and is used in various senses. (2)Taken in its popular signification it means progressive development, that is, gradual change from a condition of relative uniformity to one of relative complexity; but its connotation has been widened to include the phenomena of retrogressive metamorphosis, that is, of progress from a condition of relative complexity to one of relative uniformity.

据原文,赫胥黎的"evolution"通俗义为"进步",实含"进化"之义。那么,严复为何略而不译呢?是不是他认为进化等于进步?(见林基成,1991)不是。"物竞天择,适者生存"本身包含了淘汰,事物演化,不进则退,退化则被淘汰。严复舍去这一段,与其主张相关,他"有意识地宣传进化过程中进步、上升的一面,正是建立在他对进化过程中任何物种都可能被淘汰、消亡之现实的深刻把握与体验上的。"[①]不过,严复删于段7,补于"复案":

> 导言二段3:复案:(20)所谓由浑之画者,浑者芜而不精之谓,画则有定体而界域分明。(21)盖纯而流者未尝不浑,而杂而凝者,又未必皆画也。(22)且专言由纯之杂,由流之凝,而不言由浑之画,则凡物之病且乱者,如刘、柳元气败为痈痔之说,将亦可名天演,此所以二者之外,必益以由浑之画而后义完也。

一删一补,显出严复的语篇考虑与摄取思想的宗旨:本文突显进化的进步

[①] 李承贵:《中西文化之会通——严复中西文化比较与结合思想研究》,南昌:江西人民出版社,1997年,第233页。

一面,复案补明其退化的一面,更能显示天演概念内涵的主次与轻重。

四、"达旨术"之三:编

所谓编,即编辑,指将原作内容条理化、有序化,使之更完美更精致的行为。

据语料库统计,严译《天演论·上卷》至少有20处对原作实施"编"的策略,在大于句群的层次上也曾用到,其语表形式有句、句群和段、节、书,以句群、段为多;"编"的方式有分、合、调、加标题等;"编"的功用有符合读者思路、便于意义重组、适应构篇需要、显示语篇层次等。

(一)"编"的单位

1. 句

句的编辑,主要表现为词与短语、短语与短语、分句与分句之间的编辑行为,其结果是形成新的句子或句群,使文本的语篇结构更有条理,或者更符合读者的阅读心理,或者更符合译语的逻辑。如:

原文Ⅰ段1:(3)The native grasses and weeds, the scattered patches of gorse, contended with one another for the possession of the scanty surface soil; they fought against the droughts of summer, the frosts of winter, and the furious gales which swept, with unbroken force, now from the Atlantic, and now from the North Sea, at all times of the year;

导言一段1:(4)怒生之草,交加之藤,势如争长相雄。(5)各据一抔壤土,夏与畏日争,冬与严霜争,四时之内,飘风怒吹,或西发西洋,或东起北海,旁午交扇,无时而息。

删除部分原文后,严复将原文前一分句的"surface soil"分出,转入后一分句,形成了导言句4和5;句4单说"草",句5除"土"之外,还一并说二者与寒冬酷暑相争的情形。原语复句变成了译语的句群。再如:

原文Ⅵ段2:(1a)In the second place, in order that no struggle for the means of existence between these human agents should weaken the efficiency of the corporate whole in the battle with the state of nature, (1b) he would make arrangements by which each would be provided with those means; and would be relieved from the fear of being deprived of them by his stronger or more cunning fellows.

导言八段 1：(7)且既欲其民和其智力以与其外争矣,则其民必不可互争以自弱也。(8a)于是求而得其所以争之端,以谓争常起于不足,乃为之制其恒产,使民各遂其生,勿廪廪然常惧为强与黠者之所兼并……

乍一看,导言句 8a 前两句是纯写,细一看,才发现原文句 1a 的"the means of existence"并入了导言 8a,用作"争"的理由,以引出行政长官的措施。比照原文,可知严复将原文的目的分为两点:第一是其民不必内争,即导言句 7,第二是其民为何争,即导言句 8a 前面两个小句,而原文 1b 的措施对应的才是导言句 8a 后面三个小句的内容。这种句内调整幅度不大,调整的理据是逻辑关系。

2. 段

段的编辑,即段内句与句、句与句群、句群与句群之间的编辑行为。段的编译重在突出段落之旨,以其为中心,将原文段内各组成要素重新组织,构成新的符合译语构篇层次或逻辑要求的言语产品。如:

原文Ⅶ段 4：(1)Supposing the administrator to be guided by purely scientific considerations, he would, like the gardener, meet this most serious difficulty by systematic extirpation, or exclusion, of the super-fluous. (2)The hopelessly diseased, the infirm aged, the weak or deformed in body or in mind, the excess of infants born, would be put away, as the gardener pulls up defective and superfluous plants, or the breeder destroys undesirable cattle.

导言九段 2：(11)圣人治民,同于园夫之治草木。(12)园夫之于草木也,过盛则芟夷之而已矣,拳曲拥肿则拔除之而已矣。(13)夫惟如是,故其所养者,皆嘉葩珍果,而种日进也。(14)去不材而育其材,治何为而不若是?(15)罢癃、愚痫、残疾、颠丑、盲聋、狂暴之子,不必尽取而杀之也,鳏之、寡之,俾无遗育,不亦可乎?

原文拿圣人治民与园夫治草木作比,严复则干脆,将主题点出。先总说,于是有导言句11;再分几个方面细说,先说园夫治草木,如何消除过剩和不满意者,于是有导言句12;导言句13是加写,指明治草木的结果,上述对应于原文句1。接着,严复笔锋一转,加写过渡句,即导言句14,进入人治后,转述产生导言句15,对应于原句2。整个译文经过编辑,结构上与原文不同,从中国读者角度看,关系层次更为分明,更便于接受。

3. 节

节的编辑,往往在段与段之间,如原文Ⅰ段10大部分与段11合并,产生导言三"趋异"。又如导言十五段1就编入了原文Ⅻ的段1—5。严复为了合并段落,打乱了原文各段中各句的顺序;对原文各段施以减、述、缩、改等变通之后,再纳入导言段1中。(见表2或附录三)

表2 节内编辑中段与句的变化对应

原文Ⅻ			全译十二小结			导言十五最旨		
	段1	句1a		段1	句1		段1	句1
		句1b			句2			句2—3
		句1c			句3			句4
		句2a			句4a			句5
		句2b			句4b			句6
		句3			句5			句7
	段2	句1a		段2	句1			句8
		句1b—2a			句2—3			句9
		2b			句4			句10
	段3	句1a		段3	句1			句11
		句1b			句2			
		句2			句3			
	段4	句1		段4	句1			句12
								句13
		句2			句2			句14
		句3—4			句3—4			句15
	段5	句1—4		段5	句1—4			句16—17

4. 篇

篇的编辑,即篇内各章之间、甚至是节与段之间篇章结构上的编辑行为。

在《天演论》中主要表现为各节标题化。原文各节仅以罗马数字标序,严复则为变译文各节加上标题。(见表3)

表3 《天演论·上卷》篇的编辑对照

原作序号		变译序号及标题
I	段1—5	导言一·察变
	段6—段10句1	导言二·广义
	段10句2—5;段11	导言三·趋异
II		导言四·人为
III		导言五·互争
IV		导言六·人择
V		导言七·善变
VI		导言八·乌托邦
VII		导言九·汰蕃
VIII		导言十·择难
IX		导言十一·蜂群
X	段1—3	导言十二·人群
	段4—5	导言十三·制私
XI		导言十四·恕败
XII		导言十五·最旨
XIII		导言十六·进微
XIV		导言十七·善群
XV		导言十八·新反

严复将原作导论作为《天演论·上卷》译出,共分为十八节,每节都拟定标题,有的节与节之间还有调整。严复基本上是循节拟题的,但有一分为二者,如原文 X 分为导言十二和十三两节;有一分为三者,如原文 I 分为导言的一、二、三节。

(二)"编"的方式

1. 分

分,是据需求将原文较大的语篇单位截为较小的语篇单位。有时所截部分可以独立成为一个语篇单位,如严复将原文 I 段1—5 截为变译"导言一·察变",即节一;I 段6—段10句1 截为"导言二·广义",即节二;I 段10句2—5—段11 截为"导言三·趋异",即节三。有时截下部分又分头归入不同的语篇单位。如:

原文Ⅰ段10：(1)With none of these have I anything to do, at present, except with that exhibited by the forms of life which tenant the earth.

全译一段10：(1)目前,除了那些居住在地球上的以生命的种种形式表现出来的那种进化过程之外,我对其他的那些进化过程不准备加以讨论。

导言二段2：(14)姑就生理治功一事,撫略言之。(15)先为导言十余篇,用以通其大义。(16)虽然,隅一举而三反,善悟者诚于此而有得焉,则管秘机之扃钥者,其应用亦正无穷耳。

原文段10的句1被严复截取,加以译述,并加写句15—16,单独成为一段,作为导言一段2。原文段10剩余的句2—5则与段11合并,变译为"导言三·趋异"。

2. 合

合在严复编译中用得较多,但只是编的方式之一,具体可参见本节对"'达旨术'之六:并"的论述。

3. 调

根据表达思路的需求,严复常调整原文内容结构。调整的对象主要是内容的顺序,包括时间顺序、空间顺序和逻辑顺序。如：

原文Ⅱ段1：(7)That the "state of Art," thus created in the state of nature by man, is sustained by and dependent on him, would at once become apparent, if the watchful supervision of the gardener were withdrawn, and the antagonistic influences of the general cosmic process were no longer sedulously warded off, or counteracted. (8a) The walls and gates would decay;

导言四段1：(10)第斯国既假人力而落成,尤必待人力以持久,势必时加护葺,日事删除,夫而后种种美观,可期恒保。(11)假其废而不治,则经时之后,外之峻然峙者,将圮而日卑;中之浏然清者,必淫而日塞。

原文句 7 前半句为条件（条件₂），后半句又是前半句的条件（条件₁），而句 8 为句 7 前半句的直接结果，这样在逻辑上条件与结果的直接关系被间隔开。严复的编辑思路是：原文句 7 后半句意思是园林为人所造，必经维持才能长存，因此调整为导言句 10；原文句 7 前半句意为如果废而不治，后果将如何，因此按照"条件₁＋条件₂→总结"的逻辑推演关系调整为导言句 11 的"假其废而不治，则经时之后，外之峻然峙者"；原文句 8a 则是不治之果，因此调整为导言句 11 的"将圮而日卑"。

4. 加标题

标题于全文是文眼，于正文是路标。西语作品有时不加标题，有时至多加以序号。中国读者，尤其是严复同时代的读者，喜爱含标题的文本，因此严复顺乎读者的文体需求，给译文都加了标题，如原文节 I 变译为三节，分别命题为"察变"、"广义"和"趋异"。这些标题大都来自严复对原文各节主旨的理解与捕捉，如表 3 所示的标题。从严复修改《天演论》过程看，加标题开始也不是他的主意。《天演论》初译后，严复送桐城派主将吴汝纶过目，吴建议："不如用诸子旧例，随篇标目为佳。"①严复听从，据俞政（2003：16）分析，上卷 18 篇中，严复采用了吴拟小标题 17 个，而在下卷 17 篇严复采用了吴拟小标题 11 个，将所选内容编为上下两卷，上卷共列十八节"导言"，下卷共分十七节"论"，然后给各节加上点明主题的小标题。如此一来，译文条理清楚，结构分明，主旨突出，严复仿佛充当了一回编辑。

不仅严复给变译本加了标题，而且连全译本也做过小小的编辑，主要表现为给全译本各节内容加上标题。长篇阅读，一般说来，中国人喜闻乐见的是带标题的文本，严复时代如此，时隔 70 多年也是如此。表 4 是据全译本《进化论与伦理学》（科学出版社，1973 年）制作的，我们发现第一部分"进化论与伦理学·导论"在目录中每节都有序号，标明了相应的页码，可是正文只有节的序号，每节无小标题；第二部分"进化论与伦理学"原文每节无序号，全译本目录加有了小标题，每节有对应的页码，而正文每节既无序号，也无标题，每节之间以空一行为标识，也算是译界一种新的或者是别扭的目录与正文的对应创制。

---

① ［英］赫胥黎著，严复译：《天演论》，北京：科学出版社，1971 年，第 11 页。

另外,全译者很诚实,在全译本目录之后注明:"原书目录只有两部分的总题目,小标题是译者加的,仅供读者参考。——译者"

表 4 《进化论与伦理学》篇的编辑对照

原作		全译序号及标题	页码
进化论与伦理学导论	Ⅰ	一 自然状态的演变与生物进化的原理	1
	Ⅱ	二 园地的人为状态	6
	Ⅲ	三 自然状态与人为状态的对抗	8
	Ⅳ	四 宇宙过程与园艺过程的对抗	9
	Ⅴ	五 殖民地的开拓和对自然状态的破坏	11
	Ⅵ	六 没有生存斗争的社会的设想	12
	Ⅶ	七 过剩人口和人为选择	14
	Ⅷ	八 人类社会中人为选择的困难	15
	Ⅸ	九 蜂群"社会"	16
	Ⅹ	十 人类社会与动物"社会"的差别; 天然人格与人为人格	18
	Ⅺ	十一 伦理过程与宇宙过程的对抗	21
	Ⅻ	十二 小结	23
	ⅩⅢ	十三 社会进化过程不同于生物进化过程	26
	ⅩⅣ	十四 人类社会的生存斗争	28
	ⅩⅤ	十五 摆在人类面前的任务	30
进化论与伦理学		宇宙是不断变化的	32
		生存斗争与伦理原则的矛盾	35
		古代的伦理思想	37
		印度佛教前的及佛教的伦理思想	40
		古希腊哲学中的伦理思想	48
		东方和西方伦理思想的汇合	53
		进化论与伦理观	54
		注解	62

由此可知,连全译本也须加标题,变译本更是如此。二者均为方便读者,好比设置路标。正如中国小说多为章回小说,历来都标题,而西方小说常常一通到底,或者仅用数字表示章节数,无文字标题,设犹未设。1999 年译林出版社出版了王克非等译的《嘉莉妹妹》,也将原作 47 章均加上章回小说的标题,有路灯之用。这一作用,梁启超也看得分明:"凡义法奥颐条理繁密之书,必就其本文分别标识,则读者易了解。经学以《仪礼》为最繁密,故治《仪礼》学者,分章节务极细。……凡

译此类书,宜悉仿《内典》分科之例,条分缕析,庶易晓畅,省读者心力。"①

(三)"编"的功用

1. 符合读者思路

原语作者的写作思路受制于原语民族思维,而译成汉语则要考虑汉语读者的阅读心理。英语是主语突显的语言,其句子结构主要是"主语+谓语",而汉语是话题突显的语言,其句子结构主要是"话题+评说"。在翻译中,严复经常调整这两种结构,使之符合读者的思路。如:

原文Ⅷ:(8) However, I doubt whether even the keenest judge of character, if he had before him a hundred boys and girls under fourteen, could pick out, with the least chance of success, those who should be kept, as certain to be serviceable members of the polity, and those who should be chloroformed, as equally sure to be stupid, idle, or vicious. (9) The "points" of a good or of a bad citizen are really far harder to discern than those of a puppy or a short-horn calf; many do not show themselves before the practical difficulties of life stimulate manhood to full exertion. (10) And by that time the mischief is done. (11) The evil stock, if it be one, has had time to multiply, and selection is nullified.

导言十段2:(10)且从来人种难分,比诸飞走下生,奚翅什伯?(11)每有孩提之子,性情品格,父母视之为庸儿,戚党目之为劣子,温温未试,不比于人。(12)逮磨礲世故,变动光明,事业声施,赫然惊俗,国蒙其利,民戴其功。(13)吾知聚百十儿童于此,使天演家凭其能事,恣为抉择,判某也为贤为智,某也为不肖为愚,某也可室可家,某也当鳏当寡,应机断决,无或差讹,用以择种留良,事均树畜。(14)来者不可知,若今日之能事,尚未足以企此也。

先粗看,原文句9—11调整对应导言句10—12,原文句8调整对应导言句13—14。从开头与结尾比较,原文句8的"I doubt"译作导言句末的"尚未

---

① 梁启超:《论译书》,1897年,见中国译协《翻译通讯》编辑部编:《翻译研究论文集(1894—1948)》,北京:外语教学与研究出版社,1984年,第8—20页。

足以企此也"。这是典型的将主语突显的方式改为汉语的主题突显方式,更符合汉族的接受习惯。在做大的调整后严复又做了一些微调:原文句9a译述为导言句10,原文句9b译述为导言句11,并加写了"父母视之为庸儿,戚党目之为劣子"。原文句10写人干坏事,导言句12改写为于国于民的好事;导言句13译述原文句8,严复为给"判某也为贤为智"造声势,又加写了两个排比句"某也可室可家,某也当鳏当寡",严复表现出一种择善心理和人性化写作,只从正面去译"用以择种留良"。而原文句11舍去了,因它突然涉及不良家族,西方优生学家所谓"劣币原理"当时中国读者很难接受。上述种种变通策略通归于编辑的框架内,使译文更加井然有序,和谐并置。

2. 便于意义重组

变译作品语篇形式的改造是随变译者对原作解读而产生的意义进行重组而变化的。严复有时根据自己的理解,将原作的意义段落解构,再重构。这样导致语篇形式发生变化,如句与句之间的重组、段与段之间的重组、节与节之间的重组等。现以原文Ⅸ前三段与导言十一前两段之间段落分与合的编辑过程为例。

原文Ⅸ段2:(1)Social organization is not peculiar to men. (2a)Other societies, such as those constituted by bees and ants, have also arisen out of the advantage of cooperation in the struggle for existence; (2b) and their resemblances to, and their differences from, human society are alike instructive. (3)The society formed by the hive bee fulfils the ideal of the communistic aphorism "to each according to his needs, from each according to his capacity." (4)Within it, the struggle for existence is strictly limited. (5)Queen, drones, and workers have each their allotted sufficiency of food; each performs the function assigned to it in the economy of the hive, and all contribute to the success of the whole cooperative society in its competition with rival collectors of nectar and pollen and with other enemies, in the state of nature without. (6)In the same sense as the garden, or the colony, is a work of human art, the bee polity is a work of apiarian art, brought about by the cosmic process, working through the organization of the hymenopterous type.

导言十一段1:(7)虽然,天之生物,以群立者,不独斯人已也。(8)试略举之:则禽之有群者,如雁如乌;兽之有群者,如鹿如象,如米利坚之挈,阿非利加之猕,其尤著者也;昆虫之有群者,如蚁如蜂。(9)凡此皆因其有群,以自完于物竞之际者也。(10)今吾将即蜂之群而论之,其与人之有群,同欤异欤?(11)意其皆可深思,因以明夫天演之理欤?

导言十一段2:(1)夫蜂之为群也,审而观之,乃真有合于古井田经国之规,而为近世以均富言治者之极则也。(2)复案:古之井田与今之均富,以天演之理及计学公例论之,乃古无此事,今不可行之制。(3)故赫氏于此意含滑稽。(4)以均富言治者曰:财之不均,乱之本也。(5)一群之民,宜通力而合作。(6)然必事各视其所胜,养各给其所欲,平均齐一,无有分殊。(7)为上者职在察贰廉空,使各得分愿,而莫或并兼焉,则太平见矣。(8)此其道蜂道也。(9)夫蜂有后,蜂王雌故曰后。(10)其民雄者惰,而操作者半雌。(11)采花酿蜜者皆雌而不交不孕,其雄不事事,俗误为雌,呼曰蜂姐。(12)一壶之内,计口而禀,各致其职。(13)昧旦而起,吸胶戴黄,制为甘芳,用相保其群之生,而与凡物为竞。

编辑的关键是将原文段2一分为二,原文句1—2分出对应为导言段1句7—11,与原文段1合为一段,形成了导言段1;原文段2剩余的句3—6对应为导言段2句1—13,与原文段3合为另一段,形成了导言段2,表5显示得更为明了。严复从原文段2句3开始断开,论述正是在此由宏观进入微观,由人类社会进入动物世界,从而进入蜂群世界。从原文句段4开始专论蜂群社会,这样渐次切入主题,层次分明,表现为段的分离与重组。

表5 变译与原文之间的段落分合比较

原文			变译		
IX	段1	句1—2	导言十一蜂群	段1	句1—6
	段2	句1—2			句7—11
		句3—6		段2	句1—13
	段3	句1—8			句14—27

3. 适应构篇需求

对原文从句到全书采取分、合、调等编辑行为,旨在基于双语间语篇构造的差异,优化大小语篇单位的结构,通过改选原作的篇章结构,以适应译语的语篇构建要求,最终满足读者所习惯的或潜在的阅读需求。如:

原文 Ⅳ 段 3:The gardener, on the other hand, restricts multiplication; provides that each plant shall have sufficient space and nourishment; protects from frost and drought; and, in every other way, attempts to modify the conditions, in such a manner as to bring about the survival of those forms which most nearly approach the standard of the useful, or the beautiful, which he has in his mind.

导言六段 1:(11)争存之难,有如此者。(12)至于人治独何如乎?(13)彼天行之所存,固现有之最宜者。(14)然此之最宜,自人观之,不必其至美而适用也。(15)是故人治之兴,常兴于人之有所择。(16)譬诸草木,必择其所爱与利者而植之。(17)既植矣,则必使地力宽饶有余,虫鸟勿蠹伤,牛羊勿践履;旱其溉之,霜其苫之,爱护保持,期于长成繁盛而后已。

导言句 11 是对导言六段 1 前面句 9—10 的总结(见附录三),句 12 是设问,句 13—14 为自答,句 15 揭示了人治的根本在于人择,至此为加写。句 16 译述原文段 3,只用作严复加写内容的佐证材料。原文经过取舍,可分为四个意义板块:①provides that each plant shall have sufficient space and nourishment;②protects from frost and drought;and;③in every other way, attempts to modify the conditions;④in such a manner as to bring about the survival of those forms which most nearly approach the standard of the useful, or the beautiful, which he has in his mind. 因加写内容止于人择,为了内容的衔接,严复把④提前,将其他内容按①③②排序,相当于把原文的目的提前,手段置后,属于复句内小调整。这一编辑受制于句 11—15 顺接而来的"写"的策略,总体上是为了适应语篇的衔接需要,以保证意义的连贯。

4. 显示语篇层次

层次显示语篇结构,层次分明,有利于陈述、说明或论证。如导言十五段1(见附录三),对原文4段内容全部重新排序,将前面导言十四节的内容用顺序数字排序,各段内容之间显得客观自然。这一编辑的好处是增强了层次感,使之比原文成片文字清晰。再如:

原文Ⅱ段1:(1)Three or four years have elapsed since the state of nature, to which I have referred, was brought to an end, so far as a small patch of the soil is concerned, by the intervention of man.

全译二段1:(1)就一小块土地来说,我在上面所讲的自然状态由于人类的干预而告结束,已经过去三四年了。

导言四段1:(1)<u>前之所言</u>,率取譬于<u>天然之物</u>。(2)天然非他,凡未经人力所修为施设者是已。(3)乃今为之试拟一地焉,在深山广岛之中,或绝徼穷边而外,自元始来未经人迹,<u>抑前经垦辟而荒弃多年</u>,今者弥望蓬蒿,羌无蹊迳,荆榛稠密,不可爬梳。(4)则人将曰:甚矣,此地之荒秽矣!(5)然要知此蓬蒿荆榛者,既不假人力而自生,即是中种之最宜,而为天之所择也。

严复将原文分作两层译述,增加了部分内容。第一层关于自然状态,第二层关于人类干预。这是编的第一步。之后,对每一部分又展开变通,对第一层的"天然"加以阐释,得导言句2;对第二层的"地"写明背景"在深山广岛之中,或绝徼穷边而外,自元始来未经人迹",指明人类干预前的地理位置和人文状态;"今者弥望蓬蒿,羌无蹊迳,荆榛稠密,不可爬梳"又是补写人类弃荒后"天演"的结果。句5为评论。所以严复的编辑思路是:(原意+释)+(原意+补写历史)+(原意+补写结果)+评论。

五、"达旨术"之四:述

所谓述,指译者用译语转述原作主要内容或部分内容的变译活动。

苏联翻译理论家马尔丘克指出科技文献信息可以转述,不必遵循全译规则。①

---

① Марчук, Ю. Н. *Методы моделирования перевода*, М., 1985. стр. 155.

严复一生所译主要是社会科学文献,正合此理。据语料库统计,严译《天演论·上卷》至少有 121 处对原作施以"述"的策略,其语表形式有句、句群和段,以句和句群为多;"述"的方式有概括提炼、撮其大意、直叙原意、融合等;"述"的功用有达原文之旨、避繁就简、揭示内涵、显豁原意、增强生动性等。

(一)"述"的单位

1. 句

"述"多半是对内涵较丰富或形式较复杂的对象的转述,因此"述"的最小语篇单位主要是内涵丰富的长句和较复杂的复句,运用述的策略可以简胜繁,以少胜多。如:

原文 Ⅺ 段 3:(2) In other words, let sympathy be your guide; put yourself in the place of the man towards whom your action is directed; and do to him what you would like to have done to yourself under the circumstances.

导言十四段 1:(18)又曰:设身处地,待人如己之期人。

原文上上句说"Do as you would be done by"可视作"golden rule"(金科玉律),而金科玉律在人们意识中多数简练深刻,故严译为"己所不欲,勿施于人"恰如其分。原文句 2 若是译作"换句话说,就是让同情心当你的向导,使你自己置身于你的行动所指向的那个人的地位,并且,对他做那些当你处在这种情况时你愿意对你自己所做的事"(见附录三,1973 年全译本),必定啰唆,不洗练,甚至有些饶舌。近代中国人多半是经不住这么绕的,现代人有的可以忍受,但多数还是不习惯。严译一言以蔽之,极其精辟巧妙,可视作格言。

2. 句群

句群是可以完整地表达一层意思的语义单位,因此更易成为转述的对象,即将这层意思换个简明的说法。相比全译可谓词约旨丰、篇短意深、言少意多。如:

原文 ⅩⅤ 段 2:(2b) And, unless men's inheritance from the ancestors who fought a good fight in the state of nature, their dose of original sin, is rooted out by some method at present unrevealed, at any rate to disbelievers in supernaturalism, every child born into the world will still bring with him the instinct of unlimited selfassertion.

全译十五段 2:(2b)除非人类从他们那些在自然状态中打过一场漂亮仗的祖先们那里继承过来的那份原罪已被现在尚未泄露的、至少对不相信超自然主义的人尚未泄露的某种方法所根除,否则每个降生到世上来的孩子都将仍然随身带来无限"自我肯定"的本能。

导言十八段 1:(17)人种之先,既以自营不仁,而独伸于万物矣。(18)绵传虽远,恶本仍存,呱呱坠地之时,早含无穷为己之性。

"unless"表示必要条件,在此意为"if... not...",原文说只有根除自私,人出生后才不会自私。全译"除非……否则……"释得正确,"除非"从反面强调必要条件。事实上,"原罪"不可能根除,照样遗传后世。严复减去原文中长长的限定成分和长长的方式状语,将原文剩下的意思分两层译述:一是人类祖先拥有原罪生存于世,二是孩子生来遗传了自私。

3. 段

段不论大小,因为信息量一般比句和句群更大,更容易成为"述"的对象。有的略述,一言以蔽之;有的详述,总体上比原文要短。译文简于原作,总体内容换汤不换药,直观达意。下例虽短,却是段的转述典型:

原文Ⅰ段 10:(1)With none of these have I anything to do, at present, except with that exhibited by the forms of life which tenant the earth.

导言二段 2:(14)姑就生理治功一事,撫略言之。

原文一小段,表明除"except with that exhibited by the forms of life which tenant the earth"之外,对其他不予讨论。换个角度,不正是只说被排除的对象吗? 严复将其拎出,不及其他,显得简洁明快。

(二)"述"的方法

1. 概括提炼

所谓概括提炼,即浓缩某一概念的内涵,扩大其外延,使表达概念的语词显

得简练明晰。概念简练了,判断也随之而明确有力,文字便更加自由流畅,更加洗练。如:

原文Ⅰ段5:(4)That which endures is not one or another association of living forms, but the process of which the cosmos is the product, and of which these are among the transitory expressions.

全译一段5:(4)能够持续下来的并不是生命形式的这种或那种结合,而是产生宇宙本身的过程,而各种生命形式的结合,不过是这个过程的一些暂时表现而已。

导言一段3:(5)虽然,天运变矣,而有不变者行乎其中。(6)不变惟何?(7)是名天演。

严复用"天运变矣"概括"but the process of which the cosmos is the product, and of which these are among the transitory expressions",在减去"That which endures is not one or another association of living forms"的部分内容后,概括为"有不变者行乎其中",体现了变与不变的辩证统一。"不变惟何?是名天演",自问自答,具体指明不变的内在机制。照此看来,严复以为"天运"是现象,"天演"是规律。比较全译与变译,可以见出译述的概括之功。下例更能反映严复的凝练之功:

原文Ⅰ段8:(4)And, further, that, if there is proof that the cosmic process was set going by any agent, then that agent will be the creator of it and of all its products, although supernatural intervention may remain strictly excluded from its further course.

全译一段8:(4)再则,如果有证据表明宇宙过程是由什么动力推动的话,那么这种动力就会是它及它的一切产物的创造者,虽然超自然的干涉仍然可以严格地被排除在其以后的进程之外。

导言二段2:(9)设宇宙必有真宰,则天演一事,即真宰之功能。

依笔者看,原文是真宰管造物,而造物之后的人事可能超乎局外。严复删去后几句,保留第一句,删减之后转述原文,且用"真宰之功能"概括,因为人事也不能走出自然之力,只能制自然而用之。

2. 撮其大意

所谓撮其大意,即取其意,去其形,摘其要,也能达到转述大意的目的。"撮"的最典型过程是摄取原文的观点,再加以聚拢,缀连成句。若遇上所撮内容与译语文化中某一表达相近,则很容易促成套用。如:

原文Ⅹ段3:(3)Moreover, with all their enormous differences in natural endowment, men agree in one thing, and that is their innate desire to enjoy the pleasures and to escape the pains of life; and, in short, to do nothing but that which it pleases them to do, without the least reference to the welfare of the society into which they are born.

导言十二段1:(16)且与生俱生者有大同焉,曰好甘而恶苦,曰先己而后人。

严复用"甘"述"enjoy the pleasures"的大意,用"苦"述"escape the pains of life"的大意,用"先己"述"do nothing but that which it pleases them to do"的大意,用"后人"述"without the least reference to the welfare of the society into which they are born"的大意,非常经典。译述的文字似曾相识,含范仲淹"先天下之忧而忧,后天下之乐而乐"之意,当时知识界自然喜闻乐见。

3. 直叙原意

所谓直叙原意,即读其原文,取其大意。先入乎其中,后出乎其外,不拘泥于原文形式,而另起炉灶,行止自如,简洁表达。为了考察严复如何直叙原意的,不妨通过例子将原文与严译做一比较:

序号	原文(原文ⅩⅡ段6)片段	变译(导言十五段2)	策略
1	It strikes me that men who are accustomed to contemplate the active or passive extirpation of the weak, the unfortunate, and the superfluous; who justify that conduct on the ground that it has the sanction of the cosmic process, and is the only way of ensuring the progress of the race;	(3)且充其类而言,凡恤罢癃、养残疾之政,皆与其治相舛而不行,	减述

序号	原文(原文XII段6)片段	变译(导言十五段2)	策略
2	who, if they are consistent, must rank medicine among the black arts and count the physician a mischievous preserver of the unfit;	直至医药治疗之学可废,	述
3	on whose matrimonial undertakings the principles of the stud have the chief influence;	而男女之合,亦将如会聚牡牝之为,而隳夫妇之伦而后可,	述
4	whose whole lives, therefore, are an education in the noble art of suppressing natural affection and sympathy;	(4)狭隘酷烈之治深,而慈惠哀怜之意少。	减述
5	are not likely to have any large stock of these commodities left.		减

为了更好考察严复述的技巧,不妨再引全译本,文中画线部分表示严复对原文内容的选择:

全译十二段6:(3)使我感到惊讶的是,有这么<u>一些人</u>,他们习惯于图谋主动或被动地灭绝人们当中的弱者、不幸者和多余者,他们为自己的这种行为辩护,自称这是由宇宙过程所批准的,是保证种族进步的唯一途径;假如他们坚持下去的话,<u>必然会把医学列入妖术中,而且把医生看作是不适于生存的人的恶意的保护者</u>;在他们撮合婚姻时,<u>种马繁殖原则产生了主要影响</u>;因此他们的整个一生都是在培育一种抑制自然感情和同情心的高贵技艺。[讽刺语——译注](4)看来,他们的<u>这些东西</u>[指自然感情和同情心——译注]剩下不太多了。

导言句2是"姑无论智之不足恃也,就令足恃,亦将使恻隐仁爱之风衰,而其群以涣"。严复转换视角,从执政出发,反向转述为导言句3;在删减之后,用"直至"一词将原文内涵(原文片段2)带过,将"must rank medicine among the black arts and count the physician a mischievous preserver of the unfit"直述为"直至医药治疗之学可废",直通底意,何等简洁! 接着,将原文"the principles of the stud"转换为比喻;原文"the noble art of suppressing natural affection and sympathy"中的"the noble art"是什么? 全译句4唯恐读者不懂,将"这些东西"注释为"自然感情和同情心"。而严复将其详述为"狭隘酷烈之治深,而慈惠哀怜之意少",与全译相比,又是何等具体! 何等形象! 原文片段 4—5 只说趋少的方面,导言句 4 则用一"深"一"少",形成两极反差,更能鲜明地揭示原文的本质。

4. 融合

所谓融合,指将原文分散几处的内容合并一处。有的融合结果还能看清原文的结构,有的融合结果不仅打散原有结构重组,而且高度熔铸,看不出原有结构了。下例结构改变,仍能看清脉络:

XIV 段 2:(a) As it is only in the latter group that any thing comparable to the struggle for existence in the state of nature can take place; (b) as it is only among this twentieth of the whole people that numerous men, women, and children die of rapid or slow starvation, or of the diseases incidental to permanently bad conditions of life; (c) and as there is nothing to prevent their multiplication before they are killed off, while, in spite of greater infant mortality, they increase faster than the rich;

导言十七段 1:(5)然则前所谓天行之虐,所见于此群之中,统而核之,不外二十得一而已。(6)是二十而一者,溘然在泥涂之中,日有寒饥之色,周其一身者,率猥陋不蠲,不足以遂生致养,嫁娶无节,蕃息之易,与圈牢均。(7)故其儿女,虽以贫露多不育者,然其生率常过于死率也。

原文句 b 的"twentieth"在导言中用了两次,有突出强调和顺承转合之效。句 5 和句 6 原文的病死和饿死在严译中减轻了程度,顺应时代之风,变成了饥饿与猥陋,而原句 c 中无限繁殖之势在人类病死和饿死之前依然有增无减,故将其内容融入导言句 6,合为一体,穷人死亡率高于富人的内容则留在了导言句 7。内容彼此交叉,分分合合,语气连贯紧密,相得益彰。

(三)"述"的功用

1. 达原文之旨

"述"的首要功能是舍原文之形,缩短原文的语表结构,取原文之要旨,将其传达给当时的中国知识界,以达服务于汉语读者的宗旨。如:

原文Ⅲ段 2:(2b) And, as is the case with every other artificial thing set up in the state of nature, the influences of the latter are constantly tending to break it down and destroy it.

全译三段2:(4)同时,它也同其他每一件在自然状态中建立起来的人为事物一样,自然状态的影响经常是倾向于破坏它和毁灭它。

导言五段2:(4)独是人力既施之后,是天行者,时时在在,欲毁其成功,务使复还旧观而后已。

比较原文、全译与变译,不难发现原文用了比较,全译照译不误。变译则舍其比较对象,取其实质内容直接叙述,点明"天行",更加突出原意。

2. 避繁就简

欧洲人思维严密,是其优点;语言表述起来有时显得繁复,是其缺点。如实译入,不免啰唆,尤其是在读者以习古文写古文为主流的当时。面对这一特点,严复常常减琐碎,避弯子,求直率。如:

原文XIII段2:(2)But I am not aware of a particle of evidence in favour of the conclusion that this evolutionary process has been accompanied by any modification of the physical, or the mental, characters of the men who have been the subjects of it.

导言十六段2:(4)而民之官骸性情,若无少异于其初。

原文具有印欧语言表达的典型特点,即形态发达,表述严谨。而在中国传统表达思维面前则显得啰唆烦琐。原意否定"conclusion",形式上却绕了弯子,严复将否定意义直接指向核心词语"modification",译作"无少异于",以表明并未发生任何变化。

3. 揭示内涵

原文较为隐蔽的逻辑内涵,往往需要推理才能揭示。将对这一内涵本质的把握与原文的文字内容合叙,就可形成揭示内涵式的转述。如:

原文XI段1:(3)But it is none the less true that, since law and morals are restraints upon the struggle for existence between men in society, the ethical process is in opposition to the principle of the cosmic process, and tends to the suppression of the qualities best fitted for success in that struggle.

导言十四段 1：[治化者，天演之事也。其用在厚人类之生，大其与物为竞之能，以自全于天行酷烈之际。](5)故治化虽原出于天，而<u>不得谓其不与天行相反也</u>。(6)自礼刑之用，皆所释憾而平争。(7)故治化进而天行消，即治化进而自营减。

原文内容转述见导言画线部分，顺接前面的"治化"，以求衔接；另外加写"虽原出于天"，表明"治化"为宇宙过程的一部分，但照样与之对抗。为什么仍发生对抗？因为道德规范、法律准则产生了作用，能释解人们的不满，平息人们之间的争斗，故导言句 6 对应于原文前小句，"治化"与"天行"对抗，此消彼长；原文前小句与中小句的最终结果是原文的末小句，但这句话很抽象。严复依据前文，看清了"治化"与"天行"的本质矛盾，加写了"故治化进而天行消，即治化进而自营减"，前一句是对原文段 1 的本质揭示，后一句是"治化进"产生的另一结果，实际上是原文段 2 首句的内容，这种译述一面揭示上文的内容，一面引领下文。由附录三可知，导言十四段 1 将原文的两段合为一段，结合部便是导言句 7。

4. 显豁原意

转述的基础首先是删减，因而转述通常对原文有所缩减，比原文更精练。删与缩的结果是原文内容减少，突出所需的重要内容。折枝剪叶，只剩主干，所以转述的功能之一便是使原文更加显豁。如：

原文Ⅰ段 3：(3)<u>No less certain is it that</u>, between the time during which the chalk was formed and that at which the original turf came into existence, <u>thousands of centuries elapsed</u>, in the course of which, the <u>state of nature of the ages during</u> which the chalk was deposited, passed into that which now is, <u>by changes</u> so slow that, in the coming and going of the generations of men, had such witnessed them, the contemporary conditions would have seemed to be unchanging and unchangeable.

导言一段 2：(17)且地学之家，历验各种僵石，知动植庶品，率皆递有变迁，特为变至微，其迁极渐。(18)即假吾人彭聃之寿，而亦由暂观久，潜移弗知。

导言删减原文中画线部分之后，简述了原文大意（即导言中画线部分），又加写了一些内容（即导言句 18 未画线部分），可谓丰简自如。

5. 增强生动性

西方人喜虚，中国人爱实。原文虚而抽象，说理性很强，是西方抽象化的体现；而中国人往往习惯于具象思维，实而生动。严复翻译常常化虚为实，就采用"述"的方法，结果是变译比全译更生动，更具体，这也是严译比原文更能打动读者的一大原因。如：

原文 I 段 8：(2) As the expression of a fixed order, every stage of which is the effect of causes operating according to definite rules, the conception of evolution no less excludes that of chance.

导言二段 2：(6)其推陈出新，逐层换体，皆衔接微分而来。(7)又有一不易不离之理，行乎其内。(8)有因无创，有常无奇。

严复用成语"推陈出新"和四字结构"逐层换体"匹配，活跃而生动；用"皆衔接微分而来"揭示原文的内在道理，具体而深刻。导言句 7 是更深一层的揭示，而句 8 用"有……无……"句式，形成"因"与"创"，"常"与"奇"两种状态，表明进化贯穿于万事万物的任一发展阶段，两两对照，表现力十足。

英语判断句与描写句均属于静句，二者如果融为一体，用联系动词，不用行为动词，则称为主系表句。汉语也可以如此使用，但用描写句比判断句更加生动形象。《天演论》中描写句用得比判断句多。如：

原文 XIV 段 1：(2) Those who occupy the first places in this practical competitive examination are the rich and the influential; those who fail, more or less, occupy the lower places, down to the squalid obscurity of the pauper and the criminal.

导言十七段 1:(2)战而胜者在上位,持梁啮肥,驱坚策骄,而役使夫其群之众;不胜者居下流,其尤病者,乃无以为生,而或陷于刑罔。

严复用"持梁啮肥"译"the rich",两个动宾词组构成联合词组;再用"驱坚策骄"译"the influential",换个角度,让读者自己归纳其胜者身份。"不胜者居下流"也与前面"战而胜者在上位"对应;而"down to the squalid obscurity of the pauper and the criminal"由"无以为生,而或陷于刑罔"分别替代,也是十分具体的形象。多个形象汇成群象,极有动感。

六、"达旨术"之五:缩

所谓"缩",即压缩或浓缩,是用非常凝练的译语将原作压缩,信息量由大变小,远小于原作,篇幅由长变短,是原作的缩微。

总体来看,《天演论》用缩译的地方不多,且多见于案语。据语料库统计,严译《天演论·上卷》至少有 20 处对原作实施"缩"的策略,其语表形式有句群、段、节、书,以句群为多;"缩"的方式有删减法、提取法、概括法等;"缩"的功用有言简意赅、陪衬铺垫、参考作证等。

(一)"缩"的单位

1. 句群

句的缩译,即便是复句,也是用得较少的,更多的是句群的缩译。因为复句的意思常常还受较高层级言语单位——句群的制约,而句群的意思就相对独立了,对其浓缩相对自由。如:

原文Ⅰ段 10:(3)Without the first tendency there could be no evolution. (4)Without the second, there would be no good reason why one variation should disappear and another take its place; that is to say, there would be no selection. (5)Without the third, the struggle for existence, the agent of the selective process in the state of nature, would vanish.

全译一段 10:(3)没有第一种趋向,就不可能有进化。(4)没有第二种趋向,就没有充分理由说明为什么一种变异会消失,而另二种变异会取而代之;这就是说,如不这样,那就没有选择。(5)没有第三种趋向——生存斗争,自然状态中选择过程的动力就会消失。

导言三段 2：(18)无异、无择、无争，有一然者，非吾人今者所居世界也。

比读导言与原文，可知严复对原文句 3、4、5 分别有过变译（见附录三导言三段 2 句 14、15、16），但导言句 18 又是对原文三句的浓缩。原文三句构成句群，每句前面的否定内容严复用"三无"概括，只要三者具其一，就不会有"吾人今者所居世界"，这是对原文三句后面内容的统括，极其简练精辟地传达了原文的基本内容。

2. 段

段与句群的关系有三种：大于、等于和小于。段有段的主旨，如何抓住主旨是缩译的关键，如附录三导言十五段句 2—7，它既是原文 XII 段 1 的缩译，也是前面四节的缩译，详细分析见下文。再如：

原文Ⅲ段 1：(1)No doubt, it may be properly urged that the operation of human energy and intelligence, which has brought into existence and maintains the garden, by what I have called "the horticultural process", is, strictly speaking, part and parcel of the cosmic process. (2) And no one could more readily agree to that proposition than I. (3) In fact, I do not know that any one has taken more pains than I have, during the last thirty years, to insist upon the doctrine, so much reviled in the early part of that period, that man, physical, intellectual, and moral, is as much a part of nature, as purely a product of the cosmic process, as the humblest weed.

[2](1a)But if, following up this admission, it is urged that, such being the case, the cosmic process cannot be in antagonism with that horticultural process which is part of itself.

导言五段 1：(1)难者曰：信斯言也，人治天行，同为天演矣。

原文段落的核心内容是原文段 1 句 1 中的"the horticultural process is part and parcel of the cosmic process"，从正面说明园艺过程是宇宙过程的一部分；而原文段 2 句 1a 中"following up this admission"是对段 1 意思的重复，句 1 从反面说宇宙与园艺过程并不矛盾，后者也是前者的一部分。因此严复未译原文段 1，将其核心内容融入段2句1中,获得导言句1。严译概括为"同为天演",简练至极,让人望而却步。从语篇上看,这是句与段缩合为一的典型例子。

3. 节

节的缩译属于较大语篇的缩译,主要是将节的基本内容或一言以蔽之,或要言以概之。节的缩译在《天演论》里偶尔用之,主要是在导言十五中。如:

> 导言十五段1:(1)上十四篇,皆诠天演之义,得一一复按之。(2)第一篇,明天道之常变,其用在物竞与天择。(3)第二篇,标其大义,见其为万化之宗。(4)第三篇,专就人道言之,以异、择、争三者,明治化之所以进。(5)第四篇,取譬园夫之治园,明天行人治之必相反。(6)第五篇,言二者虽反,而同出一原,特天行则恣物之争而存其宜,人治则致物之宜以求得其所祈向者。(7)第六篇,天行既泯,物竞斯平,然物具肖先而异之性,故人治所以范物,使日进善而不知,此治化所以大足恃也。(8)第七篇,<u>更以垦土建国之事,明人治之正术</u>。(9)第八篇,<u>设其民日滋,而有神圣为之主治,其道固可以法园夫</u>。(10)第九篇,见其术之终穷,<u>穷则天行复兴,人治中废</u>。(11)第十篇,论所以救庶之术,独有耘莠存苗,<u>而以人耘人,其术必不可用</u>。(12)第十一篇,言群出于天演之自然,有能群之天倪,而物竞为炉锤。(13)人之始群,不异昆虫禽兽也。(14)第十二篇,言人与物之不同,一曰才无不同,一曰自营无艺。(15)二者皆争之器,而败群之凶德也,然其始则未尝不用是以自存。(16)第十三篇,论能群之吉德,感通为始,天良为终;人有天良,群道乃固。(17)第十四篇,明自营虽凶,亦在所用;而克己至尽,未或无伤。

请读者注意,严复对原作前面十二节内容的概括不是遵循原作的篇目进行的,而是对其变译后的十四节内容的浓缩。在此之所以只引出变译文,一来原文十四节篇幅大,不可能引出,二来即使是导言十五段1所对应的原文Ⅻ段1—5(见附录三)也比较长。

4. 书

书的缩译在《天演论》中也是偶尔用之,旨在介绍全书的梗概。如:

> 导言一段4复案:(16)斯宾塞尔者,与达同时,亦本天演著《天人会通

论》,举天、地、人、形气、心性、动植之事而一贯之,其说尤为精辟宏富。(17)其第一书开宗明义,集格致之大成,以发明天演之旨。(18)第二书以天演言生学。(19)第三书以天演言性灵。(20)第四书以天演言群理。(21)最后第五书,乃考道德之本源,明政教之条贯,而以保种进化之公例要术终焉。

严复所做的案语为原作所无,旨在说明"天演"之说发于英国人达尔文,而成就于斯宾塞。严复先总说《天人会通论》(*System of Synthetic Philosophy*)的基本内容:"举天、地、人、形气、心性、动植之事而一贯之",然后分章分条概括要点,基本是取自原作各章题目(列如下文),由此可见严复缩译书的基本情况。试比较严译与原书各章标题:

> 第一书开宗明义,集格致之大成,以发明天演之旨——First Principles
> 第二书以天演言生学——Principles of Biology
> 第三书以天演言性灵——Principles of Psychology
> 第四书以天演言群理——Principles of Sociology
> 最后第五书,考道德之本源,明政教之条贯——Principles of Ethics

(二)"缩"的方法

1. 删减法

"缩"往往以删减为基础,对所剩部分再做调整。相对而言,删减的部分容易发现,而浓缩的部分多半只能从整体上察觉。这是较为简单的压缩方法。如:

> 原文Ⅰ段6:(3)On the contrary, it furnishes us with conclusive reasons for thinking that, if every link in the ancestry of these humble indigenous plants had been preserved and were accessible to us, the whole would present a converging series of forms of gradually diminishing complexity, until, at some period in the history of the earth, far more remote than any of which organic remains have yet been discovered, they would merge in those low groups among which the boundaries between animal and vegetable life become effaced.

将其全译与变译列表比较，更能显出严复的浓缩之功：

全译一段 6 句 3	导言二段 1 句 6	策略
相反,古生物学为我们提供了确实的理由来设想,		减
倘若这些下等的本地植物的	假由当前一动物,	减,改
祖先系统上的每一环节被保存下来,并能为我们所见到,	远迹始初,将见逐代变体,	缩
那么,整个系统就会表现为一系列复杂性逐渐减小的趋同类型,	虽至微眇,皆有可寻,	减,缩
一直到比我们已发现过生物遗骸的任何时代还要遥远的地球史上的某一时期,它们会消融在动物和植物的界限还不分明的那些低等类群之中。	迨至最初一形,乃莫定其为动为植。	减,缩

严复主要采用减的策略,基本上是按原文思路浓缩而成。全译 141 字,导言 39 字,导言占全译的 27%。严复将植物改为动物,因为地层变化常以植物证据为主,也许他认为,这样会与人类更相近？

2. 提取法

提取法,指提炼原文内容、取得原文几层意思的共性,舍细取粗,述其概要。如：

原文Ⅵ段 4:(2) And this ideal polity would have been brought about, not by gradually adjusting the men to the conditions around them, but by creating artificial conditions for them; not by allowing the free play of the struggle for existence, but by excluding that struggle; and by substituting selection directed towards the administrator's ideal for the selection it exercises.

原文六段 4:(4) 而这种理想的社会若要得到实现,那就不是使人们逐渐去适应他们周围的条件,而是要给人们创造一些人为条件;不是让生存竞争自由进行,而是要排除这种斗争;并用适合于这位行政长官所理想的人为选择以取代生存斗争的选择。

导言八段 2:(8) 然使后世果其有之,其致之也,将非由任天行之自然,而由尽力于人治,则断然可识者也。

原文分三层意思:每句都含肯定与否定两方面。第一层否定人适应自然,肯定人为创造;第二层否定竞争,肯定人的斗争;第三层否定生存斗争,肯定人为选择。严复采用提取公因式法,一言以蔽之"将非由任天行之自然,而由尽力于人治",句末"则断然可识者也"为增,做出评判。

3. 概括法

汉语相对于英语更加凝练,更长于提炼原文的思想,这种提炼求简的方法称为"概括法"。不过,可能也正因为这一方法特点而常常略损信息。有的原文信息在存留之间则无法离析,此时概括已近于"缩"。如:

原文 XV 段 4:(a)That which lies before the human race is constant struggle to maintain and improve, in opposition to the State of Nature, the State of Art of an organized polity;

导言十八段 2:(6)遂古以来,凡人类之事功,皆所以补天辅民者也。

"事功"是"constant struggle to maintain and improve the State of Art of an organized polity"的概括,"补天"则是"in opposition to the State of Nature"的概括,极其简练。正因为求简,有些信息被挤掉了。

(三)"缩"的功用

1. 言简意赅

"缩"以摘、编、述为基础,最简单的"缩"是用原文的关键词句,也可用自己的话高度概括,这样去粗取精,浓缩原文大意。严复用语简而求意丰,原文许多意思在严复脑中过滤,去掉枝枝蔓蔓之后只剩下主干。如:

原文 II 段 1:(6)Moreover, considerable quantities of vegetables, fruits, and flowers are produced of kinds which neither now exist, nor have ever existed, except under conditions such as obtain in the garden; and which, therefore, are as much works of the art of man as the frames and glass-houses in which some of them are raised.

全译二段 1:(6)而且,还生产出大量的蔬菜、果实和花卉等,这些种类,是现在不存在,过去也不曾存在过的,只有在园地里所能获得的各种生存条件下才能存在下去;因此,这些种类就像它们当中的一些在其中得到培育的棚架和玻璃温室一样,都是人们技艺的成品。

>导言四段1:(8)此垣以内者,不独沟塍阑楯,皆见精思,即一草一花,亦经意匠。

严复删去原文中具体植物种类及其生长环境与状态,仅以"沟塍阑楯,皆见精思,即一草一花"概括原文,用两两相对的"皆……"和"亦……",就传达了原意,完全是桐城派笔法!这句缩译基于删减,成于简括。

2.陪衬铺垫

严复在《天演论》好几处把其他作者的书或文的内容压缩成句群,纳入赫胥黎的论述,用作对比的材料,与赫胥黎的思想形成对照、补充或陪衬。如:

>导言五段3复案:(1)于上二篇,斯宾塞、赫胥黎二家言治之殊,可以见矣。(2)斯宾塞氏之言治也,大旨存于任天,而人事为之辅,犹黄老之明自然,而不忘在宥是已。(3)赫胥黎氏他所著录,亦什九主任天之说者,独于此书,非之如此。(4)盖为持前说而过者设也。(5)斯宾塞之言曰:人当食之顷,则自然觉饥思食。(6)今设去饥而思食之自然,有良医焉,深究饮食之理,为之程度,如学之有课,则虽有至精至当之程,吾知人以忘食死者必相藉也。(7)物莫不慈其子姓,此种之所以传也。(8)今设去其自然爱子之情,则虽深谕切戒,以保世存宗之重,吾知人之类其灭久矣,此其尤大彰明较著者也。(9)由是而推之,凡人生保身保种,合群进化之事,凡所当为,皆有其自然者,为之阴驱而潜率,其事弥重,其情弥殷。(10)设弃此自然之机,而易之以学问理解,使知然后为之,则日用常行,已极纷纭繁赜,虽有圣者,不能一日行也。(11)于是难者曰:诚如是,则世之任情而过者,又比比焉何也?(12)曰:任情而至于过,其始必为其违情。(13)饥而食,食而饱,饱而犹食;渴而饮,饮而滋,滋而犹饮。(14)至违久而成习,习之既成,日以益痼,斯生害矣。(15)故子之所言,乃任习,非任情也。(16)使其始也,如其情而止,则乌能过乎?(17)学问之事,所以范情,使勿至于成习以害生也。(18)斯宾塞任天之说,模略如此。

本段浓缩斯宾塞之"任天说",用以对比,以纠正赫胥黎之说。复案句18

"斯宾塞任天之说,模略如此"点明句 5—17 的内容为压缩而来。严复开篇就做出定性评价(句 1)。斯宾塞之说到底是什么？先概说(句 2)，句 3—4 说赫胥黎，指明二者不同；句 5—17 则是对斯宾塞任天说的详释，以对应于句 2，相对于斯宾塞原著只是其几百分之一，故为"缩"。

3. 参考佐证

为证明赫胥黎或严复自己的观点，《天演论》有时从其他文献摘取一些内容作为佐证材料，或放入正文，或写入案语。所采用的变译方法有摘译、译述、缩译。如：

> 导言六段 2 复案：(1)达尔文《物种由来》云：人择一术，其功用于树艺牧畜，至为奇妙。(2)用此术者，不仅能取其群而进退之，乃能悉变原种，至于不可复识。(3)其事如按图而索，年月可期。(4)往尝见撒孙尼人鬻羊，每月三次置羊于几，体段毛角，详悉校品，无异考金石者之玩古器也。(5)其术要在识别微异，择所祈向，积累成著而已。(6)顾行术最难，非独具手眼，觉察毫厘，不能得所欲也。(7)具此能者，千牧之中，殆难得一。(8)苟其能之，更益巧习，数稔之间，必致巨富。(9)欧洲羊马二事，尤彰彰也。(10)间亦用接构之法，故真佳种，索价不赀，然少得效，效者须牝牡种近，生乃真佳，无反种之弊。(11)牧畜如此，树艺亦然，特其事差易，以进种略骤，易于抉择耳。

严复所缩达尔文的主要观点是"人择一术，其功用于树艺牧畜，至为奇妙"，以此作为《天演论》"导言六·人择"的佐证材料。为了展开这一观点，他继续撮其大意，见句 2—3；因导言六段 2 主要以植物为例，未用动物作例，于是严复用达尔文《物种起源》中的例子，见句 4—10；句 11 则是评论。

七、"达旨术"之六：并

所谓"并"，指合并，是将同类或有先后逻辑关系的两个及以上的部分结合在一起的变通手段。

小规模的"并"可能与"编"的策略相关，大规模的并则可形成综述。《天演论》毕竟不是多本国外著作或几十篇文章的综述，所以"并"的功夫用得不多，小规模的"并"用得多一些；规模大一点的，便进入了每节的复案。

据语料库统计,严译《天演论·上卷》至少有 20 处对原作实施"并"的策略,其语表形式有句、句群、段等;"并"的方式有同类性合并、逻辑性合并、对立性合并等;"并"的功用有列举事实、增加证据、众采百家、综合译介等。

(一)"并"的单位

"并"的单位,指严复变译时所合并的单位。句与句、句群与句群、段与段的合并是"并"的主体,句、句群和段之间可以彼此交叉合并,在此也一并讨论。

1. 句

句包括单句和复句。变译中词与短语可以合并,短语与短语可以合并,有时词或短语可与句子合并,复句内单句与单句可以合并。这既表现为"编"的行为,但也是"并"的起步。如:

原文 XV 段 1:(3)He will have to learn the lesson of selfrestraint and renunciation. (4)But the practice of selfrestraint and renunciation is not happiness, though it may be something much better.

导言十八段 1:(27)是故成己成人之道,必在惩忿窒欲,屈私为群,此其事诚非可乐,而行之其效之美,乃不止于可乐。

"selfrestraint and renunciation"(自我约束和断绝欲念)在原文句 3 和句 4 中重复,译成汉语则不必重复。严复用"其事"概括,将二句并为一句。此外,"是故成己成人之道"为承接性加写,"而行之其效之美"为逻辑性加写,而"乃不止于可乐"则为评价。

2. 句群

句群内句与句的合并,包括句群内单句与单句、单句与复句以及复句与复句的合并,结果往往并为单句或复句。如:

原文 II 段 1:(8b)Quadrupedal and bipedal intruders would devour and tread down the useful and beautiful plants; birds, insects, blight, and mildew would work their will; the seeds of the native plants, carried by winds or other agencies, would immigrate, and in virtue of their longeared special adaptation to the local conditions, these despised native weeds would soon choke their choice exotic rivals. (9a)A century or two hence, little beyond the foundations of the wall and of the houses and frames would be left,…

导言四段 1：(12)飞者啄之，走者蹢之，虫豸为之蠹，莓苔速其枯。(13)其与此地最宜之蔓草荒榛，或缘间隙而文蔾，或因飞子而播殖，不一二百年，将见基址仅存，蓬科满目，<u>旧主人手足之烈，渐不可见</u>。

原文 8b 第二句与 9a 合并，形成了新的复句，即导言句 13 的画线部分。

3. 段

从语表形式上看，段与段的合并在《天演论·上卷》中最为明显，见表 6。主要表现有：

第一，如果不以篇长论高低，只从段数来看，赫胥黎原作有的小节含十几段，而严译多数只有两段，其中多数还含有案语。

第二，原文几段合为变译 1 段，最多的是原文 5 段合为变译 1 段，如导言 6 段 1、导言十二等。

第三，原文某一段一分为二，一部分与前一段合并，另一部分与后一段合并，形成变译的两段，如导言十一段 1 由原文段 1 和段 2 句 1、句 2a—b 组成，导言十一段 2 由原文段 2 剩余的句子和原文段 3 组成。

表 6 《天演论·上卷》段与段合并统计

原	文	导	言	原	文	导	言
I	段 2	一	段 2	IV	段 1	六	段 1
	段 3				段 2		
	段 8				段 3		
	段 9	二	段 2		段 4		
	段 10				段 5		
II	段 1	四	段 1	V	段 1	七	段 1
	段 2				段 2		
III	段 1	五	段 1	VI	段 1	六	段 1
	段 2 句 1a		段 5		段 2		
	段 3				段 3		

原文			导言		原文			导言	
VII	段3		九	段2	XII	段1		十五	段1
	段4					段2			
IX	段1		十	段1		段3			
	段2	句1				段4			
		句2a				段5			
		句2b			XIII	段1		十六	段2
X	段1		十二	段1		段2			
	段2					段3			
	段3					段4			
	段4	句8			XIV	段1		十七	段1
		句9				段2			
		句10	十三	段2		段3			
	段5					段4	句1		段2
	段6						句2		
XI	段1		十四	段1			句3		
	段2				XV	段1		十八	段1
	段3					段2			
	段4					段3			段2
						段4			

(二)"并"的方式

1. 同类性合并

同类性内容有时可以不分主次,不分先后地排列,这属于并列式合并;有时也可以合并融入,融为一体,可归为并入式合并。如:

> 原文V段1:(3)On landing, they find themselves in the midst of a state of nature, widely different from that left behind them in everything but the most general physical conditions. (4) The common plants, the common birds and quadrupeds, are as totally distinct as the men from anything to be seen on the side of the globe from which they come.

> 导言七段1:(5)弃船登陆,耳目所触,水土动植,种种族类,寒燠燥湿,皆与英国大异,莫有同者。

原文句3笼统,句4具体,中国读者喜欢具体,不爱泛论,于是严复用具体

"挤兑"泛指,合二为一,以具体代抽象,反倒显得凝练。

2.逻辑性并列

事物有时空顺序,论述有逻辑顺序,合并时严复采用了一定的逻辑顺序将各种相关事物排列起来,显得严谨有序,条理性强。如:

> 导言三段3复案:(1)学问格致之事,最患者人习于耳目之肤近,而常忘事理之真实。(2)今如物竞之烈,士非抱深思独见之明,则不能窥其万一者也。(3)英国计学家即理财之学马尔达有言:万类生生,各用几何级数。(4)几何级数者,级级皆用定数相乘也。(5)谓设父生五子,则每子亦生五孙。(6)使灭亡之数,不远过于所存,则瞬息之间,地球乃无隙地。(7)人类孳乳较迟,然使衣食裁足,则二十五年其数自倍,不及千年,一男女所生,当遍大陆也。(8)生子最稀,莫逾于象。(9)往者达尔文尝计其数矣,法以牝牡一双,三十岁而生子,至九十而止,中间经数,各生六子,寿各百年,如是以往,至七百四十许年,当得见象一千九百万也。(10)又赫胥黎云:大地出水之陆,约为方迷卢者五十一兆。(11)今设其寒温相若,肥硗之相若,而草木所资之地浆、日热、炭养、亚摩尼亚莫不相同。(12)如是而设有一树,及年长成,年出五十子,此为植物出子甚少之数,但群子随风而扬,枚枚得活,各占地皮一方英尺,亦为不疏,如是计之,得九年之后,遍地皆此种树,而尚不足五百三十一万三千二百六十六垓方英尺。(13)此非臆造之言,有名数可稽,综如下式者也。

严复列举了三位学者的观点或事实,有其内在的逻辑关联:先摆出英国经济学家马尔萨斯(马尔达)的几何级数定理,并加案例解;接着是达尔文以象为例的推理尝试及其结果;最后是赫胥黎以树为例的推算。整个过程是先人后物,先动物后植物,先简单后复杂,先理论后事实,有理有据,生动易懂。此非饱学之士不可为!

3.对立性并举

对立性并举,即一个从正面,一个从反面,形成对照,或使赫胥黎原作的观点更加突出,或使严复要表达的观点更加鲜明。如:

> 导言十七段4复案:(1)赫胥黎氏是篇,所谓去其所傅者,最为有国者

所难能。(2)能则其国无不强,其群无不进者。(3)此质家亲亲,必不能也;文家尊尊,亦不能也;惟尚贤课名实者能之。(4)尚贤则近墨,课名实则近于申商。(5)故其为术,在中国中古以来,罕有用者,而用者乃在今日之西国。(6)英伦民气最伸,故其术最先用,用之亦最有功。(7)如广立民报,而守直言不禁主盟。(8)宋宁宗嘉定七年,英王约翰与其民所立约,名马格那吒达,华言大典。(9)保、公二党,递主国成,以互相稽察。(10)凡此之为,皆惟恐所傅者不去故也。(11)斯宾塞群学保种公例二,曰:凡物欲种传而盛者,必未成丁以前,所得利益,与其功能作反比例;既成丁之后,所得利益,与功能作正比例。(12)反是者衰灭。(13)其《群谊篇》立进种大例三:一曰民既成丁,功食相准;二曰民各有畔,不相侵欺;三曰两害相权,已轻群重。(14)此其言乃集希腊、罗马与二百年来格致诸学之大成,而施诸邦国理平之际。(15)有国者安危利灾则亦已耳,诚欲自存,赫、斯二氏之言,殆无以易也。(16)赫所谓去其所傅,与斯所谓功食相准者,言有正负之殊,而其理则一而已矣。

本例是小篇幅,大综合。句1接上赫胥黎正文的思想,取其一两句发挥,即导言十七段2句5"使一日者,取所傅而去之,则本地亲下;必终归于其所",将其提升至国家高度,发挥写作优势;句2—10进行中西比较,"尚贤课名实"中国罕用,西方通用,具体以英国为例,所用之例是办报、立法、颁宪、多党并存、相互监督等。句11—12举斯宾塞保种公理,句13又举进种三例;句14指明其思想来源与运用;句15表明据赫胥黎与斯宾塞二人的主张可以安国定邦;句16则比较分析二人学说实为同一事物的两面,同理表达,从正反两个角度,殊途同归。事物的正反性是组织文字的逻辑纽带,在赫胥黎部分严复加入了英国例子,在斯宾塞部分通过摘译或缩译旁征博引,以作例证。

(三)"并"的功用

1. 列举事实

事实胜于雄辩。论证问题最简要的方法之一是列举法。在论证的过程中,将事实逐条列出,简明而有力。这种方法严复运用自如,他强识博闻,常在博览群书的基础上挑出许多事实,逐一列举,小小的片段融合众多的知识。如:

导言十二段2复案:(1)西人有言,十八期民智大进步,以知地为行星,而非居中恒静,与天为配之大物,如古所云云者。(2)十九期民智大进步,以知人道,为生类中天演之一境,而非笃生特造,中天地为三才,如古所云云者。(3)二说初立,皆为世人所大骇,笃旧者,至不惜杀人以戢其说。(4)卒之证据厘然,弥攻弥固,乃知如如之说,其不可撼如此也。(5)达尔文《原人篇》,希克罗德国人《人天演》,赫胥黎《化中人位论》,三书皆明人先为猿之理。(6)而现在诸种猿中,则亚洲之吉贲音奔、倭兰两种,非洲之戈票拉、青明子两种为尤近。(7)何以明之?(8)以官骸功用,去人之度少,而去诸兽与他猿之度多也。(9)自兹厥后,生学分类,皆人猿为一宗,号布拉默特。(10)布拉默特者,秦言第一类也。

复案句1讲"天演",并非严复的论题,也与"导言十二·人群"的主旨有距离,其功用是作引子,引出句2,以讲"人道",所以整个复案重心是句3—9,而整个复案是对段1的补充与旁证。句1—2来历不明,但肯定是严复游学西方时的所读所闻,是18—19世纪的科学常识。句3介绍世人对待新说的态度,对句1予以响应与补充。句4是句1—2的论证,句5对句2补说,列举作者及其著作,从理论上提供支撑;句6进一步列举亚非两洲现存的猿类为例;句7—8是论证,指明亚非的猿类介于兽猿与人之间,正可证明生物进化。句9—10又讨论猿的生物学归类以及译名问题。

2.增加证据

无论是同类并举,还是对立并举,所并的内容均是论述的证据,增加原文的证据,正是为了增强论述的说服力,突出的是理据性。严复本应全译赫胥黎《进化论与伦理学》,可他变译之,免不了要提出自己的观点,或进一步论证赫胥黎的观点,为此他时常引经据典。如:

导言四段2复案:(9)外种闯入,新竞更起,往往年月以后,旧种渐湮,新种迭盛。(10)此自舟车大通之后,所特见屡见不一见者也。(11)譬如美洲从古无马,自西班牙人载与俱入之后,今则不独家有是畜,且落荒山林,转成野种,族聚蕃生。(12)澳洲及新西兰诸岛无鼠,自欧人到彼,船鼠入陆,至今遍地皆鼠,无异欧洲。(13)俄罗斯蟋蟀旧种长大,自安息小蟋蟀入境,克灭旧种,今转难得。(14)苏格兰旧有画眉最善鸣,后忽有斑画眉,不悉何来,不善鸣而蕃生,克善鸣者日以益希。(15)澳洲土蜂无针,自窝蜂有针者入境,无针者不数年灭。(16)至如植物,则中国之蕃薯蓣来自吕宋,黄占来自占城,蒲桃、苜蓿来自西域,蕙茝载自日南,此见诸史传者也。(17)南美之番百合,西名哈敦,本地中海东岸物,一经移种,今南美拉百拉达,往往蔓生数十百里,弥望无他草木焉。(18)余则由欧洲以入印度、澳斯地利,动植尚多,往往十年以外,遂遍其境,较之本土,繁盛有加。(19)夫物有迁地而良如此,谁谓必本土固有者,而后称最宜哉?(20)嗟乎!(21)岂惟是动植而已,使必土著最宜,则彼美洲之红人,澳洲之黑种,何由自交通以来,岁有耗减?(22)而伯林海之甘穆斯噶加,前土民数十万,晚近乃仅数万,存者不及什一,此俄人亲为余言,且谓过是恐益少也。(23)物竞既兴,负者日耗,区区人满,乌足恃也哉!(24)乌足恃也哉!

为了证明外种侵入引起物种的变化,严复征引了十几种例子,从动植物到人类,古今中外,涉及四大洲,令人信服。上例所引证据可以分类,见图1。

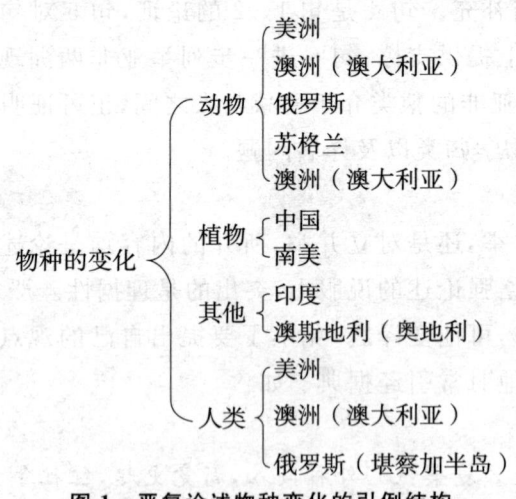

图1　严复论述物种变化的引例结构

3.众采百家

各家观点汇集一处,各种材料汇总一起,可以同论一理,可以广说一事,这是"并"的作用:众采百家,共议一事一理,突出其广博性。严复学贯中西,深晓文理,古今中外的百科知识他信手拈来,巧录文中。如:

导言十六段 3：复案：(1)天演之学，肇端于地学之僵石古兽。(2)故其计数，动逾亿年，区区数千年数百年之间，固不足以见其用事也。(3)曩拿破仑第一入埃及时，法人治生学者，多挟其数千年骨董归而验之，觉古今人物，无异可指，造化模范物形，极渐至微，斯可见矣。(4)虽然，物形之变，要皆与外境为对待。(5)使外境未尝变，则宇内诸形，至今如其朔焉可也。(6)惟外境既迁，形处其中，受其逼拶，乃不能不去故以即新。(7)故变之疾徐，常视逼拶者之缓急。(8)不可谓古之变率极渐，后之变率遂常如此而不能速也。(9)即如以欧洲政教、学术、农工、商战数者而论，合前数千年之变，殆不如挽近之数百年。(10)至最后数十年，其变弥厉。(11)故其言曰：耶稣降生二千年时，世界如何，虽至武断人不敢率道也。(12)顾其事有可逆知者，世变无论如何，终当背苦而向乐。(13)此如动植之变，必利其身事者而后存也。(14)至于种胤之事，其理至为奥博难穷，诚有如赫胥氏之说者。(15)即如反种一事，生物累传之后，忽有极似远祖者，出于其间，此虽无数传无由以绝。(16)如至今马种，尚有忽出遍体虎斑，肖其最初芝不拉野种者。(17)或谓此即《汉书》所云天马。(18)驴种亦然，此二物同原证也。(19)芝不拉之为驴马，则京垓年代事矣。(20)达尔文畜鸽，亦往往数十传后，忽出石鸽野种也。(21)又每有一种受性偏胜，至胖合得宜，有以相剂，则生子胜于二亲。(22)此生学之理，亦古人所谓"男女同姓，其生不蕃"，理也。(23)惟片半合有宜不宜，而后瞽瞍生舜，尧生丹朱，而汉高吕后之悍鸷，乃生孝惠之柔良，可得而微论也。(24)此理所关至巨，非遍读西国生学家书，身考其事数十年，不足以与其秘耳。

这是微型综述。整个复案对"导言十六·进微"本文继续阐发，其合并的思路是：句1总论，进化论始于考古；句2点明时段长短，以示进化之漫长。句3—13以欧洲为例，说人类进化渐微，属于正面论证；句14—20以马、驴、鸽为例，说动物之变种，属于反证；句21—23以本土为例，再说人类进化之细微。

那么严复是如何综述的呢？因时代久远，只能推测。其综述之法无非三种：第一，出国前、留学时、回国后所学所知的一切知识汇集起来；第二，有写有译，如例中句9，经查证，取自原文XIII段4句2，相关写作见导言十六段2句23—24；第三，中西融合，如例中句17的案语，句22的古人古语"男女同姓，其生不蕃",句23所举历代圣贤,其他地方则全是西方的事与理。中西巧妙地融于一体,将事理说得更透彻、更精辟。

极为有趣的是严复案语末尾的一句话:"此理所关至巨,非遍读西国生学家书,身考其事数十年,不足以与其秘耳。"这是自夸!同时又暗示前面众多观点与事例是自己博览群书、游学西方、知晓天下的结果,严复自豪于自己的博学与才识。

4. 综合译介

"并"的最大作用是综合介绍。只有大量合并,才能比较全面、完整地将相关内容集中,比较充分系统地介绍某一内容,突出其综合性。为了综合介绍,严复常采用摘、编、述、缩等变译策略将不同来源的信息予以变通,以最简洁的形式集于一起,或一段或几段,按某一线索贯穿起来成一整体,以小见大,以小见多,给人整体印象。如:

导言一段4复案:(1)物竞、天择二义,发于英人达尔文。(2)达著《物种由来》一书,以考论世间动植种类所以繁殊之故。(3)先是言生理者,皆主异物分造之说。(4)近今百年格物诸家,稍疑古说之不可通。(5)如法人兰麻克、爵弗来,德人方拔、万俾尔,英人咸里士、格兰特、斯宾塞尔、倭恩、赫胥黎,皆生学名家,先后间出,目治手营,穷探审论,知有生之物,始于同,终于异。(6)造物立其一本,以大力运之,而万类之所以底于如是者,咸其自己而已,无所谓创造者也。(7)然其说未大行也,至咸丰九年,达氏书出,众论翕然。(8)自兹厥后,欧美二洲治生学者,大抵宗达氏。(9)而矿事日辟,掘地开山,多得古禽兽遗蜕,其种已灭,为今所无。(10)于是虫鱼禽互兽人之间,衔接迤演之物,日以渐密,而达氏之言乃愈有征。(11)故赫胥黎谓古者以大地为静居天中,而日月星辰,拱绕周流,以地为主。(12)自歌白尼出,乃知地本行星,系日而运。(13)古者以人类为首出庶物,肖天而生,与万物绝异。(14)自达尔文出,知人为天演中一境,且演且进,来者方将,而教宗抟土之说,必不可信。(15)盖自有歌白尼而后天学明,亦自有达尔文而后生理确也。(16)斯宾塞尔者,与达同时,亦本天演著《天人会通论》,举天、地、人、形气、心性、动植之事而一贯之,其说尤为精辟宏富。(17)其第一书开宗明义,集格致之大成,以发明天演之旨。(18)第二书以天演言生学。(19)第三书以天演言性灵。(20)第四书以天演言群理。(21)最后第五书,乃考道德之本源,明政教之条贯,而以保种进化之公例要术终焉。(22)呜乎!(23)欧洲自有生民以来,无此作也。(24)不佞近翻《群谊》一书,即其第五书中之一编也。(25)斯宾氏迄今尚存,年七十有六矣。(26)其全书于客岁始蒇事,所谓体大思精,殚毕生之力者也。(27)达尔文生嘉庆十四年,卒于光绪八年壬午。(28)赫胥黎于乙未夏化去,年七十也。

整个复案是对原文Ⅰ段1—5内容的加写,其中有写,有缩,有评。就其内部而言,复案以天演说为线,串起达尔文之前的相关思想、达尔文论著、赫胥黎著作、达尔文之后斯宾塞之作,对天演说的发展做一综观。句2—3讲达尔文之作的内容;句4—6讲达尔文之前百年间英、法、德诸国学者有关天演的思想,最近一位是赫胥黎。句7—8又回到达尔文之作,指出《物种起源》出版后欧美学者如何归宗于达氏;句9—10论及考古学,证明达尔文学说;句11—14将赫胥黎巧妙引出,借其之口指明古代地心说如何为哥白尼日心说所替代,又指明自达尔文以来人类的进化;句15则是对二者的评价。句16—21为斯宾塞学说的缩译;句22—28是对斯宾塞《天人会通论》一书的评论,兼及相关人物的生卒年月。

八、"达旨术"之七:改

所谓"改",即改变,使原作发生明显的变化,改变了内容或形式,包括改换(改掉原作中的内容或形式,换成适合译语读者的内容或形式)、改编(据原作内容采用另一种体裁重写)和改造(修改原文,以使译作适合新的要求)等。

据语料库统计,严译《天演论·上卷》至少有44处对原作实施"改"的策略,其语表形式有词、语、句、句群、段等,以句和句群为多;"改"的方式有改概念、换例、改风格、近似替代等;"改"的功用有便于说理、便于谋篇、超过原作等。

(一)"改"的单位

1.词

"改"的最小单位从语义上看是概念,语表上首先表现为概念的最小形式"词",正因为最小,也就最便于改。严复改译词,往往是为了追求具体、生动、形象的效果,其结果是可读性更强。如:

原文Ⅰ段 8：(1a) As a natural process, of the same character as the development of a tree from its seed, or of a fowl from its egg...

全译一段 8：(1a) 作为一种自然过程，具有像从种子发育成为一棵树或从卵发育成为一只家禽那样的性质。

导言二段 2：(5) 夫拔地之木，长于一子之微；垂天之鹏，出于一卵之细。

"fowl"可指"鸡"、"任何鸟类"或"飞禽"，全译据"鸡"而扩大为"家禽"，而严复改为(垂天之)"鹏"，是意义的缩小与明确，大概是受前面表示树与种子关系的"拔地之木"的形式与语音的要求。严复的改译与全译的择义有着本质的不同，更能显示与"卵"的反差。

2. 短语

语表上看，短语是表示概念的较大的形式，更有改译的空间。如"天演"一词的翻译最具代表性。"cosmic process"严复只译了这一短语的前一词，后一词没有对译。在严复看来，"天演"为体，进化的两条要则"物竞"和"天择"为用，"万物莫不然"，于是囊括万物的"天演论"诞生！可见严复的"天演"不等于"进化"，包含且大于进化。进化可释天行(即"cosmic process"，宇宙过程)，但不便释人治(即"horticultural process"，园艺过程)，因为"天行者以物竞为功，而人治则以使物不竞为的"(导言六)。由此可见，其实词的改译往往寓于短语的改译。又如：

原文Ⅰ段 5：(3) It may have last for twenty or thirty thousand years, it may last for twenty or thirty thousand years more, without obvious change; but, as surely as it has followed upon a very different state, so it will be followed by an equally different condition.

导言一段 3：(3) 是当前之所见，经廿年卅年而革焉可也，更二万年三万年而革亦可也。(4) 特据前事推将来，为变方长，未知所极而已。

原文同一数字"twenty or thirty thousand years"重复使用，在严复看来，同一数字重复使用，不能显示时段的差别。严复保留后一组数字，改变前一组，即改"twenty thousand years"为"廿"，改"thirty thousand years"为"卅"。

这样前一时段变短,后一时段相对变长,进而显示变化的永久性。

3. 句子

原文句子的改译开始涉及内容、形式和风格三方面的改变,句子开始涉及完整意义的传达,可成为译者取舍、改造的对象。句型大致分三类:陈述句、疑问句和感叹句,严复常将原文的陈述句改为疑问句,一般又是自问自答,最终形成了疑问—陈述句群,这种生动的改造在《天演论》中较为常见。如:

原文Ⅸ段3:(3)Whether bees are susceptible of feeling and capable of thought is a question which cannot be dogmatically answered.

导言十一段2:(15)是辑辑者,为有思乎?(16)有情乎?(17)吾不得而知之也。

原文为陈述句,表明"蜜蜂究竟有无情感,能否思考,不能武断作答"。严复改作"是辑辑者,为有思乎?有情乎?",形式上将原文内容改为并列疑问句群;接着严复自答"吾不得而知之也",最终形成了更大的疑问—陈述句群,自问自答,富有生气,语气上跌宕起伏,更能激起读者的阅读兴趣。

4. 句群

较之于句子,句群最适宜做内容取舍和改造,因为它是以某一意义为核心的一组句子,去留取舍更容易,内部或整个改造更方便;相对于原作内容,一减一增,就能构成改换。如:

原文Ⅰ段5:(5c)And which are, therefore, in that respect, and only in that respect, the fittest. (6)The acme reached by the cosmic process in the vegetation of the downs is seen in the turf, with its weeds and gorse. (7)Under the conditions, they have come out of the struggle victorious; and, by surviving, have proved that they are the fittest to survive.

导言一段3:(17)斯宾塞尔曰:"天择者,存其最宜者也。(18)夫物既争存矣,而天又从其争之后而择之,一争一择,而变化之事出矣。"

严复将原文句8—9减去,摘译斯宾塞有关天择的内容以换之,同时也是对句 5c 的具体化。摘译名人名言作证，成了参考译，且置于段末，也是导言一全节的末句，卒章显态，正可以彰显严复的天演观。原文句 6—7 本是原句 5c 的例证，由于严复引斯宾塞的观点作证，俨然为赫胥黎做结论，气势之大，掷地有声，致使原文句 6—7 的意思无处藏身，因而被删。不明就里的读者还以为赫胥黎在引经据典呢！因改变内容而制约了变译的组篇方式，即证据与事实之间的关系发生了变化。

(二)"改"的方式

1. 改概念

概念的更变包括：1)相关的平行概念之间的改换，2)上下位概念的更替。这两种互换方式有助于从抽象与具体、大类与小类、熟悉与陌生等关系中找到更符合读者阅读心理或蕴含译者自己所需的思想。如：

原文 I 段 6：(3) On the contrary, it furnishes us with conclusive reasons for thinking that, if every link in the ancestry of these humble indigenous plants had been preserved and were accessible to us, the whole would present a converging series of forms of gradually diminishing complexity, until, at some period in the history of the earth, far more remote than any of which organic remains have yet been discovered, they would merge in those low groups among which the boundaries between animal and vegetable life become effaced.

导言二段 1：(6)假由当前一动物，远迹始初，将见逐代变体，虽至微眇，皆有可寻，迨至最初一形，乃莫定其为动为植。

严复对原文先减后缩，成变译。不比较原文，不会发现严复缩译的同时，还改变了一个概念：原文以 plants 为例，导入其始祖动植难辨的内容，严复则换以动物为例。难道是因为严复要论及人类，舍弃植物，代之以动物？是何缘故，不得而知。又如：

原文 III 段 3：(1) Thus, it is not only true that the cosmic energy, working through man upon a portion of the plant world, opposes the same energy as it works through the state of nature, but a similar antagonism is everywhere manifest between the artificial and the natural.

导言五段 2：(11)不独前一二事为然，小之则树艺牧畜之微，大之则修齐治平之重，无所往而非天人互争之境。

原文阐述了两大对抗性，前一分句只涉及部分植物，而严复上升为动植物，又加写，进而上升到社会（修齐治平）。由小到大，无所不包，无所不在，可谓斗争升级扩大化。再如：

原文Ⅴ段 2：(1) Under the conditions supposed, there is no doubt of the result, if the work of the colonists be carried out energetically and with intelligent combination of all their forces.

导言七段 1：(12)使其通力合作，而常以公利为期，养生送死之事备，而有以安其身；推选赏罚之约明，而有以平其气，则不数十百年，可以蔚然成国。

且不说严复将"energetically and with intelligent combination of all their forces"删去，他还将"result"换成概念"国"，这既扩大了原词的内涵，又服务于他自己的主张：富国强民，留种保国。所指更明，立意更高。

2. 换例

原例不能或不便于译语读者理解，译者就换作译语例子，起因还是文化障碍，或为读者所想。这种换例法，严复在《名学浅说》中也用到。"严复换例译法不能仅仅被视为技巧层面的翻译方法，而应该是会通中西、创新文化的治学之道，它一方面以中国之例会通耶方斯的逻辑知识，另一方面又反过来借助西学关照中国文字、命名、逻辑等方面存在的诸多问题，以西学为参照倡导如何发展中国的科学逻辑思维方法，具有强烈的开启民智、科学救国的译介目的和崇高追求。"[①]强调等效的奈达也曾列举了不少换例译法，他说："翻译《圣经》

---

① 张德让：《严复换例译法与中西会通：以〈名学浅说〉译本为例》，载《外语与外语教学》，2011年第2期，第75—78,96页。

是为了使之到达尽可能多的、属于各个民族的受众,所以不妨采用这种'换例译法'。如何能够既符合不背离原本的原则、又克服文化障碍,恐怕至今还是有待继续研究的课题。"① 但是,换例即是换内容,换内容就要背离原文。而变译旨在追求相似的效果。如:

原文Ⅰ段2:(3)Compared with the long past of this humble plant, all the history of civilized men is but an episode.

导言一段2:(4)此区区一小草耳,若迹其祖始,远及洪荒,则三古以还年代方之,犹瀼渴之水,比诸大江,不啻小支而已。

"episode"(插曲)本义是电影、电视或话剧中与主题有关而具相对独立性的乐曲,后来转义比喻事情发展过程中相对独立的片段或小故事。当时的中国尚未引进此类术语,如实译出,恐怕难懂,这是改译原因之一。原因之二是,原文把人类文明史比作插曲,比较抽象,严复换作支流与大江之比,以具象换抽象,比原文更形象。又如:

原文Ⅷ:(1)Of the more thoroughgoing of the multitudinous attempts to apply the principles of cosmic evolution, or what are supposed to be such, to social and political problems, which have appeared of late years, a considerable proportion appear to me to be based upon the notion that human society is competent to furnish, from its own resources, an administrator of the kind I have imagined. (2)The pigeons, in short, are to be their own Sir John Sebright.

导言十段2:(2)今乃以人择人,此何异上林之羊,欲自为卜式;汧渭之马,欲自为其伯翳,多见其不知量也已。(3)案原文用白鸽欲自为施白来。(4)施,英人最善畜鸽者也,易用中事。

严复用比较结构(句2)直述原文句1—2的内容,不过他换了原文例子,

---

① 沈苏儒:《论信达雅——严复翻译理论研究》,北京:商务印书馆,1998年,第179页。

原有的例子变为案语,也改变了译文的语篇功能。换上中国例子,给人错觉:仿佛英国学者赫胥黎对中国历史典故了如指掌,这大概是严复当时所不能考虑的。试看两个典故。所谓"卜式",即西汉河南洛阳人,少时以田畜为业,牧羊十余年,至千余头,置田宅,由是致富。武帝时匈奴屡屡犯边,他上书朝廷,愿以家财之半捐公助边。帝欲授以官职,他辞而不受。又以二十万两银钱救济家乡贫民。朝廷闻其慷慨爱施,赏以重金,召拜为中郎,布告天下。他以赏金悉助府库;身为中郎,仍布衣为皇家牧羊于上林(朝廷园林)。所谓"伯翳",即《五帝本纪》舜所命二十二人中的虞官益,古书一般作"伯益"。虞官掌山泽苑囿,伯翳为舜调训鸟兽,子孙多以养马御车著称。以二例换一例,严复"赚"了,更有利于当时知识界调用已有知识去理解何为"人择",更可以理解严复"上纲上线"的总结与提升:"多见其不知量也已。"三例同注,所改者内容,契合、恰当!

3. 改风格

原作《天演论》是通俗演讲,语言简明易懂,为百姓所接受。与之相反,严复把通俗书做得很深奥,因为中国当时知识界喜好文言,文言才有雅趣。萨镇冰曾批评严复板起面孔布道的味道:"赫胥黎的文稿原来是在大学做的报告,用的是演讲的体裁,话起话落,节奏自然成章。严先生爱用的是古文家纸上的笔调。《天演论》第一章开首的那个长句译文,颇有气派,但读起来费力,和赫胥黎讲稿的语气很不相像。"[①]比读译作与原作,上述批评不无道理。不过,萨镇冰所说的是全译之理,严复所循的是变译之理。即使如此,严复也做了一番努力,增强了译作的可读性,他太清楚"言之无文,行之不远"的道理了。请看例:

原文Ⅶ段4:(2)The hopelessly diseased, the infirm aged, the weak or deformed in body or in mind, the excess of infants born, would be put away, as the gardener pulls up defective and superfluous plants, or the breeder destroys undesirable cattle. (3)Only the strong and the healthy, carefully matched, with a view to the progeny best adapted to the purpo-

---

① 戴镏龄:《萨镇冰谈严复的翻译》,载《翻译通报》,1985年第6期,第36—38页。

ses of the administrator, would be permitted to perpetuate their kind.

导言九段 2：(14)去不材而育其材，治何为而不若是？(15)罢癃、愚痌、残疾、颠丑、盲聋、狂暴之子，不必尽取而杀之也，鳏之、寡之，俾无遗育，不亦可乎？(16)使居吾土而衍者，必强佼圣智聪明才桀之子孙，此真至治之所期，又何忧乎过庶？(17)主人曰：唯唯，愿与客更详之。

导言句 14、17 为加写，句 15、16 中有加写。整体上，连续三问一答，改变了原作内容的叙述风格：句 14 为第一问，是反问，等待回答；句 15 为第二问，旨在过渡，发问中含肯定；句 16 为第三句，是反问。原文句 3 强调挑选健壮之人以繁衍，严复则改为"强佼圣智聪明才桀之子孙"，相当于德、智、体三要求了。如此反复提问，旨在反复强调，有力的节奏给人以艺术感染力。最有趣的是，严复不知是写前忘后，还是设想有人提问，加写句 17 主动作答。这是作文的技巧，他要吸引读者读下去。把原文的陈述改为对话，且用书面口语"唯唯"，显得活泼。古汉语中，"唯唯"是象声词，表应答之声。如"秦王跪而请曰：'先生何以幸教寡人？'范雎曰：'唯唯。'"① 如此改造，目的只有一个：活跃行文，最终让思想抵达读者心灵。

4. 近似替代

不同文化之间同理不同事，或理近事不同的现象是存在的。甲文化现象不为乙文化民众所理解时，有时可用相近的本土文化现象去比附，去替代。某一思想或某一概念不为当时译语读者所理解，需费不少口舌才可说清，有一办法极好处理，即同类或近类替代。如：

原文Ⅸ段 2：(3)The society formed by the hive bee fulfils the ideal of the communistic aphorism "to each according to his needs, from each according to his capacity". (4) Within it, the struggle for existence is strictly limited.

导言十一段 2：(1)夫蜂之为群也，审而观之，乃真有合于古井田经国之规，而为近世以均富言治者之极则也。(2)复案：古之井田与今之均富，以天演

---

① 《战国策·秦策三》。

之理及计学公例论之,乃古无此事,今不可行之制。(3)故赫氏于此意含滑稽。(4)以均富言治者曰:财之不均,乱之本也。

原文意为蜜蜂善群之道在于实行了"各尽所能,按需分配",严复选用了中国"古田制"和"均贫富"的思想去比附"to each according to his needs, from each according to his capacity"。井田制是我国奴隶社会的土地国有制度,夏代曾实行过,商周两代的井田制因夏而来,西周时盛行。因道渠纵横交错,土地隔成方块,状似"井"字,故称"井田"。井田制由原始氏族公社土地公有制发展演变而来,基本特点是实际耕作者对土地无所有权,而只有使用权。土地在一定范围内实行定期平均分配。但是有学者认为,中国古代井田制纯属子虚。持论者明确否认井田制的存在。严复大概也是异见派,因此把井田制与"各尽所能,按需分配"的理想相提并论。有人认为均贫富思想是乌托邦理想,早在两千年前,孔孟就提过均贫富思想。先秦道家的主要经济观点是"均富"和"知足","均贫富,等贵贱"的均富思想自古有之。

(三)"改"的功用

1. 便于说理

说理要充分,除论点正确外,论据的确当甚为重要,不仅逻辑要对,还要安置妥当,恰如其分,便于说理。所谓便于说理,一指在文中合适,二指在文化语境中也适应读者所需。赫胥黎论述问题,不少地方的论据仅英国读者能懂,而当时的中国读者极少能明白。为此,严复大胆改之,换之,用新的具有类似论述功用的例子证明同一个论点,二者相安无事,取达旨之效。如:

原文Ⅲ段2:(3)No doubt, the Forth bridge and an ironclad in the offing, are, in ultimate resort, products of the cosmic process; as much so as the river which flows under the one, or the seawater on which the other floats. (4)Nevertheless, every breeze strains the bridge a little, every tide does something to weaken its foundations; every change of temperature alters the adjustment of its parts, produces friction and consequent wear and tear. (5a)From time to time, the bridge must be repaired, just as the ironclad must go into dock.

导言五段2:(6)今如河中铁桥,沿河石隄,二者皆天材人巧,交资成物者也。(7)然而飘风朝过,则机牙暗损;潮头暮上,则基址微摇;且凉热涨缩,则笋缄不得不松;雾淞潜滋,则锈涩不能不长,更无论开阖动荡之日有损伤者矣。(8)是故桥须岁以勘修,隄须时以培筑,夫而后可得利用而久长也。

原文中具体的"Forth"河名太小,一般中国人可能不知。将"ironclad"(铁甲舰)改为"石隄",将"foundations"(桥基)改为"基址"即"坝址",后面也随之而改,如导言句8,因为铁甲舰中国读者见之不多,故改为"石隄",即现在所说的"堰"或"坝"。再看一例:

原文X段1:(1)I see no reason to doubt that, at its origin, human society was as much a product of organic necessity as that of the bees. (2)The human family, to begin with, rested upon exactly the same conditions as those which gave rise to similar associations among animals lower in the scale. (3)Further, it is easy to see that every increase in the duration of the family ties, with the resulting co-operation of a larger and larger number of descendants for protection and defence, would give the families in which such modification took place a distinct advantage over the others. (4)And, as in the hive, the progressive limitation of the struggle for existence between the members of the family would involve increasing efficiency as regards outside competition.

段2:(1)But there is this vast and fundamental difference between bee society and human society. (2)In the former, the members of the society are each organically predestined to the performance of one particular class of functions only.

导言十二段1:(1)人之有群,其始亦动于天机之自然乎?(2)其亦天之所设,而非人之所为乎?(3)群肇于家,其始不过夫妇父子之合,合久而系联益固,生齿日蕃,则其相为生养保持之事,乃愈益备。(4)故宗法者群之所由昉也。(5)夫如是之群,合以与其外争,或人或非人,将皆可以无畏,而有以自存。(6)盖惟泯其争于内,而后有以为强,而胜其争于外也,此所与飞走蠕泳之群同焉者也。(7)然则人虫之间,卒无以异乎?(8)曰:有。(9)鸟兽昆虫之于群也,因生而受形,爪翼牙角,各守其能,可一而不可二,如彼蜜蜂然。

如原文段 1—2 均以蜂群为例,做比较,讨论人群问题。在严译导言十一段 1 中,"蜂"要么省去不说,如变译段 1 句 3—5;要么泛化,上升为上位概念,如句 6 的"飞走蠕泳之群"、句 7 的"虫"、句 9 的"鸟兽昆虫",只是在句 9 末才见"蜜蜂"字样。严复改译的意图无非是告诉读者:动物,不论是人还是低级动物,皆是如此。而蜜蜂只是个案,举例而已。这比原文似乎更有典型性和普遍性,论证方式也是点面结合,很有说服力。

2. 便于谋篇

从谋篇角度看,有时改一词一语在句群内可能引起连锁反应,尤其是在比句群更大的语篇中,改动一词或一语,会涉及全篇,牵一发而动全身,有时甚至还决定其他变通手段的运用。如前所述,严复用"古田制"和"均贫富"比附"各尽所能,按需分配",因为毕竟两两不能相比,有些牵强。但传播新思想,比附手段有时是避免不了的,它可起到言简意赅的作用。严复改换内容之后,又做复案,如果直接说"古之井田与今之均富,乃古无此事,今不可行之制",则有悖于史识,严复的聪明之处在于加以复案"以天演之理及计学公例论之",做限定,使语篇上浑然一体;更为有趣的是他妄下断言"故赫氏于此意含滑稽",倒是读出了原文句 4 的含义。又如:

原文 X 段 3:(1) Among mankind, on the contrary, there is no such predestination to a sharply defined place in the social organism. (2) However much men may differ in the quality of their intellects, the intensity of their passions, and the delicacy of their sensations, it cannot be said that one is fitted by his organization to be an agricultural labourer and nothing else, and another to be a landowner and nothing else.

导言十二段 1:(14)至于人则不然,其受形虽有大小强弱之不同,其赋性虽有愚智巧拙之相绝,然天固未尝限之以定分,使划然为其一而不得企其余,曰此可为士,必不可以为农;曰此终为小人,必不足以为君子也。
"agricultural labourer"(农夫)之外还有许多职业,严复只选"士"与"农"对;严复连"and another to be a landowner and nothing else"也删除了,换作"曰此终为小人,必不足以为君子也",用"小人"与"君子"相对,也与前面译文的语篇对仗,产生形式美感。此外,"士"与"农夫"对,只是社会身份之对别,"小人"与"君子"对,则是褒贬之对立。这一改动取便读者,语篇内涵由浅入深,加大了说理的深度。再如:

原文 XIV 段 5:(1a) I think it must be obvious to every one, that, whether we consider the internal or the external interests of society, it is desirable they should be in the hands of those who are endowed with the largest share of energy, of industry, of intellectual capacity, of tenacity of purpose, while they are not devoid of sympathetic humanity.

导言十七段 3:(1)今夫一国之治,自外言之,则有邦交;自内言之,则有民政。(2)邦交民政之事,必操之聪明强固,勤智刚毅而仁之人,夫而后国强而民富者,常智所与知也。

原文讨论问题取"society"视角,严复则改从"国家"角度;原文围绕社会而展开,严译围绕"国"而展开,因此"the internal or the external interests"分别改为"民政"与"邦交"。导言句 2 也随之而改,三处改译相随,环环相扣,除保证改译的连贯性外,比原文更有力地发挥了论述的逻辑力量。

3. 超胜原作

全译要求译者有克己意识,而变译允许译者变动原作,赋予译作胜出原作的机会。严复的改译最大目标不仅只是追求与原作同等的效果,而是要超越,从表达效果看,实际上不仅超过了原作,也胜过了原作的全译。前面所引例子不少具有这一功能。又如:

原文 X 段 4:(7) It is not by any conscious "putting one's self in the place" of a joyful or a suffering person that the state of mind we call sympathy usually arises; indeed, it is often contrary to ones sense of right, and in spite of one's will, that "fellow-feeling makes us wondrous kind", or the reverse.

全译十段4：(8)通常所谓同情的心理状态，并不总是要靠任何自觉行动"使自己置身于"愉快者或受苦人的地位才能产生；的确常常是和一个人的正义感相反，而且不管一个人的愿望如何，"同情心使我们亲切得出奇"，或者适得其反。

导言十三段1：(17)即至隐微意念之间，皆感而遂通，绝不闻矫然离群，使人自人而我自我。(18)故里语曰：一人向隅，满堂为之不乐；孩稚调笑，戾夫为之破颜。

导言句17是原文句7前一分句的转述，比原文要清晰明白，导言句18是原文句7后一分句的形象具化。严复以俚语代抽象，两句俚语，一正一反，道出了原文"恻隐之心人皆有之"的内涵。俚语本是口头语，流诸严复笔端，虽说带有文言色彩，但通过具体例子，读者切实体会到了什么是同情。就更便于中国读者阅读和理解而言，变译比全译更胜一筹。再如：

原文Ⅱ段2：(3a)The same proposition is true of all the works of man's hands, form a flint implement to a cathedral or a chronometer; and it is because it is true, that we call these things artificial, term them works of art, or artifice,

全译二段2：(3a)这种提法对人类双手制成的所有成品，从燧石工具到大教堂或精密时计，都是同样真实的；正因为这种提法同样适用，所以我们把这些东西叫作人工的东西，叫作技艺的成品或技巧制品，

导言四段1：(19)自古之土铏洼尊，以至今之电车铁舰，精粗迥殊，人事一也。

减去内容之后，严复将"flint"（燧石）改为"古之土铏洼尊"，将"cathedral or a chronometer"（大教堂或精密时计）改为"电车铁舰"，前者为古代手工产品，后者为现代文明产物，事物及其名称更换，但古今事物列举与比较的表达效果相同。

第二节 "信达雅":变译的思想

严复深得 *Evolution and Ethics* 之精髓,本着"物竞天择,适者生存"之道,大施变通之术,对原作实行增、减、编、述、缩、并、改等"达旨术",即变通策略,使得译作《天演论》大异于原作,在中国大放异彩。孕育于《天演论》,大行于严译名著的"达旨术"及其"信达雅"具有什么样的内涵,什么样的内在联系,什么样的思想体系呢?

百年来,多数"信达雅"论者往往奢于空谈,未加以系统求证和例证。本节将逐条分析,先从提出"信达雅"的《天演论·译例言》说起。

一、《天演论》前言今译

不妨看看严复对"信达雅"的完整论述。为方便部分读者,我们将其古文与今译对照排出。(见表7)

表7 《天演论·译例言》古文今译对照

《天演论·译例言》	今 译
[1](1)译事三难:信、达、雅。(2)求其信已大难矣,顾信矣不达,虽译犹不译也,则达尚焉。(3)海通已来,象寄之才,随地多有,而任取一书,责其能与于斯二者则已寡矣。(4)其故在浅尝,一也;偏至,二也;辨之者少,三也。(5)今是书所言,本五十年来西人新得之学,又为作者晚出之书。(6)译文取明深义,故词句之间,时有所颠倒附益,不斤斤于字比句次,而意义则不倍本文。(7)题曰达旨,不云笔译,取便发挥,实非正法。(8)什法师有云:"学我者病。"(9)来者方多,幸勿以是书为口实也。 [2](1)西文句中名物字,多随举随释,如中文之旁支,后乃遥接前文,足意成句。(2)故西文句	[1]翻译工作有三项不容易做到的事,即:"信"(忠实于原著)、"达"(译笔明达)、"雅"(文字水平高)。要做到"信"本来就很不容易,而如果只注意"信"却忽略了"达",那么,即使是译了出来也等于没有译,可见"达"是应予重视的。自从海外交通开放以来,具有翻译能力的人才,几乎到处都有。不过,我们随便取哪一本译作来看,要求它把"信"和"达"两者结合得很好,却并不多。按其原因,一是由于对原著只作粗略的浏览;二是对原著缺乏全面的了解;三是不能真正理解原著。现在这本《天演论》所阐述的,原都是五十年来西方科学界崭新的研究成果,又是作者晚年出版的著作,我的译文着重在揭示它的理论精髓,因此,词句之间,就时而不免会有所颠倒或增益,不拘泥于原文字句的排列次序,但意义则不与原文相违背。我称这种做法为"达旨"而不称为"笔译"。这样为了方便而随意发挥,实在不是做翻译工作的正当方法。正如名僧鸠摩罗什法师所说,"学我会产生流弊"。以后,从事翻译的人将会更多,千万不要以我这本书为口实,以为我这种做法是翻译的正途。 [2]英文句子中的名词术语,一般都在首次出现时随

续表

法,少者二三字,多者数十百言,假令仿此为译,则恐必不可通,而删削取径,又恐意义有漏。(3)此在译者将全文神理,融会于心,则下笔抒词,自然互备。(4)至原文词理本深,难于共喻,则当前后引衬,以显其意。(5)凡此经营,皆以为达,为达即所以为信也。 [3](1)《易》曰:"修辞立诚。"(2)子曰:"辞达而已。"(3)又曰:"言之无文,行之不远。"(4)三曰乃文章正轨,亦即为译事楷模。(5)故信、达而外,求其尔雅,此不仅期以行远已耳。(6)实则精微言,用汉以前字法、句法,则为达易;用近世利俗文字,则求达难。(7)往往抑义就词,毫厘千里。(8)审择于其二者之间,夫固有所不得已也,岂钓奇哉!(9)不佞此译,颇贻艰深文陋之讥,实则刻意求显,不过如是。(10)又原书论说,多本名数格致,及一切畴人之学,倘于数者向未问津,虽作者同国之人,言语相通,仍多未喻,矧夫出以重译以耶! [4](1)新理踵出,名目纷繁,索之中文,渺不可得,即有牵合,终嫌参差,译者遇此,独有自具衡量,即义定名。(2)顾其事有甚难者,即如此书上卷《导言》十余篇,乃因正论理深,先敷浅说。(3)仆始翻译"厄言",而钱唐夏穗卿曾佑,病其滥恶,谓内典原有此种,可名"悬谈"。(4)及桐城吴丈挚甫汝纶见之,又谓厄言既成滥词,悬谈亦沿释氏,均非能自树立者所为,不如用诸子旧例,随篇标目	作解释,插在中间,就像中文的引证、旁注一样,后文再远远地与前文相接,把前后意思贯串起来,组成一个句子。因此,英文的句子结构少则二三个字,多则数十、成百字为一句,假如机械地照原文译出,就必然会使中文不通;假如为图便易而砍削原文,又会损害原意。这全靠译者先将原文的全部精神实质融会贯通,而后下笔,自然就能使译文完善。至于那些原著的文字、理论过于深奥,难以被一般读者所领会的,那就只好在这些地方前前后后多下些引证、衬托的功夫,以阐明它的含义。译者所有这一切努力,无非为了一个"达"字,而为了"达",也就是为了"信"。 [3]《易经》指出:做文章要真诚,孔子也说过:"做文章,把意思明白充分地表达出来就行了。"又说,"语言、文字不好,就不能扩大影响"。这三条乃是做文章所必须遵循的原则,也是做翻译工作的楷模。因此,译文除了做到"信、达",还达到很高的文字水平("求其尔雅")。这不仅仅是为了吸引尽可能多的读者,其实,那些包含着深奥的理论和含蓄深沉的思想的著作,用中国汉代以前的语法句法去译述,倒还易于表达些,若用现时代大众所通用的文字语言译出,反而不容易表达出来。如果这样做,往往难免为了凑合词句而不得不损害原意,使得译文同原文差之毫厘,谬以千里。用汉以前字法句法,还是用近世利俗文字,我必须在这二者之间做出考虑和选择。这实在是出于不得已,绝不是为了沽名钓誉、自命清高。我这个译本,曾经很引起一些人的议论讥讽,说文字过于艰深,又失之粗糙。实际上,我只是力图做到明白表述原著的内容罢了。另外,原著的各种论述多半来自哲学、数理以及自然科学各部门的研究,倘从未接触过这类科学,那么,即使与作者是同国的人,语言文字相通,恐怕在理解上仍然会有很多困难。何况这是用异国文字辗转翻译过来的译本呢? [4]新的学说一个接着一个地不断出现,新的名词也随着多了起来。这些新的名词,从中文中很难找到,即使勉强凑合,总嫌不够贴切。从事翻译工作的人遇到这种情况,只有依靠自己,按照新名词的含义去确定中文的译名。但这样做是很困难的,就如这本书上卷的十几篇导言,因为正文的理论很深,才以导言的形式先作一番浅显的解说。

续表

为佳。(5)穗卿又谓如此则篇自为文,于原书建立一本之义稍晦。(6)而悬谈、悬疏诸名,悬者玄也,用会撮精旨之言,与此不合,必不可用。(7)于是乃依其原目,质译导言,而分注吴之篇目于下,取便阅者。(8)此以见定名之难,虽欲避生吞活剥之诮,有不可得者矣。(9)他如物竞、天择、储能、效实诸名,皆由我始。(10)一名之立,旬月踟蹰。我罪我知,是存明哲。 [5](1)原书多论希腊以来学派,凡所标举,皆当时名硕。流风绪论,泰西二千年之人心民智系焉,讲西学者所不可不知也。(2)兹于篇末,略载诸公生世事业,粗备学者知人论世之资。 [6](1)穷理与从政相同,皆贵集思广益。(2)今遇原文所论,与他书有异同者,辄就谫陋所知,列入后案,以资参考。(3)间亦附以己见,取《诗》称嚶求,《易》言丽泽之义。(4)是非然否,以俟公论,不敢固也。(5)如曰标高揭己,则失不佞怀铅握椠,辛苦迻译之本心矣。 [7](1)是编之译,本以理学西书,翻转不易,固取此书,日与同学诸子相课。(2)迨书成,吴丈挚甫见而好之,斧落徽引,匡益实多。(3)顾惟探賾叩寂之学,非当务之所亟,不愿问世也。(4)而稿经新会梁任公、沔阳卢木斋诸君钞,皆劝早日付梓,木斋邮示介弟慎之于鄂,亦谓宜公海内,遂灾枣梨,犹非不佞意也。(5)刻讫寄津覆斠,乃为发例言,并识缘起	我起初把"导言"译成"卮言",钱塘人夏穗卿(名曾佑)嫌译得不好,说"这是佛经中曾经用过的做法,可译成'悬谈'。"后来桐城人吴挚父先生(名汝纶)见了,又说:"'卮言'既然已是陈词滥调了,而'悬谈'也是沿用佛家的,都不是不具有独创能力的人所应遵循的,还不如采用过去诸子百家写书的老办法,给每篇加上个题目好些。"夏穗卿又说:这样做,就成了一篇篇相对独立的文章,对于原书作为一个有机整体的用意就显不出来了。至于"悬谈"、"悬疏"这些名词,"悬"就是玄妙的意思,是集中概括全书中心思想的话,在这里不适合,一定不能采用。于是就依照原来的篇目,干脆译为"导言",并把吴挚父所拟定的各篇的题目,分别注在下面,使读者读起来方便。从这里可以看到确定一个译名的困难,即使想避免因生吞活剥而引起别人的讥笑,还是避免不了。其他如"物竞"、"天择"、"储能"、"效实"等等这些译名,都是由我首创的。有时为了确定一个新的中文译名,往往要花上十天或一整月时间反复琢磨、推敲。至于我工作的是非功过,那只有等待明哲之士来评说了。 [5]原书论及希腊以来的学派很多,所介绍的都是当时的名人硕儒,他们的思想言论,关系到西方两千年来的人心和民智,研讨西学者对他们不可不知,所以在书末简介他们的生平和业绩,供研讨西学者了解和研究之需。 [6]研究学问和从事政治一样,贵在集思广益。凡遇到本书作者的理论与他人著作有异同之处,我就自己有限的知识,在文末写了案语,供读者参考。有时也写入自己的见解,无非是同道之间互相切磋的意思。是否恰当正确,不敢自专,等待公论。如果以为我这样做是自以为高明、自我表现,那就抹杀了我伏案握笔、勤苦翻译的本心了。 [7]本书翻译之初,因知西方科学书籍难译,故曾就此书内容陆续向学生讲授。译稿完成后,前辈吴挚甫先生见到,很感兴趣,提出不少修改意见,帮助很大。但我想这种探求精奥之理的冷门科学,不是当务之急,不愿公之于世。译稿后经梁启超、卢木斋诸君借去抄阅,他们都劝早日印行。木斋又把译稿寄给他在湖北的弟弟慎之,慎之也认为应该公开出版,因而彫板付印,原不是我的本意。刻成后将样张寄到天津来交我校核,因此写了这篇译例言,并说明

	续表
如是云。	此书翻译出版的经过。

说明：1. 古文取自欧阳哲生编《中国现代学术经典·严复卷》(1996)，段内序号为笔者所加。

2. 今译取自沈苏儒《论信达雅——严复翻译理论研究》(1998)。段3中"语法"、"字法"均应为"词法"；段5与段6中"书末"和"文末"均应为"节末"或"篇末"；段4中"吴挚父"应为"吴挚甫"。

二、"信"之真谛与例解

严复"三字说"思想寓于《天演论·译例言》。现我们结合严复所译，分析严复所言，言行相左时，以行律言，以明严复之"信达雅"。（黄忠廉，2015d）

（一）"信"之真谛

"信达雅"三难，严复首标"信"字，而"信"在《天演论·译例言》有五处涉及：段1句2、句4与句6，段2句5，段3句5。

严复所谓"不倍于本文"（段1句6），是相对于原文内容。可是，大段增删，整段分合，何以为信？严复大量变通的详情，请看表1和附录三。

"求其信，已大难矣。"（段1句2）严复想以此将最基本的问题提出，以示翻译之难。然而有比"信"更难的，即"达"。因此这句话只是铺垫，只是托词。王克非认为："严复为了达到他对进化论的特殊摄取目的，以近似借鸡下蛋的方式给《天演论》塞入了许多他自己的见解和发挥，删改了他认为不必要的内容，赫胥黎的 *Evolution and Ethics* 成了严复摄入进化论的一个载体。"[①]

严复有别于一般译者，他要传达的不仅仅是原作者赫胥黎的思想，不可能全信于原作。又因他有种种"成见"在先，各种"成见"又会折射原意，结果是《天演论》删除原作的大部分内容，只取原作的约四分之一，再经写、释、评、改等变通方式，给原作增加了很多内容。

概而言之，严复的"信"，指部分信守原作和取信读者，具体而言，是部分内容取自原作，忠于原作，更多的内容来自原作之外，旨在方便译语读者。

（二）"信"之剖析

整体考察《天演论·上卷》，不难发现译作由四部分构成：赫胥黎的思想、斯宾塞的思想、严复的思想和其他学者的思想。（见表8）《天演论》明显的来自原作本文和添加的案语的字数见表9。

[①] 王克非：《中日近代对西方政治哲学思想的摄取：严复与日本启蒙学者》，北京：中国社会科学出版社，1996年，第54页。

表 8 《天演论·上卷》内容构成

作者		核心观点或作品	作用	位置
赫胥黎		物竞天择	主线	正文
斯宾塞		优胜劣汰	辅线	案语
严复		自强保种	穿插	正文和案语
其他学者	达尔文	《物种起源》《原人篇》	佐证	导言一段 4,导言三段 3,导言六段 2,导言十二段 2,导言十六段 3
	马尔达(马尔萨斯)	几何级数	佐证	导言三段 3
	希克罗(Haeckel)	《人天演》	佐证	导言十二段 2
	亚丹斯密(亚当·斯密)	经济学思想	佐证	导言十三段 3,导言十四段 2
	巴佐特(柏捷特,Bagehot)	《格致治平相关论》	佐证	导言十三段 1;导言十五段 3
	孔子	《论语》	佐证	导言十四段 1;导言十六段 2
	庄子	《庄子》	佐证	导言一段 2 句;导言十三段 2

除表 8 所提及的人物外,《天演论·上卷》还提到拉马克(兰麻克,Lamarck)、爵弗来(Geoffroy)、方拔(Buck,von.)、万俾尔(Baer)、威里士(Wells)、格兰特(Grand)、倭恩(Owen)、哥白尼(歌白尼,Copernicus)、亚里士多德、彭祖、老子等人,但只作旁证,并未介绍具体思想。

在《天演论》本文和案语中,严复通过阐释、加写、评价三种方式增加了原作的内容,具体见表 1。"人们读《天演论》,似乎并不怎么注意原作者赫胥黎关于生物进化原理的叙述,反而被严复的救亡图存的大声疾呼所深深地震撼了。因此严复在中国近代历史上的作用,不是简单地用一个'翻译家'的称号所能概括得了的。"[①]这些疾呼,既存于本文,也见于案语,不与原作比较,一般读者察觉不了。

由表 9 可知,案语字数 17704,明显来自原作之外;本文字数 33814,其中又有许多严复增补的内容。据大致统计,本文至少五分之三(即 2 万字)来自原作之外,那么来自原作之外的总字数近 4 万字,约占整个译文字数的 73%,即真正来自原作的内容约占 27%。

从宏观上考察,严复信于原作的内容仅占原作四分之一左右。从微观上考察,严译《天演论》较少部分信于原作,而更注重取信于读者,详见附录三。

---

① 王栻等:《论严复与严译名著》,北京:商务印书馆,1982 年,第 104 页。

看一实例,足以窥斑知豹:

原文 X 段 4:(8) However complete may be the indifference to public opinion, in a cool, intellectual view, of the traditional sage, it has not yet been my fortune to meet with any actual sage who took its hostile manifestations with entire equanimity.

导言十三段 2:(1)或谓古有人焉,举世誉之而不加劝,举世毁之而不加沮,此诚极之若反,不可以常法论也。

表 9 《天演论》各节本文与案语字数小计

篇 目		字 数		篇 目		字 数	
		本文	案语			本文	案语
导言一	察变	1160	676	论一	能实	1015	260
导言二	广义	812	1040	论二	忧患	1247	
导言三	趋异	754	1118	论三	教源	1218	986
导言四	人为	870	702	论四	严意	1247	
导言五	互争	580	494	论五	天刑	1044	130
导言六	人择	841	286	论六	佛释	899	
导言七	善败	580	312	论七	种业	957	312
导言八	乌托邦	1044	520	论八	冥往	870	
导言九	汰蕃	899	104	论九	真幻	1044	1430
导言十	择难	754		论十	佛法	957	1222
导言十一	蜂群	841		论十一	学派	1305	1846
导言十二	人群	754	286	论十二	天难	1131	156
导言十三	制私	841	338	论十三	论性	870	234
导言十四	恕败	638	260	论十四	矫性	870	390
导言十五	最旨	812	1690	论十五	演恶	986	728
导言十六	进微	1189	598	论十六	群治	986	468
导言十七	善群	1044	390	论十七	进化	1740	
导言十八	新反	1015	728				
合 计				合 计		33814	17704

注:本表为高惠群、乌传衮所著《翻译家严复传论(1992)》所设计。

严复成功地套用了"举世而誉之而不加劝,举世而非之而不加沮",[①]这是

---

① 《庄子·逍遥游》。

用典，用得巧，并有改造，无意中把与"举世而非之而不加沮"相对应的"举世誉之而不加劝"引出，后一句的意思似乎含于"complete may be the indifference to public opinion"，但后者却无严译那种两两对应之势。古代圣人有言在先，用之正可以省事，这种套用正符合时兴的互文性理论。而"此诚极之若反，不可以常法论也"为严复所增，具体是对前面内容的评论。再看一范例：

原文 XIX 段 4：(1) In the struggle for the means of enjoyment, the qualities which ensure success are energy, industry, intellectual capacity, tenacity of purpose, and, at least as much sympathy as is necessary to make a man understand the feelings of his fellows.

导言十七段 1：(15)且今之竞于富贵优厚者，当何如而后胜乎？(16)以经道言之，必其精神强固者也，必勤足赴功者也，必智足以周事，忍足济事者也；又必其人之非甚不仁，而后有外物之感孚，而恒有徒党之己助，此其所以为胜之常理也。

严复首先改造了原文。将原文陈述句改为一问一答式句群，因而增设了问句"当何如而后胜乎？"，插入"以经道言之"（即按常理看），将"energy"、"industry"、"intellectual capacity"三个词语译述为四个排比句，形成强大的语势；其中每个词语均做了因果关系内涵揭示，释以结果，通过"……足……也"句式，将原文的第四个特质"tenacity of purpose"单列出来，加写同情心产生的根源"又必其人之非甚不仁"，将表同情心的词语译述为"而恒有徒党之己助"。最末的小句"此其所以为胜之常理也"是对导言句 15 疑问的回答。

原文一句变译为句群，其间用了改、释、写、述等变通手段，用了文言句式，如"……呼"、"……也"等。意义有增无减，在全信于原作之后，为取信于读者，为增加原文的气势，为让读者喜闻乐见，严复加写了内容，揭示了五种特质的内涵，既为彼此平衡，更为显豁原文，便于读者明了。如果苛求严译，"必智足以周事"句末可加"也"，"忍足济事者也"句前可加"必"字，以保证四句结构和谐；"又必其人之非甚不仁，而后有外物之感孚，而恒有徒党之己助"可改造为"必仁足知友情者也"，以与前面四句的句式协调。

三、"达"之真谛与例解

(一)"达"之真谛

严复要突出"达":"求其信已大难矣,顾信矣不达,虽译犹不译也,则达尚焉。"(段1句2)段1—2叙说的中心是"达",若作条分缕析,"达"有哪些手段呢?试看表10:段3句6和句8旨在求"达";段4所讲的"随篇标目"也是为"达";段5、6所讲的篇末加案,正是为"达"。

表10 《天演论·译例言》中"达旨术"分析

达旨手段		论述例举	相关分析
文字组织达旨	增(释)	段2句1	释词,释语。
		段2句4	对文词做出解释,揭示其内涵,增加一些背景知识,以助理解。
		段3句9	本国非本行读者难以全懂,更何况译给外国读者呢?隔行如隔山!因此必须变通,比方说使之通俗化,就要加以阐释等。
	减	段2句2	严复所担心的因删削而漏意,其实在《天演论》中删减是他最常用的变通策略之一。
	述	段2句3	段1句6强调内容与形式之难,段2句2也是强调形式之难。严复不受原文形式束缚,将原文内容融会于心,下笔抒词,可以自如地转述原文内容。
	编	段1句6	严复所谓的颠倒,实为调整,有不少编的成分在内。
		段4句4、句7	所谈的随篇标目,是一种加标题的编辑行为,便于读者阅读。
	增(写、释、评)	段1句6	严复所谓的增益并非都是全译的增词不增义,而是含有内容的加写,如加词,加语,加句,加段,而这些并非原文所含。
		段5句2	篇末所增,对本文所论及的名人硕儒及其观点加以续写,以丰富读者对物的了解。严复把《天演论》当作思想广场,让思想家在此聚会,同气相求,异趣相交,他自己有时也跃然登场,一抒己见,甚至大发议论,引外儒作同道,彼此切磋,完全忘却了自己的身份。
	并	段6句1—3	主要涉及与赫胥黎理论相关的学者的学术思想,并为一处。并是为了与赫胥黎思想比较,以见其异同,在比较中鉴别赫胥黎的思想,或补充不同的思想,或扩大读者的视野,或增进读者的理解。

达旨手段		论述例举	相关分析
文字达旨	雅	段3句5	用汉以前接近规范的语言表达，基本原因是严复认为原文内容深奥，文字形式与思想内容产生了矛盾。深层原因是严复"期以行远"。
		段3句7—8	用古词古语古句式，文言与现代思想的矛盾，抑义就词，往往可能因词害义，求雅，也是迫不得已。这是文化碰撞与交流中的阵痛，在阵痛之中，严复采取非常之法，使一般性原作在中国获得新生!!雅是其成功、达到文化传播目的的重要因素。

由表10可知，严复不是传统或正统观念中的译者，他是一位特殊的译者，集译者与作者于一身，所以他说："是非然否，以俟公论，不敢固也。"（段6句4）这又表明他清楚自己所为，为常理所不容，但他如此这般，足见用心良苦。

概而言之，严复的"达"，指通达，具体而言，是变通原作、以服务于译语读者的行为。"达"分两层含义：一是达传播原作之要旨，二是达服务读者之宗旨。

（二）"达"之例析

由表10分析可知，严复并非原汁原味地全译赫胥黎的原作，他做了一番改造，因为他要从中国文化背景出发，将原作本土化，中国化。其本土化方式既有内容的，也有形式的。看例：

原Ⅳ段1：(2) The characteristic feature of the latter is the intense and unceasing competition of the struggle for existence. (3) The characteristic of the former is the elimination of that struggle, by the removal of the conditions which give rise to it.

导言六段1：(4)天行者以物竞为功，而人治则以使物不竞为的。

"the former"和"the latter"是地道的欧语表达方式即形态化、抽象化，严复唯恐当时知识界接受不了，采用了中国的实义表达方式，用"天行"代替"the latter"，用"人治"代替"the former"，算是指代还原。而以"物竞为功"和"以使物不竞为的"简化了原文，概括转述了原文两句的内容，且形式长短规整。采用的主要是"达旨术"之一——述。又如：

原Ⅳ段1：(4a) The tendency of the cosmic process is to bring about the adjustment, of the forms of plant life to the current conditions; (4b) the tendency of the horticultural process is the adjustment of the conditions to the needs of the forms of plant life which the gardener desires to raise.

导言六段1：(5)天行者倡其化物之机,设为已然之境,物各争存,宜者自立。(6)且由是而立者强,强者昌;不立者弱,弱乃灭亡。(7)皆悬至信之格,而听万类之自已。(8)至于人治则不然,立其所祈向之物,尽吾力焉,为致所宜,以辅相匡翼之,俾克自存,以可久可大也。

原文句4反映宇宙过程的趋向,句5反映园艺过程的趋向,导言句5、句8画线部分译述其基本意思。严复觉得对原作译犹未尽,在导言句8之前加上"至于人治则不然",以显原文句4与句5之间的对立关系。在导言句5之后又加写"物各争存,宜者自立"和句6,阐明如下道理:万物既然要适于当时条件,就得展开竞争,争则存者宜,宜者存则能自立,立则强,强则昌,不立者则弱,弱则亡。这种顺势而写,与原文自然相接,简直是环环相扣,掷地有声。后来又加写句7,如此一来,原作思想经严复变通,定能对读者产生比原文更强的思想震撼力。而导言句8末尾也有加写,但不如对导言句5的加写,因为前者是严复宣讲外来思想的重点。再如:

原Ⅰ段6句1：That the state of nature, at any time, is a temporary phase of a process of incessant change, which has been going on for innumerable ages, appears to me to be a proposition as well established as any in modern history.

导言二段1：(1)自递嬗之变迁,而得当境之适遇,其来无始,其去无终,曼衍连延,层见迭代,此之谓世变,此之谓运会。(2)运者以明其迁流,会者以指所遭值,此其理古人已发之矣。

本例中减、述、增三者结合。减去了"at any time"和"to me to be a proposition as well established as any in modern history",以画线部分概述了原文

内容,然后加写了"而得当境之适遇,其来无始,其去无终"和"此之谓世变,此之谓运会。运者以明其迁流,会者以指所遭值",所添内容又分为加写与阐释,前者为加写,后者为阐释;所释之中,因"世变"为人所知,所以不必阐释;而"运会"为专名,严复又自写自释,对"运"与"会"分别阐释。再看一例:

原Ⅵ段 4:(1a)Thus the administrator might look to the establishment of an earthly paradise, a true garden of Eden, (1b) in which all things should work together towards the well-being of the gardeners: (1c) within which the cosmic process, the coarse struggle for existence of the state of nature, should be abolished; (1d) in which that state should be replaced by a state of art; (1e) where every plant and every lower animal should be adapted to human wants, and would perish if human supervision and protection were with drawn; (1f) where men themselves should have been selected, with a view to their efficiency as organs for the performance of the functions of a perfected society.

导言八段 2:(1)然观其所以为术,则与吾园夫所以长养草木者,其为道岂异也哉!(2)假使员舆之中,而有如是之一国,则其民熙熙嗥嗥,凡其国之所有,皆足以养其欲而给其求,所谓天行物竞之虐,于其国皆不见,而惟人治为独尊,在在有以自恃而无畏。(3)降以至一草木一禽兽之微,皆所以娱情适用之资,有其利而无其害。(4)又以学校之兴,刑罚之中,举错之公也,故其民莠者日以少,良者日以多。(5)驯至于各知职分之所当为,性分之所固有,通功合作,互相保持,以进于治化无疆之休。

原文五个小句构成排比,气势磅礴。严复不顾这种气势,将原文句 1b、1c、1d 合为导言句 2,原句 1e 删除后一小句,译作导言句 3,并加写结果;面对原文句 1f,严复感到它来得突然,于是补写办学校、开明智及其结果(导言句 4),导言句 5 指出公民若是各尽所能,将人治国强,这是续写。

四、"雅"之真谛与表现
(一)"雅"之真谛
严复说:"故信、达而外,求其尔雅。"(段 3 句 5)"'尔雅'一词是古代的习惯用语。'尔'是近的意思,'雅'是'正'的意思。'尔雅'就是解释词义要近于雅正,合乎规范。"①《尔雅》是现存最早的词汇总释,是我国第一部分类词典,具有规范词汇的重要意义。可见严复用"尔雅"也符合《尔雅》的三种要求:一用战国前华夏族的共同语,不用方言,如严复家乡的闽方言等;二用经典之语,显得正规、有来头;三用标准语,以便译作通行。

概而言之,严复的"雅",指规范文言,具体而言,是秦汉以前通用的文言。其风格是精练而丰富,简洁而深刻,明晰而典雅。

(二)为何用汉以前语言

严复回国后,师从桐城派后期大家吴汝纶,而桐城派师承唐宋八大家,唐宋八大家源自司马迁,司马迁又可追溯到先秦诸子。严复对自己推崇的文体有过表白:"秦汉之文辞,屈原之《离骚》,司马迁氏之《史记》,非绝作欤?"②

据张中行研究③,文言的标本唐宋以来的古文家已为我们选定,"文必秦汉",这是因为文言在秦汉时期定型。魏晋以后,直到清末,有些人明白标榜学秦汉,更多的人则学而不标榜,而且求美的子孙用的是文言,因为文言不同于古汉语,古汉语千差万别,文言有相当严格的词汇句法系统。古代口语是"多",文言的系统是"一",系统相对稳定,不随时空而变,汉字不随口语而变,文趋精简,渐渐成为一种文风,不少文人追求这种文风。

在严复以前,绝大多数人学习写作,以书面语为师。文言受推崇,久而久之,大家习惯用之,成了套路,被视为雅驯。"旧时代两千年来的文人,写的本领都是由书面上照猫画虎学来的,写文要熟读经史,写诗要熟读李杜……在书面上,后代与前代无异或基本上相同。"④

"口辩者其言深,笔敏者其文沉。"⑤雅而凝重,庄重。文而能雅显得有教养,显得脱俗,是上流社会的标志,尊贵身份的象征。严复说得再明确不过了:"不佞之所从事者,学理邃赜之书也,非以饷学童而望其受益也,吾译正以待多读中国古书之人。"⑥与严复几乎同时代的上海圣约翰大学创始人施约瑟译

---

① 李建国:《汉语规范史略》,北京:语文出版社,2000年,第41—42页。
② 严复:《英文汉沽》,上海:商务印书馆,1905年,卮言。
③ 张中行:《文言和白话》,哈尔滨:黑龙江人民出版社,1997年,第13—23页。
④ 同上书,第25页。
⑤ 《论衡·自纪》。
⑥ 严复:《〈严复集〉第3册》,北京:中华书局,1986年,第517页。

《圣经》也采取了类似策略。据上海市外事翻译工作协会内刊《译友》2007年廿周年特大号(总第24期第59页)报道:施约瑟曾译出官话(白话)本《圣经》,并取得成功,1906年临终前几天还译出浅文理本(即文言本)《圣经》,因为他知道中国南方地区不用官话,而浅近的文言文不仅为全中国文人所用,还用于朝鲜、南安(今越南中部)、交趾支那(今越南南部),甚至日本采用的也是文人雅士所共用的书面语。

(三)"雅"之组织表现

严复翻译在单音词的使用、词类的活用、语气词、句子的词组化现象、判断句的无系词结构、排偶句等方面都继承了先秦词法、句法的特点。

"雅"在严译中主要表现有二:一是组织方面的,包括用字、用词、造句、谋篇;一是表达方面的,包括对偶与用典。

1. 用字

"上古汉语是以单音词为主的。"①这一特点在《天演论》里十分明显,此外,《天演论》用繁体字、异体字和通假字也较多。有的字生疏,显得古僻;有的字变音变体,叫人莫衷一是;有的字通假,造成意义不清,其中尤以通假字最为困人。通假即用同音或近音字代替。如:

> 导言十三段3:(1)赫胥黎保群之论,可谓辨矣。
>
> 导言十六段2:(23)今者即英伦一国而言之,挽近三百年治功所进,几于绝景而驰,至其民之气质性情,尚无可指之进步。
>
> 导言十七段1:(6)是二十而一者,溘然在泥涂之中,日有寒饥之色,周其一身者,率猥陋不蠲,不足以遂生致养,嫁娶无节,蕃息之易,与圈牢均。

前一例,"辨"通"辩",取其"言辞漂亮动听"义,如:"故说虽强,谈虽辨,文学虽博,犹不见听。"②中一例,"挽"通"晚","挽近"即"晚近",表"最近若干年来"。后一例,"涂"通"途",如:"大朱涂广,夷石为堂。"③

---

① 王力:《汉语史稿》,北京:中华书局,2004年,第398页。
② 《吕氏春秋·荡兵》。
③ 《汉书·礼乐志》。

另外,《天演论》用字上还讲究用雅避俗,这也是严复翻译实践的一个特色。最典型就是"liberty"不译作"自由",而译作"自繇",理由是前者有"放诞、恣睢、无忌惮"等贬义,而后者取义"人得自繇,而必以他人之自繇为界",语意中性。

2. 用词

雅言,即规范的语言,以汉以前语言为准。词汇是雅言最集中体现之一。

1) 生僻词用得多

许多词面生,需查古代汉语词典才能弄清读音与意义。如下例中"片半"即"半","瞽"即"瞎"。

> 导言十六段 3:(23)惟片半合有宜不宜,而后瞽瞍生舜,尧生丹朱,而汉高吕后之悍鸷,乃生孝惠之柔良,可得而微论也。

2) 单音节词用得多

在严复那个时代双音化虽说较古代有进展,但毕竟还未到现代汉语的地步,所以《天演论》用单音节词比比皆是。此处不再引例,仅从上文与下文的用例即可窥斑知豹。仅以严译八大名著中学科名称的翻译为例,即可知一二。现代汉语译某一学科,一般是采用"双音词+学"的构词模式,严复笔下则多半是"单音词+学"构成双音节词,如名学——逻辑学,字学——语文学,群学——社会学,心学——心理学,生学——生物学,天学——天文学,学学——科学学。理学——思辨哲学,质学——化学属于例外。

3) 古义词用得多

有些词的意思古时用,现在不用了,有些如果照当下字面理解,会产生歧义。要弄清词的古义,得查对词典。如:

> 导言十二段 2:(8)以官骸功用,去人之度少,而去诸兽与他猿之度多也。
> 导言十三段 2:(9)刑章国宪,未必惧也,而斤斤然以乡里月旦为怀。

前一例,"去"表示"离"之义,古代"去国"即"离开国家",现代的"去哈尔滨"表示"前往哈尔滨"。后一例,"乡里"指"所居之乡",如:"积十许年,乃还乡里。"①"月旦"不是指"农历每月初一",而是"月旦评"的简称,指品评人物。本典出自:"初,劭与靖俱有高名,好共覈论乡党人物,每月辄更其品题,故汝南俗有'月旦评'焉。"②

4)常用古语

古人古语是后人继承的财富,熟知古语,或多用古代词语,当时有利于思想的传播。如《天演论》导言十四段 3 句 1 中"己所不欲,勿施于人"、导言十三段 2 句 1 中"举世誉之而不加劝,举世毁之而不加沮"等。又如:

原Ⅰ段 8:(4) And, further, that, if there is proof that the cosmic process was set going by any agent, then that agent will be the creator of it and of all its products, although supernatural intervention may remain strictly excluded from its further course.

导言二段 2:(9)设宇宙必有真宰,则天演一事,即真宰之功能。

原文探究宇宙过程的动力,严复译以"真宰",即万物之主宰,上天。"真宰"汉以前已出现,如:"若有真宰,而特不得其朕。"③汉以后也用,如:"沧江夜来雨,真宰罪一雪。"④再如:

导言十段 2:(10)且从来人种难分,比诸飞走下生,奚翅什伯?

古人说"跑"用"走",现代说"走"用"行"。"奚翅"又作"奚啻",意为"何止"、"岂但",如:"取色之重者,与礼之轻者而比之,奚啻色重?"⑤"什伯",本义指古代军队编制,十人为什,百人为伯,如:"正行伍,连什伯,明旗鼓,此尉之官也。"⑥在此泛指军队,引申义为十倍、百倍。

---

① 《后汉书·周燮传》。
② 《后汉书·许劭传》。
③ 《庄子·齐物论》。
④ 杜甫《喜雨》。
⑤ 《孟子·告子下》。
⑥ 《淮南子·兵略训》。

3. 造句

1) 多用短句

《天演论》用文言,单音词较多,加之意会造句,因而短句多,停顿频繁,即使长短交错,也显得紧散有律,很有节奏感。总体上看,《天演论》平均句长比秦汉文献要长,这是历史发展的必然,但较之于现代文,还是短多了。如:

导言十段2:(11)每有孩提之子,性情品格,父母视之为庸儿,咸觉目之为劣子,温温未试,不比于人。(12)逮磨礲世故,变动光明,事业声施,赫然惊俗,国蒙其利,民戴其功。

从音节上看,上述两句,以四字对应为主,有两小句也是七字对应,即使是"每有孩提之子"、"逮磨礲世故",也可从意义上分出四个字的短语,进而与下文形成四字格对应,读来铿锵有力。

2) 好用整齐句。

先秦文献中,整齐句式多,富于乐感。严复在译作中也适时发挥。如:

导言二段1:(9)小之极于跂行倒生,大之放乎日星天地;隐之则神思智识之所以圣狂,显之则政俗文章之所以沿革。

导言十一段2:(26)曰:与之以含生之欲,辅之以自动之机,而后冶之以物竞,锤之以天择,使肖而代迁之种,自范于最宜,以存延其种族。

前一例,以大小对应做宏微对比,以隐显对应区别思想与文章。后一例,"与"和"辅"成对构句齐整,"冶"与"锤"对仗显豁意义。

3) 常用文言格式

严复常用"……者,……也"之类的文言句式,用"名词性结构+之+谓词性结构"构成偏正结构等。如:

导言十五段1:(10)第九篇,见其术之终穷,穷则天行复兴,人治中废。

"术穷"本是主谓结构,在例中可成为一个小句,加入"之"字,则改变身份,以偏正结构成为"见"的对象,做宾语,意思表达因此而严密紧凑。

4)多用省略

文言求简,必然重意会而多省略,有时省去施事,有时省去受事。如:

> 导言七段1:(2)今设英伦有数十百民,( )以本国人满,谋生之艰,( )发愿前往新地开垦。(3)( )满载一舟,( )到澳洲南岛达斯马尼亚所。(4)澳士大利亚南有小岛。(5)( )弃船登陆,( )耳目所触,水土动植,种种族类,寒燠燥湿,( )皆与英国大异,( )莫有同者。(括号表示省略成分,为笔者所加。)

例中句2、句3省去了"数十百民";句5第一、二小句省略同前两句,而小句"皆与英国大异"和"莫有同者"省去的则是"水土动植,种种族类,寒燠燥湿"。

4. 谋篇

谋篇即谋划篇章的结构。严复的谋篇能力极强,他多次参加科举取士,虽说未能及第,八股套式却了然于胸,《天演论》中严复案语多处显示了八股文的精髓。如:

> 导言八段3:复案:(1)此篇所论,如"圣人知治人之人,赋于治于人者也"以下十余语最精辟。(2)盖泰西言治之家,皆谓善治如草木,而民智如土田。(3)民智既开,则下令如流水之源,善政不期举而自举,且一举而莫能废。(4)不然,则虽有善政,迁地弗良,淮橘成枳,一也;人存政举,人亡政息,极其能事,不过成一治一乱之局,二也。(5)此皆各国所历试历验者。(6)西班牙民最信教,而智识卑下,故当明嘉、隆间,得斐立白第二为之主而大强,通美洲,据南美,而欧洲亦几为所混一。(7)南洋吕宋一岛,名斐立宾者,即以其名,名其所得地也。(8)至万历末年,而斐立白第二死,继体之人,庸暗选懦,国乃大弱,尽失欧洲所已得地,贫削饥馑,民不聊生。(9)直至乾隆初年,查理第三当国,精勤二十余年,而国势复振,然而民智未开,终弗善也。(10)故至乾隆五十三年,查理第三亡,而国又大弱。(11)虽道、咸以还,泰西诸国,治化宏开,西班牙立国其中,不能无所淬厉,然至今尚不足为第二等权也。(12)至立政之际,民智污隆难易尤判。

(13)如英国平税一事,明计学者持之盖久,然卒莫能行,坐其理太深,而国民抵死不悟故也。(14)后议者以理财启蒙诸书,颁令乡塾习之,至道光间,遂阻力去,而其令大行,通国蒙其利矣。(15)夫言治而不自教民始,徒曰百姓可与乐成,难与虑始;又曰非常之原,黎民所惧,皆苟且之治,不足存其国于物竞之后者也。

试按"破承起讲,提比后比"的模式分析。句1破题,即点明题意,提出主题。句2—3承题,即承接破题所说的意思,为主题做补充。句4起讲,即深入说明内容大意,从反面证明主题;句6—12例举西班牙的兴衰;句13—14例举经济学教育对英国税收一事的作用。句15小结,再次强调办教育开明智对治国的功用。

5. 篇幅精短

古文篇幅都不长,短小精悍是其特色,也是古文家成名为后世所铭记的优势。严复深明个中道理,将本来不长的原文制成一节节短篇。如 Evolution and Ethics 第二部分本没有分节,只是用段与段之间隔行的方式将原文分成七部分,严复则分为十七个"论"。无论是第一部分的十八个"导言",还是第二部分的十七个"论",即使加入严复融入正文而不易察觉的字数,正文各节也只有580—1740字,(见表9)足见其短其精。

(四)"雅"之修辞表现

张中行(1997:80)指出,文言修辞有别于现代汉语主要有三种:押韵、对偶和用典。押韵在《天演论》及其他译作中并没有引起严复的重视,因为毕竟不是做韵文,不是吟诗作赋。这点搁置不论。

1. 对偶

同质同形的词语或句子对应出现,形成对偶。分为句内对偶和句间对偶。如:

> 导言十二段1:(16)且与生俱生者有大同焉,曰好甘而恶苦,曰先己而后人。

"曰好甘而恶苦"中"好甘"与"恶苦"是句内对偶,"曰先己而后人"中"先己"与"后人"是句内对偶,而两句之间又构成句间对偶。

2.用典

以古事古语论今人今事,即是用典。用典效用之一就是显得典雅,常常是以古说今,所用古语是特定某一个,且要言不烦,语旨丰厚。用典分为两种:明用与暗用。如:

> 导言十四段 1:(15)泰东者曰:己所不欲,勿施于人。
> 导言十六段 2:(9)刑罚非不中也,害群之民,或流之,或杀之,或锢之终身焉。
> 导言十八段 1:(16)诚使五洲有大一统之一日,书车同其文轨,刑赏出于一门,人群大和,而人外之争,尚自若也;过庶之祸,莫可逃也。

前一例"己所不欲,勿施于人"是明用,虽未点明出处,但为当时知识界所熟知,语出《论语·颜渊篇》,是孔子经典妙语,也是儒家文化精华。中一例与前一例不同,属于暗用,其中"刑罚非不中也"是对典"刑罚不中"的改造,加了否定词"不",而该典语出《论语·子路》:"名不正,则言不顺;言不顺,则事不成;事不成,则礼乐不兴;礼乐不兴,则刑罚不中;刑罚不中,则民无所措手足。"后一例也是暗用,改造用典,"书车同其文轨"语出《礼记·中庸》:"子曰……今天下车同轨,书同文,人同伦。"或《史记·秦始皇本纪》:"一法度衡石丈尺,车同轨,书同文字。"

整部《天演论》用典,明用少,暗用多。无论哪种,都信手拈来,化为己有,增添了译作的凝重感。

第三节 "达旨术"与"信达雅"的关系

严复利用《天演论》践行了"达旨术",在其"译例言"里提出了"信达雅",三者之中力推"达"。据语料库考证,严复的"达"决定了"信",也决定了"雅",为"信"即为"雅"为"达","达"是三字的核心。"达旨术"是严译《天演论》和其他七部译作的实践策略,可细分为增、减、编、述、缩、并、改七大变译策略,占《天演论》翻译策略的 99.14%,而全译策略只占 0.86%。(见表 12)

严复译《天演论》,为"信"为"达"为"雅";整个译例言主要论"达",所谓"信"与"雅",仅顺带而论。换言之,"信"与"雅"为"达"服务,受"达"牵制。

现以其开篇段的变译来说明"达旨术"及其与"信达雅"的关系。

原文Ⅰ段1:(1)It may be safely assumed that, two thousand years ago, before Cæsar set foot in southern Britain, the whole country-side visible from the windows of the room in which I write, was in what is called "the state of nature." (2)Except, it may be, by raising a few sepulchral mounds, such as those which still, here and there, break the flowing contours of the downs, man's hands had made no mark upon it; and the thin veil of vegetation which overspread the broad-backed heights and the shelving sides of the coombs was unaffected by his industry. (3)The native grasses and weeds, the scattered patches of gorse, contended with one another for the possession of the scanty surface soil; they fought against the droughts of summer, the frosts of winter, and the furious gales which swept, with unbroken force, now from the Atlantic, and now from the North Sea, at all times of the year; they filled up, as they best might, the gaps made in their ranks by all sorts of underground and overground animal ravagers. (4)One year with another, an average population, the floating balance of the unceasing struggle for existence among the indigenous plants, maintained itself. (5a)It is as little to be doubted, that an essentially similar state of nature prevailed, in this region, for many thousand years before the coming of Cæsar; (5b)and there is no assignable reason for denying that it might continue to exist through an equally prolonged futurity, except for the intervention of man.

导言一段1:(1)赫胥黎独处一室之中,在英伦之南,背山而面野,槛外诸境,历历如在几下。(2)乃悬想二千年前,当罗马大将恺彻未到时,此间有何景物。(3)计惟有天造草昧,人功未施,其借征人境者,不过几处荒坟,散见坡陀起伏间,而灌木丛林,蒙茸山麓,未经删治如今日者,则无疑也。(4)怒生之草,交加之藤,势如争长相雄。(5)各据一抔壤土,夏与畏日争,冬与严霜争,四时之内,飘风怒吹,或西发西洋,或东起北海,旁午交扇,无时而息。(6)上有鸟兽之践啄,下有蚁蟓之啮伤,憔悴孤虚,旋生旋灭,菀枯顷刻,莫可究详。(7)是离离者亦各尽天能,以自存种族而已。(8)数亩之内,战事炽然。(9)强者后亡,弱者先绝。(10)年年岁岁,偏有留遗。(11)未知始自何年,更不知止于何代。(12)苟人事不施于其间,则莽莽榛榛,长此互相吞并,混逐蔓延而已,而诘之者谁耶?

一、"达"——"信达雅"的轴心

三字之中,为"雅"是为"达",为"达"又是为"信",所以"达"是轴心。反过来,部分信于原作,旨在为取信于读者;只有失信于原作,只有变通原作,才能达严复变译之宗旨。同时,为取悦于读者,还得"尔雅"一番。

(一)为"达"即为"信"

严复在《天演论·译例言》第2段中说:"西文句中名物字,多随举随释,如中文之旁支,后乃遥接前文,足意成句。故西文句法,少者二三字,多者数十百言,假令仿此为译,则恐必不可通,而删削取径,又恐意义有漏。此在译者将全文神理,融会于心,则下笔抒词,自然互备。至原文词理本深,难于共喻,则当前后引衬,以显其意。凡此经营,皆以为达,为达即所以为信也。"

张英伦认为:"他所说的'信',是仅指含义的局部的'信',而非包括内容与形式的完整的'信';他所说的'达'与'雅',是不受原文制约的可以随心所欲的'达'与'雅'。"①说"达"与"雅"随心所欲,值得商榷,说"信"是局部的,对严译的认识可谓入木三分!王克非(1992)针对《天演论》的翻译指出,严复在该书译例言中开宗明义地提出"信"为译事之要义,但他译《天演论》却偏偏采用"不尽信"的达旨方法,其目的就在于"取便发挥"。

《天演论》首节首段的翻译中,为取信于读者,严复实施了哪些"为达"的策略呢?

释:导言句2中加入"罗马大将",以释恺撒的身份;将原文句中的"animal"具体化,释抽象以具体,变译为句6,以适合中国读者的口味。

写:原文句3b译作导言句5,加写了时间与行为"旁午交扇,无时而息";

---

① 沈苏儒:《论信达雅——严复翻译理论研究》,北京:商务印书馆,1998年,第107页。

导言句 8、9 对原文句 4 释因,解释为什么保持平衡的缘由,为全书主题"适者生存"和"救亡保种"埋下伏笔;导言句 11 加写了原文句 5a 的时间要素;导言句 12"则莽莽榛榛"是对原文句 5b 的增写,以加写"苟人事不施于其间"的结果。

评:导言句 8 是附加的议论,与原文相随,顺理成章,天衣无缝,为文后突出"物竞天择,适者生存"和"救亡保种"等论述打下伏笔。

减:原文句 4 中的"vegetation"、"all sorts of"等词或短语的内涵尽被剔除,未见译出。原文句 5a 重复原文句 1 的部分内容,故删去。

述:比较导言句 11、12 与原文句 5b,发现译文只是将原文思想淋漓尽致地重写了一遍,还加入了译者的情感与理解。

改:严复改第一人称为第三人称。原文句 5b 是否定"生存下去",而严译指斗争,并且改变了句式。原文句 2 的整个内容是或然的("it may be"),而严复完全改为已然("则无疑也")。

编:调整原文句 1、2 的内部结构系统,完全是为读者的阅读兴趣着想。为达于译文,严复将原文重组,化原文 5 个长句为 12 个短句,且多用习见的汉语成语和四字结构。

上述种种求达手段若与翻译单位对应出来,列入表 11,信与达的关系更为豁然。

表 11 《天演论》首节首段为"信"的变通策略

原　文	导　言	变通策略
句 1	句 1—2	减,增(释,写),改,编
句 2	句 3	增(释,写),减,述,改
句 3a	句 4	增(写),减,编
句 3b	句 5	增(释,写)
句 3c	句 6	增(释),减
句 4	句 7—10	减,增(写)
	句 8,9	增(写,释,评)
句 5a		减
	句 11	增(写)
句 5b	句 12	减,增(写),述,改

很明显,上例绝不是通常所理解的翻译,即不是全译的例子,它是严译"达旨术"比较集中的体现,三百字内竟含有摘译、编译、阐译、改译、译述、译写等

多种方法。面对严复的变译实践,却把严译置于全译背景,用"达旨术"攻击后人所立而实非严复所奉的"信达雅",表面上看似"矛"与"盾"的关系,实际上是两败俱伤:"信达雅"没有实在的权威性,"达旨术"也一直未得到充分研究,严复的翻译思想给人印象即为"空"。只有探清达旨策略,才可真正弄清严复"信达雅"的内涵。

由例析可知,严复为"达"即是为"信",但已不是全"信",因为求"达",必失"信"于原作者,甚至是原作,旨在取信于读者,取悦于读者。如《天演论》首节首段中,恺撒何许人也?赫胥黎演说著书,对象都是本国人,至少是通其母语的人;而传至中国,相关知识背景缺失,必须做阐释,严复才算尽了"舌人"之责,否则就是失职。可见,求"达"的变通策略,是严复的必然举措,不变不足以达旨。再看一例:

原文 XV 段 3:(2) But, so long as he remains liable to error, intellectual or moral; so long as he is compelled to be perpetually on guard against the cosmic forces, whose ends are not his ends, without and within himself; so long as he is haunted by inexpugnable memories and hopeless aspirations; so long as the recognition of his intellectual limitations forces him to acknowledge his incapacity to penetrate the mystery of existence; the prospect of attaining untroubled happiness, or of a state which can, even remotely, deserve the title of perfection, appears to me to be as misleading an illusion as ever was dangled before the eyes of poor humanity.

导言十八段 2:(2)然而自夫人之用智用仁,虽圣哲不能无过;自天行终与人治相反,而时时欲毁其成功;自人情之不能无怨怼,而尚觊觎其所必不可几;自夫人终囿于形气之中,其知识无以窥天事之至奥。(3)夫如是而曰人道有极美备之一境,有善而无恶,有乐而无忧,特需时以待之,而其境必自至者,此殆理之所必无,而人道之所以足闵叹也。

导言总体上再现了原文的气势:原文四个"so long as"构成的排比句和一个表结果的句子构成了充分条件—结果复句,导言也用四个排比句去应对原文的条件句。导言句 3 译出原文的结果句,导言句 2—3 构成了句群,复句与句群之间本来可以转换,选用哪一种是译者的自由,这是形式上部分的"信"。

再看内容方面。导言句 2 四个排比句,也只是译述,四句均是先陈述原文事实,再加写不足。原文第 2 个分句中"the cosmic forces"的限定成分"whose ends are not his ends, without and within himself"被删,想必受导言句 2 四个排比的气势所逼,四句之中所有名词必须凝练,不得絮聒,一为简洁,二为对仗,三为节奏。原文句 2 末尾小句中"illusion"的长长定语被删,连"illusion"之意也被导言句 3 中"此殆理之所必无"概括掉了,其深意由后面导言十八段 2 句 4"窃尝谓此境如割锥术中,双曲线之远切线,可日趋于至近,而终不可交"补偿。导言句 3,说美境之特征,"有善而无恶"为原文所无,纯属加写;"有乐而无忧"来自原文,在"此殆理之所必无"之后又加写"而人道之所以足闵叹也"。

总的看来,原文形式上基本"信"了,内容也大概保留了,部分内容得到了转述,做了部分加写。译作与原作两相比较,有过取舍增加,便有了出入。

(二)为"雅"即为"达"

严复说:"信达而外,求其尔雅。此不仅期以行远已耳。实则精理微言,用汉以前字法、句法,则为达易;用近世利俗文字,则求达难。"("译例言"段 3 句 5—6)由此表明,严复为"雅"即为"达"。严复信守桐城派奉为文学圭臬的"雅洁"二字,文字力争化俗为雅,甚至"与其伤洁,毋宁失真"。追求精美译文,以藏之名山而不朽。严复的创作"并不刻意求雅,而是自由舒放得多",[①]实则不然,严译追求尔雅,比桐城派还桐城派,因而受到吴汝纶的褒奖。

陈康 1942 年认为:"'雅'可目为哲学著作翻译中的脂粉。"[②]所谓脂粉,即胭脂和香粉,都是化妆品,正如王佐良 1981 年所说的"糖衣炮弹":"这糖衣就是士大夫们所心折的汉以前的古雅文体。雅,乃是严复的招徕术。"[③]求得"尔雅",即求得"达",这是文字即形式方面的考虑。

为"雅"即为"达",还有内容方面的考虑,即将"信"也纳入其中了:"近二百

---

① 高惠群、乌传衮:《翻译家严复论传》,上海:上海外语教育出版社,1992 年,第 43 页。
② 罗新璋、陈应年编:《翻译论集》(修订本),北京:商务印书馆,2009 年,第 524 页。
③ 王佐良:《两位早期翻译家的重新评论》,载《外语教学与研究》,1981 年第 1 期,第 1—12 页。

年欧洲学术之盛,远迈古初,其所得以为名理公例者,在在见极,不可复摇。顾吾古人之所得,往往先之……夫西学之最为切实而执其例可以御蕃变者,名、数、质、力四者学而已。而吾《易》则名数以为经,质力以为纬,而合而名之曰《易》……赫胥黎氏此书之旨……其中所论,与吾古人有甚合者。"(《天演论·自序》)严复认为中西思想契合,古人思想的载体是文言,完全可以用雅言传达《天演论》的内容,有此认识,不难理解,用文言,甚至是套用古人古语直接转述相关思想,只不过是同体换装,这在严复是再顺手不过了。

就《天演论》首节首段来看,为求雅,为取悦于当时知识界,为使译文"行远",增强"精理微言"的可读性,他借用了"汉以前字法、句法",以及古典文风。结果译文朗朗上口,颇具先秦文风,难怪鲁迅说:"最好懂的自然是天演论,桐城气十足,连字的平仄也都留心。摇头晃脑的读起来,真是音调铿锵,使人不觉其头晕。"[①]为了扩大译著的影响,他改变了作品的风格,如上述引文把科学论述的朴素语言改为戏剧性语言,王佐良评价说:"他是要把此书译成一本有强烈历史意识的著作,所以他也就调动他所掌握的种种风格手段来增强读者的历史感。"[②]贺麟曾比较《群学肄言》中两段译文与原文,发现译文比原文更美。请看实例:

原文X段3:(3)Moreover, with all their enormous differences in natural endowment, men agree in one thing, and that is their innate desire to enjoy the pleasures and to escape the pains of life; and, in short, to do nothing but that which it pleases them to do, without the least reference to the welfare of the society into which they are born.

全译十段3:(3)况且人们的天资虽然差别很大,但有一点是一致的,那就是他们都有贪图享乐和逃避生活上的痛苦的天赋欲望。(4)简单说来,就是只愿做他们所喜欢的工作,而丝毫不去考虑他们所在的社会的福利。

---

① 鲁迅:《关于翻译——给瞿秋白的回信》,1931年,见中国译协《翻译通讯》编辑部编:《翻译研究论文集(1894—1948)》,北京:外语教学与研究出版社,1984年,第223—228页。
② 王佐良:《两位早期翻译家的重新评论》,载《外语教学与研究》,1981年第1期,第1—12页。

导言十二段1:(16)且与生俱生者有大同焉,曰好甘而恶苦,曰先己而后人。(17)夫曰先天下为忧,后天下为乐者,世容有是人,而无如其非本性也。

导言句16是原文的译述,几近缩译,既用了句内对偶(如"好甘而恶苦"),又用了句间对偶("好甘而恶苦,曰先己而后人"),这是典型的求雅;而句17,严复联想到范仲淹的名言"先天下之忧而忧,后天下之乐而乐",施以同类加写,并用最后两句作评。严复在此采用了求雅的最好手段之一,即用典,不仅形式求雅,思想内容也求雅,最能引起读者共鸣。语言是尔雅的,思想是古人的,译与做双管齐下,相应的原作内容怎能不直抵当时知识界的心灵?

二、"达"——"达旨术"的灵魂

由上可知,"达旨术"是使读者彻底懂得原文甚至是译者的目的、意图的方法。"达"是彻底懂得,"术"为方法。"旨",指"意旨,意思",如:"其旨远,其辞文。"① 也指"意图,意向,用意,目的",如:"初,注《庄子》者数十家,莫能究其旨要。"② 所以,旨可概括为"要旨"与"宗旨"。

为求达旨,严复充分地译与做,既译又做。译且做,相融相立,浑然一体。鲁迅曾说:"严又陵究竟是'做'过赫胥黎天演论的,的确与众不同,是一个19世纪末年中国感觉锐敏的人。"③ 王克非认为:"这个'做'字,就是'摄取'。他的摄取对民众、对知识界发生了导向性影响。"关于摄取,他的认识是:"外来思想的摄取与外来思想的引入(或者说输入)是有差别的。一般地说,输入是原原本本的,摄取是有选择和取舍的,经过消化吸收以致改易的。输入当然也有选择,但摄取的主观因素更为突出。"④

"达旨术"的灵魂是"达",具体而言,是为达原文之意旨和为读者服务之宗旨而采用的种种变通策略,这一策略贯穿于整个《天演论》,原文的每节每段每句基本上都使用了变通策略。据我们对《天演论·上卷》语料库进行地毯式考

---

① 《周易·系辞下》。
② 《世说新语·文学》。
③ 鲁迅:《鲁迅全集》,北京:人民文学出版社,1981年,第14页。
④ 王克非:《中日近代对西方政治哲学思想的摄取:严复与日本启蒙学者》,北京:中国社会科学出版社,1996年,第20页。

察,所用策略见表12。现将其中全译与变译做一总的比较。

七种达旨策略即变通策略详见本章第一节的研究。任一变通策略的运用,不是为达原文之旨,就是为达服务于读者之旨,或者兼具二者。"达旨"思想蕴于每一种变通策略,成其灵魂。翻译首先是译意,不论全译,还是变译,这是根本。全译重在保全意义,变译重在摄取意义。每种变译策略围绕译意,为何变通,如何变通,都是变通策略所要讨论的。

表12 《天演论·上卷》变译与全译使用的频次

翻译策略	变译									全译
	增			减	编	述	缩	并	改	
	写	释	评							
使用频率,次	202	50	41	175	20	121	20	20	44	6
单项比例,%	41.92			25.04	2.86	17.31	2.86	2.86	6.60	0.86
总的比例,%	99.14									0.86

注:各种"达旨术"的划分有时泾渭分明,有时难以剥离,因此统计是大概的。

三、"达旨术"与"信达雅"的一致

由上可知,严复"信达雅"与"达旨术"并不存在矛盾,而是天然统一,是思想原则与实践策略的有机统一。"达旨术"是"信达雅"思想下的变译策略,严复"信达雅"是产生于"达旨术"的变译思想。

达旨,一面摄取原作要旨,一面牢记为读者服务的宗旨。严复减去芜杂,增加所需,改造不合时宜的内容,讲究宏观与微观形式的包装,因求达旨而导致译作失"信"于原作。周作人认为"用汉以前字法句法",求"雅"之功的确存在。古词古语,力求精简,表达事物,取之于粗略,必失之于精细,免不了挤掉或遗漏一些内容。这也是因求达旨而导致"雅"对"信"提出的挑战。此外,"倘用骈散错杂的文言译出,成绩可比较有把握:译文既顺眼,原文意义亦不距离过远。"①"不距离过远",毕竟是有距离,这就是"雅"带给"信"的偏离。

"信达雅"三者重心落在"达"上,三者一致中有侧重,幅度有大小。由研究可知,三字之中,严复最重达,其次是雅,最后才是信(取自原作的内容仅占四分之一)。如果用比例反映,大致可分为:信:达:雅=20%:60%:20%=1:3:1,

---

① 罗新璋编:《翻译论集》,北京:商务印书馆,1984年,第546页。

由此可见,严复"信达雅"三字,"达"最为重要,是其中枢,这也正与他在操作层面上提出的"达旨术"一脉相承,具有内在逻辑上的一致性。

第四节　严复变译思想体系

严复最突出的翻译思想是"达",为求"达",则求"通",为求"通",则求"变";反言之,"变"为"通"之因,"通"为"变"之果;"通"为"达"之因,"达"为"通"之果。整体上看,"变"为根本,"通"为手段,"达"为效果。由"变"而"通",由"通"而"达","达"正是严译行动的目标与手段,也是严复变译思想的核心。严复"信达雅"的变译思想决定了"达旨术"的变译策略,变译策略又构成了摘译、编译、译述、缩译、综述、述评、译评、阐译、改译、译写、参译等十一种变译方法,三者构成了严复变译思想体系。

一、严译思想有待系统化

"信达雅",本是译事三难,严复说得简略,也未揭示内涵,因此一百多年来,见仁见智,不成体系。"翻译理论与译文标准,似应与时共进,而信达雅说,百年不衰,或许因其高度概括,妙在含糊,能推移而会通,阐扬以适今。"①追求论断的概括性和广泛性,就要失却具体性和系统性。正因为概括,就需要具体,正因为含糊,就需要明晰。

简明扼要,寥寥数语,抓住了事物的本质,不是什么缺点,正是中国思维的特征与精髓,这正是"信达雅"能传播久远的原因。

就上所述,"信达雅"作为思想尚可,作为理论却有问题,要想对后世起指导作用,作为文化遗产加以承传,就需要用现代方法使其具体化和系统化。因此有必要列出几个要素,作为观察和评价的视角,将其要求落实到具体层面。董秋斯认识到这一问题:"所谓完整的理论体系,必然不限于几条空洞的原则……不根据中外语文的特性,用从古至今的具体实例,指出问题所在和解决问题的方针,这一种理论体系就算不得完整,这一种原则也就没有多大用处。"②多少年来,严译思想研究缺乏系统性,有待挖掘。为此,金隄指出:

---

① 沈苏儒,《论信达雅——严复翻译理论研究》,北京:商务印书馆,1998年,序。
② 董秋斯:《翻译批评的标准和重点》,载《翻译通报》,1950年第10期,第4—7页。

"信达雅""一统天下九十年,但它作为理论的局限性也很明显。我只能说,它是重要的翻译原则,但欠缺科学分析,在新时代很难以它为基础去建立新的理论体系。"①"信达雅"没有充分地展开,没有严格的推理,也就缺乏科学的分析,至于用它能否建立理论体系,关键在于能否全面系统地考察它的理论要素,还在于是否有人去建,如何去建。

要对翻译思想系统化,必先认识思想的整体性,沈苏儒通过研究,认为:"'信、达、雅'作为一个整体是符合翻译的本质,从而具有其科学价值的,尽管它还不是一种完整的、系统的理论(如果尊重历史,那就不会对严复提出这样的要求)。"②这种并不苛求古人的态度,是科学的,但古人的思想是后人科学整理的对象,从中可以爬梳各种有用的思想或理论。他继续说:"'信、达、雅'只是严复翻译经验的总结和概括,它至今尚未形成一种理论体系,更不用说'完整'的理论体系了。"③但这正是严复留待后人去做的。当下的任务就是在严复所开辟的道路上前行,将传统的思想火花光大,发展为完整的思想体系,直至创立新的理论。

二、变—通—达内在关联

回首百年严译研究,不难发现,对严译策略"达旨术"的整理极其少。在此,着重讨论严译变通策略与达旨的逻辑关系,这是建立严译思想体系的轴心。

(一)"变"与"通"的联系

1. 变

"变"的基本义是"改变,变化",如:"五音之变,不可胜听也。"④变有二指:一是自变,即内在之变,指性质、状态或情况跟原来有不同;二是他变,即适境之变,指对性质、状态或情况施以外力,使之与原来不同。

变 X:述宾式,属于"他变"类,整体意义均是改变 X。据《现代汉语规范词典》(2004),"变 X"类双音节词共 50 条,其动词 36 条,名词 13 条,形容词 1 条("变相")。

---

① 沈苏儒:《论信达雅——严复翻译理论研究》,北京:商务印书馆,1998 年,第 98 页。
② 同上书,第 48 页。
③ 同上书,第 148 页。
④ 《淮南子·原道训》。

2.通

"通"的基本义是"达,可以到达",如:"三面路绝,唯西北隅通陆道。"① 后引申为"交往,往来",如:"大宛闻汉之饶财,欲通不得。"② 其转义还有"畅通,来往无阻",如:"我可以往,彼可以来,曰通。"③ 有"通达,通顺",如:"越明年,政通人和,百废待举。"④

据宋永培(2001)统计,《周礼》全书中,"通"用了 16 次,义有二指:一是往来行动,包括国家之间的往来,宾客往来,一般往来;二是沟通双方。

3."变"与"通"的联系

词与词的关系:总是上管下,上罩下,下承上。(见启功,1991:42—43;79) 管,不只是管辖、限制,也包括贯注、影响、作用等意思和性质。连最常见的二字,也是一罩一承,只从一个方向看去,是不够的。看启功分析"轻舟已过万重山",十分有趣:

启下:轻的是舟,舟是过了,过的是万重的山。

承上:山是万重的,这万重山是被走过的,走的是舟,舟是轻的。

如顺着看,词词启下,下边承着上边。如倒着读,又词词相背,意思全变。再如看他分析当代实例"北京师范大学学报":

从上往下看:北方的京,师的模范,大(高级)的学校,学术的报。

从下往上看:什么报?学术的报;哪里的学报?大学的;什么性质的大学?师范性的;哪地方的?北京的。

每二字中上罩下,上二字又罩下二字,往下递罩。报是最下的基础,往上级级承受。

"变"有一转义,将"变"与"通"组合为"变通"。变通又生二义:其一,"事物因变化而通达",如:"善言而不知变通,未可谓能说也。"⑤ 其二,"不拘常规,随机应变",如:"若不清廉以身率下,若不变通以救时须,一州之人不叛则乱将作矣。"⑥

---

① 《后汉书·西域记》。
② 《汉书·张骞传》。
③ 《孙子·地形》。
④ 范仲淹《岳阳楼记》。
⑤ 《盐铁论·相刺》。
⑥ 元结《谢上表》。

照启功的方法理解,"变"在前,"通"在后,"变"是"通"的前提,"变"是为了"通","通"则因为"变",是"变"的结果。"穷则变,变则通,通则久。"①"通"的反面是"堵"。"通"与"堵"对立,"通"时已无"堵",有"堵"则不"通"。可以明白,"变"时是有"堵","变"的过程正是除"堵",使无"堵"而"通"。

"变"是前提与动因,"通"是由"变"推演出的结果,"变"与"通"之间,具有推论因果关系。(见图2)"变"与"通"组合为词组,进而凝结为合成词时,其构词方式为联合式,但构词顺序是先"变"后"通"。

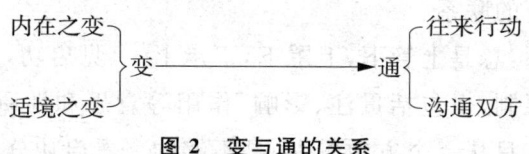

图 2 变与通的关系

总而言之,变通的关系是:先"变"后"通","变"了才"通",受特定的推论因果关系所制约,现代汉语"变"与"通"组合时,只选择与确定了"变通"的构词方式,而没有选择"通变"的构词方式。可见是受"变"、"通"的词义特点、词义关系制约的结果。古今汉语的词义特点是一致的,没有发生明显的变化,具有历史承传的联系。这也是保证理解和继承严复变通思想的语言文化基础。

(二)"通"与"达"的联系

1. 达

"达"的基本义是"到达",如:"虽达四方,人莫不贱。"②后引申为"通晓"、"彻底懂得",如:"初,光武长于民间,颇达情伪。"③再如"通权达变"、"知书达理"。引申义为"表达"、"传达",如"词不达意"等。

"通"与"达"在上古汉语中是一对常用词。《周礼》全书中,"达"用了38次,义有二指:一是畅行状态,二是已至之结局。

2. "通"与"达"的联系

"通""达"连用,组为"通达","通"在前,"达"在后,说明"通"是"达"的前提,"达"是"通"的结果,"通"了才可能"达"。《周礼》的表述还说明:"达"的反

---

① 《易·系辞下》。
② 《荀子·修身》。
③ 《后汉书·循吏传》。

面有"阻"。"达"与"阻"对立,"达"时已无"阻"。可以明白,求"通"正是因为有"阻","通"的过程正是除"阻",使无"阻"而"达"。古人云:辞达而已矣。"说话和写文章,只要能够把意思表达出来就是了。"①"达"者"通"也,要能够"通"彼此之情才算是"达"。

"通"是前提与动因,"达"是由"通"推进的结果,"通"与"达"之间,具有推论因果关系。(见图 3)"通"与"达"组合为词组,进而凝结为合成词时,其构词方式为联合式,但构词顺序是先"通"后"达"。先"通"后"达","通"了才"达"。现代汉语"通"与"达"组合时,只选择与确定了"通达"的构词方式,而未选择"达通"构词方式,这受制于"通"与"达"的词义特点和词义关系。

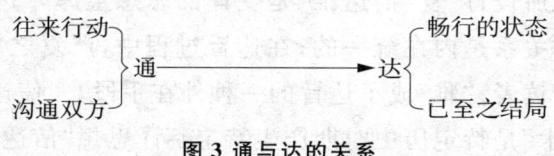

图 3 通与达的关系

(三)变—通—达三者的关系

变—通—达构成了三环因果链。分阶段看,"变"为"通"之因,"通"为"变"之果;同时,"通"为"达"之因,"达"为"通"之果。两个阶段搭扣相叠。从整体看,"变"为根本,"通"为手段,"达"为效果。(见图 4)

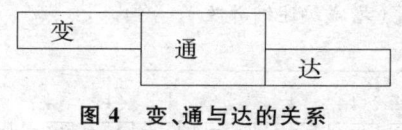

图 4 变、通与达的关系

面对"变"、"通"、"达"三者,若顺因求果,可知:"变"是动因,"通"是手段,"达"是目的。若以果溯因,可知:为求"达",必须"通";为求"通",必须"变"。以《天演论》为例,严复使原作发生了不同于全译的大幅度变化,旨在凿通东西方文化之间壁垒,使西方学术思想畅行于中国,使之"达"至中国当时知识界。由"变"而"通",由"通"而"达","达"正是严译行为的落脚点,成了严复变译思想的轴心。(见图 5)

---

① 吕叔湘、朱德熙:《语法修辞讲话》(第二版),北京:中国青年出版社,1979 年,第 178 页。

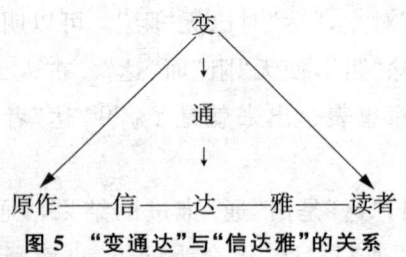

图 5 "变通达"与"信达雅"的关系

三、严复的变译思想体系

(一)变译思想体系

基于上述研究,进而发掘严复变译思想的实质:严译思想与实践策略并不矛盾,矛盾为后人所设;严复"信达雅"是变译的思想宝库,"达旨术"是变译的实践策略,二者的关系是内在统一的;在达旨过程中,严复之"信"并非全信于原著,而是取信于读者;"雅"成了达旨的一种外在手段。"信达雅"均为争取读者的招数;"达旨术"是特定历史时期产生特定翻译思想"信达雅"的特定基础,反过来又是后者指导下的特定变译策略。"达旨术"与严复"信达雅"的辩证统一关系,有助于最终建立严复变译思想体系。(见图6)

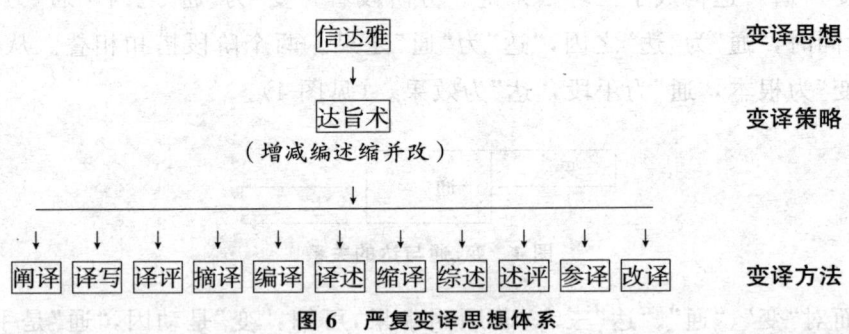

图 6 严复变译思想体系

严复的变译思想来自变译方法,可以上升为变译策略,如增、减、编、述、缩、并、改,变译策略又上升为变译思想,即"信达雅"。这是以严解严、还原严复翻译思想所得的结果,它可以自成体系。

(二)思想的升华

研究历史,首先得尊重史实,得爬梳史料,要虔诚地匍匐在翻译实践上,才能获得正确的史识。严译实践与变译思想可以构筑一定的体系,提炼出相应的理论,即"变译理论"。这一提炼过程可呈现为图7。

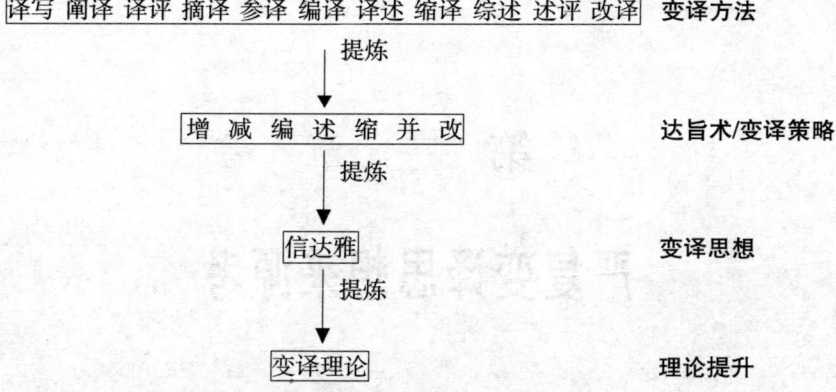

图7 借鉴严复变译思想产生变译理论的过程

说到体系和系统,英俄语可用"system"或"система"一词表达,汉语则用两个词,即:

  体系:若干有关事物或某些意识互相联系而构成的一个整体。
  系统:同类事物按一定的关系组成的整体。(《现代汉语词典》,2012)

论及语法体系和语法系统时,范晓曾做明确区分,他把语法事实中存在的不依人的意志为转移的语法关系叫作"语法系统",把语法学家根据自己的语法理论所构建的主观的理性的表述关系叫作"语法体系"。如此看来,体系是主观的,个性化的,而系统是客观的,共性的。每个时代都有可能产生相应的思想体系,都会有相应的历史贡献。严复的变译思想体系在当时发挥了巨大的作用,从中总结出的"变译理论"是对严复变译思想的扬弃,比方"信达雅"中的"雅"取"规范"之意,就不再是用秦汉以前的文言,而是当下的现代规范汉语。

系统只有一个,是客观存在的,不论你是否认识到;体系因人而异,是主观设计的,每个研究者均可提出自己的思想体系。从这个意义上讲,严复变译思想体系具有个别性和时代性,须在批评中发展。

第 三 章

严复变译思想来源考

严复翻译实践由全译和变译构成。严复留英期间或做过全译和变译,变译《天演论》时夹有全译;之后尝试全译《圣经》,未果。后来译其他七部著作,也是变译中含全译。严复终其翻译生涯,大致是以变译为主,全译为辅。严复的全译高妙,却不愿多做;变译是有意为之,因而成就丰富。催生严复选择增、减、编、述、缩、并、改七大变通策略的深层原因,既有国运不济、时势醒人的社会历史因素,又有个人仕途受挫所滋生的忧国之情;既有中国思想界的多面需求,又有国内学术的饥渴;既有严复融学识于西学思想以传播的强烈意识,又有《天演论》变译初试成功带来的马太效应;凡此种种,促成了严复变译西方学术思想的极大成功。严复变译思想产生既受中国本土经典的熏陶,更源于中西文化的碰撞与会通。

第一节 严复的全译实践

严复不是理论家,其变译思想来自实践,严译八大名著没有一部是全译之作。严复并非一接触外语就有意识地变译,而是历经了发展的过程,只是变译最终成了显著特色。变译夹杂着全译,由其个案也可证明,全译与变译不可分割。所谓严复全译一是来自推测,二是变译中可窥全译的痕迹。从局部看,以《天演论》为界,似乎可以从此前、此中、此后三阶段考察其全译片段。

一、《天演论》之前的全译实践

1878年严复到英国,11月译了蒲日耳著《游历日记》,又译《泰晤士报》的报道文章《中国初次遣派驻英钦差大臣将启程离英》,呈送驻伦敦的中国公使郭嵩焘。可惜译作及其原文现在无法查寻。不过,时年25岁的严复,可能还不善于变译,作为翻译新手,还没有实施变译的本领和必要,况且呈送的对象是外交公使,出于恭敬和虔诚,报道文章很可能是全译。

二、《天演论》之中的全译实践

使严复声名鹊起的是《天演论》。据第二章第一节的详尽考察,变译占绝对的地位,这并不表明严复不善全译,或者全译水平不高。以严复双语双文化功底,完成全译绝无问题,"但他不屑于这样做。如果他竟这样做了,那么《天演论》等著的影响也许就不会那样大了。"[①]另外,"一名之立,旬月踟蹰"显示的正是全译的精益求精之道,也是全译所求之根本。仅举一小例足以证明严译之精微:导言十七段1句6和句9,原文用了分数与百分数两种表示法,如"this twentieth of the whole people"和"the other 95 per cent",数字与数词混用,自身不一致,这是原作的瑕疵。1973年科学出版社出版的全译本也照误译出。而严复将其统一,分别译作"二十而一者"和"二十而十九者"。这正是全译之精髓。全译之于严复,不是不能为,而是不想为,不想为正是为读者考虑,也为自己考虑。

全译隐于变译,这种全译往往是摘译,即仅对原作部分内容施以全译。《天演论》中的全译大致有如下三种。

(一)摘译

《天演论》的摘译,多半为摘句译,有时为摘句群译或摘段译。如导言二段3"斯宾塞尔之天演界说曰:'天演者,翕以聚质,辟以散力。方其用事也,物由纯而之杂,由流而之凝,由浑而之画,质力杂糅,相剂为变者也。'"这是严复摘译斯宾塞对天演的界说,摘译内容用引号标出。请看例:

> 原文Ⅵ段3:(2a)Protection against extremes of heat and cold would be afforded by houses and clothing;(2b)drainage and irrigation works would antagonise the effects of excessive rain and excessive drought;(2c)roads,bridges,canals,carriages,and ships would overcome the natural obstacles to locomotion and transport;(2d)mechanical engines would supplement the natural strength of men and of their draught animals;

---

① 高惠群、乌传衮:《翻译家严复传论》,上海:上海外语教育出版社,1992年,第90—91页。

(2e) hygienic precautions would check, or remove, the natural causes of disease.

全译六段3：(3a)修建房舍，置备衣物，以御严寒酷暑；(3b)兴建排水灌溉工程，以对抗旱涝灾害；(3c)筑路修桥，挖河开渠，设置舟车，以克服交通和运输上的天然障碍；(3d)制造机器，以补充人力和畜力的不足；(3e)采取卫生预防措施，以防止和消除引起疾病的自然原因。

导言八段1：(11)是故民屈于寒暑雨旸，则为致衣服宫室之宜；民屈于旱干水溢，则为致潴渠畎浍之宜；民屈于山川道路之阻深，而艰于转运也，则有道途、桥梁、漕挽、舟车。(12)致之汽电诸机，所以增倍人畜之功力也；致之医疗药物，所以救民之厉疾夭死也……

原文为几个排比句，译文基本属于全译，采用"X于Y，则为Z之宜"句式译出前三句，采用"致之X，所以Y"句式译出最后两句。又如：

原文Ⅺ段4：(2) If I put myself in the place of the man who has robbed me, I find that I am possessed by an exceeding desire not to be fined or imprisoned; if in that of the man who has smitten me on one cheek, I contemplate with satisfaction the absence of any worse result than the turning of the other cheek for like treatment.

全译十一段4：(2)假如我使自己置身于一个抢劫过我的人的地位，那么我会发现我的迫切愿望就是不要被罚款或者坐牢；假如使我自己置身于打我一边脸的人的地位，那么我的另一边脸没有被回打得更厉害，我就会感到满意。

导言十四段1：(24)今有盗吾财者，使吾处盗之地，则莫若勿捕与勿罚。(25)今有批吾颊者，使吾设批者之身，则左受批而右不再焉，已厚幸矣。

原文句2为二重复句。第一重为并列复句，第二重为条件复句，严复则分作两句，均用"今有……，使……，则……"结构，整齐有势，势同原文。原文意思基本未损，几近全译。严译比全译简练得多，这种译法钱锺书在《管锥编》里用到无以复加的地步。再如：

原文 X 段 5:(2b)and, while people endure the extremity of physical pain rather than part with life, shame drives the weakest to suicide.

全译十段 5:(2b)人们宁可忍受肉体上的极大痛苦,也不愿与生命告别,而羞耻心却驱使最懦弱者去自杀。

导言十三段 2:(11)人宁受饥寒之苦,不忍舍生,而愧情中兴,则计短者至于自杀。

比较两种译文,严译应该是全译。若要细究,"受饥寒之苦"大概既是"endure the extremity of physical pain"的具化,又是其窄化。这种现象在全译中也是常见的。

(二)近乎译述的全译

《天演论》中找全译很难,不少地方,看似全译,不经意间又滑向了译述。如:

原文 XIV 段 1:(3)Upon the most liberal estimate, I suppose the former group will not amount to two per cent. of the population. (4)I doubt if the latter exceeds another two per cent; but let it be supposed, for the sake of argument, that it is as great as five per cent.

全译十四段 1:(3)根据最宽的估计,我推测前一类的总数占不到人口的2%。(4)我怀疑后者的人数是否会超过另一个2%,但是,为了论证起见,就假定它高达5%。

导言十七段 1:(3)试合英伦通国之民计之,其战而如是胜者,百人之内,几几得二人焉;其赤贫犯法者,亦不过百二焉。(4)恐议者或以为少也,吾乃以谓百得五焉可乎?

所谓"the most liberal estimate",即就全国而言;所谓"the former group",严复将其复原为"战而如是胜者";所谓"the latter",还原为"赤贫犯法者";所谓"for the sake of argument",严复落实为"恐议者或以为少也",又将"that it is as great as five per cent"改为轻轻一问"吾乃以谓百得五焉可乎"。全译与译述如此相近,译述比全译更易懂易达。这类近乎译述的全译在《天演论》中所占比例较大,全译也就相应减少了。又如:

原文Ⅲ段 2：(2a) The garden is in the same position as every other work of man's art; it is a result of the cosmic process working through and by human energy and intelligence.

全译三段 2：(3) 这种园地同人工技艺造成的其他的每件成品是一样的；它是宇宙过程通过人的能力和智力产生作用的结果。

导言五段 2：(3) 夫园林台榭，谓之人力之成可也，谓之天机之动，而诱衷假手于斯人之功力以成之，亦无不可。

导言将"garden"和"every other work of man's art"统括为"园林台榭"。原文两句比较，前一句说园地与人造产品一样，后一句指明一样的实质。所以严译成对地加写了"……可也"与"亦无不可"，显示这一逻辑关系，比原文更显豁。

（三）融于其他变译的全译

除了近乎译述的全译外，更多的全译则经过增、减、编、并等变通手段作用后，走向了变译。如：

原文Ⅵ段 1：(1) Let us now imagine that some administrative authority, as far superior in power and intelligence to men, as men are to their cattle, is set over the colony, charged to deal with its human elements in such a manner as to assure the victory of the settlement over the antagonistic influences of the state of nature in which it is set down.

全译六段 1：(1) 我们现在设想有个行政权威者，其能力和智力超越于一般人，犹如一般人超越于他们的家畜一样，他当了殖民地的首领，负责管理大家的事务，以保证殖民地战胜其所在的自然状态的敌对影响。

导言八段 1：(1) 又设此数十百民之内，而有首出庶物之一人，其聪明智虑之出于人人，犹常人之出于牛羊犬马，幸而为众所推服，立之以为君，以期人治之必申，不为天行之所胜。

为了照应前面导言七段 1 句 2 中"a shipload of English colonists"，严复加写了"此数十百民之内"，点明领导产生的范围。而"幸而为众所推服"则是领导产生的原因，本可省去，写上也无妨，但写上就改变了译的性质，全译转为变译。又如：

原文 X 段 3：(5a) That is the reason of the *aviditas vitce*—the insatiable hunger for enjoyment—of all mankind, which is one of the essential conditions of success in the war with the state of nature outside; (5b) and yet the sure agent of the destruction of society if allowed free play within.

导言十二段 1：(27)是故凡属生人，莫不有欲，莫不求遂其欲，其始能战胜万物，而为天之所择以此。(28)其后用以相贼，而为天之所诛亦以此。(29)何则？(30)自营大行，群道将息，而人种灭矣。(31)此人所与鸟兽昆虫异者又其一也。

导言句 27—28 是对原文的译述：如严复将原文句 5b 的深意"任其在内部自由发展"用"相贼"揭示出来，又将"破坏社会的必然因素"的深意"天胜人"用"为天之所诛"揭示，因为人类破坏社会，社会将会反击。这一深意的揭示催生"而为天之所诛亦以此"，在某种程度上也是受前一句"而为天之所择以此"的形式所迫，以便二者前后形成对应。导言 29—31 则为严复所加，自问自答；并且导言句 31 还能与其前面句 15"此其异于鸟兽昆虫者一也"形成语篇呼应。概言之，本例既可视作全译＋写，也可视作原文句 5 的转述＋写。再如：

原文 XIV 段 3：(1) What sort of a sheep breeder would he be who should content himself with picking out the worst fifty out of a thousand, leaving them on a barren common till the weakest starved, and then letting the survivors go back to mix with the rest? (2a) And the parallel is too favourable; (2b) since in a large number of cases, the actual poor the convicted criminals are neither the weakest nor the worst.

全译十四段 3：(1)如果一个绵羊育种工作者仅满足于从一千只绵羊中挑出最劣的 50 只，把它们留在不毛的公地上，直等那些最弱者饿死后，再把残存者赶回而混于其他绵羊中，那他会是一种什么样的育种工作者呢？(2a)这个比喻的确是太适当了，(2b)因为，在大多数情况下，真正穷的贫民和被定了罪的犯人既不是最弱者，也不是最劣者。

导言十七段 1：(11)设今有牧焉，于其千羊之内，简其最下之五十羊，<u>驱而置之碛确不毛之野，任其弱者自死</u>，强者自存，<u>夫而后驱此后亡者还入其群</u>，以并畜同牧之，<u>是之牧为何如牧乎</u>？(12)<u>此非过事之喻也，不及事之喻也</u>。(13)何则？(14)今吾群之中，<u>是饥寒雁文网者，尚未为最弱极愚之种</u>，如所谓五十羊者也。

导言中画线部分完全是原文的全译。"强者自存"、"以并畜同牧之"、"何则"、"今吾群之中"和"如所谓五十羊者也"删去，也能表达原文之意。严复为何要变通呢？原来，严复加写"强者自存"，可以显其与"任其弱者自死"并存的结果；("死"换作"亡"更好，更符合严复的"雅"。)加写"以并畜同牧之"，可以显示"还入其群"之后的目的行为；加写"何则"，改为问句，使行文略有转折，激起一点浪花，可以引起读者的兴趣，凸显原文的因果关系；加写"今吾群之中"，同时删除"in a large number of cases"，可以指明贫民与罪人的社会背景；加写"如所谓五十羊者也"，可以回应导言句 11，保持语篇连贯。结果是全译变成了译写。

三、《天演论》之后的全译实践

由表 15 可知，《天演论》从 1895 年春前后动笔翻译到 1905 年由上海商务印书馆大规模铅印出版，历时十年，其间同时完成了大部分其他著作的翻译与出版，因此对《天演论》1898 年刻版印刷后所受到的批评严复虽有所考虑，但有的译本他也来不及或根本就未按全译要求加以修正，因此《天演论》之后的其他译著仍然是以变译为主。这些译本现在越来越多地受到思想界的关注，在此暂以严复为数有限的《圣经》的翻译为例，看其全译实践。

任东升（2004）认为严复的《圣经》片段翻译标志着《圣经》汉译文学化的开端。据其研究，1908 年严复摘译了《圣经》的前 4 章，4 章之中局部采取了全译。如：

And it came to pass in those days, that Jesus came from Nazareth of Galilee, and was baptized of John in the Jordan. And straightway coming up out of the water, he saw the heavens rent asunder, and the Spirit as a dove descending upon him: and a voice from heaven, saying, Thou art my beloved Son, in thee I am well pleased.

尔时耶稣果自加利利之拿撒勒来，亦受约翰洗于约旦之河。方出水，见天为开,有神如鸽,降集其身。有声自天曰:汝为之爱子,得汝,吾甚喜悦。
And John was clothed with camel's hair, and had a leathern girdle of a skin about his loins, did eat locusts and wild honey.
约翰衣驼毛之衣,腰革带,而食蝗与野蜜。

第二节　严复的变译实践

较之于全译,严复的变译实践更易于考察。现仍以《天演论》问世的时间为界,将其变译分为之前、之中、之后三阶段考察。

一、《天演论》之前的变译实践

严复的变译实践并非始于《天演论》,他此前或同时做过变译。《天演论》之前的变译量不大,主要是对国外某部著作进行摘译、译述、缩译,或者是对多部著作做小综述,用入自己的著述,多见于1895年春夏发表的《论世变之亟》《原强》《辟韩》《救亡决论》等几篇论文。

以减的策略运用为例。以原文为参照,所取部分为摘,所删部分为减,那么1895年严复发表《原强》,引用了国外学者的观点,所采用的是摘译法。如:

锡彭塞亦言曰:"富强不可为也,特可以致致者何?相其宜,动其机,培其本根,卫其成长,使其效不期而自至。"[①]

这是标准的摘译,同时又是参考译,简称"参译",是摘译式参译,即摘取原作某一片段译出,用作参考依据。

二、《天演论》之中的变译实践

(一)特殊的起因

有两种人要小心从译。一是老者,因人生丰富,经验颇多,知性很足,往往眼界高,译笔极其自如,译起来也就容易。有时他们会觉得原作不够味,不显情,总之有些不如己意,此时稍不留神,就走笔脱缰,以致信马由缰,以作入译,甚至是以作代译。二是少者,少者上述方面与老者相反,对原作总是亦步亦趋,

---

① 欧阳哲生编校:《严复卷》,石家庄:河北教育出版社,1996年,第549页。

不敢越雷池半步,译得拘谨,往往捉襟见肘,不达意,常带翻译腔,显得滞涩。

1894年,严复41岁,当时虽说不老,但人到中年,文字老到,阅历甚丰。中西见闻,在中国也是一流。所处的时代正是清中叶乾嘉之后中国学术的繁盛期和高峰期,同时代一批大师巨子在学术观念上有机会吸收西方的新方法,这为乾嘉诸老所不备;而在传统学问的积累方面,即家学渊源和国学功底,又为后学无法比肩。"他们中的许多人并不是一开始就致力于学术,而是受时代潮流的激荡,往往一个时期无意为学,有心问政。康有为、梁启超、章太炎、黄侃、熊十力等莫不如是。……但是中年以后,渐悟政治之不可为,转而潜心学术,又卓然立说成家。"①严复正是此类人物之一。回国后1880—1894年,他一直从教,曾任北洋水师学堂总教习、会办、总会办;其中四次乡试,还是一门心思要入仕途。严复屡考屡败,屡败屡试。15年间,因好诤言,由原先的为清朝高官所看重落得后来只为其御用的境地,他感到官场失意,心怀激愤;又恰逢民族危机加深,1894—1895年冬春之交,严复转而从译。这种背景下从译,储备甚丰如严复者怎能抑制创作的欲望?! 又怎能掌控译笔的走向?! 他很难对原文亦步亦趋,也就难做到四平八稳的全译了。

(二)《天演论》的变译过程

1. 达旨的主辅平行线

严复做《天演论》,是循着几条平行线运作的。主线是赫胥黎的原作,辅线是斯宾塞的思想,穿插了西方其他学者以及自己的零星思想。换言之,《天演论》是沿着上述几条平行线铺开的。严复脑子里总在不断地比较赫、斯二人的思想,相互论证与批评,相得益彰,造就了严复自己的《天演论》的主体。为了把两人的思想融在一起,就形成了以赫胥黎思想为主的本文(当然,其中又含有严复大量的变通内容),以斯宾塞思想为主的案语和以其他西方学者和自己思想为主的穿插。赫、斯二人思想的平行展现可见表13。

针对这种现象,李泽厚说:"强调自然进化的普遍规律和人们应该适应这一规律而团结起来,自强、自力、自主、进步,以与外物斗争,不再受别人的欺侮、主宰和控制,这就既不是斯宾塞的一般进化观念,也不同于赫胥黎的人性本善的伦理学说,表面看来,严复折中赫胥黎和斯宾塞,似乎是矛盾,实际却是

---

① 欧阳哲生编校:《严复卷》,石家庄:河北教育出版社,1996年,总序第55页。

一种合情合理的'创造'。"①这种创造就是巧妙地将看似矛盾的两家观点(当然其中还包括其他学者的观点)融为一体。这种融合的手段就是一种变通手段。

表 13　《天演论·上卷》中赫胥黎与斯宾塞思想平行分布比较

思想	赫胥黎的思想	斯宾塞的思想	
	本文	本文中的案语	各节末的案语
语篇分布	导言一	段 3 句 17	段 4 句 5,句 16
	导言二	—	段 3 句 1,句 42
	导言五	—	段 3 句 1,句 2,句 5,句 18
	导言十三	段 1 句 5	段 3 句 10
	导言十四	—	段 2 句 6
	导言十五	—	段 3 句 2,句 3,句 74
	导言十七	—	段 4 句 11
	导言十八	—	段 4 句 13

2. 译与作相结合

最初的严译《天演论》本文含有许多严复自己的思想。吴汝纶1897年读后,函告严复:"自为一书,则可纵意驰骋;若以译赫氏之书为名,则篇中所引古书古事,皆宜以元书为称西方者为当,似不必改用中国人语。以中事中人,固非赫氏所及知,法宜如晋宋名流所译佛书,与中儒著述,显分体制,似为入式。此在大著虽为小节,又已见之例言,然究不若纯用元书之为尤美。"②

吴汝纶把译与做之间的关系看得清楚,对严复的某些改译不赞同,并为他出主意"其参引己说多者,皆削归后案"。他如何应对呢?严复回信说:"拙译《天演论》近已删改就绪,其参引己说多者,皆削归后案而张皇之,虽未能悉用晋唐名流翻译义例,而似较前为优,凡此皆受先生之赐矣。"③严复听从,修改者共计50余处,全部删去,这样将赫胥黎思想与自己和其他人的思想相对独立分开。看来,严复译书之初,就有意将人我同一,融入一书之中,是名副其实的译且做。

3. 反复修改

反复修改是《天演论》不断变通、不断修正、最终定稿的必经过程。据王克

---

① 李泽厚:《严复论》,载《历史研究》,1977年第2期,第24—28页。
② 严复:《〈严复集〉第5册》,北京:中华书局,1986年,第1560页。
③ 欧阳哲生编校:《严复卷》,石家庄:河北教育出版社,1996年,第617页。

非细究,1897年译稿约46000多字,其中案语9条,约6000字,占全书近八分之一,全部集中在下卷"论部"。① 1898年正式出版稿约56000字,案语增至28条,案语字数达21000多字,占全书近五分之二。尤其是上卷导言十八节,几乎每节后面都另加案语。后补的18条案语,其思想倾向很鲜明,如批评赫胥黎的论点,赞同或引述斯宾塞的观点的几条,同意赫胥黎与天争胜的两处均在后加案语中。这表明严复早先的译稿没有细述自己的思想观点,至少没有案语证明这一点。而后来补加的大量案语可以旁证其深思熟虑的过程。

上述为宏观修改的见证之一。再从细处看严复的修改。1895年春发表的《原强》译英国哲学家"Spencer"为"锡彭塞",至少可以推测在《天演论》翻译之初,也是如此译的。在定稿的前半部分则改为"斯宾塞尔",整个《天演论》也未能最终统一,如译作"斯宾塞尔"的有导言一段3句17,导言一段4句5和句16,导言二段3句1和句42;译作"斯宾塞"的有导言五段3句1、句2、句5、句18,导言十三段1句6,导言十三段3句10,导言十四段2句6,导言十五段3句2、句3和句74,导言十七段4句11,导言十八段4句13。可见严复在导言五之前都用"斯宾塞尔",之后都改为"斯宾塞"。而1897年起译、1903出版的《群学肄言》将"Spencer"还是译作"斯宾塞尔",这表明他在一书之内不统一,一段时间内几本书之间也没有统一译名。这算不算瑕疵,就不苛求了。

(三)各种"达旨术"灵活运用

1. 多种策略集于一书

严复变译不凝于一法,万法无定,殊途同归,都指向达旨,达原文之旨,实现为读者服务之宗旨。所以往往一段甚至一句之内,可以析出好几种变通之法,严复真乃变译大师。如果有可能把隋唐时期各佛经翻译大家与严复做一历时比较,相信无出其右。

概言之,严译《天演论·上卷》大致用了增(写、释、评)、减、编、述、缩、并、改七大策略。七种策略严复运于股掌,用得灵活。变通策略在此分类是相对的,有许多扭结的地方,他有时单用,有时双用,有时合用。七大策略使用的基本情况见表14。

---

① 王克非:《中日近代对西方政治哲学的思想的摄取:严复与日本启蒙学者》。北京:中国社会科学出版社,1996年,第51—52页。

表 14 《天演论·上卷》多种变通策略的运用

变通策略	增			减	编	述	缩	并	改	总计
	写	释	评							
次数	202	50	41	175	20	121	20	20	44	693
比例,%	29.15	7.22	5.92	25.25	2.89	17.47	2.89	2.89	6.35	100

即使不比照原作,也能发现《天演论》的案语为严复所加。如严复将原文Ⅳ段1—5全部合为导言六的段1,又专立一段作案语,介绍达尔文《物种起源》的有关内容。如此一来,显得严复很客观:本文是赫胥黎的思想,案语是达尔文的思想;这其实是严复布下的"陷阱"。因为在本文中严复已有不少加写,只是不完全为读者所察觉;而将案语独立,只为更方便加写相关内容,而这些内容不便插入本文。只要比照原作章节,就发现宏观结构有较大幅度的编辑加工;再深入比读原文和译文,更能发现段句之间的千般变化。原作好比万花筒,经严复轻轻一拧,就变出了不同于原作的译品。详见下文。

2. 各种策略灵活运用

翻译高手禁不住手痒的情形常有,他们信手就能变通,或增或删,或编或缩,或释或评,或改或述。严复这种自我意识极强的译者处处灵活运用各种变译策略,有时达到令人叹服的地步。如:

原文Ⅵ段1:(2) He would proceed in the same fashion as that in which the gardener dealt with his garden.

导言八段1:(2)是为君者,其措施之事当如何,无亦法园夫之治园已耳。

本例是变译策略单用。导言的前一句完全可照原文译作"为君者之措施",与后一句联为一个单句。可是受"是……者,……也"句式规约,在"措施"后加写"之事当如何",显得有抑有扬,有问有答,文字之法运用自如。

有时严复采用释、写、评等方式对原文施以增加,使之由深变浅,由抽象变具体,由晦涩变明晰。有时又会舍去原文的具体而求抽象,由描述而转为叙述。如:

原文Ⅹ段3:(4) That is their inheritance(the reality at the bottom of the doctrine of original sin)from the long series of ancestors, human and semi-human and brutal, in whom the strength of this innate tendency to self-assertion was the condition of victory in the struggle for existence.

导言十二段1：(18)人之先远矣，其始禽兽也。(19)不知更几何世，而为山都木客；又不知更几何年，而为毛民猺獠；由毛民猺獠，经数万年之天演，而渐有今日，此不必深讳者也。(20)自禽兽以至为人，其间物竞天择之用，无时而或休，而所以与万物争存，战胜而种盛者，中有最宜者在也。(21)是最宜云何？(22)曰独善自营而已。(23)夫自营为私，然私之一言，乃无始来斯人种子，由禽兽得此，渐以为人，直至今日而根株仍在者也。(24)古人有言，人之性恶。(25)又曰人为孽种，自有生来，便含罪恶。(26)其言岂尽妄哉！

本例表现为明显的增，既含释、写，也含评论。导言句18—19是对"the long series of ancestors, human and semi-human and brutal"的译与释，释的方式是逆向推进，先说禽兽，再说猿类（山都木客指狒狒之一种，久居深山的人类祖先），最后是人类，勾画了人类起源的进程。导言句20—22是写，也可算作广义的释，是释因，解释自私为何成为竞争获胜的原因。导言句23才是原句的译述。句24—25是原文"the reality at the bottom of the doctrine of original sin"的解释，比原文更清晰，句26是简评。又如：

原文Ⅳ段5：(1)But it is extremely important to note that, the state of nature remaining the same, if the produce does not satisfy the gardener, it may be made to approach his ideal more closely. (2) Although the struggle for existence may be at end, the possibility of progress remains. (3)In discussions on these topics, it is often strangely forgotten that the essential conditions of the modification, or evolution, of living things are variation and hereditary transmission. (4) Selection is the means by which certain variations are favoured and their progeny preserved. (5) But the struggle for existence is only one of the means by which selection may be effected. (6) The endless varieties of cultivated flowers, fruits, roots, tubers, and bulbs are not products of selection by means of the struggle for existence, but of direct selection, in view of an ideal of utility or beauty. (7) Amidst a multitude of plants, occupying the same station and subjected to the same conditions, in the garden, varieties arise. (8) The varieties tending in a given direction are preserved, and the rest are destroyed. (9) And the same process takes place among the varieties until, for example, the wild kale becomes a cabbage, or the wild Viola tricolor a prize pansy.

导言六段1:(26)譬如树艺之家,果实花叶,有不尽如其意者,彼乃积摧其恶种,积择其善种。(27)物竞自若也,特前之竞也,竞宜于天;后之竞也,竞宜于人。(28)其存一也,而所以存异。(29)夫如是积累而上之,恶日以消,善日以长,其得效有迥出所期之外者,此之谓人择。(30)人择而有功,必能尽物之性而后可。(31)嗟夫!(32)此真生聚富强之秘术,慎勿为卤莽者道也。

本例是多种策略合用。导言句26为扩写,原文句2、3,句5、6的前半部分,句7—9具体的论述均被舍去;导言句27、29为加写的抽象论证;导言句31—33是评论,将原作内容提至富国强民的高度。再如:

原文XIII段2:(1) During these three centuries, from the reign of Elizabeth to that of Victoria, the struggle for existence between man and man has been so largely restrained among the great mass of the population (except for one or two short intervals of civil war), that it can have had little, or no, selective operation.

导言十六段2:(7)苟谓民品之进,必待治化既上,天行尽泯,而后有功,则自额勒查白以至维多利亚,此两女主三百余年之间,英国之兵争盖寡,无炽然用事之天行也。(8)择种留良之术,虽不尽用,间有行者。

本例也是多种策略合用。先说"写":导言句7前面加写的四个小句是引子,是论理,而后面据原文译述的内容是其例证。再看"述":严复将原文的

"the struggle for existence between man and man"理解为"战争",受括号里内容的启示,于是译作"英国之兵争盖寡,无炽然用事之天行也";战事虽少,但对选择还是有些影响,严复又把生存斗争进一步理解为"择种",于是译得导言句8。最后看"减":原文括号里的内容看似删了,其实融进了其他内容;原文中"no, selective operation"之意严复舍去了。总体看是减、写、述三结合。

三、《天演论》之后的变译实践

有人说严译"达旨术"因《天演论》受人指责,后期翻译不再"肆意"变通了。果真如此?其实不然,他仍在做变译,有所改变的是什么呢?可能是对原作内容的变通上有所注意,变通方式上有所侧重,较多地注重"信"于原作,而在原作之外的"增"却是一如既往。严复其他著作的变译实践不是本书的重点,现仅略做说明。

从整个翻译实践来看,严复对同代人的批评尽管有所回应,应该说他后来的翻译注意并照顾到了,有所顾及,也有所顾忌,于己于译不利而有所考虑。如译《原富》时他说:"是译与天演论不同,下笔之顷,虽与全节文理,不能不融会贯通为之,然于辞义之间,无所颠倒附益。"(《原富·序》)但他坚信"虽非正法"的变译之法,并"一意孤行"。如译《名学浅说》时他在序中说:"中间义旨,则承用原书,而所引喻设譬,则多用己意更易。盖吾之为书,取足喻人而已,谨合原文与否,所不论也。"再说,有《天演论》的成功撑腰,变通策略在其他严译名著中有不同程度的发挥。(见表15)王宪明(2005:235)研究过严译《社会通诠》,认为从整个文本来看,它虽名为"翻译"之作,实际上有相当一部分并非原作的思想,而是译者根据自己的理解和认识增加的内容,透过所增内容,可以窥见译者的思想与主张。而且,即使那些看似照译原文的地方,一些关键性的词语所包含的内容也因译者所选用的词语的不同,而与原作中的词汇含义有所不同。

表15 严复施以变译的其他七部著作

原作名称	严译名称	变译时间	初版时间与出版者
Study of Sociology	群学肄言	1897—1903	1903年,上海文明编译书局
An Inquiry into the Nature and Cause of the Wealth of Nations	原富	1897—1909?	1901—1902年,上海南洋公学译书院
On Liberty	群己权界论	1899	1903年,上海商务印书馆

原作名称	严译名称	变译时间	初版时间与出版者
A Short History of Politics	社会通诠	1903	1904年,上海商务印书馆
A System of Logic	穆勒名学	1900—1902	1912年,上海商务印书馆
L'esprit des Lois	法意	1900(?)—1909	1904—1909年,上海商务印书馆
Elementary lessons in Logic	名学浅说	1908	1909年,上海商务印书馆

如果说严译后期正如鲁迅1931年所言:"他后来的译本,看得'信'比'达'、'雅'都重一些。"①那也是对原作而言,即减、编、缩、述、并等方式用得相对少一点,他自己在《群己权界论》译凡例中声称:"原书文理颇深,意繁句重,若依原文作译,必至难索解人,故不得不略为颠倒,此以中文译西书定法也。"②这种"略为颠倒"决非全译的微观调整。就整个译作成品而言,在原作之上加写内容的释、写、评、改还是用得不少。翻译《穆勒名学》,他在案语中也常提及培根,还提及洛克、牛顿、伽利略等学者及其思想。

改译原作的情况照样存在。如严译《群学肄言》:

全译:这位普通的政治设计师相信,从合理设计并灵活运转的立法机构中,可以产生有益的国家行力,而不会出现任何反作用。他期望从愚昧的人们中获得智力效果,以及从低贱的民众中产生出高尚的行动来。③

严译:惟然,故谓国群盛衰,尽由法制。恃吾法制,弱民可使为强国,贫民可使为富国,愚民可使为智国,此何异梦食求饱者乎!

原文并无"国家强盛"的思想,整个原作也没有这一思想,属于强加,而这也正体现了严复自译《天演论》以来的一贯主张:保种强国。许华茨认为:"对严复来说,关于一般福利的语言几乎是不知不觉地翻译成有关国家富强的语言。我们在严复的翻译中到处都可以发现这种变化。"④严复强调富国、强国是有其切肤之痛的。

---

① 鲁迅:《关于翻译——给瞿秋白的回信》,1931年,见中国译协《翻译通讯》编辑部编:《翻译研究论文集(1894—1948)》,北京:外语教学与研究出版社,1984年,第223—228页。
② 欧阳哲生编校:《严复卷》,石家庄:河北教育出版社,1996年,第424页。
③ [美]许华茨著,滕复等译:《严复与西方》,北京:职工教育出版社,1990年,第81页。
④ 同上。

第三节 变译思想的胜出

变译思想相对于全译显然胜出,首先是变译实践的胜出,有了大量的变译实践,才会有最终成熟的变译思想。严复变译思想的胜出,取决于变译《天演论》的主客观因素。

一、应运而译

(一)《天演论》开译时间考

《天演论》到底译自何年?据推测与分析,这与甲午战争的进展密切相关。

1894年7月25日,日本对驻朝中国军队发起进攻,这年干支为甲午,史称"甲午战争",直至1895年4月17日,《中日马关条约》签字,甲午战争结束。1894年7月下旬至9月下旬为第一阶段,主要是朝鲜境内的陆战,9月下旬同时爆发了黄海海战。战争结果如何,似乎也难以预测,这时严复动笔译《天演论》的可能性不大。

第二阶段,1894年10月26日,日军突破清军鸭绿江防线,清军全线崩溃。同一天,在军舰掩护下日军在旅顺花园口登陆,11月22日,日军攻陷旅顺口。清军节节败退,不可收拾,陆海两条战线均显败绩,严复或许受到当头棒喝,此间可能萌发翻译的念头。

第三阶段,1894年12月—1895年3月,清军在山东半岛和辽东两个战场全面溃败。1895年2月17日,威海卫海军基地陷落,北洋舰队覆灭。此间,尤其是1894年12月—1895年1月,严复最有可能翻译《天演论》。甲午战争还未结束,严译《天演论》1895年3月就问世了,可见严复受国运刺激之深,译书反应之快。北洋舰队覆灭,应该是严复最大的痛,因为1879年回国后严复基本上是从教,因性格耿直,不善权术,未能谋得要职,"不预机要,奉职而已",除1879年供职母校福州马尾船政学堂外,1880年8月受李鸿章之邀调任天津北洋水师学堂,一直在此从教,开始任总教习,1889年升为会办(相当于副校长),1890年升为总办(相当于校长)。北洋水师学堂为海军培养人才,北洋舰队大小将领有的是严复的同学,更多的是他的学生。更为重要的是,同样是向西方学习军事,创建海军,中国败给了日本,这不得不促其反思。痛定思痛,得寻找战败国衰的根源,要从思想上寻求出路。《侯官严先生年谱》1895年条说得很明白:"自去年(1894)夏间中东构衅,海军既衄,旅顺、大连湾、威海卫以次失守。至是年,和议始成,府君大受刺激。'自是专致力于翻译著述。先从事于赫胥黎(T. Huxley)之《天演论》(Evolution and Ethics),未数月而脱稿。"①

上述是从国运时势与翻译的关系推算,下面试从出版方面推算。现今发现《天演论》最早的译本是 1895 年 3 月陕西味经售书处刊印的《天演论》,无自序和吴汝纶序,无译例言,且文字与后来译本有较大出入。这表明:第一,一部五万字左右的小册子严复独译,毛笔书写甚至是誊抄,大约需要一至两个月;译稿从天津传至陕西,加上刻版、校对、印刷、装帧等,大约需要一个月。从译到印,前后至少得两个月。从 1895 年 3 月往回推算,起译时间也应在 1894 年底至 1895 年初;第二,该印本无自序和吴序,表明是初稿,或是他急于让人印出以传播,或是有人一睹为快,欲印之以传播,来不及做这些副文本工作;第三,文字粗糙,与后来的版本有出入,正说明初译不完善,也来不及完善,却反证是应急之译,情急之译。

据上所述,甲午战败是严复翻译《天演论》的外因,严译《天演论》起笔于 1894 年冬或 1895 年早春,初稿落笔于 1895 年春末,1895 年 3 月即由陕西味经售书处首印,1898 年 6 月由湖北沔阳卢氏慎始基斋私自木刻印行问世,为第一个通行本;1898 年 12 月由天津侯官嗜奇精舍石印发行,是刻印质量最好的版本之一。1905 年由商务印书馆正式出版。由于 1895 年的版本后来才被发现,现在也不易找到。故此,认定《天演论》正式出版于 1898 年,则是学界的共识。

不过,俞政(2002)认为《天演论》的第一个版本是沔阳卢氏慎始基斋本,刊行于 1898 年,指出陕西味经本刊行于 1899 年,谎称乙未年即 1895 年刊行,对于考订严复的始译时间,没有参考价值。

(二)满足国家变法的需求

日本 1868 年明治维新后强大起来,中日两国均按西方模式组建海军,武力相当,甲午战争中国却败于日本,表明唯器之学西方并不能强国。可以想见,1894 年前,严复已读到赫胥黎的著作,正是甲午战争失败,成为严复译《天演论》的直接动因。而此前与斯宾塞等人西学著作相关的内容,严复已放入 1895 年春发表的《原强》等论文之中。

为什么严复选择《天演论》而没有选择达尔文的《物种起源》呢?因为后者

---

① 严复:《〈严复集〉第 5 册》,北京:中华书局,1986 年,第 1548 页。

是一部纯粹的生物学著作,与严复所关心的社会问题无直接关联。为什么没有首选他所推崇的斯宾塞的著作呢?严复(《天演论·导言二·复案》)有言:"其文繁衍奥博,不可猝译。"1897年,严复摘译《群学肄言》两章,刊于《国闻报》,"但是,他感到自己实在没有能力去翻译斯宾塞的《第一原则》或任何其他著作。需要立即翻译过来的倒是斯宾塞著作中把达尔文的某些主要原则以引人入胜的方式概括出来的那些容易把握的部分"①。严复并非拈轻怕重,而是取时代之所需。斯宾塞著作部分内容与赫胥黎著作的内容可以共同应对国家时局变化之需。

最根本的是道学西方,非变法不可,非有新的思想武器不可。而士大夫们仍然坚持"天不变道亦不变"。严复要从学理的高度打击"天不变道亦不变"论,论证变法维新的必然性和合理性。这一宗旨贯穿于整个作品,最明显的就是开篇第一节为特意点明"变"而做出的变通:

> 导言一段3:(14)夫而后独免于亡,而足以自立也。(15)而自其效观之,若是物特为天之所厚而择焉以存也者,夫是之谓天择。(16)天择者,择于自然,虽择而莫之择,犹物竞之无所争,而实天下之至争也。(17)斯宾塞尔曰:"天择者,存其最宜者也。(18)夫物既争存矣,而天又从其争之后而择之,一争一择,而变化之事出矣。"

导言句14—18被严复强行加入本文,作为本文的结尾,既是突出本节的主题"察变",也是彰显全书的主题"物竞天择、适者生存"的根本就在于变化,借此给信奉"道不可变"的士大夫以当头棒喝。

当时有爱国心的知识分子,无一不思考民族的命运,国家的前途。严复游学西方,比一般人更能感受中西对比的差别,更能明白其中的奥秘,面对强虏,如何自强保种,正是在这种心态下严复选择了赫胥黎的作品。无论是借外讽中,还是借题发挥,《天演论》高扬"物竞天择,适者生存"的主张,其中心是以人持天、自强保种,这正是时代需要的最强音。

(三)满足中国思想界的多面需求

严复为什么选择赫胥黎作品而又对其进行大量变通?尤其是为什么要在

---

① [美]许华茨著,滕复等译:《严复与西方》,北京:职工教育出版社,1990年,第82页。

许多地方加入斯宾塞的学说思想？

中国需要宣扬自强保种的思想，可是严复为什么选与其基本宗旨不协调的书来翻译呢？第一，赫胥黎讲义简明生动地介绍了达尔文主义思想，第二，书中还介绍了马尔萨斯等人的理论，为严复提供了取便发挥的机缘；第三，赫胥黎对人类处境的兴趣超过宇宙，更能符合严复思考中华民族命运的主题。许华茨说，"赫胥黎的彻底反斯宾塞的基本精神为严复提供了一个捍卫斯宾塞观点的绝妙机会"。《天演论》是由两个部分组成的——赫胥黎著作的意译，和用来反对赫胥黎的斯宾塞基本观点的评注。"①

斯宾塞非并达尔文的忠实信徒，而是社会达尔文主义的倡导者，主张"任天为治"，即任凭物竞天择，而不予干预。面对国家的存亡，严复"一方面虽不同意赫胥黎人性本善、社会伦理不同于自然进化的观点，另一方面又赞成赫胥黎主张人不能被动地接受自然进化，而应该与自然斗争，奋力图强。一方面虽然同意斯宾塞认为自然进化是普遍规律，也适用于人类；另一方面又不满意斯宾塞那种'任天为治'弱肉强食的思想"。②严复选译赫胥黎作品翻译，正是看中其反对斯宾塞社会达尔文主义的特点，他说："赫胥黎此书之旨，本以救斯宾塞任天为治之末流。"（《天演论·自序》）所以，在《天演论》中处处可见赫、斯二人思想交错展开。如何将两种思想融于一书之中，这是严复翻译时必然考虑的问题，从根本上决定了他要对赫胥黎原作进行变通，因为他不必翻译一本并非主流的通俗性作品。因此，严复不可能全"信"于赫胥黎原作。

除了将斯宾塞的思想不断地加入译作外，严复要借题发挥，要借译抒怀，就少不了改造原作，形成有别于完整之译的变译作品。严复还在原作与译述之外加以译写，不写不足以反映自己的主张。在他看来，既要传达原作主旨，还要表达自己的意旨。如：

导言十四段1：(26)持是道以与物为竞，则其所以自存者几何？(27)故曰：不相比附也。(28)且其道可用之民与民，而不可用之国与国。(29)何则？(30)民尚有国法焉，为之持其平而与之直也。(31)至于国，则持其平

---

① [美]许华茨著，滕复等译：《严复与西方》，北京：职工教育出版社，1990年，第86页。
② 李泽厚：《严复论》，载《历史研究》，1977年第2期，第24—28页。

而与之直者谁乎?

句26—31为原文所无,"是道"指原文段3的"Do as you would be done by",可用于物与物竞争,可用于民与民竞争,却不可用于国与国竞争,因为民与民之间有国法作为更高裁决者,国与国之间则无更高裁决者。由"物"而"民"而"国",严复逐级提升,最终走向保群自存、保种救国的思想高度。

严复那个时代主流思想蕴于精英阶层,只有对这些精英的思想产生触动,使之接受西方新的思想,最终才能影响大众。所以他必须采用当时知识界喜闻乐见的文言,且最好是他们从小就接受的"尔雅"文体,才能为他们所相中、所重视,这才是他们眼中高雅的语言。

(四)抒发个人仕途不济所滋生的忧国之情

1879年回国后至1895年春前后始译《天演论》,此15年正是严复青壮年期。严复回国后从教十余年,"那时不认洋文凭,只认土文凭。文化人晋升要经过科举考试,一级级考,最后要到殿试。没这个科考'文凭',也就没有话语权。"[①]严复一直怀才不遇,政治上几乎一无所成,于是转向科举之路,以跻身仕途;可是他四次乡试均告失败,又赶上科举考试取消,仕途不济。事情是相辅相成的,仕途无望,倒可以潜心读书,一面继续涉猎西学各科书籍,他一面师从桐城派大师提高古文水平,深研中国古典文化。金文涛(2011)认为,严复张狂自傲的才子意气和偷吸鸦片的不良嗜好,终究使他成不了"良相"之才,但却因此赢得了一个唤醒同胞的启蒙者地位。

仕途不济却造就严复。个人前途暗淡,国家甲午战败,如同双重压力在肩,因此他能愤而译述。他的译作不仅仅只有原作的内容,还有许多他自己激愤的思想。他不仅对西方学术思想有选择,对所选作品的内容又施以增、减、改、加案语等,对他认为能针砭时弊之处"且于自强保种之事,反复三致意"(《天演论·自序》)。不难明白,为什么严复在译作中如此饱含激情甚至是激愤,加写如此丰富的内容,发出如此深刻的议论;为什么严复总是把原作朝强国保种的方向引去。读 *Evolution and Ethics*,严复救国心切,忧国心急,总是激情满怀,警醒人们"不存则亡"。严复寄情于翻译,发忧国忧民情怀,其怦然

---

① 张文木:《从严复、马汉的不同命运说起》,载《光明日报》,2010年7月26日。

心态,随处可见。如:

> 导言十五段 2:(5)数传之后,风俗遂成,斯群之善否不可知,而所恃以相维相保之天良,其有存者不可寡欤?(6)故曰:以人择求强,而其效适以得弱。(7)盖过庶之患,难图如此。(8)虽然,今者天下非一家也,五洲之民非一种也。(9)物竞之水深火烈,时平则隐于通商庀工之中,世变则发于战伐纵衡之际。(10)是中天择之效,所眷而存者云何?(11)群道所因以进退者奚若?(12)国家将安所恃而有立于物竞之余?(13)虽其理诚奥博,非区区导言所能尽,意者深察世变之士,可思而得其大致于言外矣夫!

句 5 是顺前面导言句 4"狭隘酷烈之治深,而慈惠哀怜之意少"而写。句 6—7 也是由前面内容导出的结论。句 8—9 写全球之争,或隐于工商,或发于战争。句 10—13 开始议论,三问一叹,从"天择"到"群道",直至强国,逐层升级,发问逐级深入,期盼当时知识界领悟其精要的殷切之情,溢于言表。

可以说回国后的 15 年是严复的思想成熟期,仕途的苦闷期,翻译的预备期。所以个人仕途不济,也决定了严复的译书心态、写作偏向和文化价值取向。正如金文涛(2011)所言,仕途的失败成就了思想文化的巨人,个人的志向失意成就了国家民族的幸事,这是一种多么有趣的历史契合。当初清廷若对严复委以重任,严复若科举高中,若受李鸿章大力提拔,以严复的性格和实干能力,充其量也只能成为一个普通官僚而已,岂能如此扬名千秋?

二、读者需求

读者需求涉及较多,仅举两点,大的方面涉及学界的学术饥渴需要缓解,小的方面涉及读者的知识背景缺失需要补偿。

(一)学术饥渴

从严译八大名著来看,除《天演论》的原作 *Evolution and Ethics* 不是哲学名著之外,其他都是当时的西学名著。不过,《天演论》原作虽非名著,仅为普及之作,却含有中国当时所需的思想内容,经严复之手成了畅行中国的名著,成为译作声望高于原作的一个典型代表,这在中西翻译史上都不乏其例。

由表 16 可知,严译八大名著涉及哲学、经济学、社会学、政治学、法学、伦理学、逻辑学等,可见严复学术视野之广,对有的学科研究之深。比方说逻辑学,后来他写有专著,由译家成了专家。那么,严复所译只是个人喜好吗?不是,严复的慧眼,正是当时中国学术饥渴的窗口,是中国学术需求的反映。张锡勤说:"在那'学问饥饿'年代(梁启超语),严复的这些译著为中国思想学术界提供了急需的精神食粮,新的世界观和方法论、新的知识与观念,大大开阔了中国人的眼界,起了巨大的启蒙作用。"①

表16 严译八大名著及其学科属性

作者	译著名称	国别	初版	学科
赫胥黎	天演论	英	1898,湖北沔阳卢氏慎始基斋	哲学
亚当·斯密	原富	英	1901—1902年,上海南洋公学译书院	经济学
斯宾塞	群学肄言	英	1903年,上海文明编译书局	社会学
穆勒(Mill)	群己权界论	英	1903年,上海商务印书馆	哲学
甄克思(Jenks)	社会通诠	英	1904年,上海商务印书馆	政治学
孟德斯鸠(Montesquieu)	法意	法	1904—1909年,上海商务印书馆	法学
穆勒	穆勒名学	英	1912年,上海商务印书馆	逻辑学
耶芳斯(Jevons)	名学浅说	英	1909年,上海商务印书馆	逻辑学

在严复之前,对西学并非没有译介。19世纪80年代,以郑观应《盛世危言》为代表,主张学习西方经济与政治;19世纪90年代,以康有为、谭嗣同为代表,提出整套资产阶级哲学思想,作为变法运动的理论基础。但是郑观应等人提出的"只是些具体的政策措施,至于这些政策措施的理论依据是什么,亦即西方资本主义种种经济政治制度的根本实质是什么,人们还是茫然"。②中国学术的根本性缺乏正是从严复系列译著开始得以补充,中国需要从本质上了解西学,已成为当时亟待解决的课题。"不是别人,正是严复,自觉地担负起时代提出的这个历史重任,通过《天演论》《原富》《法意》《穆勒名学》(这是严译中最重要的四部)等翻译,把进化论、唯物论的经验论、资产阶级古典经济学和政治理论,一整套系统地搬了进来,严复是将西方资产阶级古典政治经济学和自然科学、哲学的理论知识介绍过来的第一人。"③严复借此开创了中国近代

---

① 张锡勤:《中国近代思想文化史稿》(下册),哈尔滨:黑龙江教育出版社,2004年,第390页。
② 李泽厚:《严复论》,载《历史研究》,1977年第2期,第24—28页。
③ 同上。

思想的新纪元,大开当时知识界的眼界,极大地满足了中国知识分子的求知欲望。

(二)读者诉求

读者需求更多时候靠译者去推测,去调查,去分析。所以严译的读者诉求,既包括当时知识界潜在的愿望,也包括严复自己的理解。比如,严复采用先秦笔韵翻译亚当·斯密的著作,取决于他所处的时代背景、翻译目的、读者心理等。严译《原富》如此,早于它的《天演论》更是如此。王克非肯定:"严复采用古雅文体译《天演论》是有缘由的。而且早在那时,他就讲究译文的典雅,考虑读者是否能接受,选择最适宜的表达形式,确实难能可贵。"①

有什么样的读者,就有什么的需求,潜在的读者有时会对译者提出要求。以具体变译为例:

> 原文Ⅳ段 4:(4)If the conditions of the cretaceous epoch returned, I fear the most skilful of gardeners would have to give up the cultivation of apples and gooseberries; while, if those of the glacial period once again obtained, open asparagus beds would be superfluous, and the training of fruit trees against the most favourable of south walls, a waste of time and trouble.
>
> 导言六段 1:(22)即它日河复,平沙无际,茅芦而外,无物能生;又设地枢渐转,其地化为冰虚,则此木亦末由得艺,此天胜人之说也。

导言对原作的删减在此不论,只说严复的"释"。什么是"cretaceous epoch"(白垩纪)?白垩纪是中生代的最后一个纪,始于距今 1.37 亿年,终于 6500 万年前,其间经历了 7000 万年。白垩纪是中生代地球表面受淹没程度最大的时期,在此期间北半球广泛沉积了白垩层,1822 年比利时学者 J.奥马利达鲁瓦将其命名为白垩系。白垩层是一种极细而纯的粉状灰岩,是生物成因的海洋沉积,主要由一种叫作颗石藻的钙质超微化石和浮游有孔虫化石构成。上述内容即使全译加注,相信现在的读者也未必懂。严复不加写不足以

---

① 王克非:《论严复〈天演论〉的翻译》,中国翻译,1992 年第 3 期,第 6—10 页。

让当时知识界明白。"冰川"人们似乎略知一二。而"the conditions of the cretaceous epoch returned"是什么景象？严复博学，不愧为大手笔，仅以"即它日河复，平沙无际，茅芦而外"三个短语就描绘出白垩纪的景象，无须用"白垩"二字。再如"those of the glacial period once again obtained"写作"又设地枢渐转，其地化为冰虚"，也是深得三昧。冰川期（glacial period），指地球气候酷寒、高纬度地方的广阔区域为大陆冰川所覆盖的时期。这种注解似乎也较专业，但是平常我们见过"冰"，冰川未见但也可想见，因此对冰川期释写不多。类似的专用术语，深奥的道理，身为译家，严复不得不替自己的读者考虑，他必须另求新途，对其予以阐释，为其加写内容。所以变通程度与幅度均取决于严复对读者的了解程度。

再看"减"、"释"、"写"、"缩"、"改"兼容的例子：

原文Ⅷ段1：(4)Experience certainly does not justify us in limiting the ruthlessness of individual "saviours of society"; and, on the well-known grounds of the aphorism which denies both body and soul to corporations, it seems probable (indeed the belief is not without support in history) that a collective despotism, a mob got to believe in its own divine right by demagogic missionaries, would be capable of more thorough work in this direction than any single tyrant, puffed up with the same illusion, has ever achieved. (5) But intelligence is another affair. (6) The fact that "saviours of society" take to that trade is evidence enough that they have none to spare. (7) And such as they possess is generally sold to the capitalists of physical force on whose resources they depend.

导言十段2：(6)夫刚愎忍决诚无难，雄主酷吏皆优为之。(7)独是先觉之事，则分限于天，必不可以人力勉也。(8)且此才不仅求之一人之为难，即合一群之心思才力为之，亦将不可得。(9)久矣，合群愚不能成一智，聚群不肖不能成一贤也！

导言句6为原文句4的缩译。老实说，严复偏离原文，强调集体专制比暴君独裁更甚，将二者相提并论，改变了原意。原文句5相当简单，与句4似不对应,因为原文句 3 包括两个方面:智力与残忍;而原文句 4 详尽,原文句 5 简略,原文句 6—7 并未说明智力到底如何"另当别论",故删。删之后,严复旋即代之以写。导言句 7 是原文句 5 的代写,导言句 8—9 则从个人与群体角度一一加写,不写不足以揭示原文句 5 的内涵。但是,从原文句 7 与导言句 7—9 比较来看,严复变通时顾此失彼,即将原文句 4 简化了,将原文句 5 放大了,原文的失衡造成了变译新的失衡,当然导言句 7—9 对原文句 5 的阐释是必不可少的。

严复译书用的文体由例可见一斑,用的都是古文,更是其中的文言,秦汉文体。因为那个时代学堂还不多,文化不普及,通文墨的只是少数上层人士,即士大夫,士大夫从小受熏于文言,为文也求"尔雅";严复译书求"尔雅",一是为了入流,二是为了赢得特定的读者。

三、主观努力

(一)理念先行

成熟者凡做一事,理念在先。严复吸收《天演论》思想之前或同时,已初具一定思想观念。最大的理念就是严复 1880—1881 年间读斯宾塞著 *Study of Sociology*,大为倾心,服膺其学,"辄叹得未曾有","以为其书实兼《大学》、《中庸》精义,而出之以翔实,以格致诚正为治平根本矣"。(《群学肄言·译余赘语》)当时就发现西学的治国之本汉学也有,可为何后来要译呢?汉学论述虽然精要,可当名句警言,但信手拈来,过于精简,缺乏系统性,许多思想并非以专论专著形式出现。此其一。其二,为什么严复不先译他所欣赏的斯宾塞的著作,而译赫胥黎的著作?是因为时势已变,斯宾塞所倡导的"任天为治"思想不符合中国此时此刻的需要,而恰好赫胥黎的 *Evolution and Ethics* 于 1891 年出版了,其中主张"与天争胜",严复认为正可以此弥补斯宾塞思想之不足。两种思想交融,严复以赫胥黎思想为主,斯宾塞思想为辅,语篇构筑上前者留作本文,后者多半入案语。

为防止任天为治,需要采取什么措施呢?1895 年 3 月严复在《原强》一文中就强调:"第由是而观之,则及今而图自强,非标本并治焉,固不可也。不为其标,则无以救目前之溃败;不为其本,则虽治其标,而不久亦将自废。标者何?收大权、练军实,如俄国所为是已。至于其本,则亦于民智、民力、民德三者加之意而已。果使民智日开,民力日奋,民德日和,则上虽不治其标,而标将自立。"①这一文化指导思想决定了严复的翻译策略选择,无论是写动植物,还是写人类社会,凡遇强弱对比,严复或抑弱扬强,或删弱增强,以警醒国人如何由弱而强,要懂得强国保种的道理。如:

原文Ⅳ段2:(b)It employs frost and drought to cut off the weak and unfortunate;(c)to survive,there is need not only of strength, but of flexibility and of good fortune.

导言六段1:(10)又有旱涝风霜之虐,耗其弱而植其强,洎夫一本独荣,此岂徒坚韧胜常而已,固必具与境推移之能,又或蒙天幸焉,夫而后翘尔后亡,由拱把而至婆娑之盛也。

严复只取原文句 b 的"weak",连"unfortunate"也不屑一顾,译作"耗其弱",随后对应加写"植其强",又进一步加强行为的结果"洎夫一本独荣"。译述原文句 c 之后,又写"夫而后翘尔后亡,由拱把而至婆娑之盛也",旨在与前面所加内容对应,再次强调适者生存、强者繁盛的道理。

(二)自身素质

中国古代学术重通人之学,西方重专家之学。严复出国前后走的正是通人之学,而他后来所译的都是专家之学,所以只有严复才有如此胆识如此能力面对如此繁多的学科知识。严复是那个时代精英中的精英,素质出众,仅如下两点就足以证明。

1.学识渊博

论学识,严复从小上私塾,有一定的国学基础;后入洋学堂,学习科技知识,23岁时又选派出国。在国外一面学习军事科技,一面倾心于西方社会科学,这种知识兴趣和结构恐怕无人出其右。回国后,严复坚持读书,国内国外的文理知识,均了然于胸,是做《天演论》最合适的人选。1895年春前后严复开译,时年42岁,正值中年,处于知识比较丰厚、阅历比较广博、精力比较旺盛的人生阶段。所以王栻说:"对于西洋学问造诣之高,对于西洋社会了解之深,不仅远非李鸿章、郭嵩焘、张之洞等洋务派人物可比,就是那些甲午战争前曾

---

① 欧阳哲生编校:《严复卷》,石家庄:河北教育出版社,1996年,第550页。

经到过外国的维新派人物,如王韬、郑观应、何启之流,甲午战争后领导整个维新运动的人物,如康有为、梁启超们,也都不能望其项背。"①

因其精通中外语言,浸染中西文化,学识渊博,又具备诸多学科的基本知识,对所译学科有透彻理解,读中外之书极多,斯宾塞的思想早年读过,某些观点先入为主,所以翻译《天演论》时不免时时古今中外纵横比较,形成自己的见解。在这种背景下译 Evolution and Ethics,看得深透、广博,以致有删有减;看得简要、精深,以致有浓有缩;看见短处、不足,以致有增有加。这都是由译者胆识与学识决定的。

2. 善于写作

"旧时代两千年来的文人,写的本领都是由书面上照猫画虎学来的,写文要熟读经史,写诗要熟读李杜。"②严复爱文言,读文言,用文言,严复发表的文章,篇篇都是桐城味十足。及至翻译,多用文言,顺理成章,不知不觉也走进文言格调。正因为文言讲精巧,讲修辞,使用文言,可以少用词,多讲物、事、理,多造情、意、境。这也正是严复译《天演论》所追求的。

用文言顺手,也不止严复一人如此,连反对严复文言翻译的梁启超翻译《十五小豪杰》也受惠于文言:"本书原拟依《水浒》《红楼》等书体裁,纯用俗话。但翻译之时,甚为困难。参用文言,劳半功倍。"③这说明那个时代的译者用文言译西书,有其便利省事之优。用近代白话不是严复那代文人的长项,"白话文却是刚从民间搬来的,一无规则,二无体制,各人摸索各人的,结果就是乱搅。"④许多旧词人在新中国成立后写白话诗,无甚成就也是一个旁证。

严译案语不少,有的案语是上好的文章,如同八股文。八股文并非一无是处,现代人不知不觉中也在使用,一般包括"破承起讲,提比后比"之类。如:

> 今天游燕京八景(破),八景是本市的名胜古迹,已有几百年的历史(承),它们有的在市内,有的在近郊,游起来都很方便(讲)。a 景、b 景(提比),太液秋风不易见;金台夕照已迷失(小比),c 景、d 景(中比),庐沟加

---

① 王栻等:《论严复与严译名著》,北京:商务印书馆,1982年,第4页。
② 张中行:《文言和白话》,哈尔滨:黑龙江人民出版社,1997年,第25页。
③ 罗新璋、陈应年编:《翻译论集》(修订本),北京:商务印书馆,2009年,第546页。
④ 同上。

了新桥,蓟门换了碑址(后比),今天天气很好,六景全都看了(收)。①

实际运用中八股有变体,请看导言八严复的案语(见附录三)。这一八股写作,深化了严复和赫胥黎的思想,就写作自身来看,导言句6—12是西班牙几百年间的兴衰史的简介,相当于缩译;句13—14也是对英国税收事件的缩写。两次缩译加上加写的其他内容,是应对导言段1句15—19的深化式加写,有利于原文思想的深化,但在语篇形式上独自成段,让读者分清思想的来源与主次。

严复是文章高手,译作是大手笔,要与原作竞争。钱锺书②曾说林纾自恃能写,有时手痒,添油加醋,锦上添花,借体寄生,借翻译以创作,并指出能写作的译者要有"克己工夫,抑止不适当的写作冲动"。林纾如此,严复更是如此。《天演论》本文与案语处处显出很强的逻辑性,尤其是原作拗口的长句,在严复的笔下则精练而流畅。如:

原文V段2:(1a)In the second place, in order that no struggle for the means of existence between these human agents should weaken the efficiency of the corporate whole in the battle with the state of nature, (1b) he would make arrangements...

全译五段2:(1a)其次,为了使这些成员之间获取生存资料的竞争不致削弱殖民地共同体对自然状态斗争的效力,(1b)这位行政长官就要进行安排……

导言八段1:(7)且既欲其民和其智力以与其外争矣,则其民必不可互争以自弱也。……

将原文目的从句译作复句,表明为与外争、必控内争的逻辑关系,把原文长长的短语分层摆出。比较全译,其理其优自现。这种变通胜过全译,值得提倡。严复身为文章高手,这种手到擒来的方法更是喜而用之。

如此文章高手从译,总有一种居高临下之势,原作优劣在他眼中一览无

---

① 启功:《汉语现象论丛》,香港:商务印书馆(香港)有限公司,1991年,第100页。
② 罗新璋、陈应年编:《翻译论集》(修订本),北京:商务印书馆,2009年,第783页。

余,一旦译者有意改造原作,原作之变也就不可避免,译学界倡导的译者隐身说适于全译,于变译则不大适用。由严译《天演论》可知,变译不仅让译者现身显形,更要他耍尽增、减、编、述、缩、并、改等十八般武艺,译者俨然创作。

(三)创作欲望

严复虽有文才,但无藏之名山的原创,因此他借译而作,将作隐于译,在思想界在学术界创出名声,他如愿以偿了。要创作,就得用主流认可的文体,用文学权威所认可的语言去包装,追求传统文章所追求的文学性,如《孟子》《庄子》《左传》《史记》等,既有思想性,又有文学性。

理论是灰色的,富于才情的理论表述,无形中添具了引力。一般而言,学者讲理,听众多,作家讲理,听众更多,一是作家多半善言,二是读者爱从文学式话语中获得思想和智慧。严译《天演论》中才情与智慧的结合堪为典范。

严译借体寄生,所借对象是赫胥黎、斯宾塞等人的作品,用其思想做文章,这便是懂外语的好处,可以中西凿壁打通。只是回国后严复一心仕途,而未能投入译书。1895年发表的系列文章除了发忧国之情,也显露出对现实的不满。人愤而作,文穷而作,一种激愤蕴于《天演论》,一种忧思贯穿全书。如:

> 原文Ⅵ段 3:(4) In order to attain his ends, the administrator would have to avail himself of the courage, industry, and cooperative intelligence of the settlers; and it is plain that the interest of the community would be best served by increasing the proportion of persons who possess such qualities, and diminishing that of persons devoid of them.
>
> 导言八段 1:(16)<u>故欲郅治之隆,必于民力、民智、民德三者之中,求其本也</u>。(17)故又为之学校庠序焉。(18)学校庠序之制善,而后智仁勇之民兴。(19)智仁勇之民兴,而有以为群力群策之资,夫而后其国乃<u>一富而不可贫,一强而不可弱也</u>。(20)嗟夫!(21)治国至于如是,是亦足矣。

严复减去了"and diminishing that of persons devoid of them",其余的变通行为是述、释、写、评。严复用导言中下划线部分转述了原文的基本意思;另外,用"欲郅治之隆"释"In order to attain his ends",揭示内涵,更为具体。为求"三民",加写了导言句17—18,以指明达到"三民"的办法,也是对原文前后句逻辑关系的衔接。而"夫而后其国乃一富而不可贫,一强而不可弱也"又是原文后半句的实质结果的揭示。导言句20—21则是对治国方略的祈求,抒发了满腔忧国热忱。

就本例的变译来看,严复无时无处不在参与原作的汉语重构过程,处处表现一种强烈的创作欲望。这种欲望来自上述强烈的表达欲、透彻的理解力和汉语的表现力。只要这种欲望存在,就不可能是原原本本的全译。这并非许渊冲(2001)的"竞赛论"。从目前研究来看,竞赛论仍属全译策略,其主旨还是再现原文,与原作竞争,只争表现力,不争内容;而严复基于"达旨术"的变译策略既争表现力,更争内容。

四、成功效应

(一)"译""作"互动铸就《天演论》

如前所述,《天演论》的翻译与严复相关主题的创作基本同时,可谓两相对应,互促互动,想必是"作"受"译"启发,"译"又从"作"中受益。翻译之中或之后严复发表了系列文章,在国内声名鹊起,相当于为《天演论》做了预告,文章有的地方点明某些思想来自西方学者。

甲午中国战败,1895年2—5月严复在天津《直报》相继发表了《论世变之亟》《原强》《辟韩》《原强续篇》和《救亡决论》五篇文章。其中不少思想来自他所读的西方学术著作。如在《原强》中,严复介绍达尔文之后便介绍斯宾塞,二人的思想成为《原强》的有机部分;《天演论·上卷》导言一案语的开篇也是介绍斯宾塞著作。在《原强》中严复据孟德斯鸠的三权分立说,认为"三权"的精神即"以自由为体,以民主为用"是西方强国之本,因此他提出了救国主张:张民力、开民智、新民德,这一主张见于赫胥黎 *Evolution and Ethics* 节Ⅵ段3句5。

这种"译"与"作"相融的过程似乎是:外国思想先进入论文,再将论文的部分思想纳入后来出版的译文。"译"与"作"相得益彰式互动贯穿于《天演论》。请耐心的读者比读一下导言十五与原文,就会发现严复的小结做得极其简明,有层次。当然,严复的小结是在前面十四节的变通的基础上做出的,自然与原作的小结相距较远。试比较:

原文Ⅻ段6:(1a)I have further shown cause for the belief that direct selection, after the fashion of the horticulturist and the breeder, neither has played, nor can play, any important part in the evolution of society;

全译十二段6：(1)我还进一步指出形成下面这种信念的起因，即在社会的进化中，像园艺家和育种工作者所做的那种直接选择，既没有起过也不能起到什么重要作用。

导言十五段2：(1)今者统十四篇之所论而观之，知人择之术，可行诸草木禽兽之中，断不可用诸人群之内。

"I have further shown cause for the belief that direct selection"严复用"今者统十四篇之所论而观之"代替，从文章学角度看，更胜一筹。原文是对前面小结的探因，严译则是对小结的升华，得出了更大更高层面的结论。"今者统十四篇之所论而观之"是改译；"知人择之术，可行诸草木禽兽之中，断不可用诸人群之内"是译述，更为简练，将原有的比喻化为比较，比喻便于生动表达，比较则利于鉴别，分出高下，而且"断不可"比原文语势强，语气重，态度更坚定。这一胜出得益于文言的对比结构和简短形式。

类似的变译在《天演论》中比比皆是，无形中促使译者形成一种变通意识，这种意识在始译之初可能萌芽，但绝对没有完全成形，许多思想是在行文中逐渐明晰逐步成熟的。可以说，严复变译思想是在《天演论》近四年的翻译与修改的过程中逐步形成的。

严复由"译"而"作"，进而由"作"而成为专家，比如他所撰《政治讲义》，说是专著，实以综述为主，即以"述"为主，"作"为辅。书中系统介绍了欧亚国家的形成和政体的变革，行文之中阐述了自己的认识论和政治观。正如许国璋为湖南教育出版社"语言学系列教材"写的总序，也证明了综述是可以成书的："但是一个介绍者针对一个学术领域写的一部书，他总是尽可能读了有关的著作，加以取舍，然后加以陈述的。他所用的语言也多半是一个民族语言所认可的学术语言。这样一本书，不仅仅是移植，而是移植之外又加上选择和论评的综述，因而在可接受性和可读性上要大于'译'。同时，它也不是析论或散论，而是体现一定模式的作品，因而在纵深上自然不同于'评'。"①

"译"有助于"作"，"作"又深化了"译"。这是一般译人做不到的。译与作

---

① 祝畹瑾：《社会语言学概论》，长沙：湖南教育出版社，1992年，第1—2页。

互动，或者译与作相融，也是严复聪明之举，是其避劣趋优的巧妙发挥。1895年春夏之交，严复写过一组文章，每篇也就几千字。像西方大家那样构筑专著的条件他还不具备，毕竟他未专攻一学。说到底，他是书柜式人物，思想火花有，但未形成理论。但他翻译大家之作，正好发挥自己百科知识的作用，可以成为翻译大家。因此变译策略成了他最佳的选择。这种策略的效用之一是让自己的思想融入作者的思想，让当时知识界一并接受。请看《天演论》导言八段1句14—21，不比较原文与导言，断然不知何处为"述"（导言句16—19画线部分），何处为"增"（导言句14—15，句16—19），何处为"减"（导言句16—19），何处为"评"（导言句20—21）。不仅如此，在导言八段3案语段首严复又写道：

> 导言八段3：(1)此篇所论，如"圣人知治人之人，赋于治于人者也"以下十余语最精辟。

严复仿佛暗示读者这些思想全是赫胥黎的，不仅给当时的读者以假象，现代读者也会产生错觉。比读原文之后，不禁窃笑：严复是不是有自夸之嫌？自然，这种错觉并非读者之过，是严复有意把自己的思想融入译作，借人之口，取便发挥，宣扬自己主张。正因为如此，才既可以传播西方思想，又可以直抒胸臆。这类变通策略在《天演论》及其后几部译作中使用再三。

（二）《天演论》的修改过程即是变通不断成功的过程

1898年正式出版的《天演论》经多次修改而成，从开译到改定，历时近四年，这一过程是《天演论》走向成熟的过程，也是不断变通不断完善的过程。

1. 高人指点

在严复笔下，译与作的确不好分开，尤其表现在《天演论》初稿中。最初他将自己的文字夹在正文里，后据吴汝纶的意见，大部分归入案语，附在本文之后。不过，这一工作并不彻底，他的文字还有许多夹在本文中，前面几例即可作证。这一招很厉害，因为有案语示人，似乎分清了译者与作者的思想，加之正式出版前经著名人物过目，先是在小范围内传阅，一旦正式出版，立即风行海内。

有吴汝纶等高人指点，《天演论》不断达旨的过程，不断求雅的过程是其不断包装的过程，不断取信于读者的过程。因严复是文章高手，《天演论》的修改除具思想性外，也获得了极强的文学性和可读性，文助译作，行之甚远。

2. 译教相长

严复在《天演论·译例言》中说:"是编之译,本以理学西书,翻转不易,固取此书,日与同学诸子相课。"说明他在译定过程中,是边译边教,边教边改的。凡从教者,都有体会:对备课内容,无论写在备课本上,还是做 PPT,只要借口传授,常有新的认识,或在内容上,或在形式上。从学生求知的目光与互动的交流中,教者可以发现学者明于什么,困于什么。可以推断,比如,学生如果对严译中某人某说不明白,会提出严复意想不到的问题,严复得解释一番;常言道:"教然后知困。""教学相长。"也许严复课上也有回答不上的时候,课毕回家,查证资料,便补入译文,算是阐释或译写。再比如,课堂讲译文,忽然兴之所至,随文而发宏论,课上或课后追记下来,补入译文。如此设想,极有可能。

凡从教者都知道,教是最好的学。与人一勺,自备一桶。要讲清,得理解透。讲解的若是自译作品,则还要表达清楚。所讲不清者,要么是理解不清,要么是表达不灵。照此看来,严复 1890 年任北洋水师学堂校长以来,不离教习,除了教学与管理之外,其实也成就了《天演论》,教学于《天演论》的"译"与"作"相融有功,这恐怕是一般人习焉不察的。1908 年有安徽籍女生吕碧城来天津向他求教逻辑学,严复"因取耶芳斯《浅说》,排日译示讲解,经两成书",用的也是这种方法。

严复译《天演论》,知读者所需,在课堂上与求知欲旺盛的莘莘学子有过交流之后,他更有理由判断《天演论》是否适合当时知识界的胃口。

3. 文章体制的突破

由前所知,严复想以赫胥黎的思想补救斯宾塞的思想,怎么办? 若是直接补写进入本文,又有悖于原作。若是词、语、句,尚可融入文中,若是句群以上的内容,就不便于加入原作语篇。这一点,身为注重文章章法的中国文人,他不可能不知。于是在"节"之后另设案语,结果是以赫胥黎为主线,斯宾塞为辅线,前者为本文,后者多为案语。严复将赫胥黎和斯宾塞二人看似矛盾的思想合为一体,这是传统文章所不曾遇见的,因而成就了融多家思想于一体的篇章样式,结果译本不同于原本,是变译而非全译。

由于严复喜欢附会,认为赫胥黎思想许多与中国古代切合,甚至是"顾吾古人之所得,往往先之"。有这种先入为主,不少地方就会请赫胥黎思想入瓮,就会对原作"削足适履",也会对原文造成改变。

严复在《天演论·自序》中说"于自强保种之事,反复三致意焉"。原作把一层意思说清了,译者还觉得不够,于是用注释,用加写,用评论,有时在案语中,有时在本文里,有意突出这一意思。众多变通手段必定突破原有的文章体制,使之更能达到严复的心愿,满足读者的需求,最终把原作浅易的演讲体变成了译作"尔雅"的文言体。

(三)《天演论》的成功激励严复拓展变通策略

《天演论》是19世纪末20世纪之交中国思想界最具影响的译作之一。《天演论》大获成功!不仅在同代人中产生了震撼,对20世纪初的青年人也具强烈的影响力,对中国思想界有振聋发聩的作用,于中国当时知识界饥渴的学术心灵是一副强劲的清新剂和兴奋剂。"十九世纪末,有哪一本著作能够像严译《天演论》那样给知识界带来如此巨大的激动与兴奋?……王国维接触西学,最初也是受到严译的影响。"[1]

求名人作序,已习传至今。严复求教于吴汝纶,有其深意,他要借老夫子、大学者之名,跻身于学界名流社会,要入圈,成为"圈内人士"。吴为《天演论》作序,对其风行有推助作用。

《天演论》出版后一年,严复在《致张元济函》中说:"有数部要书,非仆为之,可决三十年中无人为此者。"[2]在外人看来,这是狂言!但事实证明是严复对变译的自信,既包括知识与思想的自信,也包括对"达旨术"的自信,对"信达雅"的自信。

思想界看重的是其思想价值,文学界看重是其文学价值,学术界看重的是其多学科的学术价值。唐宋以来,古文气势盛,思想贫,宋以来的经义文渐转为八股文。而在严复笔下,为赫胥黎思想借体,又附加斯宾塞等人和自己的思想,这样既有气势,又富于思想,使得《天演论》大为成功。一部作品集科学性与文学性于一身,岂有不畅行之理?即便在近代文学史上《天演论》也具有文学价值,这是其成功的秘诀之一,也是变译胜出的原因。

历史更能说明一切,后人把严复当作思想家研究,均是研究他的案语,基本上未及译作本文中严复的思想,原因是无法分清译者与作者的思想。若能

---

[1] 欧阳哲生编校:《严复卷》,石家庄:河北教育出版社,1996年,总序第22页。
[2] 高惠群、乌传衮:《翻译家严复传论》,上海:上海外语教育出版社,1992年,第122页。

深入分析《天演论》及其他译作本文里与原作思想相融的种种变通之处,则更能深化严复的思想研究。新颖而敏锐、尔雅而流畅、精辟而警人的《天演论》,正式出版后更是风行一时,不胫而走。这更增强了严复变译的信心。由表15可知,变译思想始于《天演论》,续于其他译作。

第四节 变译思想的渊源

严复变译思想产生的本原既有外在因素,又有内在因素,既来自中国本土经典之熏陶,更来自中西文化碰撞之会通。

一、来源于古代

推测人类最初的翻译史,变译的实践早于全译。黄忠廉和张永中认为:"翻译,打一开始,就不是文学翻译,而是实用翻译;远古的翻译始于口译,而非笔译,始于变译,而非全译,因为历史上首位译者双语的掌握、翻译的手段等都不能与现时翻译同日而语。"[①]

严复译《天演论》达旨,实为师法或取法于先人,表现为方法论的继承。严复自称"仿照晋唐人译佛经办法",在《天演论·译例言》中明确说:"什法师有云:'学我者病'。"严复对鸠摩罗什有承继关系,鸠摩罗什译经方法有三:删去原文繁重;不拘原文体制;变易原文。三者均为达旨方略。而严复继承并发扬了这些方法,甚至胜过前人。鲁迅认为"他的翻译,实在是汉唐译经历史的缩图。中国之译佛经,汉末质直,他没有取法。六朝真是'达'而'雅'了,他的天演论的模范就在此。唐则以'信'为主,粗粗一看,简直是不能懂的,这就仿佛他后来的译书"。"严又陵为要译书,曾经查过汉晋六朝翻译佛经的方法"。[②]

汉晋至隋唐的佛经翻译且不用说,连明清时期传教士的科技翻译都频频运用变译策略。明末清初一批西方传教士借以科学技术传播推进宗教在中国的传布,这是一群独特的翻译主体,受主客观因素影响,他们采用的并非传统的全译策略,而是变译策略,诸如增(写、释、评)、减、编、述、缩、并、改等,无意

[①] 黄忠廉、张永中:《变译:考察翻译的新视点——兼答徐朝友先生》,载《外语研究》,2007年第2期,第66—68页。

[②] 鲁迅:《关于翻译——给瞿秋白的回信》,1931年,见中国译协《翻译通讯》编辑部编:《翻译研究论文集(1894—1948)》,北京:外语教学与研究出版社,1984年,第223—228页。

中推动了西方科技在中国的传播。这些策略多半是综合运用的,如意大利耶稣会士殷铎泽和葡萄牙耶稣会士郭纳爵合译《大学》时,取名《中国之智慧》(改),书中包括孔子的传记(写)、《大学》全译和《论语》前半部的译文(减)。又如:焦勖曾不断向汤若望求教炮铳技术,一人口译一人笔录,后来应友人请求,他"就名书之要旨,师友之传及,苦心之偶得,去繁就简,删浮采实,释奥注明"(《火攻挈要自序》)。黎难秋说他"编译"成了《火攻挈要》①,实际上是变译成了该书,"编译"一词囊括不了焦勖所指的翻译行为的内涵。

传教士的增译,也分为释、评、写。"释",即阐释,当时的阐释,有的融入译文中不可察觉,有的与译文通过字符的大小等特征标示出来,如法国传教士贺清泰译《古新圣经》就加了不少注释,作者在序中说:"若问大字里头掺和的小字。答说:大字是《圣经》的本话,小字是没奈何添上的。若不添上小字,中国话说不完全,《圣经》的本意不能明白。"②严译《天演论》沿用了这一方法。

"释"可能与"译"同次完成,也可能分次完成。如圣经的注释一直是传教士关注的问题之一。据程小娟(2010)研究,1877年传教士大会上,有人要求圣经公会出版带有前言、评论等解释说明性材料的圣经,帮助中国人理解圣经的相关内容,但反应不大。1885年,《教务杂志》对这一问题展开讨论,又有进展。1890年这一问题成了传教士大会的主要话题,支持者众。1893年有了实际进展,《教务杂志》登出花木兰圣经公会所接受的《马可福音》含注释的部分草稿,这种版本随后得以出版。这种"释"就是对全译本的加工。而"译"与"释"同次完成的典型,常见于严译。

殷铎泽和郭纳爵合译《大学》时,在每个汉字的旁边注上拉丁文读音,又在汉字之下,附拉丁文解释,如"大学之道,在明明德,在亲民,在止于至善"的每个字之旁,有拉丁文注音"Ta hio chi dao, cai min min te, cai cin min, cai chi yu chi xen",下面又有解释性的译文:"Magnorum unirorum sciendi institutum consistit..."(伟人们做学问的目的,在于……)③另外,其他传教士如利玛窦、罗明坚、柏应理、卫方济、金尼阁、白晋等在向西方译介中国典籍四书五经时,

---

① 黎难秋:《中国口译史》,青岛:青岛出版社,2002年,第194页。
② 陈福康:《中国译学理论史稿》,上海:上海外语教育出版社,1992年,第61页。
③ 林延清、李梦芝:《五千年中外文化交流史》(第二卷),北京:世界知识出版社,2002年,第395页。

对原文均有不同程度的注疏。

传教士的"评",即评论,是对所译的内容进行批评或发表议论。如表17中,利玛窦译 The Swollen Fox 时,在文末加了"智哉!此狐。吾人习为自淑,不亦可乎?"这是译者所加,还是合作者所加,不得而知。不论是谁所为,都是对前面寓言的评论,不是原文的内容。

传教士的"写",指在译作中加写与所译部分相关的内容。如表17中首句"A fox, very much famished…",利玛窦等人译作"野狐旷日饥饿,身瘦癯",其中"旷日"与"身瘦癯"是纯粹加写,加"旷日"以显野狐饥饿的程度,加"身瘦癯"更是状摹饥饿的形态,使变译文更加生动,为下文狐狸因饥饿而偷食,因过饱而要自行饿瘦做好铺垫。

有译有写是传教士的一种变译策略。如汤若望等把中国以往的某些科学著作作为新著的基础,或加以修正,重新翻译欧洲各种典籍。如果对每部作品仔细划分,可能有两种情形,一种是成品中以翻译为主,中国原有的内容为辅;一种是成品以中国原有的内容为主,翻译为辅,翻译成为参考和补充。比如,徐光启主持修改历法,就采用此法,修改蓝本是中国旧历法,吸收的是中西方历法中比较科学先进的内容,所以整个历书即译又撰,译写兼容,经他手润色方成。再如利类思1665年译《超性学要》时"加增新语"等。

表17 传教士对 The Swollen Fox 的变译

言语单位	原文(The Swollen Fox)	变译(《腹胀的狐狸》)	变通策略
1	A fox, very much famished,	野狐旷日饥饿,	增(写)
2		身瘦癯,	增(写)
3	seeing some bread and meat left by shepherds in the hollow of an oak, crept into the hole and had a hearty meal.	就鸡栖窃食,门闭无由入,逡巡间忽睹一隙,仅容其身,馋亟则伏而入,	改(换形象,换情节)
4	When he finished, he was so full that he was not able to get out, and began to groan and lament his fate.	数日饱饫欲归,而身已肥,腹干张甚,隙不足容,	增(写)减(复句)
5	Another fox passing by, heard his cries, and coming up, inquired the cause of his complaining. On learning what had happened, he said to him,		减(句群)

言语单位	原文(*The Swollen Fox*)	变译(《腹胀的狐狸》)	变通策略
6	"Ah, you will have to remain there my friend, until you become such as you were when you crept in, and then you will easily get out."	恐主人见之也,不得已又数日不食,则身瘦癯如初入时,方出矣。	改(换形象),述
7		智哉!此狐。吾人习为自淑,不亦可乎?(利玛窦等译)	增(评)

　　传教士的"减",是总体上去掉原作中在译者看来读者所不需要的信息内容。有时去掉的是原作的残枝败叶,挤掉的是水分,表现为对原作的取舍。"减"是最简单最易操作的变通手段。"减"与"增"相对,面对同一文本,"减"的另一面就是"摘"。如表17中 *The Swollen Fox* 就删除了句群"Another fox passing by, heard his cries, and coming up, inquired the cause of his complaining. On learning what had happened, he said to him"。

　　如前面所提及的《几何原本》的翻译,利玛窦只译出十三卷中的前六卷,其他各卷删去不译。又如利类思1665年所译的《超性学要》,葡萄牙人安文思所译的《复活论》,都取自托马斯·阿奎那著《神学大全》,前者选译其第一部分,后者则是第三部分。再如艾儒略译有《天主降生言行纪略》八卷,多取自《新约》,舍去了基督教中诸多与儒教相冲突的信息内容,属于摘译本。

　　传教士的"编",即编辑,指将原作内容条理化、有序化,使之更完美、更精致。明末清初,前后来华的传教士知名者超过70人,译著达300余种,其中关涉科学的120余种,"从表面上看,著述多于译作,实际上有些以著述出现的东西就是编译,只是无从查考罢了"①。如《天问略》成书过程很有趣,口译者阳玛诺在自序中说,他就国人的问题作答,先用汉语写成,合作者孔贞时等人读后质疑求解,阳氏再作答;孔贞时撰序说,他同周希令、王应照等人学习西泰之书,感到不解之处就求助于阳玛诺,阳作答,三人逐题记录整理而成。不论哪一种形式,中外双方学者都对所记做了编辑、整理与加工。

　　传教士的"述",包括转述和复述,是地道的舍形取意。以表17中 *The*

---

① 马祖毅:《中国翻译简史——五四以前部分》,北京:中国对外翻译出版公司,1984年,第183页。

Swollen Fox 的变译为例,其中就包括译述。本则寓言的变译,屠国元、王飞虹(2005)认为既非直译,也非意译,而是"接近林纾的自由译",这还只是泛泛的界定。仅这短短的一则寓言,却关涉不下五种变通策略,详见表 17。单说这"述"的策略,译者将直接引语"Ah, you will have to remain there my friend, until you become such as you were when you crept in, and then you will easily get out"转为间接引语,变对话为叙述,将朋友的建议换作狐狸害怕鸡笼的主人的心理活动,不得已又数日不食,并照应前面通过变译加写的"身瘦臞"的内容,最后得出译述文字"恐主人见之也,不得已又数日不食,则身瘦臞如初入时,方出矣"。

传教士的"缩",即压缩或浓缩,是对原作内容的浓缩,用非常凝练的译语将原作压缩,信息量由大变小,远小于原作,篇幅由长变短。缩的方法往往是在删减的基础上再浓缩,有的是在通读原文的基础上浑然把握原文的内容,再用自己的话道出其主要内容。比如,艾儒略翻译《万日略经说》时,"会撮要略,粗达言义",讲的就是缩译。

传教士的"并",即合并,是根据需要将原作中同类或有先后逻辑关系的两个及以上的部分合并。相关联的部分可能是句、句群、段、篇、章,甚至是书。如邓玉函口述、王徵笔录的《奇器图说》实为综述而成,已查明出处的有:公元前 1 世纪罗马建筑师维特鲁威(Vitruvius)的拉丁文本《建筑术》、荷兰数学家西蒙·斯蒂文(Simon de Bruges)的拉丁文本《数学记录》、德国医师格奥尔格·阿格里科拉(Georgius Agricola)的《金属论》、阿戈斯蒂诺·拉梅利(Agostino Ramelli)的《论各种工艺机械》等。[①] "并"的对象不仅是原作之间的,而且可能是原译与译语本土作品之间的。如利玛窦与李之藻合译《同文指算》就是克拉维斯的《实用算术概论》和程大位的《算法统宗》合并而成的,互为补充,共铸一体。

传教士的"改",即改变,使原作发生明显的变化,改变内容或形式,包括改换、改编、改造等。最根本和最常见的是改变内容。内容有增减,有更换,如用本土的例子替换国外的例子,使本族语读者更好地理解原作内容等。看一则

[①] 马祖毅:《中国翻译简史——五四以前部分》,北京:中国对外翻译出版公司,1984 年,第 194 页。

改内容的例子：

原文：The groundwork of social economy is in the Family Circle. It is a rule of human nature for the man and woman to associate themselves by marriage in a permanent union;... Thus a family is constituted, an association in which the best affections have scope, and which conduces beyond every other institution to the happiness of mankind.

全译：社会经济的基础是家庭圈。男女以婚姻为纽带组成一个永久的组织，这是人类的自然法则；……家庭由此而构成，在这种组织内，蕴藏着人类最好的情感，它对于人类幸福的益处远甚于其他任何组织形式。（孙青 译）

改译：一国之治，其原皆始于家。盖天之生人，必使男女相配，成为夫妇，而立有家室……自立家室，从此继继承承，相传勿替，家道之隆，真有不可限量者。故一切风俗规矩皆属后起之事，惟此夫唱妇随实为王化所自始。（傅兰雅、应祖锡 译）

孙青（2010）认为，原文强调家庭是国家最基本的社会组织，经济行为由此展开，虽然也论证了国家可能是由家庭发展而来，因而具有民族特征，但并无改译所推演出的伦理意义。

利玛窦等人变译 The Swollen Fox 时，就改变了内容。原文是"（A fox...) seeing some bread and meat left by shepherds in the hollow of an oak, crept into the hole and had a hearty meal"，可是译者将"bread"、"meat"、"hollow"、"oak"、"hole"换作了"鸡栖"、"食"、"门"、"隙"，将原文中见树洞里有食而潜入洞中美餐一顿的情节换成见家中鸡笼有食而钻门缝窃食，结果得到译文"就鸡栖窃食，门闭无由入，逡巡间忽睹一隙，仅容其身，馋亟则伏而入"。其他改译之处见表17。

另外，利玛窦译编《天主实义》时，有意利用儒家经典改造基督教教义，借以笼络中国的士大夫阶层和统治集团，"吾天主乃古经书所称上帝也"可以略窥其貌。他在《畸人十篇》《辩学遗牍》等译著中也大量引用中国经典。后来的传教士艾儒略、南怀仁、白晋、孙璋等也大量引用儒家经典。据邹振环考证，《交友论》是利玛窦根据古今西方名人有关友谊的格言编译的格言集，利玛窦本人也承认："我写这部书时，为了尽量迎合中国人的兴趣，根据需要，将许多西方哲人的名言或西方的谚语都做了随意的改动。"①通过改译，他把中国古代圣贤有所直觉但尚未详细讨论的话题，借用西方哲人的话比较透彻地阐发出来，由此引发了中国当时知识界的强烈共鸣。

由此可知，严复与先人不同，他对原作施变的程度最大，七大变通策略全部启用，他熟谙双语双文化，深知中国国情，更知中国之需，因而成就更大，其八大名译均不同程度地运用了变译策略。

二、取法于先人

就当时而言，一个基于传统的现代学者，如果对历史茫然无知，其从译的理念能否会通，大可怀疑。1895年春，本来受熏于汉学的严复一头扎进西学，其翻译思想不能不受古代文论和古代翻译思想的影响。（见表18）

影响是两方面的：被喻为中国古代伟大翻译家的玄奘的影响是"正译"之影响，即后来马建忠所说的"善译"。即是说，在严复之前，就有"正译"与"非正译"之分，当"正译"被视为正宗时，"非正译"的思想就遭到反对，被视为非正轨。而严复再次启用非正轨之法，并大力发挥，运用至极致，当然就不能算是"正译"。玄奘之译极其特殊，"玄奘之译《瑜伽师地论》等，先游身毒，学其语，受其义，归而记忆其所得从而笔之。言译者当以此义为最上。舌人相承，斯已下矣。凡译书者，将使人深知其意敬其意磨失，虽取其文而删增之，颠倒之，未为害也。然必译书者之所学与著书者之所学要不远，乃可以语于是。近严又陵新译《治功》《天演论》，用此道也。"②这种译法只可能是译述，甚至是综述。正如严复不少地方所用的译法，如写国外见闻，所"译"出的内容，有的有本可依，有的无本可依，多数来自正规书本，也有少数属于道听途说。

---

① 邹振环：《利玛窦〈交友论〉的译刊与传播》，载《复旦学报（社会科学版）》，2001年第3期，第49—55页。

② 梁启超：《论译书》，1897年，见中国译协《翻译通讯》编辑部编：《翻译研究论文集（1894—1948）》，北京：外语教学与研究出版社，1984年，第8—20页。

表 18　对严译产生影响的历代翻译家

翻译家	生卒时间	翻译特点或翻译思想
支谦	200—?	"因循本旨,不加文饰。"力图适应汉人口胃,不一定忠实于原文,追求美巧,不免离开原著,译文加注,讲究佛教汉化。
道安	314—385	"五失本":1)梵文倒置,译时须改从汉文法;2)梵经术质,汉文华丽,为了接受,不得不略加润饰;3)梵经同一意义,反复多次,不得不删削;4)梵经结束时,要重述一遍,译时删去;5)梵文说完某事,重述后再说其他,译时删掉重复。
鸠摩罗什	344—413	"文虽左右,旨不违中。"倾向于译意,不受限于原文体制,常变易原文,对原文常加以删削,只存大意。
玄奘	602—664	"既须求真,又须喻俗。"精晓梵语,深通佛理,汉语自如。他提出的"五不翻"实为词语音译的原则。整个翻译是烂熟于心而达于汉语。

注:表中内容参考马祖毅《中国翻译简史——五四以前部分》,1984 年,第 23—24、35、58—60 页。

钱锺书最直接地点明了严复"信达雅"来源于三国支谦所著《法句经序》,其中有论译之语:

> 仆初嫌其为词不雅,维祇难[人名]曰:"佛言依其义不用饰,取其法不以严。其传经者,当令易晓,勿失厥义,是则为善。"座中咸曰:"老氏称'美言不信,信言不美。'仲尼亦云:'书不尽言,言不尽意。'明圣人意深邃无极。今传梵义,实宜径达。"

钱锺书在《管锥编》中明确指出:"严复译《天演论》弁例所标:译事三难,'信、达、雅',三字皆已见此。"[①]

佛经翻译属于社科翻译,所遇困难应是相似的,摆脱困境的出路也应相似。严复师法古人,又超越古人。活水有源,但能否成溪成流,还在于导流。这应归功于严复的逻辑归纳能力。"严复的独到和可贵之处也就在于他从我国古代丰厚的翻译经验中抓住了这个基本矛盾,提炼出'信、达、雅'三字而创

---

① 钱锺书:《管锥编(第三册)》(第二版),北京:中华书局,1986 年,第 1101 页。

立了他的'三难'说。"①罗新璋认为,上述古人"偏于译技,到严复才第一次揭橥信达雅,道出译事奥旨,进于翻译之道,开创近代意义上的'译学'"。"严复在'辛苦迻译'中,把自己的独识与先觉,运用'内籀之术',格物致知,将译事经验上升为理性认识,成为一种影响深远的学说。"②这表明严复正如罗新璋所言"见高于世,杰然自立",严复师法先人,承继古人的变译思想,从中披沙拣金,提炼得法,总结有方。

三、受惠于时贤

严复的翻译思想还受惠于当时知名的贤能人士,比如马建忠。严复的"达旨术"承继于先人,这与马建忠无关。但马建忠的翻译观起了参照作用,让严复更明白"达旨术"有别于"正译"或"善译",应该彰显自己的思想或自我肯定。

马建忠1894年冬写完《拟设翻译书院议》,这也是忧国忧民的文章。文章开头即可明证:"窃谓今日之中国,其见欺于外也甚矣!"而建立翻译书院是其一种救国之道。如何译?怎样才算好的译作?他也知译书之难:"夫译之为事难矣,译之将奈何?"他的回答是:"一书到手,经营反复,确知其意旨之所在,而又摹写其神情,仿佛其语气,然后心悟神解,振笔而书,译成之文适如其所译而止,而曾无毫发出入于其间,夫而后能使阅者所得之得与观原文无异,是则为善译也已。"③他所肯定的"善译",也就是传统认为的全译,即严复所说的"笔译"或翻译之"正法"。严复为自己所执译法取了一个名,这便是"达旨"。

马建忠发表上述议论大概是严复动笔译《天演论》的时候,1895年早春《天演论》初稿草成,改定正式出版却在1898年,马建忠撰《拟设翻译书院议》,自然要上呈,会流传,想必严复对此有所耳闻,甚至是读过马建忠的言论。如果说前引马建忠的议论涉及内容与形式,那么下述引文应该涉及译文的接受与严复的"达、雅"相关:

> 加读汉文,如唐、宋诸家之文,而上及周、秦、汉诸子,日课论说,务求其辞之达而理之举。如是者一年,即可从事翻译,而行文可免壅滞艰涩之弊。

---

① 沈苏儒:《论信达雅——严复翻译理论研究》,北京:商务印书馆,1998年,第27页。
② 同上书,序。
③ 罗新璋、陈应年编:《翻译论集》(修订本),北京:商务印书馆,2009年,第192页。

> 拟请长于古文词者四五人,专为润色已译之书,并充汉文教习,改削论说,暇时商之所译名目,必取雅驯,不戾于今而有微于古者,一一编录,即可为同文字典底本。①

严复"信达雅"的思想与马建忠的"善译"思想有异有同!应该说后人对"信"与"达"的理解,是马建忠的"信"与"达",而非严复的"信"与"达"。在"雅"上,马建忠与严复是一致的,即强调"雅驯",他是要培养学生的古文功底,所学的也是从唐宋上溯可追的先秦文字。而严复对文字的追求是极其明确的。

为何马建忠思想不见传播呢?这就要求援于传播学了。马建忠撰文的目的不在翻译理论,不在翻译之道,而在翻译组织工作与人才培养。所以有关翻译原则的论述,并不显豁。而严复开篇就说:"译事三难:信、达、雅。"开门见山,醒人双目,掷地有声。另外,"信达雅"借《天演论》的广为传布而名闻天下。如果"信达雅"三字说未受马建忠思想影响,那只能说明英雄所见略同。

从中同样可知,严复善于范畴化,善于归纳总结,这又得益于其逻辑学素养。

四、有别于西方

严复"信达雅"三字说与英国泰特勒(Tytler,1747—1814)翻译三原则到底是什么关系,见仁见智,但不论如何,前者有别于后者。

徐守平和徐守勤(1994)说"严氏所主张的'雅'更是对泰特勒三原则的发展"。这一说法很武断,说某一主张是某一原则的发展,必要前提是前者对后者的了解。认为严复了解西方翻译理论,只能是臆测。从严复兴趣和所涉来看,一来他对语言学兴趣不多,二来他的大量翻译实践也是回国15年之后。

据伍蠡甫(1979),其父伍光建认为"信达雅""这个标准,来自西方,并非严复所创"。为此罗新璋(1990)专门做过咨询,1990年4月请博士生韦邀宇转询其导师伍蠡甫,据伍称,"一次偶谈中,先父问及严复,其译事高见是依傍古人,还是自出心源,严翁怡然一笑,答以来自英人一本译论。——该英人姓名,恕我失记"。罗推断,英人当为著《论翻译的原则》(*Essay on the Principles of Translation*)的泰特勒,并说"虽系单文孤证,但不容不信"。此外,钱锺书在

---

① 罗新璋、陈应年编:《翻译论集》(修订本),北京:商务印书馆,2009年,第194页。

《管锥编》出版后第四年在给罗的信函中提及此事:五六十年前商务印书馆出版的周越然编英语读本里也讲过严复三字诀本于泰特勒的《翻译原则》(*Principles of Translation*);钱于1934—1935年间写过一篇英语文章,刊于《中国评论周报》,文中涉及此事,并证明严复把泰特勒的第三个标准改为"雅"是受吴汝纶的影响。

既然严复受西方翻译思想的影响,为何又只字不提呢?金隄分析说,"我觉得他可能是受英国梯特勒的影响。他曾留学英国,而他提出'信达雅'三个原则与梯特勒提出的很相似。不过他在著作中从未提过梯特勒的影响,只举古代学者的话。我猜想他不提是怕提了当时知识界反而接受不了"。① 为什么接受不了呢?借《天演论》他宣扬了自己的思想,借西方学者的译学观点不正好替己代言?但如果真如金隄所言,就有悖常理了。

上述都是译学界的意见。史学界则不同,邹振环(1995)认为,"断言'信达雅'翻译标准完全来自'西方',这显然是错误的,在创造性地提出这一标准时,可能受到泰特勒的启发,但这一标准的根还是扎植在中国传统的翻译理论的土壤中","其实严复与泰特勒两的三原则是有明显区别的"。② 到底二者有何区别,请看泰氏三原则:

A translation should give a complete transcript of the ideas of the original work.

The style and manner of writing in a translation should be of the same character with that of the original.

A translation should have all the ease of original composition.

李培恩认为:"中外通人,对于翻译之要素率有共同之列论。英文铁脱拉(Tytler)之《翻译原理》(*Principles of Translation*)一书其所论述,亦同于吾国严复'信达雅'之说也。夫所谓'信'即将原文之意义,以极忠实之译笔表而

---

① 沈苏儒:《论信达雅——严复翻译理论研究》,北京:商务印书馆,1998年,第98页。
② 邹振环:《利玛窦〈交友论〉的译刊与传播》,载《复旦学报》(社会科学版),2001年第3期,第49—55页。

出之者也,'达'者,文意明畅无晦涩模棱之弊之谓也,'雅'则须文字雅驯富有美感,不独译原文之意且兼原文之美,有时其文字之美或且超过原文者也。"①

不难看出,泰特勒的三原则和李培恩理解的严复三字说,均是要忠实于原文的,即使是"达",如果原文不流畅、晦涩模棱,非要反道行之?泰特勒第二原则,是保持原作风格,而严复没有保留原文风格,而是完全改变了风格。泰特勒第一原则要求译文复写原作的意旨,严复基本上没有复写,而是大施变通,使得译作与原作大相径庭。

仅凭回忆与推断不足以证明严复三字说与泰特勒三原则具有师承关系。"学说有相契合而非相受授者"②也是常有的,况且二人的思想并非契合,看似相同实不同,主要在于二人所从事的或研究的翻译实践有别。还有,字面相同,而其实质内涵也可能不同。如严复的三字说,"信",不是全信于原作,"达",不是仅达原文之旨,"雅",不是后人所谓的文雅。

不论严复有没有受西方翻译思想的影响,至少他是受启发于中国古代翻译思想,而最终有别于西方。

---

① 李培恩:《论翻译》,1935年,见中国译协《翻译通讯》编辑部编,《翻译研究论文集(1894—1948)》,北京:外语教学与研究出版社,1984年,第278—286页。
② 钱锺书:《管锥编(第三册)》(第二版),北京:中华书局,1986年,第440页。

第 四 章

百年辨难、辩难与研究

综观百年来对严复"信达雅"的讨论,可归为辨难与辩难两大类。辨难主要讨论"信达雅"的内涵与作用,剖析三字说的疑惑,厘清三字之间的关系,讨论"信达雅"的联系与区别;辩难则对"信达雅"进行辩护和问难,但辩护理据不足,"信"和"雅"受责比"达"要多。总体上看,以辩难为主。

第一节 "信达雅"辨难

译事三难,人人皆知,"信达雅"三字严复虽有论述,也仅限于关系讨论,未揭示内涵,于是同代人与后来者开始了长达百年之久的"信达雅"辨难(nán),即剖析三字说的疑惑,厘清三字间的关系。

一、"信达雅"之内涵与作用

要提请注意的是,"信达雅"乃严复叫苦之词,他不曾释其内涵,把三字经模糊起来。百年来,"信达雅"有过一般性定义,也有过阐释性释义。有对其中一、二字的解释,有对三字的解释,目的大致有二,一是阐释内涵,二是指明作用。下面是一些比较有代表性的意见和我们的简评。

(一)新中国成立前

严译文体的价值 1922 年曾为胡适所认识:译事三难"信达雅","这些话都是当日的实情。当时自然不便用白话,若用白话,便没有人读了";胡适作为跨世纪的学者,也明白"雅"的良苦用心:"严复译书的文体,是当日不得已的办法……严复用古文译书,正如前清官僚戴着红顶子演说,很能抬高译书的身价,故能使当日的古文大家认为'骎骎与晚周诸子相上下'。"①

"忠实就是'信',通顺就是'达',至于翻译与艺术文(诗文戏曲)的关系,当然不是'雅'字所能包括……为叫起来方便起见,就以极典雅的'信、达、雅'三字包括这三方面,也无不可。"②这是1933年林语堂对"信达雅"较早的简释,其中指出了"雅"的局限,对后世颇有影响。"夫所谓'信'者即将原文之意义,以极忠实之译笔表而出之者也;'达'者,文意明畅,无晦涩模棱之弊谓也;'雅'则须文字雅驯富有美感,不独译原文之意且兼原文之美,有时其文字之美或且超过原文者也。"③李培恩在此点明了译作在语言上超过原文的特点,看清了雅的本质。而吴献书释"信"为忠实原文,释"达"为"译文明白晓畅",释"雅"为"译文文字优雅"。④

(二)新中国成立后

有人从文学角度认为三个条件不仅缺一不可,而且是"信""达"之外,愈"雅"愈好,1955年郭沫若说:"所谓'雅'不是高深或讲修饰,而是文学价值或艺术价值比较高……如果是科学著作,条件便可不必那么严格……如果能做到信达雅,不消说是更好。"⑤这是对"雅"的误解。"雅"并非仅指文学价值或艺术价值,而是规范。卞之琳等1959年认为:"'信'是对原著内容忠实,'达'是译文畅达,'雅'是译文优美。这里包含了相当于内容、语言和风格这三个方面。"⑥论者是精通英俄文学的翻译家或作家,且是文学研究者,三字解说带有现代语言学的风味。"信即忠于原文;达即译文能使别人看懂,雅即译文要有文采。"⑦"说'信'也好,说'忠实'也好,翻译必须在把原文变成另一种文字时,做到不增、不减、不改……一般说来,翻译应当忠于原文的内容或意思。"⑧这

---

① 沈苏儒:《论信达雅——严复翻译理论研究》,北京:商务印书馆,1998年,第66页。
② 罗新璋、陈应年编:《翻译论集》(修订本),北京:商务印书馆,2009年,第492页。
③ 李培恩:《论翻译》,1935年,见中国译协《翻译通讯》编辑部编,《翻译研究论文集(1894—1948)》,北京:外语教学与研究出版社,1984年,第278—286页。
④ 沈苏儒:《论信达雅——严复翻译理论研究》,北京:商务印书馆,1998年,第69页。
⑤ 罗新璋、陈应年编:《翻译论集》(修订本),北京:商务印书馆,2009年,第562页。
⑥ 同上书,第731页。
⑦ 同上书,第582页。
⑧ 葛传槼:1980年,《漫谈由汉译英问题》,见中国译协《翻译通讯》编辑部编,《翻译研究论文集(1949—1983)》,北京:外语教学与研究出版社,1984年,第357—372页。

俨然是对全译(即"笔译")的要求,与严译事实不符。

"拿实践来检验他的理论,我们就容易看出:所谓'信'是指为这样的读者准确传达原作的内容,'达'指尽量运用他们所习见的表达方式,'雅'是指通过艺术地再现和加强原作的风格特色来吸引他们。"①看来评者王佐良并未认真地用实践检验严译思想,因为第一,严复并未准确传达原作内容;第二,读者习见的表达方式恰好是"雅"的内容;第三,严复并不是再现和加强原作风格,而是改换了风格。

"'信'是对原著内容的忠实,'达'是指译文的通顺达意,'雅'是对译文提高一步的要求,要求做到文雅、古雅……'雅'的提法是多余的,况且这个词的含义也是很片面。"②"雅"于严复既不是多余的,也不是片面,它是严复独用的。"信就是忠实于原文的意义,达就是使译文能使人看得懂,雅就是和原文的内容和体裁相称,要得体。"③"严复先生在使用文言文的时代,所以提出文要古雅;到了使用白话文的今天,'雅'字就不能再局限了古雅的原义,而应该是指注重修辞的意思了……我认为,忠实于原文内容,通顺的译文形式,发扬译文的优势,可以当作文学翻译的标准。如果要古为今用,概括一下,就可以说是'信、达、雅'。"④严复既未忠于原作意义,又与原作体裁不相符,"雅"更不是发挥译语优势,而是遵守译语规范。

对"信达雅"的认识有时是混乱的,如"'信、达、雅'虽然是简简单单的三个字,却足以概括翻译的要求和标准,道出译者深切的感受,明确做翻译的路向……'信、达、雅'这一概念早已在中国的翻译工作者和研究者心中根深蒂固。'信、达、雅'这个词可以说是 self-explanatory,不必多作解释。"⑤"信"、"达"、"雅"是三个字,怎会是一个概念?概念不清,判断难以明了,论述就难说了。徐守平、徐守勤界定"信"为"译文言辞必须服从原文的真实","达"为"通

---

① 王佐良:《两位早期翻译家的重新评论》,载《外语教学与研究》,1981年第1期,第1—12页。
② 张威廉:《怎样提高我们文学翻译的质量》,1981年,见中国译协《翻译通讯》编辑部编,《翻译研究论文集(1949—1983)》,北京:外语教学与研究出版社,1984年,第465—473页。
③ 周煦良:《翻译三论》,1982年,见罗新璋、陈应年编,《翻译论集》(修订本),北京:商务印书馆,2009年,第1072—1086页。
④ 许渊冲:《翻译的艺术》,北京:中国对外翻译出版公司,1984年,第9—14页。
⑤ 黄邦杰:《翻译研究的路向》,载《中国翻译》,1989年第3期,第44—48期。

顺流畅,能表达出原文的意思,但不能节外生枝,任意增添","雅"为"修饰文辞"。考究严译,我们发现他没有全信于原作,且节外生枝不少,"雅"不仅仅是修饰文辞。他们还认为"他使用汉以前字法、句法进行译述,完全是顺应时势的做法,也说明了他深谙接受美学",这是对严译思想的现代阐释,"信""达"二字与严译实事相悖,只在"雅"字上切中了要害。

人们对"雅"之所称并不清楚,理解成了"雅俗"之"雅"或其他,如"我以文学性解'雅',故'雅'不是'不俗',而是当雅则雅、当俗而俗,雅俗皆具文学性。文学性者,风格之谓也。"①《人民画报》社张世选说:"信者诚实也,即译文要忠实于原文;达者通达流畅也,即译文要让读者看得懂,表达意思要完全;雅者优美也,即译文要像艺术品一样对读者具有吸引力,读来有滋有味。"②二者对雅的认识均有偏误,即不是规范,并非严复所认定的"雅正"。"'信'有两个方面,对原作的信和对译文读者的信,严复似乎更侧重于后者。'达'是通过运用翻译技巧来表达原作的思想。而'雅'则要再现政论文的书面书卷语的语体特征,但严复走得远了些。"③林璋对"信"和"雅"的认识是准确的,但是对"雅"的批评不对,对"达"的认识不足。

二、"信达雅"之联系与区别

三字说的关系,包括联系与区别,也是常常辨难的地方。有人要在三者间建立鼎足关系,有人要用一个压倒另外两个,有人看出三者间的先后顺序,还有人发现"达"、"雅"全是无用物。试看各代各家观点及其特点。

(一)新中国成立前

严复1895年春前后翻译《天演论》,不断修改示人,不断求"信",求"达",求"雅",被梁启超所言中:"近人严复,标信达雅三义,可谓知言。然兼之实难。语其体要,则惟先信然后求达,先达然后求雅。"这是圈内人先睹为快的读后感,从中似乎透露出严复的翻译过程,这也是对严译有史可查的最早的评论。胡适曾指明用"雅"还能求"达","雅"是求"达"的手段:"严复的英文与古中文

---

① 梁启超:《论译书》,1897年,见中国译协《翻译通讯》编辑部编:《翻译研究论文集(1894—1948)》,北京:外语教学与研究出版社,1984年,第8—20页。
② 沈苏儒:《论信达雅——严复翻译理论研究》,北京:商务印书馆,1998年,第67页。
③ 李培恩:《论翻译》,1935年,见中国译协《翻译通讯》编辑部编:《翻译研究论文集(1894—1948)》,北京:外语教学与研究出版社,1984年,第278—286页。

的程度都很高,他又很用心,不肯苟且,虽用一种死文字,还能勉强做到一个'达'字。"三者相权,李培恩认为按重要性排下来应是"信"、"达"、"雅","信"绝对占第一位,这是全译观:"夫'信达雅'三者苟必去其一,则去雅;去雅虽文不美尚不为害。'信'与'达'为文所不可少,惟苟不得已,而必再去其一,则去'达',去达文虽不通其于原文尚无妨害,苟信之不存虽达与雅又奚足道哉。"

"翻译的原则总不外是以'信'为最根本的基础,'达'和'雅'的对于'信',是就像属性对于本质的关系一样,是分不开的,然而是第二义的存在。"①哲学家艾思奇想挖掘三字说的本质,但可能不是针对严译个案的,因为达雅在严译中反倒是第一义的,胜过或重于"信"。"译事之信,当包达、雅;达正以尽信,而雅非为饰达。依义旨以传,而能如风格以出,斯之谓信。支[谦]严[复]于此,尚未推究。雅之非润色加藻,识者犹多;信之必得意忘言,则解人难索。译文达而不信者有之矣,未有不达而能信者也。"②这话写于作于 1930—1940 年代,钱锺书点明了三字之间的包孕关系:"信"包含"达"与"雅"。实则不然,与严复的实践刚好相反。"信乃是求其确实,达乃是求其通顺,前者是对于原文而言。如果译文诚能信矣、达矣,则雅的成分自然含在其中。所谓雅乃信达二者之附庸。"③"雅"的地位进一步下滑,成了附庸,悲哉! 时人不知严复心!

(二)新中国成立后

新中国成立后"信"与"雅"的地位常常是颠来倒去。如唐人 1950 年就说:"你若是全盘而真实地'信'了,把原作的思想感情,意思之最微妙的地方,连它的文字的风格、神韵都传达出来,则不但'顺'没有问题,就是所谓'雅'(如果原作是'雅'的话)也没有问题。'信'、'达'(顺)、'雅'三字实在做到一个'信'就都有了。"④这一观点同于钱锺书。

"'信'是翻译的根本标准,'达'是对'信'的必要补充,使'信'的价值实现出来,'雅'是求'达'的一种手段。……从理论上讲,'信''达''雅'这三个概念在逻辑上不能并立……'信'表示译文是受原文制约的,而'达'和'雅'是可以

---

① 罗新璋、陈应年编:《翻译论集》(修订本),北京:商务印书馆,2009 年,第 510 页。
② 钱锺书:《管锥编》,北京:中华书局,1986 年,第 1101 页。
③ 木曾《翻译释义》,1941 年,见中国译协《翻译通讯》编辑部编,《翻译研究论文集(1894—1948)》,北京:外语教学与研究出版社,1984 年,第 322—336 页。
④ 罗新璋、陈应年编:《翻译论集》(修订本),北京:商务印书馆,2009 年,第 589 页。

不受原文制约的……从实践上来看,由于缩小了'信'的含义,因而在'信'之外还提什么'达'和'雅',必然在一定程度上导致译文背离原文的本来面目,造成翻译上的不准确性。"①常谢枫这一席话很深刻,突出了"信"的绝对地位,并从原作与接受两极讨论三字说,还有可能从严译实践成果看三字说,发现达"雅"于"信"无补,所以得出最后的结论。

杉彬强调三位一体,看出了"达"与"信"的关系,"雅"好像并不补救"信"之所失,也不受"信"之制约:"信达雅为一相互联系的整体,达以尽信而未必能完全尽信,雅补信之所失而又受信之制约,彼此调节,相辅相成,趋于极致,便'化'为一体。"②范守义则认为:"翻译标准之中,主要谈一个'信'字;翻译方法之中,主要谈一个'达'字;而翻译与风格中,则主要谈一个'雅'字。笔者认为'信、达、雅'三者之关系缺一不可,可以成为翻译的标准。"③前一句谈三者所对应的方面,是作者的见解,但是后一句与前一句的第一分句有外延上的矛盾,结果对三者的关系还是没有分清。"'信'和'达'属于技术的范畴,但'雅'则牵涉到译者的个性、品格和修养了。没有'雅'就没有个性。……一部文学作品在被移植到另一种文字中时,最低的要求当然是'信'和'达',但是能否把原作的精神表达出来则是另一个问题,而且是一个最重要的问题。"④文学翻译家的角度不一样,在叶君健眼里,"雅"即个性,显得比"信"与"达"更重要,因为后者只属技术层,是基本要求。

"就正如严复自己所说'为达,即所以为信也'一样,为雅也是即所以为达。假如我们再推一步,既然为雅即所以为达,而为达又是即所以为信,那么,为雅也就是即所以为信了。……在严复心目中,'信、达、雅'合起来是一个整体,中心点始终环绕着对原著意义的忠实。"那么,什么是"信"呢,王宏志说:"人们一般把'信'理解作'忠实'。这应该是一个准确的解释,没有什么可争议之处。"但是他又承认"但不能否认,在不少人眼中,严复的译作的确是十分不忠实的。""我们应该明白,逐字对译的忠实,根本不是严复心目中的既信、且达、兼雅的标准;他的'不忠实',显然是一种故意选择的结果。"⑤从中我们不难看出

---

① 罗新璋、陈应年编:《翻译论集》(修订本),北京:商务印书馆,2009年,第998—999页。
② 杉彬:《此"本"不"失",便不成翻译》,载《中国翻译》,1985年第10期,第3—5页。
③ 范守义:《评翻译界五十年(1894—1948)的争论》,载《中国翻译》,1986年第1期,第2—8页。
④ 叶君健:《翻译也要出"精品"》,载《中国翻译》,1997年第1期,第30—31页。
⑤ 王宏志:《重释"信达雅"——二十世纪中国翻译研究》,上海:东方出版中心,1999年,第84、81、87页。

王宏志论述的矛盾,前言否定了后语,也就否定了严复以"信"为中心的观点。

袁志广则认为立足于建立翻译学理论体系必须在继承中求发展的思考,提出"信达雅"这一"三字理论"具有方法论的性质,三个字的对象性、针对性、规范性和内在逻辑意义的整体性,揭示出同一事物的三个层面,本质地说明它是译事的最高原则。① 杨春花则以功能派翻译理论为基础,指出"信达雅"是以"雅"为中心,兼顾"信"与"达"②。"雅"不是外在的"润色加藻",也不是翻译的"脂粉"。在《天演论》的翻译中,目的法则赋予了"雅"的核心地位,使"信"在严复的翻译实践中从中心走到了边缘。

第二节 "信达雅"辩难

第一节辨难(nán)"信达雅",有些学者也涉及责问三字说的问题。面对三字说,百余年来辩难(nàn)是主体,即译界有两种态度:辩护和问难。因维护不力,未阐明更多的、更有力的理由;而责备三字说的问难倒成了辩难的主流,其中问难"达"者少,问难"信"者较多,对"雅"问难者最多;批评虽说有时有理有据,却也不少是盲人摸象。

一、辩护"信达雅"

所谓辩护,就是拥护严复的三字说,这不是主流,且维护得有气无力。有的学者护其一两个方面,更有学者只是简单地说"还是信达雅好",却没有详尽地道出好的理由。

(一)新中国成立前

吴汝纶1898年为《天演论》作序,此前听到一些批评意见。吴氏千字序,仅两百字论及书的主旨,其余甚赞严复文字,即赞"雅"。"今西书虽多新学,顾吾之士以其时文、公牍、说部之词,译而传之,有识者方鄙夷而不知顾。民智之瀹何由?此无他,文不足焉故也。文如几道,可与言译书矣。"③严复也曾自辩:"是故理之精者不能载以粗犷之词,而情之正者,不可达以鄙倍之气。殆不

---

① 袁志广:《严复的"信、达、雅"须要再认识》,载于《语言与翻译》,2001年第2期,第34—37页。
② 杨春花:《功能派翻译理论视角下重释"信达雅"——以严复〈天演论〉的翻译为例》,载于《信阳师范学院学报(哲学社会科学版)》,2007年第5期,第47—51页。
③ [英]赫胥黎著,严复译:《天演论》,北京:科学出版社,1971年,第3页。

然矣……若徒为近俗之辞,以取便市井乡僻之不学,此于文界,乃所谓陵迟,非革命也。且不佞之所从事者,学理邃赜之书也,非以饷学童而望其受益也,吾译正以待多读中国古书之人。"①面对《天演论》问世以来的各种非难,他一直坚持"雅"的主张,一是有翻译前对读者对象的准确把握,二是有《天演论》翻译后的畅销垫底。

"然而严氏以周秦时代之古文来译西洋哲学思想之书,亦有其不得已之处,盖其时适值十九世纪末期,中国的一般士大夫者尚妄自尊大,以为西欧仅有机械器用之学,至如关于文哲的学术思想当然无之。此时若译西洋哲学思想之书,必须采用周秦诸子的古文笔调以示精美典雅,俾得其赞赏,否则便将被弃而不屑一顾也。"②木曾明白翻译与读者的关系,所以能洞察严复"雅"之功效。

(二)新中国成立后

黄龙1988年曾为严复大声辩护:"'汉以前字法句法'(严复),自今观之,似嫌泥古,但在严复时代并非鲜见,故严氏用之,未可厚非。岂可以今苛古?'顾信矣不达,虽译犹不译也。'孰云其非?'不斤斤于字比句次',可免'僵译'之弊。'时有所颠倒附益',是调整语序,译其情长而补其言短也,此用翻译之'正法'。况'时'指'时或'而非'始终',在翻译过程中时或适当扩词与颠倒语序,殆不可免,何咎之有?!"③可惜他似乎未细较严译与原作,所发议论还是取自全译角度。高惠群、乌传衮则看出了现代人批评严译"雅"之症结所在:"我们不能一面击节叹赏严译的优美,一面又指摘他为什么不用白话文翻译(何况我们知道,严复并不是一位白话文大师)。"④邹振环从读者群角度正确地认识到了"雅"的时代价值:"他的错误并不在于用'汉以前字法句法'译出西书以迎合士大夫的口味,他寻找到自己的读者群体这一点正是他之所以成功的原因所在;但他用文言这一传统的载体来传播新思想,以旧躯壳容纳新血肉的形式,不是视为文化转型时期不得不采用的一种过渡的方法,而是确认为文化传

---

① 高惠群、乌传衮:《翻译家严复传论》,上海:上海外语教育出版社,1992年,第129页。
② 木曾:《翻译释义》,1941年,见中国译协《翻译通讯》编辑部编,《翻译研究论文集(1894—1948)》,北京:外语教学与研究出版社,1984年,第322—336页。
③ 黄龙:Translatology,南京:江苏教育出版社,1988年,序。
④ 高惠群、乌传衮:《翻译家严复传论》,上海:上海外语教育出版社,1992年,第42页。

播中天经地义的必然规则。"①

"'达'就是使原文的内容在译文中尽可能充分地、明白地表述出来,所以'为达即所以为信'。'达'不是就译文谈译文,不是单纯要求译文通顺、流畅、易懂,是对应于原文内容而言的……'雅'的本意就是要求译文文字达到高质量、高水平。……严复认为……'用汉以前字法句法'既可以保证译文的高质量、高水平,又便于表述原作的意思(为达易)。在这里,'达'和'雅'又一致了起来。"②这是沈苏儒针对陈西滢1929年问难三字说时的辩护词,沈苏儒看出了"达"的层次,比通顺更具深意;对"雅"的理解也不同于一般,并将"达"与"雅"统一起来,也抓住了二者的内在逻辑关系。不过,沈氏认为的"达",出发点还是全译的,例如他对严复换例译提出了意见:"为了逾越文化障碍而混淆翻译与创作的界限、背离了原作——也就是背离了翻译的基本原则,当然是不可取的。"③这翻译基本原则,在他眼中,实指全译基本原则!

罗新璋1998年点明了三字流传广泛的原因之一,即简约:"翻译理论与译文标准,似应与时共进,而信达雅说,百年不衰,或许因其高度概括,妙在含糊,能推移而会通,阐扬以适今。思无定契,理有恒存;相信只要中国还有翻译,总还会有人念'三字经'!"④但是能否长久念下去,还有待检验。还看怎么念,作为翻译思想之一,当然会念下去,但作为翻译标准,恐怕未必。"在严复心目中,'信、达、雅'合起来是一个整体,中心点始终环绕着对原著意义的忠实。"⑤这是王宏志经过对三字说看似严密的分析后得出的结论,他同样只限于思辨,而未扎根于严译实践,所以对"雅"与"达"的分析就只能是悬空而谈而不及实质,结果只能守"信",而且是信守原作。其实严复最根本的是部分取信于读者,取悦于读者。

二、问难"信达雅"

所谓问难,指用难以回答的问题质问对方。这才是辩难的主流,有时批得

---

① 邹振环:《中国近代翻译史上的严复与伍光建》,见《中国文化与世界》,上海:上海外语教育出版社,1995年,第311—312页。
② 沈苏儒:《论信达雅——严复翻译理论研究》,北京:商务印书馆,1998年,第113页。
③ 同上书,第178页。
④ 罗新璋:序,见沈苏儒:《论信达雅——严复翻译理论研究》,北京:商务印书馆,1998年。
⑤ 王宏志:《重释"信达雅"——二十世纪中国翻译研究》,上海:东方出版中心,1999年,第87页。

有理有据,有时却是盲人摸象。严复"信达雅"是翻译社科作品的心得,是变译之圭臬,可是有人要推而广之,用于全译,用于文学翻译,所以免不了扭结,对其问难。其中,问难"达"者少,问难"信"者较多,对"雅"问难者最多。

(一)新中国成立前

吴汝纶把"译"与"作"之间的关系看得清楚,对严复的某些变译不赞同,这主要是针对其"信"与"达"两方面。吴汝纶还为其出谋划策:"自为一书,则可纵意驰骋;若以译赫氏之书为名,则篇中所引古书古事,皆宜以元书为称西方者为当,似不必改用中国人语。以中事中人,固非赫氏所及知,法宜如晋宋名流所译佛书,与中儒著述,显分体制,似为入式。此在大著虽为小节,又已见之例言,然究不若纯用元书之为尤美。"① 傅斯年认为:"论到翻译的文词,最好的是直译的笔法,其次便是虽不直译,也还不大离宗的笔法,又其次便是严译的子家八股合调,最下流的是林琴南和他的同调。……严几道先生译的书中,《天演论》和《法意》最糟。"② 关于这一点,高惠群、乌传衮有论:"历史的选择恰恰和傅斯年的判断相反,他所列举的几类译品中偏偏是严复(和林琴南)的译著流传最广,作用最大,而严复的译作中又偏偏是《天演论》(其次又偏偏是《法意》)的影响最为久远。"③

批评界常有竖错靶子的时候。1929 年,在陈西滢看来:"雅,在非文学的作品里,根本就用不着……我们觉得在翻译文学书,雅字或其他相类的字,不但是多余,而且是译者的大忌。……达字也并不是必要的条件,要是'达'字的意义是'明白晓畅'的话。……许多象征派、表现派的作家,他们的作品的文字绝对不是'明白晓畅'的。"④ 严复本来就不是论文学翻译,"雅"是针对当时社会科学著作的翻译提出的,"达"是针对如何达旨提出,不仅仅是明白晓畅,可见,陈西滢批评的靶子竖错了。"他是用一个'雅'字打消了'信'和'达'……古文的文言怎么能够译得'信',对于现在和将来的大众读者,怎么能够'达'!"瞿秋白⑤

---

① 严复:《〈严复集〉第 5 册》,北京:中华书局,1986 年,第 1560 页。
② 傅斯年:《译书感言》,1919 年,见中国译协《翻译通讯》编辑部编,《翻译研究论文集(1894—1948)》,北京:外语教学与研究出版社,1984 年,第 59—63 页。
③ 高惠群、乌传衮:《翻译家严复传论》,上海:上海外语教育出版社,1992 年,第 63 页。
④ 罗新璋、陈应年编:《翻译论集》(修订本),北京:商务印书馆,2009 年,第 476 页。
⑤ 瞿秋白:《关于翻译》,1931 年,见中国译协《翻译通讯》编辑部编,《翻译研究论文集(1894—1948)》,北京:外语教学与研究出版社,1984 年,第 216 页。

对古文表达力失去信心,从白话文运动立场批评严复,似有以今苛古之嫌;另外,他身为白话文运动的主将,发此议论,也在情理之中。不过,用古文写当今生活,还是可以的,如2007年《光明日报》辟专栏登"百城赋",全用古文撰写。

1936年,陈之展指出:"严复译书好用汉以前字法句法……这自然是他的缺点。不过他在当日要灌输一班老先生一点西洋思想,不得不用古雅的文章来译,叫他们看得起译本,因而看得起西学。这也是他译书的一点苦心。"①虽然先将"雅"定为缺点予以批评,但最终能认识到"雅"的长处和译者的苦心,也算是严复的知音。"严氏又尝以为译文非用汉代以前的古文,不能作到达雅二字的境界。殊不知汉代以前的古文亦竟有不雅与不达者。"②木曾没弄懂汉以前古文不是指言语产品,而是指汉以前的词语与句法,是工具,根本不存在"达"与"雅"的问题。"原文'达'而'雅',译文不'达'不'雅',那还是不'信';如果原文不'达'不'雅',译文'达'而'雅',过犹不及,那也还是不信……绝对的'信'只是一个理想。"③朱光潜论"达",是从语表流畅出发,论"雅"是从风格雅俗出发,二者都不是严复的概念所指。

(二)新中国成立后

1955年,殿兴明确表态:"严复的主张是很不完备、很不科学的,充其量也只不过要求用漂亮的中文翻译原作的大意而已……"④后一句一语中的,前一句不准确,因为论证不充分。在严复看来是完备的,却不是后人理解的完备。"问题出在他要刻意求雅,直接目的是为了行远,方法是用汉以前的字法句法,间接目的是容易为达。这种主张在理论上是错误的,在实践上也是失败了的。"⑤此话写于距严译产生影响至少50年之后,难道不知严复译事的成功与成就,还出此结论?"严复翻译《天演论》,其实并不是翻译,而是根据原书的意思重写一过。文字的详略轻重之间大有不同,而且严复还有他自己的按语,发

---

① 罗新璋、陈应年编:《翻译论集》(修订本),北京:商务印书馆,2009年,第268—269页。
② 木曾:《翻译释义》,1941年,见中国译协《翻译通讯》编辑部编,《翻译研究论文集(1894—1948)》,北京:外语教学与研究出版社,1984年,第322—336页。
③ 罗新璋、陈应年编:《翻译论集》(修订本),北京:商务印书馆,2009年,第530页。
④ 同上书,第344页。
⑤ 王澍:《翻译标准观评议》,1954年,见中国译协《翻译通讯》编辑部编,《翻译研究论文集(1949—1983)》,北京:外语教学与研究出版社,1984年,第116—129页。

挥人自己的看法。所以严复的《天演论》,并不是赫胥黎的《进化和伦理》(《天演论》的原名)。其中的进化论和不可知论,在内容上和赫胥黎的原来的理论,并不是完全相同。"①这是冯友兰1961年对"信"的质疑,从整体到文字,连详略都有察觉,结果是译作与原作大有出入。

张振玉1968年则完全否定"雅",只承认"信"与"达":"上论为严氏翻译理论要点,除最后一项['用汉以前字法句法则为达易']外,皆系千古不刊之论。"②"至于译文是否达、雅,还须先看原文是否达、雅,译者想达、想雅,而有些原文本身偏偏就不达、不雅,却硬要把它俩译出,岂非缘木求鱼。"③原文"达"否,"雅"否,在此与严复的"达"与"雅"不是同一概念。"随着岁月的推移,我愈来愈相信,翻译标准是一元的,不可能是'信、达、雅'……严复先生一方面把'信、达'割裂开来,孤立地对待,另一方面,把两者简单地并列起来,等量齐观……内容是决定性的……而形式则处于从属地位……'雅'字,完全是人为的,多余的,同时也是不科学的、有害的。"④"信达雅"三字严复并未割裂,也未等视,"雅"字可能有"害",却像鸦片,当时的知识界越"吸"越爱。

1981年,常谢枫似乎看出了严译的实质,视角却取自文学全译,结果与严译思想擦肩而过:"文学翻译的质量标准只有一个字——'信',这个'信'具有丰富的含义,其中也包括'达'和'雅'的意义在内;而'信、达、雅'则是一个提法上混乱、实践上有害的原则。"⑤"雅,是本于《论语·述而》里的'子所雅言……'所谓'雅言',就是诸夏的话。孔子教学生都用诸夏的话,别于各地方言。'求其尔雅'中的'尔雅'是近正,正即是雅言。'雅'若就本义来说,就是用全国通行的规范化的语言进行翻译。然而,严复对'雅'字的解释,却不是这样。他把'雅'说成是'用汉以前字法句法',译文力求典雅,但却使人费解,这就不对了。"⑥从前半部分看,马祖毅是读懂"雅"之所指的少数学者之一;但从后半部

---

① 冯友兰:《从赫胥黎到严复》,载《光明日报》,1961年3月8日、9日。
② 沈苏儒:《论信达雅——严复翻译理论研究》,北京:商务印书馆,1998年,第73页。
③ 伍蠡甫:《伍光建的翻译——〈伍光建翻译遗稿〉前记》,见罗新璋、陈应年编:《翻译论集》,北京:商务印书馆,2009年,第545—549页。
④ 彭启良:《翻译与比较》,北京:商务印书馆,1980年,第11页。
⑤ 罗新璋、陈应年编:《翻译论集》(修订本),北京:商务印书馆,2009年,第995页。
⑥ 马祖毅:《中国翻译简史——五四以前部分》,北京:中国对外翻译出版公司,1984年,第261页。

分看,其观点与严复时代所认定的规范化语言(秦汉以前的文言)产生了时代错位,可能还是马祖毅错了位,因为严复在先呢。

1985年,黄药眠看出了"信"的问题,也点明了"雅"的实质,其批评采用了现代观点,而非历史唯物观:"以《天演论》而论,基本的意思是译出来了,但里面夹杂着许多他自己的东西,未必见得'信'。其次,他用古色古香的古文来译,在当时的知识分子看来,也许感到既'达'又'雅',但今天我们看来则未必'达',因为它难懂,也未必'雅',因为它用的是死了的语言。……所以'信、达、雅'单从概念上讲是比较抽象的,应该和具体的历史内容联系起来看,才能说得清楚。"①不过,他指出应用历史考察的方法论还是可靠的。"这三个字非但不能概括今天对翻译标准所提出的要求,反而会束缚人们思想的发展,影响理论研究的进展。"②三字说当时成效巨大,为何会成为历史的包袱?是历史财富有问题,还是我们对历史态度出现了偏差?问题往往出在后者。

可以说,严复出色地完成了既定目标,他的译作是成功的翻译,也是特定条件下的翻译,他也从来没有说要将三字说放之四海。"信达雅"只是严译《天演论》的感受。可是周兆祥1986年认为:"'达、雅'不能做准则……'信'拿来做翻译的普遍标准,非常有问题……翻译工作有很多种类,在不同情况下做,有不同的标准……能够达到既定目标的译文,就是成功的译文。"③周兆祥看到了部分真理,"信"可做全译的标准,应区分全译与变译的适用范围。正如谭载喜所言:"把它们当作某个范围内的翻译原则或标准,未尝不可。但不少人却把它们奉为万古不变的真理、包治百病的万应灵药,这就大错而特错了。……但对这样一个近百年前提出的、本有特定含义的标准,一直被人奉为神圣法度,这在世界翻译理论史上恐属罕见。"④这对三字说的使用范围界定有启发意义,对其特定含义也促人深思,为未来的研究开启了一扇窗。

三字之中扬"信"抑"雅"之声是主流。比如"如果我们能彻底摆脱似是而

---

① 黄药眠:《翻译漫谈》,载《翻译通讯》,1985年第2期,第9—11页。
② 钱育才:《翻译的实质与任务——俄汉文学翻译理论探讨》,载《中国翻译》,1986年第2期,第9—14页。
③ 周兆祥:《翻译的准则与目标》,载《中国翻译》,1986年第3期,第46—50页。
④ 谭载喜:《必须建立翻译学》,载《中国翻译》,1987年第3期,第2—7页。

非的'信、达、雅',恢复'信'的至尊无上的地位,把'信'作为翻译理论的核心、翻译实践的指归和翻译批评的准绳,我们的翻译工作必将更健康地发展"①。此论认为三字似是而非,又将"信"立为标准,说明他骨子里还是从全译出发。"他还说什么,'……不佞之所从事者,学理邃赜之书也,非以饷学童而望其受益也,吾译正以待多读中国古书之人。'这虽然也是他的心里话,但是未免过于偏执,令人有言不由衷之感。"②从中可知,作者在讨论严复的"雅"时,批得不对,严复没有偏执,而是一种坚守,事实上当时他成功了,此处应以成败论英雄!"严复为翻译所定的'信、达、雅'三原则,特别为三原则所讲的一些办法,用今天对翻译的要求来衡量,似有重新商榷的必要。……'雅'实际上只不过是风格的一种。"③刘重德脱离历史论三字,此论所认识的"雅"也只是风格,有失偏颇。对"雅"类似的认识还有文雅、高雅、典雅、风雅、古雅等。

对严复三字说批得最彻底的是黄雨石:"尽管严复在开一代翻译之风、着意介绍外国新思想等方面的确立下了不可磨灭的功绩,他的这一套翻译理论,无可讳言,却显然是完全错误的。而且对后代的翻译(可说直到今天)产生了极为有害的影响。……'译事三难:信、达、雅'的提法本身便包含着极大的逻辑上的混乱……所谓'三难'说,不仅'信'和'达'是陪衬,连这个'雅'字也只是个借口。"④既然理论错误,又何来巨大业绩?不可思议。"《天演论》为严译第一本书,新硎初试,感想必多。"⑤三字说必定是其思考所得,其中的矛盾何在?黄雨石是文学翻译家,后一观点出自文学翻译家与外国文学研究学者罗新璋,二人的见解为何如此相左?

更有甚者,认为"这三个字确有不容置疑的缺陷","翻译标准的研究至今没有实质性的突破"。⑥ 那么如何突破包括标准在内的翻译理论?如何找到严译思想的真谛?是严复三字说有缺陷,还是我们的思考方式出了偏差?事实是不变的,同一事实得出不同结论,甚至相反的结论,问题往往出在思考者。

---

① 沈苏儒:《论信达雅——严复翻译理论研究》,北京:商务印书馆,1998年,第107页。
② 高惠群、乌传衮:《翻译家严复传论》,上海:上海外语教育出版社,1992年,第101页。
③ 刘重德:《浑金璞玉集》,北京:中国对外翻译出版公司,1994年,第3、10页。
④ 黄雨石:《英汉文学翻译探索》,西安:陕西人民出版社,1988年,第57页。
⑤ 沈苏儒:《论信达雅——严复翻译理论研究》,北京:商务印书馆,1998年,序。
⑥ 邱磊:《言语产物功能在翻译标准中的主导作用》,载于《中国翻译》,1988年第4期,第7—14页。

"严复的思想未能跟随时代前进,把'用汉以前字法句法'凝固化,这是他的历史局限性表现。"①所谓的历史局限性,正是严译鲜明的个性和突出的时代性的体现。这番话以今律古,已不符历史唯物观,是自己将时代错位了。

思想界就不一样了,胡志德批评说:"后来的中国学者分析严复的译作时仅倾向于关注他是否忠实于原文,而不是关心他的译注和论说文。研究严复是否忠实于原文本的问题是一个局限。"②也许思想界与译学界所取视角不一,前者重视译作自身的价值或作用,后者重视译作与原作的价值趋同。

第三节 "达旨术"研究

"达旨术"是严译《天演论》成功的秘诀,严复"天演论"与"达旨术"共一"达"字,达旨是严译思想的灵魂。百十年来,在"信达雅"备受关注的背景下,"达旨术"不断地得到译(学)界的肯定。研究从正面或反面逐步展开,或察其整体功效,或剖析其具体方法,不断地向其本质逼近。

一、难得肯定

"达旨术"是严复成功译就《天演论》的策略,以至于 1898 年版《天演论》封面赫然印着"严复 达恉"的字样,有的版本则署名"侯官严几道先生述"。在译论研究不发达的清末,只有从译且有过类似译事感触的志同道合者才会对严译心得感同身受。最早识得严复"达旨术"的是梁启超:"凡译书者,将使人深知其意敬其意磨失,虽取其文而删增之,颠倒之,未为害也。然必译书者之所学与著书者之所学要不远,乃可以语于是。近严又陵译《治功》《天演论》,用此道也。"③梁启超指出用"达旨术"的必要条件是"译书者之所学与著书者之所学要不远","未为害也"肯定了该法的优点。

严复在译例言中说:"译文取明深义,故词句之间,时有所倒附益,不斤斤于字比句次,而意义则不倍本文。题曰达旨,不云笔译,取便发挥,实非正

---

① 邱磊:《言语产物功能在翻译标准中的主导作用》,载于《中国翻译》,1988年第4期,第59页。
② 胡志德:《挪用:再论严复与西方思想》,见刘桂生等:《严复思想新论》,北京:清华大学出版社,1999年,第331—360页。
③ 梁启超:《论译书》,1897,见中国译协《翻译通讯》编辑部编:《翻译研究论文集(1894—1948)》,北京:外语教学与研究出版社,1984年,第8—20页。

法。"这是严复对达旨的阐释。而下面的话是他从翻译实践得出的切身体会,也是对达旨的阐释:"此在译者将全文神理,融会于心,则下笔抒词,自然互备。至原文词理本深,难于共喻,则当前后引衬,以显其意。凡此经营,皆以为达,为达即所以为信也。"

称"达旨",而非"笔译",目的在于随意发挥,又自认为非正法,又提及鸠摩罗什,找到历史渊源。"笔译"是什么?难道不是在严复之前马建忠提出的"善译"?即现在的全译。"达旨术"是对整个求"达"手段的概括,实为一个系统,需要总结。

李泽厚1977年曾撰文专辟一节讨论《天演论》的独创性:"严复《天演论》的特点恰恰在于它不是赫胥黎原书的忠实译本,而是有选择、有取舍、有评论、有改造,根据现实,'取便发挥'的'达旨'(《天演论》译例言)。这本书所以能起巨大影响,原因也在这里,它对外国思想的介绍翻译没有生搬硬套,而是力求服务于当时中国的需要。"①这是哲学家对严复"达旨术"的肯定。译者非常清楚地认识到自己译法的性质,定位于非正法,那么后人为什么还迷失于正法去批判严复呢?

严复用正法要求自律,他在言语上不标新,行为上却立异。这里显示出一种中国式智慧:我都自责了,别人也就不好再怪罪我了。有话为证:"题曰达旨,不云笔译,取便发挥,实非正法。会法师有云:学我者病。来者方多,幸勿以是书为口实也。"(《天演论·译例言》)严复说得明明白白。高惠群、乌传衮认为:"严复在翻译时不采用一般的逐字逐句对译和平铺直叙的陈述办法,……不以一般的平庸的翻译方法自限。他力求达到翻译的更高境界。这一点也许是不少人所未曾注意到的。"②他未采用这种平庸的方法,是因为"他不屑于这样做。如果他竟这样做了,那么《天演论》等译著的影响也许就不会那样大了。""他的办法就是通过'颠倒附益','前后引衬,以显其意'等等'经营'办法,以达到'凡此经营,皆以为达'的目的,而最终的结果是'为达即所以为信也'。这就是说,严复所强调的'达旨',实质上是'信'与'达'的更好结合,

---

① 李泽厚:《严复论》,载《历史研究》,1977年第2期,第24—28页。
② 高惠群、乌传衮:《翻译家严复传论》,上海:上海外语教育出版社,1992年,第86页。

通过'达'来做到更好的'信'。""严复也确实在一定程度上看得'达'比'信'更重要。"①这是关于达旨的较深刻的认识。即是说,"达旨术"是《天演论》成译之法,成功之道。

"他不是只想机械地(形式主义地)逐译原著表象的(字面上的)意思,而是要钩掘出并用精美的中文阐发出原作者用文字表达而实际上隐藏于文字后面的更深层的思想内涵。……我们对严复的这一番苦心怎能视而不见,毫不理会呢?"②问得好!

二、初步研究

认识到或承认严复"达旨术"已是相当不易,而将其作为思考对象,不论是肯定还是否定更是不易。肯定者承认其价值,产生新的翻译观,否定者看不出其价值,会以全译观去审视它。范守义(1986)认为严复强调意译,严复的"译法正确,只是没译好而已"。其实严复是译意+写意;"达旨术"取得如此成效,为何"没译好"? 自相矛盾,范守义只是部分地认识了"达旨术"的本质。

黄龙 1988 年说:"'不斤斤于字比句次',可免'僵译'之弊。'时有所颠倒附益',是调整语序,译其情长而补其言短也,此乃翻译之'正法'。"③黄龙实际上没有领悟严译真谛,混同于全译的增译、调序,主要原因是未深入剖析严译实践,在事实面前任何言说都是苍白的,只有置身于严译,才知严复的"颠倒"、"附益"、"不斤斤于字比句次"是怎么回事,不体察严复无处不在的"取便发挥",便不知"实非正法"并非自谦。如果说黄龙认为严译之法为"正法",给人一丝惊喜,恐怕也只是一种臆断,而非知言,但是这话从一方面启发了我们,正可谓"歪打正着"。

1990 年,许华茨说:"严复自己就经常感叹他所面临的任务的艰巨性。从一开始他就不打算逐字翻译。几乎他所有的翻译都是意译的。《进化论与伦理学》的翻译与其说是一个完整译本,还不如说是原著的节选。"④严复的确没有逐字翻译,即没有全译,但是说严译几乎是意译的,所指就不明确,说《天演

---

① 高惠群、乌传衮:《翻译家严复传论》,上海:上海外语教育出版社,1992年,第91页。
② 同上书,第97页。
③ 黄龙:*Translatology*,南京:江苏教育出版社,1988年,序。
④ [美]许华茨著,滕复等译:《严复与西方》,北京:职工教育出版社,1990年,第79页。

论》是节译,也不全对,至少对汉语的意译与节译的定义并不清楚。许华茨模糊地感到了严译的异样,但没有认清。

后来的研究者诟病于严译,常常从字眼出发,从全译出发,其实不是研究的对象有问题,而是选错了考察研究对象的出发点。高惠群、乌传衮认为:"没有这些诟病,也就没有严译的特点和价值了。"[①]这"特点和价值"只有到了王克非才有所研究。

王克非首先是对"旨"的研究,他对严译实践有过深入研究。1985年王克非报考许国璋的研究生,许要求他两月内完成一篇关于《天演论》的研究论文。王反复思索,找到了自己的研究视角,即从翻译与思想史结合的角度考察和认识严复的翻译。他对《天演论》的翻译看得非常清楚:"引进它不是目的,引进它以达到保种自强才是目的。于是严复构拟了一个特别的翻译方案,他要将西方的进化论按他的导向引入中国,他一半通过翻译,一半通过按语,将他认为必需的达尔文基本原理、斯宾塞普遍进化观和赫胥黎以人持天、自强保种之新观点一一摄取,连同他自己的理解、倾向和强调,综而统之,注入书中。"[②]这是对原作内容取舍的认识,也是对《天演论》结构的认识。他继续研究道:"严复'做'《天演论》,一是体现在'外部包装',即译本的语言,二是体现在'内部要素',即内容的安排调整。两者都是他对进化论的特殊摄取的产物,也规约着这一摄取的影响。"[③]前一点是说"雅",后一点涉及"达旨"。"达旨",王克非认为就是"译述",即"非正法"。他对"达旨术"的研究,主要是加、减、改、案四个方面。案语是最易发现的达旨方式,"他的案语又常常以惊叹、设问等强势语气收束,加浓气氛,使'洞识知微之士,所为惊心动魄'",而蕴含于本文的加、减、改常常被人忽视。王克非通过实例认为,加写部分包括一般性阐释、介绍和特别的导向性的生发和补充。通过书名的翻译(论述极为精辟)、关键术语"进化"的删减、节的删减等,讨论了减译方法;通过换喻、换例、换论述的内容讨论了改译方法。

王克非的研究对《天演论》既有思想摄取的宏观研究,也有比较细致的译

[①] 高惠群、乌传衮:《翻译家严复传论》,上海:上海外语教育出版社,1992年,第91页。
[②] 王克非:《中日近代对西方政治哲学思想的摄取:严复与日本启蒙学者》,北京:中国社会科学出版社,1996年,第170—171页。
[③] 同上书,第46页。

述方法研究,由于他的研究方法是比较的(中日近代对西方政治哲学思想的摄取比较研究),所以未在达旨方法上深入。另外,"达旨"是否等于译述,因未见界定,很难说。不过,这种研究已将"达旨术"研究向前推进了一步。

为跨越文化障碍,翻译有时可以改动文化场景,有时要保留原文文化特点,然后加以注释,沈苏儒介绍奈达 *A Framerwork for the Analysis and Evaluation of Theories of Translation* 一书中的变通实例时指出:"后一种办法是我们在翻译实践中常用的,而前一种办法在翻译史上则曾经常出现,但现在似乎不为中国翻译界所认可。"①这一论断是有见地的,至少佐证了严译的历史价值。王宏志对"信达雅"的研究比较集中:"自始至终——由'信'开始,至'达',至'雅'——严复都是把重点放在'意义'上面的。上文说过,'信'跟'意义'的关系是毋庸置疑的,而'达'也是坚持要'意义则不倍本文'以及'显其意';其实,'雅'也是朝着相同的目标,'用汉以前字法、句法'以及抑词就义等做法,全都是为了'达易'、求显。换言之,就正如严复自己所说'为达,即所以为信也'一样,为雅也是即所以为达。假如我们再推一步,既然为雅即所以为达,而为达又是即所以为信,那么,为雅也是即所以为信了。"②这是王宏志理解的三者的关系,理论上说得入木三分,若能再往前走一步,或许能抓住达旨的核心。可是他又说:"逐字对译的忠实,根本不是严复心目中的既信、且达、兼雅的标准;他的不忠实,显然是一种故意选择的结果。"③可惜的是他没有将两者结合起来思考,未能碰出火花,倒是道出了达旨的真谛:他在《〈天演论〉译例言》所说用来"达恉"的种种"经营",目的是要把"恉""达"给这些"多读古书"的士大夫。最后,王宏志得出结论:"'信、达、雅'始终以内容为主,而'取足喻人'也就是要把内容和意义好好地告诉读者,让读者清楚明白。可以说,这就是严复翻译理论的中心所在。"④

王宏志重释"信达雅",主要是从严复的言论中推理,分析极为透彻,最后归结于重"信",可是如何"信",如何"达",如何"雅",他并未细挖。从"达旨术"角度来看,他只探讨了"恉",而未深入探讨"达"的真谛。问题在于研究者仍然

---

① 沈苏儒:《论信达雅——严复翻译理论研究》,北京:商务印书馆,1998年,第177页。
② 王宏志:《重释"信达雅"——二十世纪中国翻译研究》,上海:东方出版中心,1999年,第84页。
③ 同上书,第87—88页。
④ 同上书,第96页。

将"信达雅"与严译"达旨术"分开研究,前者从全译角度研究,强调严复还是重"信"的;后者是从严复变译角度研究,说严复是不"信"的。此外,研究严译实践,也是思辨性的,并未从《天演论》的变译事实出发,结果显得二者对立,反倒批评严复未能恪守自己所说的"三难"。

由此看来,王宏志重释"信达雅",不曾有实质性拓展,只是在时代因素考察上多了一篇重要文献。这是因为"一直以来,我研究的范围主要集中在中国近现代文学方面,却无法对翻译研究产生较大的兴趣……直到大概七八年前,认真阅读了西方较新的翻译理论后,眼界大开,认识到翻译研究原应该跟文学、文化、社会、政治等挂钩,才终于认同翻译研究是大有可为的学术项目"。① 这种研究可贵之处是能扩大研究视野,必要时若能结合翻译实际或实践研究,成绩可能会更大,研究可能更深入一些。

近年来,对严复"达旨术"开始了宏观的研究,但认识上有不同,如俞政认为:《天演论》的翻译方式,今人称为意译,严复当初则自称为"达旨",亦即以传达原书大意为己任。但在实际上为了能够"达旨",严复综合运用了多种具体的翻译方法,如基本相符的意译、大体相符的意译、大略相符的意译、根据原意自撰文字、加写词句、展开发挥、换例、精译、简译、不译、漏译、曲译、篡改等。俞政混淆了意译与变译或达旨,尤其是使用了"曲译"、"篡改"等词,实在是不懂严复;毕竟他不是译界同行,对翻译分类不甚了解。又如闫亮亮和朱健平认为严复在翻译和修改《天演论》过程中对待中西文化所采取的不只是"中西相通"观,而是"中先西后"观和由此而衍生的"归求反观"观,直接导致他在翻译和修改《天演论》时采取了格义和会通的手段。张德让也认为"会通中西的精神、充分利用本土文化作为理解西学的资源、译文可读性的打造等,非常值得现今学术译介、文学翻译等领域的借鉴"。"格义"与"会通"的手段尚可做具体分析,只有分析出其具体的可操作性方法,才更具翻译学理论与实践的指导意义。

晚清社会封建保守意识形态占主流的情况下,严复译著却甚为流行,是因为他顺应了当时的翻译生态环境,采用译写翻译策略,使译作成为"适者",因而成功地生存下来,实现了译者的"译有所为"。这是从翻译生态角度考察严复翻译,视角新颖,但用"译写"去框定严复翻译的性质,过窄过偏,不能完全涵

---

① 王宏志:《重释"信达雅"——二十世纪中国翻译研究》,上海:东方出版中心,1999年,后记。

盖其丰富的变译活动。林克难(2012)则通过讲评学生译作,发现有的译文只注意通顺流畅,却忽视了原文细节的准确传达,中国翻译家也存在同样的问题,认为"只求达旨,不顾细节的做法可以追溯到严复的'信达雅'"。林克难可错怪了严复,严复不仅是"不顾细节",更是不顾"大节"。因为林克难所求的细节是全译的细节,更多是学生或译家无意中或无法讲究的细节。而严复的细节是变译的细节,是有意不重视、不忠实于原文的。

三、系统研究

对严复"达旨术"的系统研究始于《天演论》面世百年的1998年。十余年来,"达旨术"得到了一些研究。如何立芳(2000)认为严复所提出的"达旨术"在他所处的时代有效地向中国知识界介绍了西方的先进思想,在把交流作为翻译首要任务的今天,"达旨术"也不失其指导意义。林丽玲(2007)认为"信达雅"是严复提出的翻译标准,但严复在翻译《天演论》时,却没有遵循这个原则,而是应用"'达旨'式翻译手法",并从时代背景探究其翻译风格改变的历史根源,解释"达旨"式译法的含义和严译《天演论》获得成功的缘由。

1998年是严译名著开始正式出版一百周年,译界纪念文章有十多篇,其中黄忠廉写了三篇系列论文,重新研究了严复的翻译。将百年严译研究梳理之后,他认为有必要重新认识严复的翻译思想,有必要进一步挖掘其宝贵的思想财富,认识到"达旨术"是与"信达雅"同等重要的翻译思想;应当把严译及其主张置于更大的背景下,研究域外信息的摄取方法;研究"信达雅"与"达旨术"的关系,完全可以另辟蹊径,拓宽研究视野。

2000年受严复"达旨术"的启发,黄忠廉将其提升为变译规律,并做了比较系统的研究,出版了《翻译变体研究》。该书是第一本系统研究变译的著作,集中研究其规律层面。该书研究了变译的概念、种类及其结构、变译论提出的必要性和可能性,并着重研究了十余种变译技能。通过古今中外大量的变译实践,认为变译是突破传统的双语研究角度,从文化交流的高度新发掘出的一种翻译范畴,是译者据读者的特殊需求采用扩充、取舍、浓缩、阐释、补充、合并、改造等变通手段摄取原作中心内容或部分内容的翻译活动,包括摘译、编译、译述、缩译、综述、述评、译评、改译、阐译、译写、参译等。各变译类型之间呈现梯级关系和包孕关系,均是应翻译实践之需而产生的。

每种变译类型的研究均从实践分析起步,从中总结出基本变译方法,形成变译方法论体系,再从方法论上升到规律性认识,总结出变译的基本原则,阐明变译技能运用的理论原则。变译方法研究的实际意义在于:在信息时代能多快好省有的放矢地吸收国外信息。好——信息有效;多——单位信息量大;快——传播速度高;省——省篇幅,省译者和读者的时间;有的放矢是最充分最直接有针对性地满足读者。

第四节 变译论诞生

世纪之交的系列研究揭开了深入研究严复"达旨术"的序幕,将其由变译现象研究提升到了变译规律研究层面,并由此认定严复是变译大师,严译是文化之译。严译"达旨术"思想在新世纪之初催生了变译理论,成为基于中国本土而独树一帜的翻译理论。

一、严复:变译大师

为了异域文化的传播,为了满足译语文化的特殊需求,为了满足特定读者的特定需求,严复要借变译发挥自己的文字特长,宣扬自己的改革主张。凡遇与己相左之处,就会迎头批驳;凡遇与己相同之处,他就充分肯定;凡遇意犹未尽之处,他就顺笔拓展;凡遇中国读者不懂之处,他就阐释解惑;凡遇中国读者不懂的专名,他就一一介绍。

仅就案语这一点,有人就看出了严译的特色:"严复在翻译作品中附加大量的按语来阐发他本人的见解,这是严译的重要特点,独具见地,为常人所不敢为。没有对原著的深刻的认识,没有博大精深的学识,没有卓越不凡的见解,如严复者,一般是不敢这样做的。"① 严复的案语有明有隐,《天演论》除 7 个篇目外,其他 28 个篇目后均有明案,其中正文字数超过案语者为 22 篇,案语超过正文者为 6 篇。除"导言十三"和"论十六"标以"复案"后接以标"又案"外,其他 25 个篇目均标以"复案"。用"复"或"又"字,暗示正文已有过"案"的行为。案语不长时,不加这些字样;稍长时,或者所案与所译的文字不便相处时,多半加上这些字样。

就目前变译研究来看,已总结出增、减、编、述、缩、并、改、仿八种变通手

---

① 高惠群、乌传衮:《翻译家严复传论》,上海:上海外语教育出版社,1992年,第82页。

段,八种变通手段组成十二种变译方法:摘译、编译、译述、缩译、综述、述评、译评、改译、阐译、译写、参译、仿作。本书第二章研究了严复的七大变译策略,稍作扩充和具体化,即可形成相应的十一种变译方法,由此不难看出,在八部名译中各种变译手段均有不同程度的使用。由此可见,严复是变译高手,是变译大师。

请看严复综合运用变通手段的例子:

原文Ⅷ段4:(1)<u>In my belief</u> the innate qualities,<u>physical,intellectual,and moral</u>, of our nation have remained substantially the same for the last four or five centuries. (2)If the struggle for existence has affected us to any serious extent<u>(and I doubt it)</u> it has been,<u>indirectly</u>, through our military and industrial wars <u>with other nations.</u>

导言十六段2:(23)今者即英伦一国而言之,挽近三百年治功所进,几于绝景而驰,至其民之气质性情,尚无可指之进步。(24)而欧墨物竞炎炎,天演为炉,天择为冶,所骎骎日进者,乃在政治、学术、工商、兵战之间。(25)呜呼,可谓奇观也已!

严译删除了原文中的画线部分,同时将"our nation"换作"英伦一国",把主观改为客观,让读者相信事实;将"four or five centuries"改为"三百年",把约数变为确定的数;用"其民之气质性情"概括了原文"physical"、"intellectual"和"and moral",其中舍弃了"体质"一项,同时加上了"治功所进,几于绝景而驰",这是对德智体的拔高。而原文本身的发展通过介词"至"作为另一个话题引出,整个思路由宏至微,由大到小。严复为什么要加写?他大概觉得顺接原文段3下来,所涉面太小,层次境界不高,尤其是受原文句2的后管控,为使句1、句2的内容层次等量齐观,有必要扩大句1的背景。

原文句2的严复将"our"明确为"欧墨"(即欧美)。为什么?受原文句1中"our nation"被变作"英伦一国"的影响,原文句2说"has affected us",影响一个民族,在此则是影响一个国家的生存,定然是国与国之间的竞争了,因此严复根据逻辑推理和他的知识,点出"欧墨",以与"英伦一国"形成语篇对应。结果是:导言句23论国内进化,句24说国际竞争;"物竞炎炎,天演为炉,天择为治,所骎骎日进者"是对"struggle for existence"的译写扩充,原文仅在军事和工业上竞争,严复加写了"政治、学术"和"商"。原文说"to any serious extent",严复单独译作一句"呜呼,可谓奇观也已!",发出感叹,从正面揭示其程度。原文句2原是假设,被严复译为事实,括号里的怀疑也由他变为肯定。小小的一段,费尽严复多少心思!

上例讨论严复如何立于句群层面,在句群内部大施变通之术,而导言十六段2由原文的4段组成,属于更大的句群组合。与之相比,类似的宏观或微观上的变通,全译是断断不可为的。

"在当时特定的条件下,正是因为严复对《天演论》的翻译采用了不同一般的处理方法,才使《天演论》(他的其他译著也是如此)产生了巨大的社会影响,这一点才是我们要给以足够估价的。"①有学者认为严复"辛苦迻译",常拿"一名之立,旬月踟蹰"作为严复信于原作的名言,究其实,这是精译术语的名言。也常见人拿"故词句之间,时有所颠倒附益,不斤斤于字比句次,而意义则不倍本文"作为译文的全译之法,请看表1和附录三,真正在词句之间的颠倒附益没多少! 除了词句之间,还有许多在词句之外,已涉及句、句群、段和节,乃至篇。"应当公正地说,严复对待翻译的认真态度大大超过常人,而他采用'达旨'的方法和加了不少'案语'的做法,恰恰正是他对读者认真负责和治学严谨不苟的表现。"②这种认真既是对原作,更是对读者,如果像全译那样,只对原作负责,或者即便在全译基础之上,另加注释,也起不到严译的效果。倘若来自原作之外的内容占据半壁江山,还是一般的全译吗?还能用全译标准去衡量吗?

如果说全译能立于语言层面,主要解决语言转换问题,兼顾文化问题,那么变译则立于文化层面,主要解决文化交流的障碍与互通问题,语言转换只是其手段之一。

二、严译:文化之译

文化之译,不只是译原作中的文化要素,更重要的是据译语文化去选择原语文化产品翻译,这是高层文化概念意义上的翻译;然后对原语文化产品进行

---

① 高惠群、乌传衮:《翻译家严复传论》,上海:上海外语教育出版社,1992年,第75页。
② 同上。

适应译语文化需求的改造性翻译,这是中层文化概念意义上的翻译;最后对所选原语作品中的文化因素的翻译,这是基层文化概念意义上的翻译。由此观严译,他在三个层次上都恪尽职守了,可以说,严复是变译大师,更是文化翻译大师。

严复具备两只慧眼,一只看中国,一只看西方;几乎同时,一边撰文针砭时弊,自然少不了西学的启迪,一边翻译西学,同样少不了汉学的观照。受双重文化的管规,1894年冬1895年春才会诞生一系列思想檄文和一部《天演论》。张志建认为:严复选择他精心研究过的原版书进行翻译,他不仅对所译的原版书做过研究,而且与之有关的书,他都涉猎,否则他就不能旁征博引,解说详明;选择与自己熟悉的中国固有文化、中国古代学者思想有关系的原版书进行翻译,旨在把两者结合起来,这一点也是中国翻译史上少见的。

"在世纪文化史上,任何一个民族在接受外来文化影响时,主要是局限在文化层次较高的上层社会。"① 但是相对而言,语言层面的翻译具有相对稳定性和微观性,文化翻译具有一定的时代性和选择性。严复因其对西方文化的深入了解,对赫胥黎原作学术背景和思想精髓的全面掌握,对中国现实和读者的深刻了解,决定了他对原作内容的取舍与加写,决定了他对译语文体的判定与选择,其背后都是两种文化的直接碰撞。说到底,严复的变译活动受双语文化制约的程度远比全译直接,许多地方都直接受到原语文化或译语文化双重规约。如:

原文Ⅺ段3:(1)Moralists of all ages and of all faiths, attending only to the relations of men towards one another in an ideal society, have agreed upon the "golden rule", "Do as you would be done by."

全译十一段3:(1)具有各种信仰的各个时代的道德家,只注意到理想社会中人与人的关系,都一致同意"己所不欲,勿施于人"这个"金科玉律"。

导言十四段1:(15)泰东者曰:己所不欲,勿施于人。(16)所求于朋友,先施之。(17)泰西者曰:施人如己所欲受。

---

① 金亚娜等:《充盈的虚无——俄罗斯文学中的宗教意识》,北京:人民文学出版社,2002年,第208页。

先请看导言十四段 2"复案:(1)赫胥黎氏之为此言,意欲明保群自存之道,不宜尽去自营也。(2)然而其义陿矣。(3)且其所举泰东西建言,皆非群学太平最大公例也。"给人感觉是句 3 也是赫胥黎的思想,其实它所指的是导言段 1 句 15—17,其中句 15—16 为严复所加,只剩句 17 才是原作内容。读者一般会误以为二者均为原作内容,只有做细致比对研究才会发现,是严复将中国传统的儒家思想融入了原文。

政治思想往往是文化翻译的背景。任何译作不出于特种目的,一般不具备特殊的政治要求,则不具备特种政治色彩。一旦翻译受制于特定的政治目的,它将是一种特殊的翻译文化,严译即是如此,它推动了当时思想文化的发展,实现了其政治目的,是文化之译的典型。

严复不能靠仕途施展自己的政治抱负,就倾心于译书,将一种强烈的爱国热忱倾注其中,这就增加了《天演论》等书的历史文化厚重感。严复的激情、睿智、学识、才情全聚于译作,溢于文字,严译成了一道丰盛的文化大餐。对国外思想的完整性输入,是文化交流的主体,有时甚至是主流。但是,"对外来思想的摄取,反映了最深文化层次的需求"。严复"认识到这一点,所以他率先开始了对西方思想的摄取"。外来思想的摄取者"将外来思想纳入自己的认识系统,用新的视角审视本国的现实,解决本国问题"。①

三、思想催生理论

1998 年,《天演论》刊行暨"信达雅"提出百年之际,国内论及严复翻译的文章有 14 篇。正如沈苏儒所言:"几十年来对'信达雅'说的讨论,'从总体上看,似乎始终处于盘旋的状态',并无实质性的突破。……这也说明,对'信达雅'说做较为深入的研究并力图加以发展,是时代的需要。"②连沈苏儒本人 1998 年所著《论信达雅——严复翻译理论研究》也只是"写成我国第一部研究信达雅的综合性总结式专著"③,也无实质性进展。十余年来,国内论及严复翻译的文章百余篇,就翻译本体的研究有些新的进展,这就是变译理论的提出。

---

① 王克非:《中日近代对西方政治哲学思想的摄取:严复与日本启蒙学者》,北京:中国社会科学出版社,1996 年,第 149、150 页。
② 沈苏儒:《论信达雅——严复翻译理论研究》,北京:商务印书馆,1998 年,第 112 页。
③ 罗新璋:序,见沈苏儒:《论信达雅——严复翻译理论研究》,北京:商务印书馆,1998 年。

罗新璋认为:"严复在'辛苦迻译'中,把自己的独识与先觉,运用'内籀之术',格物致知,将译事经验升为理性认识,成为一种影响深远的学说。"①其实不然,严复的理性认识至多是思想,未见系统展开,尚不能视为"学说"。任何译作都是历史的产物,产生于历史的时空,严译名著风靡一时,震撼于近代,影响于现当代。由其孕育的翻译思想,如同译作一样,也是人类的宝贵译学遗产。只有对其思想系统发掘,才会有助于上升为理论学说。

《天演论》开篇一节名为"察变",与严复的变通策略有一种暗合。吴汝纶在《天演论·序》中也说:"抑严子之译是书,不惟自传其文而已,盖谓赫胥黎氏以人持天,以人治之日新,卫其种族之说,其义富,其辞危,使读焉者怵焉知变,于国论殆有助乎!"

在《天演论》中,严复称归纳法为"内籀之术",称演绎法为"外籀之术",两相比较,他更重归纳法,因为演绎所需的"公理"、"公例"即一般规律"无往不由内籀",即无不由归纳得出。所以他说"欲有所知,其最初必由内籀"。当然,归纳与演绎我们会等量齐观,但归纳出新知,具有很大的真理成分。我们同样采用了归纳法,从严复及其他变译实践中总结出了变译理论。

严复变译思想是变译理论产生的宝库,如果同样用正译、善译或全译去看待严复的翻译,只能得出严复"未正法"一样的自嘲性结论,最终没有新获,还会重蹈许多研究者的覆辙,而不能有所发现。若将与严译思想及其类似的变译实践所蕴含的变译思想系统化,就会从变译的"what"深化到"how",再升华到"why",总结出变译理论。如前所述,2000出版的《翻译变体研究》主要研究如何变译,这是理论产生的前奏;2002年出版的《变译理论》旨在对变译现象进行充分的解释,这才是对变译现象的原理研究;2004年出版的《科学翻译学》将变译理论纳入了翻译学理论体系;2009年出版的《翻译方法论》则是方法论的总结。结合变译思想或理论,黄忠廉认为翻译是一种变化行为,2013年推出的《应用翻译学》再次将变译理论纳入了翻译学理论体系。

那么,什么是变译理论呢?所谓变译理论,指从变译实践中概括出来的反映变译本质和规律的科学原理和思想体系,它研究变译过程的一般特点和规律,寻求适于一切变译方法的一般原理和方法,是关于变译的本质、特性、必然

---

① 罗新璋:序,见沈苏儒:《论信达雅——严复翻译理论研究》,北京:商务印书馆,1998年。

联系或操作规律的理性认识。《变译理论》论证了变译这一核心概念和十八个基本概念及其逻辑关系，构成了整套变译理论体系：变译指译者根据特定条件下特定读者的特殊需求，采用变通手段摄取原作有关内容的翻译活动；变译系统由变译主体、变译客体和变通手段构成；变通手段包括增、减、编、述、缩、并、改、仿等八种；变通手段构成了摘译、编译、译述、缩译、综述、述评、译评、改译、阐译、译写、参译、仿作等十二种变译方法；变译以句群为中枢单位；变译机制表现为读者→译者→变通→原作；变译具有多快好省有的放矢的特效；变译适用于文学、社科和科技三类作品，可以充分体现译者的主体性，突出原作的使用价值，满足读者的特殊需求，追求翻译的社会效益和经济效益。

变译的理论研究大有潜力可挖，凡研究全译的方法均可试用，然后形成自己的一套研究方法，走出不同的路子，比如现象研究与本质研究、过程研究与结果研究、历史研究与现实研究、应用研究与纯理研究、上向研究与下向研究、专题研究与学科研究、笼统研究与具体研究、潜性研究与显性研究、综合研究与分类研究、译介研究与原创研究等。上述二十种研究方法形成十对矛盾对立的统一体，采用辩证法，有助于深化变译研究。十对研究方法有交叉有侧重，研究者均可选其一种或几种深入下去，单独或齐头并进，共同开掘变译问题。有了正确的选题，清晰的思路，优化的方法，二十种方法可构点式、线式、面式、体式等多种研究范式，从不同层面多角度切入，变译理论研究将会形成新的格局。变译研究将是中国译学研究新的领域之一，尤其是在中国文化走出去的当下。

尾 章

一、立题与方法
(一)立题及其背景

国外把严复主要当作思想家研究,其翻译思想只是偶尔提及,因此严复翻译思想研究主要集于国内。1996年前研究主体是"信达雅"之争,进行了近百年的训诂、辨难与辩难,或阐释三字说的内涵,或厘清三字之间的关系,或指明三字说的作用。百年内,专论严译的文章400余篇,其中同一观点不断重复,推崇的,反对的,部分赞同的,改进的,不一而足,但新意不多。与此同时,对"信达雅"的辩难此起彼伏,或辩护三字说,或问难"信达雅",但破多立少。

1996年以来,国内学者开始关注"达旨术",如《论信达雅——严复翻译理论研究》《重释"信达雅"——二十世纪中国翻译研究》等;有的研究严译的"增减改案",如《中日近代对西方政治哲学思想的摄取:严复与日本启蒙学者》等,有的把摄取国外信息的"达旨术"提升到规律层面加以研究,已总结出摘译、编译、译述、译评、综述、述评、译写等十余种变译方法,如《译介学》等;有的把变译提高到原理层面加以研究,提出了变译理论、文学变译、文化变译等,有的提出翻译经济论等,这些研究或多或少受到严复变译实践的启发。严复变译及其类似现象得到了初步研究,严复被奉为"译圣",甚至是"中国译学之父",更应有资格成为变译个案研究的对象,但纵观整个中国译论研究和译史研究,严复所言("信达雅")被研究再三,所为("达旨术")未被充分关注,对严译本身个中奥秘未做深入探讨。至今把严译及其主张置于更大的文化语境下,采用语料库方法对其"信达雅"与"达旨术"及其关系全面深入研究者,尚未见到。而对严复变译思想充分观察,充分描写,最终做出充分解释,对其所为所言深入系统地研究，可以全面认识严复变译思想产生的根源和生存的形态，以启迪当下的翻译理论研究。

鉴于上述，本书运用自制的《天演论》变译语料库，对严复变译思想进行了解剖麻雀式的理论研究。

(二) 基本方法

语料库方法　将 Evolution and ethics prolegomena 及其严复变译本《天演论》与1973年科学出版社全译本《进化论与伦理学》三者一并输入电脑，建立了十几万字的小型语料库，通过全译与变译语料平行比较，剖析每个语篇单位的变通策略，并建立相应的变通策略表，以便用实证方法对整个《天演论》的变译策略进行描写、统计与分析，在定量研究的基础上做出定性结论。

穷尽调查法　要探清严复变译的真面目，必须对其译本做逐字逐句式的穷尽性调查，在章、节、段、句、甚至是词之间探寻严复变译的踪迹。用解剖麻雀的方法，揭示严复变译思想的真谛。

平行比较法　为了更好地与传统的翻译"正法"——全译进行比较，本书采用平行比较法，即以原文和全译为参照系，考察严复是如何在篇与篇、段与段、句与句之间施展变通艺术的，以此揭示"达旨术"的高妙。

文化剖析法　从翻译的制高点——文化交流出发，考察严复如何变通原作，以达到吸收外来文化的目标，分析变通的背景以及变通背后的动机，反映最深层的文化需求，从而最终确定"信达雅"的内涵。

二、核心内容与观点

(一) 核心内容

重识严复的翻译思想　从思想史和理论史角度，尤其是从思想到理论的历程可以断定严复提出的是翻译思想，而非翻译理论。在翻译研究文化转向的今天重新认识严复的变译实践，以便识得严复变译思想的精髓，为百年来严复翻译思想正本清源，以便推动当今中国翻译理论研究。

严复变译思想实质考　通过语料库，考量《天演论》的变通策略，以句和句群为匡算对象，探究原作有多少语篇单位经历了变通，多少内容得以保留，多少内容来自变通，增 (写、释、评)、减、编、述、缩、并、改等变通策略各用了多少，以此论证"达旨术"是变译的策略，"信达雅"是变译的思想。通过严译《天演论》与全译语料对应，例证"信达雅"的真谛，推定"达"是"信达雅"的轴心，"达旨术"的灵魂，"达旨术"与"信达雅"呈一致性关系，"变"、"通"、"达"三者具有内在关联,可求严复变译思想系统化,建立严复变译思想体系。

严复变译思想来源考 据严复《天演论》之前、之中和之后的全译实践和变译实践的比较分析,从应运而译、读者需求、主观努力和成功效应四个角度,判断严复变译思想如何且为何胜出的原因,从取法于先人、来源于古代、受惠于时贤、有别于西方四个角度,考察了变译思想的来源。

百年辨难、辩难与研究 对严复翻译研究的百年梳理,可以查明严复变译思想研究的历史脉络,以古鉴今。首先是考察"信达雅"辨难,看学者们如何研究"信达雅"的内涵与作用,如何探讨"信达雅"的联系与区别;其次是考察"信达雅"辩难,看学者们如何辩护"信达雅",如何问难"信达雅";最后追踪"达旨术"的研究,从其难得肯定到初步研究再到系统研究,直至变译理论诞生,探讨变译大师严复的"达旨术"研究的轨迹,将严译定位于文化之译。

(二)主要观点

严译属于翻译文化特殊现象,严译本身是文化之译的典范。严复翻译思想非常丰富,严复始于全译,盛于变译,成名于变译。变译是其主体,变译思想贯穿于严译八大名著的始终。

由《天演论》变译语料库可知,严复用了增(写、释、评)、减、编、述、缩、并、改七种变通策略;若以句和句群为考察单位,99%的句和句群都发生了变通;七大变通手段是"达旨术"的具体体现。

"达旨术"是比"信达雅"内涵更丰富的翻译财富,"达旨术"是特定历史时期产生特定翻译思想"信达雅"的特定基础,又是"信达雅"指导下的特定变译策略。

重识严复的变译思想必须基于严复变译实践语料,一旦与严译事实接触,对"信达雅"的认识会越来越明晰。严复提出的"信达雅"不是理论,而是思想,且是变译思想,从思想到理论需要系统化。

严复的"信":部分内容信于原作,忠于原作,更多的内容(四分之三)来自原作之外,是为了取悦且服务于译语读者;严复的"达":一达传播原作之要旨,二达服务译者之宗旨;严复的"雅":指规范文言,即秦汉以前通用的文言,其风格是精练而丰富,简洁而深刻,明晰而典雅。

"信达雅"是变译的思想,"达旨术"是变译的策略,严译思想与实践策略并不矛盾,矛盾是后人自立的。"信达雅"与"达旨术"辩证统一,"达"是二者的纽带,是严译的目的,欲"达"则必"通",欲"通"则必"变"。反言之,"变"则"通","通"则"达"。因此严复变译思想体系可以建立为:

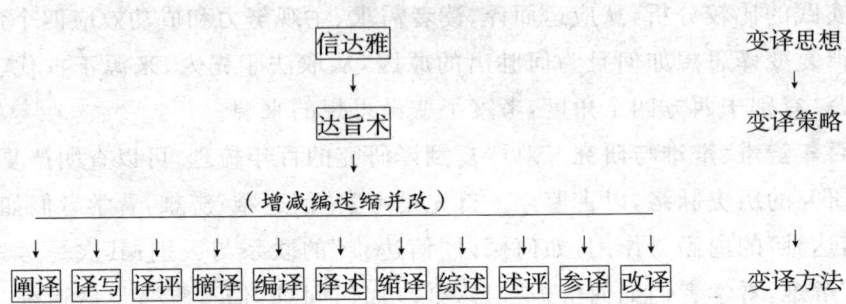

三、意义、创新与问题

(一)意义

严复是一代变译大师,考察其翻译实践,揭示其思想与实践的关系,将有利于认识真正的严复,可发掘中国的翻译思想。由于严译在中国翻译、思想、文化诸多领域的特殊地位与影响,其变译思想体系的建立,能为变译理论确立稳定的历史坐标,为中国译论的建立提供清晰的参照体系和准确的思想源泉。本书期以:

1) 揭示"达旨术"的奥秘,以正视听;
2) 探索"信达雅"的真谛,以解百年纷争;
3) 建立实事求是的严译思想体系;
4) 确立严译思想体系在中国翻译思想中应有的地位。

对严译思想的澄清、爬梳与思考有助于我们在实际工作中:

1) 解释变译现象;
2) 更好地指导变译实践活动;
3) 培养更为实用的翻译人才,以满足社会的实际需求;
4) 扩大翻译理论研究的视野,更全面地考察翻译理论的研究对象。

(二)创新之处

以严解严。从严译具体事实出发,深入探讨严复丰富多彩的变译现象的本质。

解剖麻雀式个案研究。把严译视作整体,建立变译语料库,采用详细描述与分析的方法,对严译深入系统地研究,进而获得全面而独特的认识。

寻求"信达雅"与"达旨术"的内在一致性。比读严译与全译,以严译"达旨术"验察他的变译思想,以行律言,以拨开严译思想的迷雾,还严复以译家真实面目。

建立严复变译思想体系。严复并未提出理论,但可以从其"达旨术"和译事三难"信达雅"的感叹中总结出相应的变译思想体系,为变译理论的建立与完善提供典型的史实支撑。

(三)留待思考的问题

严复乃变译大师,他多种变译方法并用,有时易于单独研究,有时则难以剥离,讨论会有困难;更细更全的研究留待未来。

严复《天演论》变译本的版本复杂,文本的断句、分段等问题,诸多古文难点的理解也是目前的水平,能否领悟严译用意,与其古文译本的理解密切相关。

个案研究容易滑入琐碎,具体译例与思辨分析如何结合起来,上升到理性认识,有待理论水平的进一步提高。

将"信达雅"与"达旨术"统一起来,需打破成规,建立完整的变译思想体系,需要更深入的独立思考。

本书仅以《天演论·上卷》为例探讨了严复变译思想,期待时间有宽裕,可将下卷一并建立语料库,并对严译八大名著进行变译调查与研究,相信对严译乃至所有的变译的认识将有质的飞跃。

严复变译思想考,考察的是社会科学的变译,受其推动,可以同一套路对其他社会科学译家译著(如吕叔湘变译赵元任之《中国口语语法》等)、对文学变译(如林纾变译众多西方文学著作等)、对科技变译、对环球新闻变译等,进行类似的研究,由点到线,由线到面,由面到体,变译理论的研究将大为拓展。

参考与研究文献

Appiah, K. A. *Thick Translation* [A]// Lawrence Venuti(ed.), In The Translation Studies Reader[C]. Routledge, 2000.

Toury, G. *The Nature and Role of Norms in Literary Translation* [A]// James S. Holmes, José Lambert, R. van den Broeck(ed.), Literature and Translation: New Perspectives in Literary Studies[C]. Leuven Belgium: Acco, 1978: 83—100.

Марчук, Ю. Н. Методы моделирования перевода[M]. М., 1985.

曹明伦. 文本目的——译者的翻译目的——兼评德国功能派目的论和意大利谚语"翻译即叛逆"[J]. 天津外国语学院学报, 2007(4): 1—5.

常乃慰. 翻译释义[A]// 中国译协《翻译通讯》编辑部. 翻译研究论文集(1894—1948)[C]. 北京: 外语教学与研究出版社, 1981/1984: 366—371.

陈福康. 郑振铎论[M]. 北京: 商务印书馆, 1991.

陈福康. 中国译学理论史稿[M]. 上海: 上海外语教育出版社, 1992.

陈廷祐. 英文汉译技巧[M]. 北京: 外语教学与研究出版社, 1980.

陈叶. 严复"信、达、雅"新解[J]. 学术交流, 2004(8): 138—141.

陈玉萍. 中西思维方式与中西翻译理论——析严复的"信达雅"与纽马克的交际翻译与语义翻译[J]. 石家庄学院学报, 2005(5): 90—93.

陈忠华, 杨春苑. 译文的可读性障碍及其排除[J]. 中国翻译, 2002(3): 47—49.

程小娟. 《教务杂志》中"God"汉译讨论研究[A]// 刘树森. 基督教在中国: 比较研究视角下的近现代中西文化交流[C]. 上海: 上海人民出版社, 2010: 68—84.

戴镏龄. 萨镇冰谈严复的翻译[J]. 翻译通报, 1985(6): 36—38.

邓开贵. 在采访中深化主题[J]. 新闻界, 1994(4): 26—27.

董力. 严复的"信达雅"何时成了译事的最高原则——与袁志广先生商榷[J]. 语言与翻译, 2001(4): 65—68.

董秋斯. 翻译批评的标准和重点[J]. 翻译通报, 1950(10): 4—7.

樊云. 泰特勒和严复翻译原则的比较[J]. 宿州教育学院学报, 2007(2): 97—98.

范守义.评翻译界五十年(1894—1948)的争论[J].中国翻译,1986(1):2—8.

范晓.关于构建汉语语法体系问题——"小句中枢"问题讨论的思考[J].汉语学报,2005(2):53—61,96.

冯世则.解读严复、鲁迅、钱锺书三家言:"信、达、雅"[J].清华大学学报(哲学社会科学版),2001(2):95—100.

冯友兰.从赫胥黎到严复[N].光明日报,1961—3—8,9.

傅斯年.译书感言[A]// 中国译协《翻译通讯》编辑部.翻译研究论文集(1894—1948)[C].北京:外语教学与研究出版社,1919/1984:59—63.

高惠群,乌传衮.翻译家严复传论[M].上海:上海外语教育出版社,1992.

葛传椝.漫谈由汉译英问题[A]// 中国译协《翻译通讯》编辑部.翻译研究论文集(1949—1983)[C].北京:外语教学与研究出版社,1980/1984:357—372.

顾长声.传教士与近代中国[M].上海:上海人民出版社,1991.

郭宏安.自设藩篱,循迹而行[N].中华读书报,1996—10—2.

郭沫若.关于翻译标准问题[A]// 罗新璋,陈应年.翻译论集(修订本)[C].北京:商务印书馆,1955/2009:562—563.

韩江洪.严复翻译与先秦汉语[J].四川外语学院学报,2007(6):111—115.

韩江洪.严复翻译中的误读[J].解放军外国语学院学报,2008(1):55—61.

[英]赫胥黎.严复译.天演论[M].北京:科学出版社,1971.

何立芳.翻译手段与目的——兼评严复的"达旨术"[J].乐山师范高等专科学校学报,2000(2):57—58,64.

胡文龙.于思想交锋中透彻说理[J].新闻与写作,1994(4):15—18.

胡志德.挪用:再论严复与西方思想[A]// 刘桂生等.严复思想新论[C].北京:清华大学出版社,1999:331—360.

黄邦杰.翻译研究的路向[J].中国翻译,1989(3):44—48.

黄家雄.合机与缝合——评论用典方法谈[J].新闻写作研究,1998(12):29—30.

黄克武.严复的翻译:近百年来中西学者的评论[J].东南学术,1998(4):88—95.

黄龙.Translatology[M].南京:江苏教育出版社,1988.

黄药眠.翻译漫谈[J].翻译通讯,1985(2):9—11.

黄雨石.英汉文学翻译探索[M].西安:陕西人民出版社,1988.

黄忠廉,李明达.《天演论》评述研究——严复变译思想考之一[J].外国语文研究,2015(2):34—40.

黄忠廉,李亚舒.科学翻译学[M].北京:中国对外翻译出版公司,2004/2007.

黄忠廉,刘丹.《天演论》编译的单位、方式与功用——严复达旨术研究之一[J].当代外语研究,2014a(2):35—39,77.

黄忠廉,刘丹.严复翻译实践考——严复变译研究之一[J].山东外语教学,2014b(4):94—99.

黄忠廉,孙秋花."信、达、雅"辨难与辩难综观——严复变译思想考之一[J].燕山大学学报(哲学社会科学版),2014(1):36—43.
黄忠廉,张永中.变译:考察翻译的新视点——兼答徐朝友先生[J].外语研究,2007(2):66—68.
黄忠廉.《天演论》"写"的单位与方式——严复达旨术研究之一[J].当代外语研究,2010a(1):54—57,61.
黄忠廉.翻译"变""化"观[J].外语学刊,2010b(6):104—108.
黄忠廉.翻译思想≠翻译理论——以傅雷、严复为例[J].解放军外国语学院学报,2010c(5):77—81,128.
黄忠廉."翻译"新解——兼答周领顺先生论"变译"[J].外语研究,2012a(1):81—84,112.
黄忠廉."信达雅"与"达旨术"关系论[J].外语学刊,2013(6):80—84.
黄忠廉.《天演论》阐译研究[J].阅江学刊,2011a(2):113—118.
黄忠廉.变译理论[M].北京:中国对外翻译出版公司,2002.
黄忠廉.变译理论研究类型考[J].外语学刊,2011b(6):101—104.
黄忠廉.变译平行语料库概说——以严复《天演论》为例[J].外语学刊,2009a(1):116—119.
黄忠廉.翻译变体研究[M].北京:中国对外翻译出版公司,2000.
黄忠廉.变译:文化翻译之极致[J].外语学刊,2014d(1):84—85.
黄忠廉.明末清初传教士变译特性之考察[J].求是学刊,2011c(5):148—153.
黄忠廉.适应与选择:严复翻译思想探源[J].上海翻译,2009b(4):7—11.
黄忠廉.严复变译的文化战略[N].光明日报,2012b—10—17.
黄忠廉.严复成功译入西方思想探因[J].哈尔滨工业大学学报(社会科学版),2014e(1):74—83.
黄忠廉.严复翻译始末小考[J].读书,2009c(2):116—120.
黄忠廉.严复翻译思想的另一面[J].中国科技翻译,1998a(4):17—19,20.
黄忠廉.严复翻译思想研究百年回眸[J].福建外语,1998b(3):19—23.
黄忠廉.严译《天演论》"雅"之真谛及表现——严复变译思想考之一[M].广译,2012c(7):125—138.
黄忠廉.中国译学:问题何在?[J].外国语(上海外国语大学学报),2014f(4):9—11.
黄忠廉.重识严复的翻译思想[J].中国翻译,1998c(3):5—7.
黄忠廉等.翻译方法论[M].北京:中国社会科学出版社,2009.
焦飏.从"翻译适应选择论"看严复《天演论》的翻译[J].成都教育学院学报,2006(12):157—158,160.
金兵,杜慧颖.对严复翻译标准的再认识[J].中国矿业大学学报(社会科学版),2005(4):136—139.
金文涛.严复的另面人生[N].中国社会科学报,2011—4—28.
金亚娜等.充盈的虚无——俄罗斯文学中的宗教意识[M].北京:人民文学出版社,2002.
黎难秋.中国口译史[M].青岛:青岛出版社,2002.
李承贵.中西文化之会通——严复中西文化比较与结合思想研究[M].南昌:江西人民出版社,1997.

李建国.汉语规范史略[M].北京:语文出版社,2000.
李静滢.论翻译中文本阐释与译者的取向作用[J].深圳大学学报(人文社会科学版),2001(6):122—127.
李培恩.论翻译[A]// 中国译协《翻译通讯》编辑部.翻译研究论文集(1894—1948)[C].北京:外语教学与研究出版社,1935/1984:278—286.
李泽厚.严复论[J].历史研究,1977(2):24—28.
梁启超.《十五小豪杰》译后语[A]// 罗新璋,陈应年.翻译论集(修订本)[C].北京:商务印书馆,1902/2009:197.
梁启超.论译书[A]// 中国译协《翻译通讯》编辑部.翻译研究论文集(1894—1948)[C].北京:外语教学与研究出版社,1896/1984:8—20.
梁真惠,陈卫国.严复译本《天演论》的变异现象——以功能翻译理论为视角的研究[J].北京第二外国语学院学报,2007(6):28—35.
林基成.天演=进化?=进步?[J].读书,1991(12):29—38.
林克难."达旨"与细节[J].中国翻译,2012(6):76—69.
林丽玲.简论严复的"达旨"式翻译法——以分析《天演论》的翻译风貌为中心[J].福建医科大学学报(社会科学版),2007(1):75—78.
林延清,李梦芝.五千年中外文化交流史(第二卷)[M].北京:世界知识出版社,2002.
林璋.解读严复"信达雅"[J].中国科技翻译,2000(4):1—4.
刘丽娜.林纾和严复翻译方法之对比(英文)[J].内蒙古师范大学学报(哲学社会科学版),2006(S1):67—70.
刘梦溪.总序[A]// 欧阳哲生.中国现代学术经典·严复卷[C].石家庄:河北教育出版社,1996.
刘重德.浑金璞玉集[M].北京:中国对外翻译出版公司,1994.
鲁迅.关于翻译——给瞿秋白的回信[A]// 中国译协《翻译通讯》编辑部.翻译研究论文集(1894—1948)[C].北京:外语教学与研究出版社,1931/1984:223—228.
鲁迅.鲁迅全集[M].北京:人民文学出版社,1981.
罗新璋.翻译论集[C].北京:商务印书馆,1984.
罗新璋,陈应年.翻译论集(修订本)[C].北京:商务印书馆,2009.
罗新璋.钱锺书的译艺谈[J].中国翻译,1990(6):3—11.
罗新璋.序[A]// 沈苏儒.论信达雅——严复翻译理论研究[M].北京:商务印书馆,1998.
吕叔湘,朱德熙.语法修辞讲话(第二版)[M].北京:中国青年出版社,1979.
马勇.严复学术思想评传[M].北京:北京图书馆出版社,2001.
马祖毅.中国翻译简史——五四以前部分(增订版)[M].北京:中国对外翻译出版公司,1998.
马祖毅.中国翻译简史——五四以前部分[M].北京:中国对外翻译出版公司,1984.
木曾.翻译释义[A]// 中国译协《翻译通讯》编辑部.翻译研究论文集(1894—1948)[C].北京:外语教学与研究出版社,1941/1984:322—336.

穆诗雄.翻译标准与翻译目的、对象和语篇类型——重温严复的译论[J].外语与外语教学,
　　2001(5):51—53.
欧阳哲生.严复卷[C].石家庄:河北教育出版社,1996.
彭启良.翻译与比较[M].北京:商务印书馆,1980.
启功.汉语现象论丛[M].香港:商务印书馆(香港)有限公司,1991.
钱育才.翻译的实质与任务——俄汉文学翻译理论探讨[J].中国翻译,1986(2):9—14.
钱锺书.管锥编(第三册)(第二版)[M].北京:中华书局,1986.
邱磊.言语产物功能在翻译标准中的主导作用[J].中国翻译,1988(4):7—14.
任东升.论严复的《圣经》片断翻译[Z].全国博士生学术论坛,2004,上海.
杉彬.此"本"不"失",便不成翻译[J].中国翻译,1985(10):3—5.
沈苏儒.论信达雅——严复翻译理论研究[M].北京:商务印书馆,1998.
宋永培.上古汉语与现代汉语中的"通""达"的词义、构词比较[A]//李如龙,苏新春.《词汇学
　　理论与实践》[C].北京:商务印书馆,2001:186—197.
苏基朗.有法无天? 严复译《天演论》对 20 世纪初中国法律的影响[J].清华法学,2012(5):
　　128—142.
孙青.西译中述与晚清"西方政治之学"的塑型——以江南制造局译印《佐治刍言》为中心的讨
　　论[A]// 刘树森.基督教在中国:比较研究视角下的近现代中西文化交流[C].上海:上海人
　　民出版社,2010:238—278.
谭载喜.必须建立翻译学[J].中国翻译,1987(3):2—7.
田野.严复的选择——论目的语文化对翻译的干预[J].四川外语学院学报,2004(3):110—115.
屠国元,王飞虹.论译者的材料选择与翻译策略取向——利玛窦翻译活动个案研究[J].中国翻
　　译,2005(2):20—25.
王东风.论"达"——为纪念严复《天演论》问世 100 周年而作[J].福建外语,1998(3):4—13.
王宏志.重释"信达雅"——二十世纪中国翻译研究[M].上海:东方出版中心,1999.
王克非.论严复《天演论》的翻译[J].中国翻译,1992(3):6—10.
王克非.中日近代对西方政治哲学思想的摄取:严复与日本启蒙学者[M].北京:中国社会科学
　　出版社,1996.
王力.汉语史稿[M].北京:中华书局,2004.
王利平.严复翻译策略的目的论观[J].重庆文理学院学报(社会科学版),2006(5):100—102.
王玲英.翻译与现代性文化转型——庞德与严复的翻译比较[J].长沙铁道学院学报(社会科学
　　版),2007(2):160—161.
王栻等.论严复与严译名著[C].北京:商务印书馆,1982.
王澍.翻译标准观评议[A]// 中国译协《翻译通讯》编辑部.翻译研究论文集(1949—1983)[C].
　　北京:外语教学与研究出版社,1954/1984:116—129.
王宪明.混杂的译本——读严复译《社会通诠》[J].中国翻译,2004(2):65—69.
王宪明.语言、翻译与政治——严复译《社会通诠》研究[M].北京:北京大学出版社,2005.

王一多. 翻译过程中语篇连贯之逻辑关系本质[J]. 外语研究,2006(4):61—64.
王佐良. 两位早期翻译家的重新评论[J]. 外语教学与研究,1981(1):1—12.
吴微. 桐城文章的"别样风景"——以严复、林纾的翻译为中心[J]. 中国现代文学研究丛刊, 2009(2):15—29.
伍蠡甫. 伍光建的翻译——《伍光建翻译遗稿》前记[A]// 罗新璋,陈应年. 翻译论集(修订本) [C]. 北京:商务印书馆,1979/2009:545—549.
夏元. 价值冲突中的《圣经》翻译——明末清初耶稣会传教士的翻译策略和关键译名选择[J]. 中国翻译,2005(1):51—55.
徐守平,徐守勤. "雅"义小论——重读《天演论·译例言》[J]. 中国翻译,1994(5):6—7.
[美]许华茨著,滕复等译. 严复与西方[M]. 北京:职工教育出版社,1990.
许钧. 译学探索的百年回顾与展望——评《论信达雅——严复翻译理论研究》[J]. 中国翻译, 1999(4):48—50.
许渊冲. 翻译的艺术[M]. 北京:中国对外翻译出版公司,1984.
许渊冲. 再谈《竞赛论》和《优势论》——兼评《忠实是译者的天职》[J]. 中国翻译,2001(1):51—52.
闫亮亮,朱健平. 严复的"中先西后"观及其对翻译《天演论》的影响[J]. 中国比较文学,2010 (3):38—50.
严复.《严复集》第3册[M]. 北京:中华书局,1986.
严复.《严复集》第5册[M]. 北京:中华书局,1986.
杨春花. 功能派翻译理论视角下重释"信达雅"——以严复《天演论》的翻译为例[J]. 信阳师范学院学报(哲学社会科学版),2007(5):97—100.
杨柳. 论原作之隐形[J]. 中国翻译,2001(2):47—51.
杨镇华. 怎样才自好翻译[A]// 中国译协《翻译通讯》编辑部. 翻译研究论文集(1894—1948) [C]. 北京:外语教学与研究出版社,1984:287—292.
叶君健. 翻译也要出"精品"[J]. 中国翻译,1997(1):30—31.
俞政. 严复著译研究[M]. 苏州:苏州大学出版社,2003.
袁志广. 严复的"信、达、雅"须要再认识[J]. 语言与翻译,2001(2):34—37.
张德让. 翻译会通研究:从徐光启到严复[J]. 外语教学,2011a(6):96—99.
张德让. 严复换例译法与中西会通:以《名学浅说》译本为例[J]. 外语与外语教学,2011b(2): 75—78,96.
张芳,边立红. 从翻译适应选择论看严复翻译中的译写现象[J]. 沈阳大学学报(社会科学版), 2012(3):128—131.
张威廉. 怎样提高我们文学翻译的质量?[A]// 中国译协《翻译通讯》编辑部. 翻译研究论文集 (1949—1983)[C]. 北京:外语教学与研究出版社,1981/1984:465—473.
张文木. 从严复、马汉的不同命运说起[N]. 光明日报,2010—07—26.
张锡勤. 中国近代思想文化史稿(下册)[M]. 哈尔滨:黑龙江教育出版社,2004.

张志建.严复思想研究[M].桂林:广西师范大学出版社,1989.
张中行.文言和白话[M].哈尔滨:黑龙江人民出版社,1997.
周领顺.新史料求证严复的翻译思想[J].四川外语学院学报,2006(3):105—109.
周煦良.翻译三论[A]// 罗新璋,陈应年.翻译论集(修订本)[C].北京:商务印书馆,1982/
　　2009:1072—1086.
周兆祥.翻译的准则与目标[J].中国翻译,1986(3):46—50.
朱光潜.谈翻译[A]// 罗新璋,陈应年.翻译论集(修订本)[C].北京:商务印书馆,1944 /
　　2009:529—537.
朱益平.阐释学三大原则对文学翻译的启示——以《德伯家的苔丝》多译本为例[J].江西社会
　　科学,2010(1):217—220.
祝畹瑾.社会语言学概论[M].长沙:湖南教育出版社,1992.
庄金玉.剖析消息写作的"三度反复"[J].新闻知识,2006(1):31—32.
邹振环.利玛窦《交友论》的译刊与传播[J].复旦学报(社会科学版),2001(3):49—55.
邹振环.中国近代翻译史上的严复与伍光建[A]// 中国文化与世界[C].上海:上海外语教育
　　出版社,1995:311—312.

附录一

严复传略

　　严复,1854年1月8日(癸丑十二月初十)生于福州南台苍霞洲(今台江)。字又陵,乳名体乾,幼时谱名传初,入马尾船政学堂时改名宗光;27岁任北洋水师学堂总教习,入仕途,改名复,字幾道。

　　严复父祖两代皆以中医为业。6岁入私塾读书,1866年春与同邑王氏结婚,同年父亡家贫,不再从师。为减轻家庭负担,1866年投考福州马尾船政学堂,费用全免。

　　福州马尾船政学堂分前堂与后堂,前堂学造船,用法语授课,后堂学驾驶,用英语授课。严复读后堂,学了五年,主修英文、算术、几何、代数、解析几何、三角、物理、化学、天文学、航海术等。1871年,18岁,毕业于航行理论科,赴军舰实习,先后到过中国台湾、新加坡、槟榔屿、日本长崎、横滨等地。

　　在海军服役五年后,1877年3月取道香港,5月抵达英国,9月进入格林尼次皇家海军学院,学习海军将领必备的知识。留学英伦期间,常拜访驻伦敦的中国公使郭嵩焘,郭深感严复见识卓越,外出访问或旅行,常携其同行。此外,严复常与留英同学一同出游,游历英、法、德等国,对欧洲形成了直观的印象。听郭嵩焘的建议,严复将所见所闻录下。

　　在伦敦严复主要学习重学、化学、算学、格致学、电学、流体力学、气象海流、轮机、铁甲船、枪炮制造原理、海道图、军事测量与制图、欧洲军事、海战公法等课程。学完课程,严复未下舰实习,而是深入学习社会科学知识,广泛考察英国社会,探讨英国富强的原因。其间读过亚当·斯密、孟德斯鸠、卢梭、穆勒、达尔文、赫胥黎、斯宾塞等人著作,眼界大为开阔。

　　1879年8月,严复结束留学生涯,9月回到母校福州马尾船政学堂任教。

1880年8月,李鸿章在天津创办北洋水师学堂,调严复任总教习,1889年升为会办(相当于副校长),1890年升为总办(相当于校长)。1885—1894年间曾4次乡试,始终未第。1895年以后,随着民族危机的加深,严复逐渐在政治与思想领域崭露头角,在天津《直报》连刊《论世变之亟》《原强》《辟韩》《原强续篇》《救亡决论》等文,从理论上阐述和论证中国变法维新的迫切性。

　　1895年早春前后,严复开始大规模地译书,所译西方著作都与其政治著述一脉相承。1895—1909年,严译名著八部:《天演论》《原富》《群学肄言》《穆勒名学》《法意》《群己权界论》《社会通诠》《名学浅说》。

　　1990年6月,八国联军尽毁天津北洋水师学堂,严复从天津南下避居上海,离开了工作20年的北洋水师学堂。1900年7月在上海当选中国国会副会长,7—8月间在上海创建中国第一个"名学会",任会长。1901年5月,任天津开平矿务局华部总办。1902年3月应聘为京师大学堂编译局总办。1904年2、3月间辞去总办。1905年5月应聘为上海复旦公学(复旦大学前身)校董,10月,被安徽巡抚恩铭、诚勋等聘为安徽高等学堂监督。1908年5月被学部聘为审定名词馆总纂。1910年1月被清政府赐予文科进士,5月以"硕学通儒"资格被清政府征为资政院议员,12月被特授为海军第一等参谋官。1911年9月,创作清朝国乐(即国歌)《巩金瓯》。1912年3月8日,就任京师大学堂总监督,5月4日,就任北京大学校长,9月,被袁世凯聘为总统府顾问官,10月7日辞去北京大学校长。辛亥革命后,严复逐渐走向保守,投靠袁世凯,主张复古。

　　1921年11月27日,逝于福州郎官巷寓所。

附 录 二
严复译事年表

1878 年,25 岁

11月,译蒲日耳著《游历日记》,又译《泰晤士报》报道文章《中国初次遣派驻英钦差大臣将启程离英》,送呈驻伦敦中国公使郭嵩焘。

1895 年,42 岁

1894年冬或1895年早春,受中日甲午战败刺激,始译赫胥黎著《天演论》,数月完成初稿。

1895年3月由陕西味经售书处初印,无自序和吴汝纶序,无译例言,且文字与后来译本有较大出入。

1896 年,43 岁

10月15日,撰《天演论》序。

10月,始译亚丹·斯密著《原富》。

1897 年,44 岁

2—3月间,以《天演论》乞吴汝纶作序。

1897年12月—1898年1月,译斯宾塞著《劝学篇》(即《群学肄言》的一部分),载《国闻汇编》第1、3、4册。

1897年12月—1898年2月,所译赫胥黎著《天演论悬疏》(即《〈天演论〉导言》),载《国闻汇编》第2、4、5、6册。

1898 年,45 岁

1—2月间,译《伊索寓言·鸦乘羊者》。

3月,收到吴汝纶为《天演论》作的序。

6月8日,校毕赫胥黎著《天演论》,共校改180字,将"悬疏"改为"导言",

各篇篇首补写了篇名,增补了"译例言"。

6月,《天演论》由湖北沔阳(今仙桃市)卢氏慎始基斋木刻版正式刊行,为第一个通行本,分上下两卷,木刻一册。

8月上旬,译《计学》(即《原富》)四册,寄吴汝纶商榷。

12月,所译赫胥黎著《天演论》由天津侯官嗜奇精舍石印本第二次石印行世,是刻印质量最好的版本之一。

1899年,46岁

3月,续译《原富》四册,寄吴汝纶校阅。

是年,所译宓克著《支那教案论》由南洋公学书院出版。

是年,译成英国哲学家约翰·穆勒著《论自由》,初译为《自由释义》,后改为《群己权界论》。

1900年,47岁

2月15日,张元济致严复书,建议《原富》译稿中音译之字"作一备检,方便来学"。

6月26日,八国联军尽毁天津北洋水师学堂,严复由天津南下避居上海,《群己权界论》译稿散失。

7月29日,在上海的中国国会成立会上,将容闳为"国会"起草的英文宣言译成汉语。

秋,金粟斋译书局蒯光典请严复译《穆勒名学》。

1901年,48岁

1—2月间,《原富》翻译全部脱稿。

初春,《天演论》已校改数遍。

仲春,所译赫胥黎著《天演论》由南京富文书局石印发行。

5月上旬,所译《原富》部甲一册,部乙、部丙一册,先后由上海南洋公学译书院出版,卷首无吴汝纶《序》《斯密·亚丹传》《译事例言》,也无《中西年表》。

6月,译宓克《教案近事讲义》,拟寄与张元济。

9月,张元济、郑孝柽为《原富》作"中西编年,及地名、人名、物义诸表"。

1901—1902年,《原富》全书陆续由上海南洋公学译书院出版。

12月13日,吴汝纶《〈原富〉序》脱稿。

是年,所译赫胥黎著《天演论》出版,吴葆初、熊师复复校,出版者与出版地不详。

是年,续译《群学肄言》。

1902 年,49 岁

3 月,译成《穆勒名学》前半部。

11 月,《原富》全书由上海南洋公学译书院出齐,前有吴汝纶《序》《斯密·亚丹传》《译事例言》和《中西年表》。

年底,《群学肄言》译成。

1903 年,50 岁

1 月,所译约翰·穆勒著《穆勒名学》部甲由南京金粟木刻出版。

2 月或稍后,鉴于张相文译《万法精理》(从日译本转译,上海文明书局印行)"无条不误",严复始从英译本转译《论法的精神》,并更名《法意》。

5 月,所译斯宾塞著《群学肄言》四册由上海文明书局出版,前有译序,译余赘语。

6 月,节本《天演论》由上海文明译书局出版,全书依次分为三十五篇,不分上下卷,无译例言,前十八篇中均无"案语",译文也有删节。

7 月,应熊季廉的请求,开始以英国著作为蓝本编写英文文法书。

7 月 24 日,作《〈群己权界论〉译凡例》。所译《自由释义》在八国联军攻占天津时散失后,为一西方人所得,邮还严复。严复略加改削,更名为《群己权界论》。

10 月,所译约翰·穆勒著《群己权界论》由商务印书馆出版。

11 月,译成甄克思著《社会通诠》。

1904 年,51 岁

1 月 23 日,夏曾佑《〈社会通诠〉序》脱稿。

2—3 月间,所译甄克思著《社会通诠》由商务印书馆出版,前有夏曾佑序,译者序。

6—7 月间,据英人马孙摩栗思等著作译写的《英文汉诂》由商务印书馆出版。

是年,所译《法意》前三册由商务印书馆出版。1904—1909 年所译孟德斯鸠著《法意》由商务印书馆出版。

1905 年,52 岁

1 月 5、20 日,所译《群己权界论》在重庆《广益丛报》第 60、61 号合本及第

62、63、64 号合本上连载。

7月12日,所译《孟德斯鸠法意》在重庆《广益丛报》第76号开始连载。

8月,所译《法意》第四册由商务印书馆出版。

8月4日—9月3日,所译《孟德斯鸠法意之支那论》在《政艺通报》第13、14、15号刊载。

冬,所译约翰·穆勒著《穆勒名学》上半部(八册)由南京金粟斋本刻出版。

是年,所译赫胥黎著《天演论》由上海商务印书馆铅印出版,删去译例言末段文字。铅印版比木刻本和石刻本便于流传,《天演论》从此一再重印。

1906年,53岁

7月1日,所译《孟德斯鸠法意》第六卷在重庆《广益丛报》第110号连载完毕。

8月,译述《述黑格儿唯心论》载上海《寰球中国学生报》第2期。

9、10月间,《法意》第五册由商务印书馆出版。

10、11月间,所译英人倭斯弗著《美术通诠》第一篇《艺术》载《寰球中国学生报》第3期。

1907年,54岁

1月28日,译述《述黑格儿唯心论》在重庆《广益丛报》第128号连载完毕。

3、4月间,所译英人倭斯弗著《美术通诠》第二篇《文辞》载《寰球中国学生报》第4期。

6月,所译英人倭斯弗著《美术通诠》第三篇《古代鉴别》载《寰球中国学生报》第5、6期。

是年,《法意》第六册由商务印书馆出版。

1908年,55岁

3月,以文言文试译《马可福音》,由商务印书馆出版。

9月11日,始译英人耶芳斯著《名学启蒙》(后改为《名学浅说》)。

10月,《订正群学肄言》由上海商务印书馆出版,有高凤谦序,译序,译余赘语。

10月27日,译天津《泰晤士报》所载美国教会麦美德女士《书吴芝英事略》一文。

11月13日,《名学浅说》译毕。

1909 年,56 岁

2 月,所译《名学浅说》由商务印书馆出版。

2 月,所译美国人麦美德女士著《书吴芝英事略》载《女报》第 1 卷第 2 号。

3 月 6 日,《法意》第七册脱稿。至此全书译毕。

1912 年,59 岁

拟续译《穆勒名学》,未果。

1914 年,61 岁

1 月 10 日,所译卫西琴著《中国教育议》,呈北京中国教育会,由上海文明书局出版。

3 月,所译《中国教育议》在《庸言》第 27 号开始连载。

5 月,所译《中国教育议》载《湖南教育杂志》第 5 期。

6 月,所译《中国教育议》载《云南教育杂志》第 6 期。

8 月,所译《中国教育议》在杭州《教育周报》第 48—53 期连载。

1915 年,62 岁

4 月,第一次世界大战爆发后,严复关注战事进展,每日读外文报,摘译呈给袁世凯,且作为《民仁日览》的一部分。

4 月,与马良、伍光建编译《欧战缘起》(《居仁日览》之一),呈送袁世凯。

1916 年,63 岁

12 月,用英文撰写 A Historical Account of Ancient Political Societies in China(《中国古代政治结社小史》)刊于 The Chinese Social and Political Science Review(《中国社会与政治科学学报》)第 1 卷第 4 期。

是年,拟续译《法意》和《穆勒名学》,未果。

1921 年,68 岁

所译赫胥黎《天演论》印行第 20 版。

附 录 三

Evolution and Ethics Prolegomena
全译与变译对应语料

说明：

    1. 原文段落全栏排置，原文之下左为全译，右为变译；

    2. 译文中的序号为本书作者所加；

    3. 原文和译文句序数字后的字母为多重复句中的次级复句、复句中的小句（单句）或单句中较长的短语；

    4. 正文与文中和节末案语都算作段或句，标明段序和句序；

    5. 方括号内数字表示段的序号，圆括号内英文字母表示句内的分句序号；

    6. 全译语料取自 1973 年科学出版社《进化论与伦理学》，变译语料取自 1996 年河北教育出版社《严复卷》；

    7. 以原文的节和段为基准，对应出全译和变译的节、段、句三个层面。

EVOLUTION AND ETHICS PROLEGOMENA

[1894]

I

[1](1) It may be safely assumed that, two thousand years ago, before Cæsar set foot in southern Britain, the whole countryside visible from the windows of the room in which I write, was in what is called "the state of nature". (2) Except, it may be, by raising a few sepulchral mounds, such as those which still, here and there, break the flowing contours of the downs, man's hands had made no mark upon it; and the thin veil of vegetation which overspread the broad-backed heights and the shelving sides of the coombs was unaffected by his industry. (3) The native grasses and weeds, the scattered patches of gorse, contended with one another for the possession of the scanty surface soil; they fought against the droughts of summer, the frosts of winter, and the furious gales which swept, with unbroken force, now from the Atlantic, and now from the North Sea, at all times of the year; they filled up, as they best might, the gaps made in their ranks by all sorts of underground and overground animal ravagers. (4) One year with another, an average population, the floating balance of the unceasing struggle for existence among the indigenous plants, maintained itself. (5a) It is as little to be doubted, that an es-

sentially similar state of nature prevailed, in this region, for many thousand years before the coming of Cæsar; (5b) and there is no assignable reason for denying that it might continue to exist through an equally prolonged futurity, except for the intervention of man.

进化论与伦理学 导　论 (1894)	天演论 上　卷
一	导言一　察变

[1](1)可以有把握地假定,二千年前,在恺撒到达不列颠南部之前,从我正在写作的这间屋子的窗口,可以看到整个原野是处在一种所谓"自然状态"之中。(2)也许除了就像现在还在这里或那里破坏着连绵的丘陵轮廓的为数不多的一些垒起的坟堆以外,人的双手还没有在它上面打上标记。(3)笼罩着广阔高地和峡谷斜坡的薄薄的植被,还没有受到人的劳动的影响。(4a)本地的牧草和杂草,分散着的一小片儿一小片儿的金雀花,为了占据贫瘠的表面土壤而互相竞争着;(4b)它们同夏季的干旱斗争,同冬季的严霜斗争,同一年四季时而从大西洋时而从北海不断吹来的狂风斗争;(4c)它们竭尽全力来填补各种地面上和地下的动物破坏者在它们行列中间所造成的空隙。(5)年复一年,它们总维持着一种平均的类群数量,也就是本地植物在不断的生存斗争中维持着一种流动的平衡。(6a)无可怀疑,在恺撒到来之前的几千年中,这个地区就已存在着一种基本上

[1](1)赫胥黎独处一室之中,在英伦之南,背山而面野,槛外诸境,历历如在几下。(2)乃悬想二千年前,当罗马大将恺彻未到时,此间有何景物。(3)计惟有天造草昧,人功未施,其借征人境者,不过几处荒坟,散见坡陀起伏间,而灌木丛林,蒙茸山麓,未经刪治如今日者,则无疑也。(4)怒生之草,交加之藤,势如争长相雄。(5)各据一抔壤土,夏与畏日争,冬与严霜争,四时之内,飘风怒吹,或西发西洋,或东起北海,旁午交扇,无时而息。(6)上有鸟兽之践啄,下有蚁蝝之啮伤,憔悴孤虚,旋生旋灭,菀枯顷刻,莫可究详。(7)是离离者亦各尽天能,以自存种族而已。(8)数亩之内,战事炽然。(9)强者后亡,弱者先绝。(10)年年岁岁,偏有留遗。(11)未知始自何年,更不知止于

类似的自然状态;(6b)除非人类进行干预,那么就没有任何明显的理由来否定它能够在同样长久的未来岁月中继续存在下去。

何代。(12)苟人事不施于其间,则莽莽榛榛,长此互相吞并,混逐蔓延而已,而诘之者谁耶?

[2](1)Reckoned by our customary standards of duration, the native vegetation, like the "everlasting hills" which it clothes, seems a type of permanence. (2a)The little Amarella Gentians, which abound in some places today, are the descendants of those that were trodden underfoot by the prehistoric savages who have left their flint tools about, here and there; (2b)and they followed ancestors which, in the climate of the glacial epoch, probably flourished better than they do now. (3)Compared with the long past of this humble plant, all the history of civilized men is but an episode.

[2](1)用通常的时间标准来衡量,本地的植被,就像它所覆盖的"永恒的小山",似乎是一种不变的类型。(2a)今天,某些地方繁生的小黄芩,就是那些史前时代到处遗弃燧石工具的野人所践踏过的小黄芩的后代;(2b)倘若追溯至远古,它们的祖先在冰川时期的气候条件下可能比现在更为茂盛。(3)与这种下等植物漫长的过去相比,文明人类的全部历史只不过是一个插曲而已。

[2](1)英之南野,黄芩之种为多,此自未有纪载以前,草衣石斧之民,所采撷践踏者。(2)兹之所见,其苗裔耳。(3)邈古之前,坤枢未转,英伦诸岛,乃属冰天雪海之区,此物能寒,法当较今尤茂。(4)此区区一小草耳,若迹其祖始,远及洪荒,则三古以还年代方之,犹瀼瀍之水,比诸大江,不啻小支而已。(5)故事有决无可疑者,则天道变化,不主故常是已。

[3](1)Yet nothing is more certain than that, measured by the liberal scale of time-keeping of the universe, this present state of nature, however it may seem to have gone and to go on for ever, is but a fleeting phase of her infinite variety; merely the last of the series of changes which the earth's surface has undergone in the course of the millions of years of its existence. (2)Turn back a square foot of the thin turf, and the solid foundation of the land, exposed in cliffs of chalk five hundred feet high on the adjacent shore, yeilds full assurance of a time when the sea covered the site of the "everlasting hills"; and

when the vegetation of what land lay nearest, was as different from the present Flora of the Sussex downs, as that of Central Africa now is. (3) No less certain is it that, between the time during which the chalk was formed and that at which the original turf came into existence, thousands of centuries elapsed, in the course of which, the state of nature of the ages during which the chalk was deposited, passed into that which now is, by changes so slow that, in the coming and going of the generations of men, had such witnessed them, the contemporary conditions would have seemed to be unchanging and unchangeable.

[3](1)可以完全肯定地说，若用宇宙计时的巨大尺度来衡量，目前这种自然状态，尽管像是长期演变而来，并将永远演变下去，无非是它的无穷变化中的一瞬，不过是地球表面在其存在的亿万年中业已经历的一系列变化的目前阶段。(2)翻起一平方呎薄薄的草皮就可以看到像暴露在邻近海岸五百呎高的白垩峭壁上的那种坚实地基，使我们确信，有一个时期海洋曾淹没着现在"永恒的小山"的所在地；在那个时期，附近陆地上的植被含有的区系植物种类与现在苏塞克斯丘岗的种类不同，就像现在中非洲的区系植物与后者不同一样。(3)还可以同样地肯定，在白垩形成和原始草皮出现之间，经历了几千个世纪，在这个过程中，从白垩沉积时代的自然状态变化到现在，由于变化如此缓慢，以致使亲眼见到这些变化的世世代代的人们，觉得他们那一代的情况好像是不曾变化过，也不会变化似的。

[2](6)特自皇古迄今，为变盖渐，浅人不察，遂有天地不变之言。(7)实则今兹所见，乃自不可穷诘之变动而来。(8)京垓年岁之中，每每员舆，正不知几移几换而成此最后之奇。(9)且继今以往，陵谷变迁，又属可知之事，此地学不刊之说也。(10)假其惊怖斯言，则索证正不在远。(11)试向立足处所，掘地深逾寻丈，将逢蜃灰。(12)以是蜃灰，知其地之古必为海。(13)盖蜃灰为物，乃蠃蚌脱壳积叠而成。(14)若用显镜察之，其掩旋尚多完具者。(15)使是地不前为海，此恒河沙数蠃蚌者胡从来乎？(16)沧海扬尘，非诞说矣！(17)且地学之家，历验各种僵石，知动植庶品，率皆递有变迁，特为变至微，其迁极渐。(18)即假吾人彭聃之寿，而亦由暂观久，潜移弗知。(19)是犹蟪蛄不识春秋，朝菌不知晦朔，遽以不变名之，真瞽说也。

[4](a) But it is also certain that, before the deposition of the chalk, a vastly longer period had elapsed, throughout which it is easy to follow the traces of the same process of ceaseless modification and of the internecine struggle for existence of living things; (b) and that even when we can get no further back, it is not because there is any reason to think we have reached the beginning, but because the trail of the most ancient life remains hidden, or has become obliterated.

[4](1)但也可以肯定,在白垩层沉积之前,已度过了更加漫长的岁月,通过这个过程很容易追溯出同样的不断变化的过程和生物相互竞存的生死斗争的痕迹。(2)我们未能追溯更加遥远的过去,并不是因为有什么理由认为我们已经追溯到了起源,而是因为最古老的生命痕迹还未被发现,或者已经消失了。

[5](1) Thus that state of nature of the world of plants, which we began by considering, is far from possessing the attribute of permanence. (2) Rather its very essence is impermanence. (3) It may have last for twenty or thirty thousand years, it may last for twenty or thirty thousand years more, without obvious change; but, as surely as it has followed upon a very different state, so it will be followed by an equally different condition. (4) That which endures is not one or another association of living forms, but the process of which the cosmos is the product, and of which these are among the transitory expressions. (5a) And in the living world, one of the most characteristic features of this cosmic process is the struggle for existence, the competition of each with all, the result of which is the selection, (5b) that is to say, the survival of those forms which, on the whole, are best adapted to the conditions which at any period obtain; (5c) and which are, therefore, in that respect, and only in that respect, the fittest. (6) The acme reached by the cosmic process in the vegetation of the downs is seen in the turf, with its weeds and gorse. (7) Under the conditions, they have come out of the struggle victorious; and, by surviving, have proved that they are the fittest to survive.

[5](1)因此,我们现在开始考察的植物界自然状态,决非具有永久不

[3](1)故知不变一言,决非天运。(2)而悠久成物之理,转在变动不居之

变的属性。(2)更确切地说,它的真正本质就是不稳定性。(3)它可能已经持续了二万年或者三万年,它可以再持续二万年或三万年不起显著变化,但是它的以往肯定是一个很不同的状态,因此继之而来的肯定同样是一个很不同的状态。(4)能够持续下来的并不是生命形式的这种或那种结合,而是产生宇宙本身的过程,而各种生命形式的结合,不过是这个过程的一些暂时表现而已。(5)在生物界,这种宇宙过程的最大特点之一就是生存斗争,每一物种和其他所有物种的相互竞争,其结果就是选择。(6)这就是说,那些生存下来的生命类型,总的说来,都是最适应于在任何一时期所存在的环境条件。(7)因此,在这方面,也仅仅在这方面,它们是最适者。(8)在宇宙发展过程中,丘岗上植被发展到顶峰是有杂草和金雀花的草皮。(9)在这些条件下,它们从斗争中胜利地生长出来;它们能够生存下来,就证明了它们是最适于生存的。

中。(3)是当前之所见,经廿年卅年而革焉可也,更二万年三万年而革亦可也。(4)特据前事推将来,为变方长,未知所极而已。(5)虽然,天运变矣,而有不变者行乎其中。(6)不变惟何?(7)是名天演。(8)以天演为体,而其用有二:曰物竞,曰天择。(9)此万物莫不然,而于有生之类为尤著。(10)物竞者,物争自存也。(11)以一物以与物物争,或存或亡,而其效则归于天择。(12)天择者,物争焉而独存。(13)则其存也,必有其所以存,必其所得于天之分,自致一己之能,与其所遭值之时与地,及凡周身以外之物力,有其相谋相剂者焉。(14)夫而后独免于亡,而足以自立也。(15)而自其效观之,若是物特为天之所厚而择焉以存也者,夫是之谓天择。(16)天择者,择于自然,虽择而莫之择,犹物竞之无所争,而实天下之至争也。(17)斯宾塞尔曰:"天择者,存其最宜者也。(18)夫物既争存矣,而天又从其争之后而择之,一争一择,而变化之事出矣。"

[4]复案:(1)物竞、天择二义,发于英人达尔文。(2)达著《物种由来》一书,以考论世间动植种类所以繁殊之故。(3)先是言生理者,皆主异物分造之说。(4)近今百年格物诸家,稍疑古说之不可通。(5)如法人兰麻克、爵弗来,德人方拔、万俾尔,英人咸里士、格兰特、斯宾塞尔、倭恩、赫胥黎,皆生学名家,先后间出,目治手营,穷探审论,知有生之物,始于同,终于异。(6)造物立其一本,以大力运之,而万类之所以底于如是者,咸其自己而已,无所谓创造者也。(7)然其说未大行也,至咸丰九年,达氏书出,

众论翕然。(8)自兹厥后,欧美二洲治生学者,大抵宗达氏。(9)而矿事日辟,掘地开山,多得古禽兽遗蜕,其种已灭,为今所无。(10)于是虫鱼禽兽人之间,衔接迤演之物,日以渐密,而达氏之言乃愈有征。(11)故赫胥黎谓古者以大地为静居天中,而日月星辰,拱绕周流,以地为主。(12)自歌白尼出,乃知地本行星,系日而运。(13)古者以人类为首出庶物,肖天而生,与万物绝异。(14)自达尔文出,知人为天演中一境,且演且进,来者方将,而教宗抟土之说,必不可信。(15)盖自有歌白尼而后天学明,亦自有达尔文而后生理确也。(16)斯宾塞尔者,与达同时,亦本天演著《天人会通论》,举天、地、人、形气、心性、动植之事而一贯之,其说尤为精辟宏富。(17)其第一书开宗明义,集格致之大成,以发明天演之旨。(18)第二书以天演言生学。(19)第三书以天演言性灵。(20)第四书以天演言群理。(21)最后第五书,乃考道德之本源,明政教之条贯,而以保种进化之公例要术终焉。(22)呜呼!(23)欧洲自有生民以来,无此作也。(24)不佞近翻《群谊》一书,即其第五书中之一编也。(25)斯宾氏迄今尚存,年七十有六矣。(26)其全书于客岁始蒇事,所谓体大思精,殚毕生之力者也。(27)达尔文生嘉庆十四年,卒于光绪八年壬午。(28)赫胥黎于乙未夏化去,年七十也。

[6](1) That the state of nature, at any time, is a temporary phase of a process of incessant change, which has been going on for innumerable ages, appears to me to be a proposition as well established as any in modern history. (2) Paleontology assures us, in addition, that the ancient philosophers who, with less reason, held the same doctrine, erred in supposing that the phases formed a cycle, exactly repeating the past, exactly foreshadowing the future, in their rotations. (3) On the contrary, it furnishes us with conclusive reasons for thinking that, if every link in the ancestry of these humble indigenous plants had been preserved and were accessible to us, the whole would present a converging series of forms of gradually diminishing complexity, until, at some period in the history of the earth, far more remote than any of which organic remains have yet been discovered, they would merge in those low groups among which the boundaries between animal and vegetable life become effaced.

[6](1)在任何时候,自然状态都是经历无数世代的一种不断变化过程的暂时阶段,对我来说,这一点如同现代史中所确立了的任何命题一样,是一个确定的命题。(2)此外,古生物学使我们确信,古代哲学家们曾以不太充足的论证提出过同样的学说,但是他们错误地假定这些阶段在它们的依次替换中形成一个丝毫不变地重复过去,丝毫不变地预示未来的周期。(3)相反,古生物学为我们提供了确实的理由来设想,倘若这些下等的本地植物的祖先系统上的每一环节被保存下来,并能为我们所见到,那么,整个系统就会表现为一系列复杂性逐渐减小的趋同类型,一直到比我们已发现过生物遗骸的任何时代还要遥远的地球史上的某一时期,它们会消融在动物和植物的界限还不分明的那些低等类群之中。

导言二 广义

[1](1)自递嬗之变迁,而得当境之适遇,其来无始,其去无终,曼衍连延,层见迭代,此之谓世变,此之谓运会。(2)运者以明其迁流,会者以指所遭值,此其理古人已发之矣。(3)但古以谓天运循环,周而复始,今兹所见,于古为重规;后此复来,于今为叠矩,此则甚不然者也。(4)自吾党观之,物变所趋,皆由简入繁,由微生著。(5)运常然也,会乃大异。(6)假由当前一动物,远迹始初,将见逐代变体,虽至微眇,皆有可寻,迫至最初一形,乃莫定其为动为植。(7)凡兹运行之理,乃化机所以不息之精。(8)苟能静观,随在可察。(9)小之极于跂行倒生,大之放乎日星天地;隐之则神思智识之所以圣狂,显之则政俗文章之所以沿革。(10)言其要道,皆可一言蔽之,曰:天演是已。(11)此其说滥觞隆古,而大畅于近五十年。(12)盖格致学精,时时可加实测故也。

[7](1) The word "evolution", now generally applied to the cosmic process, has had a singular history, and is used in various senses. (2) Taken in its popular signification it means progressive development, that is, gradual change from a condition of relative uniformity to one of relative complexity; but its connotation has been widened to include the phenomena of retrogressive metamorphosis, that is, of progress from a condition of relative complexity to one of relative uniformity.

[7](1)现在一般应用于宇宙过程的"进化"一词,有它独特的历史,并被用来表示不同的意义。(2)就其通俗的意义来说,它表示前进的发展,即从一种

比较单一的情况逐渐演化到一种比较复杂的情况;但其含义已被扩大到包括倒退蜕变的现象,即从一种比较复杂的情况进展到一种比较单一的情况的现象。

[8](1a) As a natural process of the same character as the development of a tree from its seed, or of a fowl from its egg, (1b) evolution excludes creation and all other kinds of supernatural intervention. (2) As the expression of a fixed order, every stage of which is the effect of causes operating according to definite rules, the conception of evolution no less excludes that of chance. (3) It is very desirable to remember that evolution is not an explanation of the cosmic process, but merely a generalized statement of the method and results of that process. (4) And, further, that, if there is proof that the cosmic process was set going by any agent, then that agent will be the creator of it and of all its products, although supernatural intervention may remain strictly excluded from its further course.

[8](1a)作为一种自然过程,具有像从种子发育成为一棵树或从卵发育成为一只家禽那样的性质,(1b)进化排除了创世及其他各种超自然的干涉。(2)作为一个固定秩序的体现,其每一阶段都是依据一定规律而起作用的一些原因造成的结果,进化这个概念也同样排除了偶然性的概念。(3)但须切记,进化不是对宇宙过程的解释,而仅仅是对该过程的方法和结果的综述。(4)再则,如果有证据表明宇宙过程是由什么动力推动的话,那么这种动力就会是它及它的一切产物的创造者,虽然超自然的干涉仍然可以严格地被排除在其以后的进程之外。

[2](1)且伊古以来,人持一说以言天,家宗一理以论化。(2)如或谓开辟以前,世为混沌,㳽滃胶葛,待剖判而后轻清上举,重浊下凝;又或言抟土为人,咒日作昼,降及一花一草,蠕动蠉飞,皆自元始之时,有真宰焉,发挥张皇,号召位置,从无生有,忽然而成;又或谓出王游衍,时时皆有鉴观,惠吉逆凶,冥冥实操赏罚。(3)此其说甚美,而无如其言之虚实,断不可证而知也。(4)故用天演之说,则竺乾、天方、犹太诸教宗,所谓神明创造之说皆不行。(5)夫拔地之木,长于一子之微;垂天之鹏,出于一卵之细。(6)其推陈出新,逐层换体,皆衔接微分而来。(7)又有一不易不离之理,行乎其内。(8)有因无创,有常无奇。(9)设宇宙必有真宰,则天演一事,即真宰之功能。

[9] So far as that limited revelation of the nature of things, which we call scientific knowledge, has yet gone, it tends, with constantly increasing emphasis, to the belief that, not merely the world of plants, but that of animals; not merely living things, but the whole fabric of the earth; not merely our planet, but the whole solar system; not merely our star and its satellites, but the millions of similar bodies which bear witness to the order which pervades boundless space, and has endured through boundless time; are all working out their predestined courses of evolution.

[9]只要我们称之为科学知识的那种对事物的性质的有限揭露还在继续进行,它就会越来越有力地使人相信,不仅植物界,而且动物界;不仅生物,而且地球的整个结构;不仅我们的行星,而且整个太阳系;不仅我们的恒星及其卫星,而且作为那种遍及于无限空间并持续了无限时间的秩序的证据的亿万个类似星体;都在努力完成它们进化的预定过程。

[2](10)惟其立之之时,后果前因,同时并具,不得于机械已开,洪钧既转之后,而别有设施张主于其间也。(11)是故天演之事,不独见于动植二品中也。(12)实则一切民物之事,与大宇之内日局诸体,远至于不可计数之恒星,本之未始有始以前,极之莫终有终以往,乃无一焉非天之所演也。(13)故其事至赜至繁,断非一书所能罄。

[10](1) With none of these have I anything to do, at present, except with that exhibited by the forms of life which tenant the earth.

[10](1)目前,除了那些居住在地球上的以生命的种种形式表现出来的那种进化过程之外,我对其他的那些进化过程不准备加以讨论。

[2](14)姑就生理治功一事,抚略言之。(15)先为导言十余篇,用以通其大义。(16)虽然,隅一举而三反,善悟者诚于此而有得焉,则管秘机之扃钥者,其应用亦正无穷耳。

[3]复案:(1)斯宾塞尔之天演界说曰:"天演者,翕以聚质,辟以散力。(2)方其用事也,物由纯而之杂,由流而之凝,由浑而之画,质力杂糅,相剂为变者也。"(3)又为论数十万言,以释此界之例。(4)其文繁衍奥博,不可猝译,今就所忆者杂取而粗明之,不能细也。(5)其所谓翕以聚质者,即如日局太始,乃为星气,名涅菩剌斯,布濩六合,其质点本热至大,其抵力亦

多,过于吸力。(6)继乃由通吸力收摄成珠,太阳居中,八纬外绕,各各聚质,如今是也。(7)所谓辟以散力者,质聚而为热、为光、为声、为动,未有不耗本力者,此所以今日不如古日之热。(8)地球则日缩,彗星则渐迟,八纬之周天皆日缓,久将进入而与太阳合体。(9)又地入流星轨中,则见陨石。(10)然则居今之时,日局不徒散力,即合质之事,亦方未艾也。(11)余如动植之长,国种之成,虽为物悬殊,皆循此例矣。(12)所谓由纯之杂者,万化皆始于简易,终于错综。(13)日局始乃一气,地球本为流质,动植类胚胎萌芽,分官最简;国种之始,无尊卑上下君子小人之分,亦无通力合作之事。(14)其演弥浅,其质点弥纯。(15)至于深演之秋,官物大备,则事莫有同,而互相为用焉。(16)所谓由流之凝者,盖流者非他,此流字兼飞质而言。(17)由质点内力甚多,未散故耳。(18)动植始皆柔滑,终乃坚强。(19)草昧之民,类多游牧;城邑土著,文治乃兴,胥此理也。(20)所谓由浑之画者,浑者芜而不精之谓,画则有定体而界域分明。(21)盖纯而流者未尝不浑,而杂而凝者,又未必皆画也。(22)且专言由纯之杂,由流之凝,而不言由浑之画,则凡物之病且乱者,如刘、柳元气败为痈痔之说,将亦可名天演,此所以二者之外,必益以由浑之画而后义完也。(23)物至于画,则由壮入老,进极而将退矣。(24)人老则难以学新,治老则笃于守旧,皆此理也。(25)所谓质力杂糅,相剂为变者,亦天演最要之义,不可忽而漏之也。(26)前者言辟以散力矣。(27)虽然,力不可以尽散,散尽则物死,而天演不可见矣。(28)是故方其演也,必有内涵之力,以与其质相剂。(29)力既定质,而质亦范力,质日异而力亦从而不同焉。(30)故物之少也,多质点之力。(31)何谓质点之力?(32)如化学所谓爱力是已。(33)及其壮也,则多物体之力。(34)凡可见之动,皆此力为之也。(35)更取日局为喻,方为涅菩星气之时,全局所有,几皆点力。(36)至于今则诸体之周天四游,绕轴自转,皆所谓体力之著者矣。(37)人身之血,经肺而合养气;食物入胃成浆,经肝成血,皆点力之事也。(38)官与物尘相接,由涅伏俗曰脑气筋。以达脑成觉,即觉成思,因思起欲,由欲命动,自欲以前,亦皆点力之事。(39)独至肺张心激,胃回胞转,以及拜舞歌呼手足之事,则体力耳。(40)点体二力,互为其根,而有隐见之异,此所谓相剂为变也。(41)天演之义,所苞如此,斯宾塞氏至推之农商工兵、语言文学之间,皆可以天演明其消息所以然之故。(42)苟善悟者深思而自得之,亦一乐也。

导言三 趋异

[1](1)号物之数曰万,此无虑之言也,物固奚翅万哉!(2)而人与居一焉。(3)人,动物之灵者也,与不灵之禽兽鱼鳖昆虫对;动物者,生类之有知觉运动者也,与无知觉之植物对;生类者,有质之物而具支体官理者也,与无支体官理之金石水土对。(4)凡此皆有质可称量之物也,合之无质不可称量之声热光电诸动力,而万物之品备定矣。(5)总而言之,气质而已。(6)故人者,具气质之体,有支体官理知觉运动,而形上之神,寓之以为灵,此其所以为生类之最贵也。(7)虽然,人类贵矣,而其为气质之所囚拘,阴阳之所张弛,排激动荡,为所使而不自知,则与有生之类莫不同也。

[10](2a) All plants and animals exhibit the tendency to vary, the causes of which have yet to be ascertained; (2b) it is the tendency of the conditions of life, at any given time, while favouring the existence of the variations best adapted to them, to oppose that of the rest and thus to exercise selection; (2c) and all living things tend to multiply without limit, while the means of support are limited; the obvious cause of which is the production of offspring more numerous than their progenitors, but with equal expectation of life in the actuarial sense. (3) Without the first tendency there could be no evolution. (4) Without the second, there would be no good reason why one variation should disappear and another take its place; that is to say, there would be no selection. (5) Without the third, the struggle for existence, the agent of the selective process in the state of nature, would vanish.

[10](2a)所有的植物和动物都显示出变异的趋向,变异的原因尚需考查;(2b)在特定的时间内,生活条件的趋向,当有利于最适应的变异的生存时,就不利于其余的变异的生存,从而发生选择;(2c)所有的生物

[2](1)有生者生生,而天之命若曰:使生生者各肖其所生,而又代趋于微异。(2)且周身之外,牵天系地,举凡与生相待之资,以爱恶拒受之不同,常若右其所宜,而左其所不相得者。(3)夫生既趋于代异矣,而寒暑燥湿风水土谷,洎夫一切动植之伦,所与其生相接相寇者,又常有所左右于其间。(4)于是则相得者亨,不相得者困;相得者寿,不相得者殇。(5)日计不觉,岁校有余,

都趋向于无限制地进行繁殖,而维持生命的手段却是有限的;其明显的原因是由于后代的数目总要比其祖先的大得多,但这些后代和其祖先在生命统计学上可预期具有同样长的寿命。(3)没有第一种趋向,就不可能有进化。(4)没有第二种趋向,就没有充分理由说明为什么一种变异会消失,而另二种变异会取而代之;这就是说,如不这样,那就没有选择。(5)没有第三种趋向——生存斗争,自然状态中选择过程的动力就会消失。

浸假不相得者将亡,而相得者生而独传种族矣,此天之所以为择也。(6)且其事不止此,今夫生之为事也,孳乳而浸多,相乘以蕃,诚不知其所底也。(7)而地力有限,则资生之事,常有制而不能逾。(8)是故常法牝牡合而生生,祖孙再传,食指三倍,以有涯之资生,奉无穷之传衍,物既各爱其生矣,不出于争,将胡获耶?(9)不必争于事,固常争于形。(10)借曰让之,效与争等。(11)何则?(12)得者只一,而失者终有徒也。(13)此物竞争存之论,所以断断乎无以易也。(14)自其反而求之,使含生之伦,有类皆同,绝无少异,则天演之事,无从而兴。(15)天演者以变动不居为事者也,使与生相待之资,于异者匪所左右,则天择之事,亦将泯焉。(16)使奉生之物,恒与生相副于无穷,则物竞之论,亦无所施,争固起于不足也。(17)然则天演既兴,三理不可偏废。(18)无异、无择、无争,有一然者,非吾人今者所居世界也。

[11](1)Granting the existence of these tendencies, all the known facts of the history of plants and of animals may be brought into rational correlation. (2)And this is more than can be said for any other hypothesis that I know of. (3)Such hypotheses, for example, as that of the existence of a primitive, orderless chaos; of a passive and sluggish eternal matter moulded, with but partial success, by archetypal ideas; of a brand-new world-stuff suddenly created and swiftly shaped by a supernatural power; receive no encouragement, but the contrary, from our present knowledge. (4)That our earth may once have formed part of a nebulous cosmic magma is certainly possible, indeed seems highly probable; but there is no reason to doubt that order reigned there, as completely as amidst what we regard as the most finished works of nature or of man. (5)The faith which is born of knowledge, finds its object in an eternal order, bringing forth ceaseless change, through endless time, in endless space;

the manifestations of the cosmic energy alternating between phases of potentiality and phases of explication. (6) It may be that, as Kant suggests, every cosmic magma predestined to evolve into a new world, has been the no less predestined end of a vanished predecessor.

[11](1)承认存在这些趋向,那么植物史和动物史上的全部已知事实就可以被纳入合理的相互关系中。(2)这就远远胜过我所知道的任何其他假说所能提出的理由。(3)这些假说中有这么一些例子,比如说,存在着一种原始的无秩序的混沌;存在着按照原型的观念只是部分成功地塑造出来的一种被动而迟钝的永恒物质;存在着一种由超自然力突然创造和迅速形成的簇新的"世界物质";从我们现有的知识来看,这些假说都得不到支持,而是适得其反。(4)我们的地球可能曾经一度是构成星云状的宇宙岩浆的一部分。(5)这种假设确实是可能的,而且确实具有高度的或然性。(6)但我们没有理由去怀疑,那里完全被秩序支配着,如同在我们认为最完善的自然物或人工成品中完全被秩序支配着一样。(7)由知识产生的信念,在一种永恒的秩序中找到它的目标。(8)这种秩序在无限的时间和无限的空间里产生不断的变化;宇宙能量在潜在阶段和显现阶段之间相互交替地表现着。(9)很可能像康德所说的那样,预先注定要演化成为一个新世界的每一团宇宙岩浆,不过是其已消失的前身同样预先注定的结局。

[3]复案:(1)学问格致之事,最患者人习于耳目之肤近,而常忘事理之真实。(2)今如物竞之烈,士非抱深思独见之明,则不能窥其万一者也。(3)英国计学家即理财之学马尔达有言:万类生生,各用几何级数。(4)几何级数者,级级皆用定数相乘也。(5)谓设父生五子,则每子亦生五孙。(6)使灭亡之数,不远过于所存,则瞬息之间,地球乃无隙地。(7)人类孳乳较迟,然使衣食裁足,则二十五年其数自倍,不及千年,一男女所生,当遍大陆也。(8)生子最稀,莫逾于象。(9)往者达尔文尝计其数矣,法以牝牡一双,三十岁而生子,至九十而止,中间经数,各生六子,寿各百年,如是以往,至七百四十许年,当得见象一千九百万也。(10)又赫胥黎云:大地出水之陆,约为方迷卢者五十一兆。(11)今设其寒温相若,肥确之相若,而草木所资之地浆、日热、炭养、亚摩尼亚莫不相同。(12)如是而设有一树,及年长成,年出五十子,此为植物出子甚少之数,但群子随风而扬,枚枚得活,各

占地皮一方英尺，亦为不疏，如是计之，得九年之后，遍地皆此种树，而尚不足五百三十一万三千二百六十六垓方英尺。(13)此非臆造之言，有名数可稽，综如下式者也。

每年实得木数

第一年以	一	枚木出	五十	子＝	五〇
第二年以	（五〇）一二	枚木出	（五〇）二	子＝	二五〇〇
第三年以	（五〇）二	枚木出	（五〇）三	子＝	一二五〇〇〇
第四年以	（五〇）三	枚木出	（五〇）四	子＝	六二五〇〇〇〇
第五年以	（五〇）四	枚木出	（五〇）五	子＝	三一二五〇〇〇〇〇
第六年以	（五〇）五	枚木出	（五〇）六	子＝	一五六二五〇〇〇〇〇〇
第七年以	（五〇）六	枚木出	（五〇）七	子＝	七八一二五〇〇〇〇〇〇〇
第八年以	（五〇）七	枚木出	（五〇）八	子＝	三九〇六二五〇〇〇〇〇〇〇〇
第九年以	（五〇）八	枚木出	（五〇）九	子＝	一九五三一二五〇〇〇〇〇〇〇〇〇

而英之一方迷卢＝	英方尺 二七八七八四〇〇
故 五一〇〇〇〇〇〇 方迷卢＝	一四二一七九八四〇〇〇〇〇〇〇〇
相减得不足地面＝	五三一三二六六〇〇〇〇〇〇〇〇

[4](1)夫草木之蕃滋，以数计之如此，而地上各种植物，以实事考之又如彼。(2)则此之所谓五十子者，至多不过百一二存而已。(3)且其独存众亡之故，虽圣者莫能知也。(4)然必有其所以然之理，此达氏所谓物竞者也。(5)竞而独存，其故虽不可知，然可微拟而论之也。(6)设当群子同入一区之时，其中有一焉，其抽乙独早，虽半日数时之顷，已足以尽收膏液，令余子不复长成，而此抽乙独早之故，或辞枝较先，或苞膜较薄，皆足致然。(7)设以膜薄而早抽，则他日其子，又有膜薄者，因以竞胜，如此则历久之余，此膜薄者传为种矣，此达氏所谓天择者也。(8)嗟夫！(9)物类之生乳者至多，存者至寡，存亡之间，间不容发，其种愈下，其存弥难。(10)此不仅物然而已，墨、澳二洲，其

中土人日益萧瑟,此岂必虞刘朘削之而后然哉!(11)资生之物所加多者有限,有术者既多取之而丰,无具者自少取焉而啬;丰者近昌,啬者邻灭。(12)此洞识知微之士,所为惊心动魄,于保群进化之图,而知徒高睨大谈于夷夏轩轾之间者,为深无益于事实也。

II

[1](1) Three or four years have elapsed since the state of nature, to which I have referred, was brought to an end, so far as a small patch of the soil is concerned, by the intervention of man. (2) The patch was cut off from the rest by a wall; within the area thus protected, the native vegetation was, as far as possible, extirpated; while a colony of strange plants was imported and set down in its place. (3) In short, it was made into a garden. (4) At the present time, this artificially treated area presents an aspect extraordinarily different from that of so much of the land as remains in the state of nature, outside the wall. (5) Trees, shrubs, and herbs, many of them appertaining to the state of nature of remote parts of the globe, abound and flourish. (6) Moreover, considerable quantities of vegetables, fruits, and flowers are produced of kinds which neither now exist, nor have ever existed, except under conditions such as obtain in the garden; and which, therefore, are as much works of the art of man as the frames and glass-houses in which some of them are raised. (7) That the "state of Art", thus created in the state of nature by man, is sustained by and dependent on him, would at once become apparent, if the watchful supervision of the gardener were withdrawn, and the antagonistic influences of the general cosmic process were no longer sedulously warded off, or counteracted. (8a) The walls and gates would decay; (8b) quadrupedal and bipedal intruders would devour and tread down the useful and beautiful plants; birds, insects, blight, and mildew would work their will; the seeds of the native plants, carried by winds or other agencies, would immigrate, and in virtue of their longeared special adaptation to the local conditions, these despised native

weeds would soon choke their choice exotic rivals. (9a) A century or two hence, little beyond the foundations of the wall and of the houses and frames would be left, (9b) in evidence of the victory of the cosmic powers at work in the state of nature, over the temporary obstacles to their supremacy, set up by the art of the horticulturist.

二

[1](1)就一小块土地来说,我在上面所讲的自然状态由于人类的干预而告结束,已经过去三四年了。(2)那一块土地与其他土地被一堵墙所隔绝;在这样保护下的地面上,把原来的植被尽可能地加以根除;同时把一群外地植物移植过来,以代替原有的植被。(3)简单地说,就是把这块地变成了一个园地。(4)现在,这一块经过人工处理的地面,与墙外停留在自然状态的大片土地相比,呈现出一种非常不同的景象。(5)树木、灌木及草本植物等,其中有许多是属于地球远处的自然状态的种类,在这里滋长繁盛。(6)而且,还生产出大量的蔬菜、果实和花卉等,这些种类,是现在不存在、过去也不曾存在过的,只有在园地里所能获得的各种生存条件下才能存在下去;因此,这些种类就像它们当中的一些在其中得到培育的棚架和玻璃温室一样,都是人们技艺的成品。(7)如果取消园丁的精心管理,而且也不再注意防止或抵制普遍的宇宙过程的对抗性影响,那么立刻就可看出,上述由人类在自然状态中所创造的"人为状态",是由人来维持,并且依靠人来照料的。(8a)这些

导言四 人为

[1](1)前之所言,率取譬于天然之物。(2)天然非他,凡未经人力所修为施设者是已。(3)乃今为之试拟一地焉,在深山广岛之中,或绝徼穷边而外,自元始来未经人迹,抑前经垦辟而荒弃多年,今者弥望蓬蒿,羌无蹊迳,荆榛稠密,不可爬梳。(4)则人将曰:甚矣,此地之荒秽矣!(5)然要知此蓬蒿荆榛者,既不假人力而自生,即是中种之最宜,而为天之所择也。(6)忽一旦有人焉,为之铲刈秽草,斩除恶木,缭以周垣,衡从十亩,更为之树嘉葩,栽美箭,滋兰九畹,种橘千头,举凡非其地所前有,而为主人所爱好者,悉移取培植乎其中。(7)如是乃成十亩园林,凡垣以内之所有,与垣以外之自生,判然各别矣。(8)此垣以内者,不独沟塍阑楯,皆见精思,即一草一花,亦经意匠。(9)正不得谓草木为天工,而垣宇独称人事,即谓皆人为焉,无不可耳。(10)第斯园既假人力而落成,尤必待人力以持久,势必

墙壁和门户是会朽坏的;(8b)四脚动物和两脚动物的入侵者会吞食并踩蹦那些有用而美丽的植物;禽鸟、昆虫、枯萎病和霉等会各行其虐;本地植物的种子,通过风或其他媒介,会移植进来,而且,这些讨厌的本地杂草靠着它们长期获得的对于当地条件的特殊适应,会很快地挤掉精选的外来竞争者。(9)一二个世纪过后,除了墙脚及温室和棚架的基底以外,留存下来的东西就会很少很少了。(10)由此可以证明,在自然状态中发生作用的宇宙威力战胜了园艺家的技艺给它的至高权威造成的暂时阻碍。

时加护荾,日事删除,夫而后种种美观,可期恒保。(11)假其废而不治,则经时之后,外之峻然峙者,将圮而日卑;中之瀏然清者,必湮而日塞。(12)飞者啄之,走者躪之,虫豸为之蠹,莓苔速其枯。(13)其与此地最宜之蔓草荒榛,或缘间隙而文蔡,或因飞子而播殖,不一二百年,将见基址仅存,蓬科满目,旧主人手足之烈,渐不可见。(14)是青青者又战胜独存,而遗其宜种矣。(15)此则尽人耳目所及,其为事岂不然哉!

[2](1)It will be admitted that the garden is as much a work of art, or artifice, as anything that can be mentioned. (2) The energy localised in certain human bodies, directed by similarly localised intellects, has produced a collocation of other material bodies which could not be brought about in the state of nature. (3a) The same proposition is true of all the works of man's hands, form a flint implement to a cathedral or a chronometer; and it is because it is true, that we call these things artificial, term them works of art, or artifice, (3b) by way of distinguishing them from the products of the cosmic process, working outside man, which we call natural, or works of nature. (4) The distinction thus drawn between the works of nature and those of man, is universally recognised; and it is, as I conceive, both useful and justifiable.

[2](1)很明显,这个园地同我们所能提到的任何人造物一样是一种技艺的成品,或技巧制品。(2)蕴藏于某些人体内的能力,在同样蕴藏的智力的指导下,产生了一批在自然状态中不

[1](16)此之取譬,欲明何者为人为,十亩园林,正是人为之一。(17)大抵天之生人也,其周一身者谓之力,谓之气;其宅一心者谓之智,谓之神。(18)智力兼施,以之离合万物,于以成天之所不能自成者谓之业,谓之功,而通谓之曰人事。(19)自古之土铏洼

能产生的物体。(3a)这种提法对人类双手制成的所有成品,从燧石工具到大教堂或精密时计,都是同样真实的;正因为这种提法同样适用,所以我们把这些东西叫作人工的东西,叫作技艺的成品或技巧制品,(3b)以便把它们同在人以外进行着的宇宙过程的产物区别开来,我们把这些产物叫作自然物,或自然的成品。(4)在自然成品和人工成品之间这样做出的区别,是公认的;我认为这既是有用的,也是有道理的。

尊,以至今之电车铁舰,精粗迥殊,人事一也。(20)故人事者,所以济天工之穷也。(21)虽然,苟揣其本以为言,则岂惟是莽莽荒荒,自生自灭者,乃出于天生;即此花木亭垣,凡吾人所辅相裁成者,亦何一不由帝力乎?(22)夫曰人巧足夺天工,其说固非皆诞,顾此冒耏横目,手以攫足以行者,则亦彼苍所赋畀,且岂徒形体为然?(23)所谓运智虑以为才,制行谊以为德,凡所异于草木禽兽者,一一皆秉彝物则,无所逃于天命而独尊。(24)由斯而谈,则虽有出类拔萃之圣人,建生民未有之事业,而自受性降衷而论,固实与昆虫草木同科。(25)贵贱不同,要为天演之所苞已耳,此穷理之家之公论也。

[2]复案:(1)本篇有云,物不假人力而自生,便为其地最宜之种,此说固也。(2)然不知分别观之则误人,是不可以不论也。(3)赫胥黎氏于此所指为最宜者,仅就本土所前有诸种中,标其最宜耳。(4)如是而言,其说自不可易,何则?(5)非最宜不能独存独盛故也。(6)然使是种与未经前有之新种角,则其胜负之数,其尚能为最宜与否,举不可知矣。(7)大抵四达之地,接壤绵遥,则新种易通,其为物竞,历时较久,聚种亦多。(8)至如岛国孤悬,或其国在内地,而有雪岭流沙之限,则其中见种,物竞较狭,暂为最宜。(9)外种闯入,新竞更起,往往年月以后,旧种渐湮,新种迭盛。(10)此自舟车大通之后,所特见屡见不一见者也。(11)譬如美洲从古无马,自西班牙人载与俱入之后,今则不独家有是畜,且落荒山林,转成野种,族聚蕃生。(12)澳洲及新西兰诸岛无鼠,自欧人到彼,船鼠入陆,至今遍地皆鼠,无异欧洲。(13)俄罗斯蟋蟀旧种长大,自安息小蟋蟀入境,克灭旧种,今转难得。(14)苏格兰旧有画眉最善鸣,后忽有斑画眉,不悉何来,不善鸣而蕃生,克善鸣者日以益希。(15)澳洲土蜂无针,自窝蜂有针者入境,无针者不数年灭。(16)至如植物,则中国之蕃薯蓣来自吕宋,黄占来自占城,蒲桃、苜蓿来自西域,薏苡载自日南,此见诸史传者也。(17)南美

之番百合,西名哈敦,本地中海东岸物,一经移种,今南美拉百拉达,往往蔓生数十百里,弥望无他草木焉。(18)馀则由欧洲以入印度、澳斯地利,动植尚多,往往十年以外,遂遍其境,较之本土,繁盛有加。(19)夫物有迁地而良如此,谁谓必本土固有者,而后称最宜哉?(20)嗟乎!(21)岂惟是动植而已,使必土著最宜,则彼美洲之红人,澳洲之黑种,何由自交通以来,岁有耗减?(22)而伯林海之甘穆斯噶加,前土民数十万,晚近乃仅数万,存者不及什一,此俄人亲为余言,且谓过是恐益少也。(23)物竞既兴,负者日耗,区区人满,乌足恃也哉!(24)乌足恃也哉!

Ⅲ

[1](1)No doubt, it may be properly urged that the operation of human energy and intelligence, which has brought into existence and maintains the garden, by what I have called "the horticultural process", is, strictly speaking, part and parcel of the cosmic process. (2)And no one could more readily agree to that proposition than I. (3)In fact, I do not know that any one has taken more pains than I have, during the last thirty years, to insist upon the doctrine, so much reviled in the early part of that period, that man, physical, intellectual, and moral, is as much a part of nature, as purely a product of the cosmic process, as the humblest weed.

三

[1](1)无疑,可以这样恰当地认为:那种通过我所称为的"园艺过程"来创造并维持园地的人的能力和智力的活动,严格说来,就是宇宙过程的一个重要部分。(2)对于这个命题,没有人会比我更毫不犹豫地表示赞同。(3)其实,有肉体、智力和道德观念的人,就好像最没有价值的杂草一样,既是自然界的一部分,又纯粹是宇宙过程的产物。(4)这个在已往三十年的初期备受诽谤的道理,我不晓得有谁比我在过去三十年中,更有力地坚持过。

[2](1a)But if, following up this admission, it is urged that, such being the case, the cosmic process cannot be in antagonism with that horticultural process which is part of itself—(1b)I can only reply, that if the conclusion

that the two are antagonistic is logically absurd, I am sorry for logic, because, as we have seen, the fact is so. (2a) The garden is in the same position as every other work of man's art; it is a result of the cosmic process working through and by human energy and intelligence; (2b) and, as is the case with every other artificial thing set up in the state of nature, the influences of the latter are constantly tending to break it down and destroy it. (3) No doubt, the Forth bridge and an ironclad in the offing, are, in ultimate resort, products of the cosmic process; as much so as the river which flows under the one, or the sea-water on which the other floats. (4) Nevertheless, every breeze strains the bridge a little, every tide does something to weaken its foundations; every change of temperature alters the adjustment of its parts, produces friction and consequent wear and tear. (5a) From time to time, the bridge must be repaired, just as the ironclad must go into dock; (5b) simply because nature is always tending to reclaim that which her child, man, has borrowed from her and has arranged in combinations which are not those favoured by the general cosmic process.

[2](1)有人提出，倘若依照上述说法推论下去，那么宇宙过程就不能与作为宇宙过程的一部分的园艺过程相对抗。(2)对此我只能这样回答：倘若说这两个过程是对抗性的这种结论在逻辑上是荒谬的，那么我只能对逻辑感到遗憾，因为我们所看到的事实就是如此。(3)这种园地同人工技艺造成的其他的每件成品是一样的；它是宇宙过程通过人的能力和智力产生作用的结果。(4)同时，它也同其他每一件在自然状态中建立起来的人为事物一样，自然状态的影响经常是倾向于破坏它和毁灭它。

导言五　互争

[1](1)难者曰：信斯言也，人治天行，同为天演矣。(2)夫名学之理，事不相反之谓同，功不相毁之谓同。(3)前篇所论，二者相反相毁明矣。(4)以矛陷盾，互相抵牾，是果僢驰而不可合也。(5)如是岂名学之理，有时不足信欤？

[2](1)应之曰：以上所明，在在征诸事实，若名学必谓相反相毁，不出同原，人治天行，不得同为天演，则负者将在名学。(2)理征于事，事实如此，不可诬也。(3)夫园林台榭，谓之人力之成可也，谓之天机之动，而诱衷假手于斯人之功力以成之，亦无不可。(4)独

(5)无疑,福斯河的桥和海面上的一艘铁甲舰归根结底都是宇宙过程的产物,就如同桥下的流水和使铁甲舰浮着的海水是宇宙过程的产物一样。(6)但是每阵微风都会把桥弄坏一些;每次潮汐都会把桥基削弱一些;每次温度的变化都会把桥梁各部分的衔接改动一些,产生摩擦并由此而造成损耗。(7a)这座桥必须不时地加以修理,正像铁甲舰必须不时地进入船坞;(7b)这些都仅仅是因为,大自然常常有这样一种倾向,就是讨回她的儿子——人——从她那儿借去而加以安排结合的[创造的意思——译注]那些不为普遍的宇宙过程所赞同的东西。

是人力既施之后,是天行者,时时在在,欲毁其成功,务使复还旧观而后已。(5)倘治园者不能常目存之,则历久之余,其成绩必归于乌有,此事所必至,无可如何者也。(6)今如河中铁桥,沿河石隄,二者皆天材人巧,交资成物者也。(7)然而飘风朝过,则机牙暗损;潮头暮上,则基址微摇;且凉热涨缩,则笋缄不得不松;雾凇潜滋,则锈涩不能不长,更无论开阖动荡之日有损伤者矣。(8)是故桥须岁以勘修,隄须时以培筑,夫而后可得利用而久长也。(9)故假人力以成务者天,凭天资以建业者人。(10)而务成业建之后,天人势不相能,若必使之归宗返始而后快者。

[3](1)Thus, it is not only true that the cosmic energy, working through man upon a portion of the plant world, opposes the same energy as it works through the state of nature, but a similar antagonism is everywhere manifest between the artificial and the natural. (2)Even in the state of nature itself, what is the struggle for existence but the antagonism of the results of the cosmic process in the region of life, one to another?

[3](1)因此,事实不只是通过人在部分植物界起作用的宇宙能力,和通过自然状态起作用的同一宇宙能力,是互相对抗的,而且在人工的和自然的东西之间到处都表现出同样的对抗性。(2)即使在自然状态本身,生存斗争不是在生命领域内宇宙过程的各个不同结果彼此对抗又是什么呢?

[2](11)不独前一二事为然,小之则树艺牧畜之微,大之则修齐治平之重,无所往而非天人互争之境。(12)其本固一,其末乃歧。(13)闻者疑吾言乎?(14)则盍观张弓?(15)张弓者之两手也,支左而屈右,力同出一人也,而左右相距。(16)然则天行人治之相反也,其原何不可同乎?(17)同原而相反,是所以成其变化者耶。

[3]复案:(1)于上二篇,斯宾塞、赫胥黎二家言治之殊,可以见矣。(2)斯宾塞氏之言治也,大旨存于任天,而人事为之辅,犹黄老之明自然,而不忘在宥是已。(3)赫胥黎氏他所著录,亦什九主任天之说者,独于此书,非之如此。(4)盖为持前说而过者设也。(5)斯宾塞之言曰:人当食之顷,则自然觉饥思食。(6)今设去饥而思食之自然,有良医焉,深究饮食之理,为之程度,如学之有课,则虽有至精至当之程,吾知人以忘食死者必相藉也。(7)物莫不慈其子姓,此种之所以传也。(8)今设去其自然爱子之情,则虽深谕切戒,以保世存宗之重,吾知人之类其灭久矣,此其尤大彰明较著者也。(9)由是而推之,凡人生保身保种,合群进化之事,凡所当为,皆有其自然者,为之阴驱而潜率,其事弥重,其情弥殷。(10)设弃此自然之机,而易之以学问理解,使知然后为之,则日用常行,已极纷纭繁赜,虽有圣者,不能一日行也。(11)于是难者曰:诚如是,则世之任情而过者,又比比焉何也?(12)曰:任情而至于过,其始必为其违情。(13)饥而食,食而饱,饱而犹食;渴而饮,饮而滋,滋而犹饮。(14)至违久而成习,习之既成,日以益痼,斯生害矣。(15)故子之所言,乃任习,非任情也。(16)使其始也,如其情而止,则乌能过乎?(17)学问之事,所以范情,使勿至于成习以害生也。(18)斯宾塞任天之说,模略如此。

IV

[1](1)Not only is the state of nature hostile to the state of art of the garden; but the principle of the horticultural process, by which the latter is created and maintained, is antithetic to that of the cosmic process. (2)The characteristic feature of the latter is the intense and unceasing competition of the struggle for existence. (3)The characteristic of the former is the elimination of that struggle, by the removal of the conditions which give rise to it. (4a)The tendency of the cosmic process is to bring about the adjustment, of the forms of plant life to the current conditions; (4b)the tendency of the horticultural process is the adjustment of the conditions to the needs of the forms of plant life which the gardener desires to raise.

四

[1](1)不仅是自然状态同园地的人为状态相敌对,而且用以创立和维持园地人为状态的园艺过程原理同宇宙过程原理也是对立的。(2)后者的特点是紧张而不停的生存斗争。(3)前者的特点是排除引起斗争的条件来消灭那种斗争。(4)宇宙过程的倾向是调整植物生命类型以适应现时的条件。(5)园艺过程的倾向是调整条件来满足园丁所希望培育的植物生命类型的需要。

导言六　人择

[1](1)天行人治,常相毁而不相成固矣。(2)然人治之所以有功,即在反此天行之故。(3)何以明之?(4)天行者以物竞为功,而人治则以使物不竞为的。(5)天行者倡其化物之机,设为已然之境,物各争存,宜者自立。(6)且由是而立者强,强者昌;不立者弱,弱乃灭亡。(7)皆悬至信之格,而听万类之自己。(8)至于人治则不然,立其所祈向之物,尽吾力焉,为致所宜,以辅相匡翼之,俾克自存,以可久可大也。

[2](a) The cosmic process uses unrestricted multiplication as the means whereby hundreds compete for the place and nourishment adequate for one; (b) it employs frost and drought to cut off the weak and unfortunate; (c) to survive, there is need not only of strength, but of flexibility and of good fortune.

[2](1)宇宙过程利用无限制的繁殖作为手段,于是成百的生物为了只能容纳一个生物的地方和只够一个生物的营养而斗争。(2)它以冰霜和干旱来消除弱者和不幸者。(3)为了生存,不仅需要有力量,而且还需要有灵活性和好运气。

[1](9)请申前喻,夫种类之孳生无穷,常于寻尺之壤,其膏液雨露,仅资一本之生,乃杂投数十百本牙蘖其中,争求长养。(10)又有旱涝风霜之虐,耘其弱而植其强,泊夫一本独荣,此岂徒坚韧胜常而已,固必具与境推移之能,又或蒙天幸焉,夫而后翘尔后亡,由拱把而至婆娑之盛也。

[3] The gardener, on the other hand, restricts multiplication; provides that each plant shall have sufficient space and nourishment; protects from frost and drought; and, in every other way, attempts to modify the conditions, in such a manner as to bring about the survival of those forms which most nearly approach the standard of the useful, or the beautiful, which he has in his mind.

[3]另一方面,园丁限制繁殖,给每一株植物提供充分的空间和营养,保护其免除霜旱之灾,并且试图从各个方面来改变条件,以使那些最接近于他所期望的那种有用或美观的标准的植物类型得以生存。

[1](11)争存之难,有如此者。(12)至于人治独何如乎?(13)彼天行之所存,固现有之最宜者。(14)然此之最宜,自人观之,不必其至美而适用也。(15)是故人治之兴,常兴于人之有所择。(16)譬诸草木,必择其所爱与利者而植之。(17)既植矣,则必使地力宽饶有余,虫鸟勿蠹伤,牛羊勿践履;旱其溉之,霜其苫之,爱护保持,期于长成繁盛而后已。(18)何则?(19)彼固以是为美利也。

[4](1) If the fruits and the tubers, the foliage and the flowers thus obtained, reach, or sufficiently approach, that ideal, there is no reason why the *status quo* attained should not be indefinitely prolonged. (2) So long as the state of nature remains approximately the same, so long will the energy and intelligence which created the garden suffice to maintain it. (3) However, the limits within which this mastery of man over nature can be maintained are narrow. (4) If the conditions of the cretaceous epoch returned, I fear the most skillful of gardeners would have to give up the cultivation of apples and gooseberries; while, if those of the glacial period once again obtained, open asparagus beds would be superfluous, and the training of fruit trees against the most favourable of south walls, a waste of time and trouble.

[4](1)如果这样获得的果实和块茎、叶丛和花朵,达到或十分接近于那种理想,就不存在不该让已达到的现状无限地延长下去的理由。(2)只要自然状态大致保持原状,创造园地的能力和智力就将足以维持这种现状。(3)然而,人类控制自然的范围是有限的。(4)如果白垩纪环境重现,恐怕最灵巧的园丁也不得不放弃栽培苹果和茶藨子;如果冰川时期的环

[1](20)使其果实材荫,常有当夫主人之意,则爱护保持之事,自相引而弥长;又使天时地利人事,不大异其始初,则主人之庇,亦可为此树所长保,此人胜天之说也。(21)虽然,人之胜天亦仅耳,使所治之园,处大河之滨,一旦己荄不属,虑殚为河,则主人于斯,救死不给,树乎何有?(22)即它日河复,平沙无际,茅芦而外,无物能生;又设地枢渐转,其地化为冰虚,则此木亦末由得荟,此天胜人之说也。(23)天人之际,其常为相胜也若此。(24)所谓人治有功,在

境又一次出现,露天的龙须菜苗床就会无用,去修整栽在南墙最适宜处的果树也将是浪费时间和自找麻烦。

反天行者,盖虽辅相裁成,存其所善,而必赖天行之力,而后有以致其事,以获其所期。(25)物种相刃相劘,又各肖其先,而代趋于微异,以其有异,人择以加。

[5](1)But it is extremely important to note that, the state of nature remaining the same, if the produce does not satisfy the gardener, it may be made to approach his ideal more closely. (2)Although the struggle for existence may be at end, the possibility of progress remains. (3)In discussions on these topics, it is often strangely forgotten that the essential conditions of the modification, or evolution, of living things are variation and hereditary transmission. (4)Selection is the means by which certain variations are favoured and their progeny preserved. (5)But the struggle for existence is only one of the means by which selection may be effected. (6)The endless varieties of cultivated flowers, fruits, roots, tubers, and bulbs are not products of selection by means of the struggle for existence, but of direct selection, in view of an ideal of utility or beauty. (7)Amidst a multitude of plants, occupying the same station and subjected to the same conditions, in the garden, varieties arise. (8)The varieties tending in a given direction are preserved, and the rest are destroyed. (9)And the same process takes place among the varieties until, for example, the wild kale becomes a cabbage, or the wild *Viola tricolor* a prize pansy.

[5](1)但指出这一点是极其重要的,即只要自然状态依然保持原状,那么如果产品不能使园丁满意,也还是可能使它更接近于他的理想。(2)虽然生存斗争也许终止,但前进发展的可能性仍然存在。(3)在探讨这些课题时,人们常常很奇怪地忘记了生物变化或进化的主要条件是变异和遗传。(4)选择乃是选定某些变异并使它们的后代保存下来的手段。(5)但生存斗争仅仅是使选择可能成为有效的手段之一。(6)人工栽培的花、果、根、块茎和球茎

[1](26)譬如树艺之家,果实花叶,有不尽如其意者,彼乃积摧其恶种,积择其善种。(27)物竞自若也,特前之竞也,竞宜于天;后之竞也,竞宜于人。(28)其存一也,而所以存异。(29)夫如是积累而上之,恶日以

的无数品种不是由于生存斗争而选择的产物,而是根据一种有用或美观的理想而直接选择的产物。(7)在园地里占据着同样地盘,处于同样条件下的一大群植物中,出现了变种。(8)凡沿着既定方向发展的变种被保留下来,其余的变种则被毁掉。(9)而且就在这些变种中也发生同样的过程,直到,例如,野甘蓝变成了圆白菜,野三色堇变成了珍贵的三色堇栽培变种。

消,善日以长,其得效有迥出所期之外者,此之谓人择。(30)人择而有功,必能尽物之性而后可。(31)嗟夫!(32)此真生聚富强之秘术,慎勿为卤莽者道也。

[2]复案:(1)达尔文《物种由来》云:人择一术,其功用于树艺牧畜,至为奇妙。(2)用此术者,不仅能取其群而进退之,乃能悉变原种,至于不可复识。(3)其事如按图而索,年月可期。(4)往尝见撒孙尼人毂羊,每月三次置羊于几,体段毛角,详悉校品,无异考金石者之玩古器也。(5)其术要在识别微异,择所祈向,积累成著而已。(6)顾行术最难,非独具手眼,觉察毫厘,不能得所欲也。(7)具此能者,千牧之中,殆难得一。(8)苟其能之,更益巧习,数稔之间,必致巨富。(9)欧洲羊马二事,尤彰彰也。(10)间亦用接构之法,故真佳种,索价不赀,然少得效,效者须牝牡种近,生乃真佳,无反种之弊。(11)牧畜如此,树艺亦然,特其事差易,以进种略骤,易于抉择耳。

V

[1](1)Tile process of colonization presents analogies to the formation of a garden which are highly instructive. (2)Suppose a shipload of English colonists sent to form a settlement, in such a country as Tasmania was in the middle of the last century. (3)On landing, they find themselves in the midst of a state of nature, widely different from that left behind them in everything but the most general physical conditions. (4)The common plants, the common birds and quadrupeds, are as totally distinct as the men from anything to be seen on the side of the globe from which they come. (5)The colonists proceed to put an end to this state of things over as large an area as they desire to

occupy. (6) They clear away the native vegetation, extirpate or drive out the animal population, so far as may be necessary, and take measures to defend themselves from the reimmigration of either. (7) In their place, they introduce English grain and fruit trees; English dogs, sheep, cattle, horses; and English men; in fact, they set up a new Flora and Fauna and a new variety of mankind, within the old state of nature. (8) Their farms and pastures represent a garden on a great scale, and themselves the gardeners who have to keep it up, in watchful antagonism to the old *régime*. (9) Considered as a whole, the colony is a composite unit introduced into the old state of nature; and, thenceforward, a competitor in the struggle for existence, to conquer or be vanquished.

五

[1](1)开拓殖民地过程同园地建设相类似,其类似性是很有启发作用的。(2)假设在上一世纪的中叶,有一船英格兰殖民者前往塔斯马尼亚开拓殖民地。(3)他们在登陆后发现自己处于一种自然状态之中,除了最普通的自然条件外,一切都同英国本土的完全不同。(4)人以及普通的植物、鸟类和四足兽,都同他们在地球另一边看到的完全不同。(5)殖民者在他们希望占据的最大地区着手消除事物的这种状态。(6)他们清除本地植被,尽量根据需要扑灭或驱逐土生动物,并采取各种措施防止它们再度侵入。(7)为了代替这一切,他们引进英国的谷物和果树,以至英国狗、羊、牛、马和英国人;事实上,他们在旧的自然状态范围内,开创了一个新的植物区系和动物区系,以及一种新的人群。(8)他们的农场和牧场相当于一个规模巨大的园

导言七 善败

[1](1)天演之说,若更以垦荒之事喻之,其理将愈明而易见。(2)今设英伦有数十百民,以本国人满,谋生之艰,发愿前往新地开垦。(3)满载一舟,到澳洲南岛达斯马尼亚所。(4)澳士大利亚南有小岛。(5)弃船登陆,耳目所触,水土动植,种种族类,寒燠燥湿,皆与英国大异,莫有同者。(6)此数十百民者,筚路褴褛,辟草莱,烈山泽,驱其猛兽虫蛇,不使与人争土,百里之周,居然城邑矣。(7)更为之播英之禾,艺英之果,致英之犬羊牛马,使之游且孳于其中,于是百里之内,与百里之外,不独民种迥殊,动植之伦,亦以大异。(8)凡此皆人之所为,而非天之所设也。(9)故其事与前喻之园林,虽大小相悬,而其理则一。(10)顾人事立

地,而他们自己就像是必须维持这个巨大园地的园丁,小心谨慎地同旧的政体相对抗。(9)从整体来看,这个殖民地是引进到这个旧的自然状态中的一个复合单位,此后成为生存斗争中的一个竞争者,去征服其对手或者被消灭掉。

矣,而其土之天行自若也,物竞又自若也。(11)以一朝之人事,闯然出于数千万年天行之中,以与之相抗,或小胜而仅存,或大胜而日辟,抑或负焉以泯而无遗,则一以此数十百民之人事何如为断。

[2](1)Under the conditions supposed, there is no doubt of the result, if the work of the colonists be carried out energetically and with intelligent combination of all their forces. (2)On the other hand, if they are slothful, stupid, and careless; or if they waste their energies in contests with one another, the chances are that the old state of nature will have the best of it. (3)The native savage will destroy the immigrant civilized man; of the English animals and plants some will be extirpated by their indigenous rivals, others will pass into the feral state and themselves become components of the state of nature. (4)In a few decades, all other traces of the settlement will have vanished.

[2](1a)在假定的条件下,如果殖民者们能精力充沛地,并且把他们的力量和智慧聪明地集合在一起,去完成工作,那么毫无疑问会有成果;(1b)反之,假如他们怠惰、愚昧、粗心大意,或者把精力浪费在内争上,那么旧的自然状态就很有可能会占上风,(1c)本地的野蛮人将会毁灭迁移进来的文明人,一部分英国的动物和植物将会被本地的竞争者所毁灭,其余的将转入野生状态,而成为自然状态的组成部分。(2)几十年内,殖民地所有的其他痕迹就会全部消失。

[1](12)使其通力合作,而常以公利为期,养生送死之事备,而有以安其身;推选赏罚之约明,而有以平其气,则不数十百年,可以蔚然成国。(13)而土著之种产民物,凡可以驯而服者,皆得渐化相安,转为吾用。(14)设此数十百民情窳卤莽,愚暗不仁,相友相助之不能,转而糜精力于相伐,则客主之势既殊,彼旧种者得因以为利,灭亡之祸,旦暮间耳。(15)即所与偕来之禾稼果蓏牛羊,或以无所托芘而消亡,或入焉而与旧者俱化。(16)不数十年,将徒见山高而水深,而垦荒之事废矣。(17)此即谓不知自致于最宜,用不为天之所择可也。

[2]复案：(1)由来垦荒之利不利,最觇民种之高下。(2)泰西自明以来,如荷兰,如日斯巴尼亚,如蒲陀牙,如丹麦,皆能浮海得新地。(3)而最后英伦之民,于垦荒乃独著,前数国方之,瞠乎后矣。(4)西有米利坚,东有身毒,南有好望新洲,计其幅员,几与欧亚埒。(5)此不仅习海擅商,狡黠坚毅为之也,亦其民能自制治,知合群之道胜耳。(6)故霸者之民,知受治而不知自治,则虽与之地,不能久居。(7)而霸天下之世,其君有辟疆,其民无垦土。(8)法兰西、普鲁士、奥地利、俄罗斯之旧无垦地,正坐此耳。(9)法干乾、嘉以前,真霸权不制之国也。(10)中国廿余口之租界,英人处其中者,多不逾千,少不及百,而制度厘然,隐若敌国矣。(11)吾闽粤民走南洋美洲者,所在以亿计,然终不免为人臧获被驱斥也。(12)悲夫!

VI

[1](1)Let us now imagine that some administrative authority, as far superior in power and intelligence to men, as men are to their cattle, is set over the colony, charged to deal with its human elements in such a manner as to assure the victory of the settlement over the antagonistic influences of the state of nature in which it is set down. (2)He would proceed in the same fashion as that in which the gardener dealt with his garden. (3)In the first place, he would, as far as possible, put a stop to the influence of external competition by thoroughly extirpating and excluding the native rivals, whether men, beasts, or plants. (4)And our administrator would select his human agents, with a view to his ideal of a successful colony, just as the gardener selects his plants with a view to his ideal of useful or beautiful products.

六	导言八　乌托邦
[1](1)我们现在设想有个行政权威者,其能力和智力超越于一般人,犹如一般人超越于他们的家畜一样,他当了殖民地的首领,负责管理大家的事务,以保证殖民地战胜	[1](1)又设此数十百民之内,而有首出庶物之一人,其聪明智虑之出于人人,犹常人之出于牛羊犬马,幸而为众所推服,立之以为君,以期人治之必申,不为天行之所胜。(2)是为君者,其措施之

其所在的自然状态的敌对影响。(2)他进行工作的方式就低频园丁管理园地一样。(3)首先,他要尽可能地把本地的竞争者,无论是人,或者是动物、植物,彻底消灭、排除,以制止外部竞争的影响。(4)同时,这位行政长官还要按照他那美满的殖民地的理想来挑选成员,就像园丁要按照他那产品有用或美观的理想来选择他的植物一样。

事当如何,无亦法园夫之治园已耳。(3)园夫欲其草木之植,凡可以害其草木者,匪不芟夷之,剿绝之。(4)圣人欲其治之隆,凡不利其民者,亦必有以灭绝之,禁制之,使不克与其民有竞立争存之势。(5)故其为草昧之君也,其于草莱、猛兽、戎狄,必有其烈之、驱之、膺之之事。(6)其所尊显选举以辅治者,将惟其贤,亦犹园夫之于果实花叶,其所长养,必其适口与悦目者。

[2](1a)In the second place, in order that no struggle for the means of existence between these human agents should weaken the efficiency of the corporate whole in the battle with the state of nature, (1b) he would make arrangements by which each would be provided with those means; and would be relieved from the fear of being deprived of them by his stronger or more cunning fellows. (2) Laws, sanctioned by the combined force of the colony, would restrain the selfassertion of each man within the limits required for the maintenance of peace. (3) In other words, the cosmic struggle for existence, as between man and man, would be rigorously suppressed; and selection, by its means, would be as completely excluded as it is from the garden.

[2](1a)其次,为了使这些成员之间获取生存资料的竞争不致削弱殖民地共同体对自然状态斗争的效力,(1b)这位行政长官就要进行安排,为每个人提供必需的生存资料,使每个人解除对较强的或较狡猾的伙伴夺取他们生存资料的恐惧。(2)殖民地联合力量所通过的法律,约束着每个成员的"自行其是",使它限制在维持和平所需要的范围之内。(3)换句话说,像人与人之间的生存斗争这样一种宇宙的生存斗争,将被严格地压制下去,而用这种斗争方式来进行的

[1](7)且既欲其民和其智力以与其外争矣,则其民必不可互争以自弱也。(8a)于是求而得其所以争之端,以谓争常起于不足,乃为之制其恒产,使民各遂其生,勿廪廪然常惧为强与黠者之所兼并;(8b)取一国之公是公非,以制其刑与礼,使民各识其封疆畛畔,毋相侵夺,而

那种选择,也将像在园地一样,被完全排除掉。　　太平之治以基。

[3](1)At the same time, the obstacles to the full development of the capacities of the colonists by other conditions of the state of nature than those already mentioned, would be removed by the creation of artificial conditions of existence of a more favourable character. (2a)Protection against extremes of heat and cold would be afforded by houses and clothing; (2b)drainage and irrigation works would antagonise the effects of excessive rain and excessive drought; (2c)roads, bridges, canals, carriages, and ships would overcome the natural obstacles to locomotion and transport; (2d)mechanical engines would supplement the natural strength of men and of their draught animals; (2e)hygienic precautions would check, or remove, the natural causes of disease. (3)With every step of this progress in civilization, the colonists would become more and more independent of the state of nature; more and more, their lives would be conditioned by a state of art. (4)In order to attain his ends, the administrator would have to avail himself of the courage, industry, and cooperative intelligence of the settlers; and it is plain that the interest of the community would be best served by increasing the proportion of persons who possess such qualities, and diminishing that of persons devoid of them. (5)In other words, by selection directed towards an ideal.

[3](1)同时,除了已提到的那些以外,还有其他一些自然状态的条件造成的阻止殖民者充分发挥其才能的障碍。(2)这些障碍可以通过创造一些更适宜于人们生存的人为条件来消除。(3a)修建房舍,置备衣物,以御严寒酷暑;(3b)兴建排水灌溉工程,以对抗旱涝灾害;(3c)筑路修桥,挖河开渠,设置舟车,以克服交通和运输上的天然障碍;(3d)制造机器,以补充

[1](9)夫以人事抗天行,其势固常有所屈也。(10)屈则治化不进,而民生以雕,是必为致所宜以辅之,而后其业乃可以久大。(11)是故民屈于寒暑雨旸,则为致衣服宫室之宜;民屈于旱干水溢,则为致潴渠畎浍之宜;民屈于山川道路之阻深,而艰于转运也,则有道途、桥梁、漕挽、舟车。(12)致之汽电诸机,所以增倍人畜之功力也;致之医疗药物,所以救民之厉疾夭死也;为之刑狱禁制,所以防强弱愚智之相欺夺也;为之陆海诸军,所以御异

人力和畜力的不足;(3e)采取卫生预防措施,以防止和消除引起疾病的自然原因。(4)随着文明的每一步进展,殖民者可以越来越摆脱自然状态的束缚;他们的生活越来越多地为人为状态所左右。(5)为了达到他的目的,这位行政长官还必须利用那些移民的勇敢、勤劳和集体智慧;并且,很明显,只有使具有这些品质的人不断增加,缺乏这些品质的人不断减少,才能大大地有利于整个社会。(6)换句话说,就是要按照预定的理想来进行选择。

族强邻之相侵侮也。(13)凡如是之张设,皆以民力之有所屈,而为致其宜,务使民之待于天者,日以益寡;而于人自足恃者,日以益多。(14)且圣人知治人之人,固赋予治于人者也。(15)凶狡之民,不得廉公之吏;偷惰之众,不兴神武之君。(16)故欲跻治之隆,必于民力、民智、民德三者之中,求其本也。(17)故又为之学校庠序焉。(18)学校庠序之制善,而后智仁勇之民兴。(19)智仁勇之民兴,而有以为群力群策之资,夫而后其国乃一富而不可贫,一强而不可弱也。(20)嗟夫!(21)治国至于如是,是亦足矣。

[4](1a) Thus the administrator might look to the establishment of an earthly paradise, a true garden of Eden, (1b) in which all things should work together towards the well-being of the gardeners; (1c) within which the cosmic process, the coarse struggle for existence of the state of nature, should be abolished; (1d) in which that state should be replaced by a state of art; (1e) where every plant and every lower animal should be adapted to human wants, and would perish if human supervision and protection were with drawn; (1f) where men themselves should have been selected, with a view to their efficiency as organs for the performance of the functions of a perfected society. (2) And this ideal polity would have been brought about, not by gradually adjusting the men to the conditions around them, but by creating artificial conditions for them; not by allowing the free play of the struggle for existence, but by excluding that struggle; and by substituting selection directed towards the administrator's ideal for the selection it exercises.

[4](1)这样,这位行政长官可以指望建立起一个人间乐园,一个真正的伊甸乐园。(2)在那里,一切事物都是为

[2](1)然观其所以为术,则与吾园夫所以长养草木者,其为道岂异也哉!(2)假使员舆之中,而有如是之

园丁们的幸福而集体合作。(3a)在那里,宇宙过程这种自然状态中的粗暴的生存斗争,应予以废除;(3b)在那里,自然状态应当为人为状态所代替;(3c)在那里,每种植物和每种较低等动物都要适合人们的需要,而且,如果没有人的管理和保护,它们就会死亡;(3d)在那里,由于人们是作为实现一个已经完善的社会的职能的器官,因此他们自己也应当根据他们作为这种器官的效能来经受选择。(4)而这种理想的社会若要得到实现,那就不是使人们逐渐去适应他们周围的条件,而是要给人们创造一些人为条件;不是让生存竞争自由进行,而是要排除这种斗争;并用适合于这位行政长官所理想的人为选择以取代生存斗争的选择。

一国,则其民熙熙嗥嗥,凡其国之所有,皆足以养其欲而给其求,所谓天行物竞之虐,于其国皆不见,而惟人治为独尊,在在有以自恃而无畏。(3)降以至一草木一禽兽之微,皆所以娱情适用之资,有其利而无其害。(4)又以学校之兴,刑罚之中,举错之公也,故其民莠者日以少,良者日以多。(5)驯至于各知职分之所当为,性分之所固有,通功合作,互相保持,以进于治化无疆之休。(6)夫如是之群,古今之世所未有也,故称之曰乌托邦。(7)乌托邦者,犹言无是国也,仅为涉想所存而已。(8)然使后世果其有之,其致之也,将非由任天行之自然,而由尽力于人治,则断然可识者也。

[3]复案:(1)此篇所论,如"圣人知治人之人,赋予治于人者也"以下十余语最精辟。(2)盖泰西言治之家,皆谓善治如草木,而民智如土田。(3)民智既开,则下令如流水之源,善政不期举而自举,且一举而莫能废。(4)不然,则虽有善政,迁地弗良,淮橘成枳,一也;人存政举,人亡政息,极其能事,不过成一治一乱之局,二也。(5)此皆各国所历试历验者。(6)西班牙民最信教,而智识卑下,故当明嘉、隆间,得斐立白第二为之主而大强,通美洲,据南美,而欧洲亦几为所混一。(7)南洋吕宋一岛,名斐立宾者,即以其名,名其所得地也。(8)至万历末年,而斐立白第二死,继体之人,庸暗选懦,国乃大弱,尽失欧洲所已得地,贫削饥馑,民不聊生。(9)直至乾隆初年,查理第三当国,精勤二十余年,而国势复振,然而民智未开,终弗善也。(10)故至乾隆五十三年,查理第三亡,而国又大弱。(11)虽道、咸以还,泰西诸国,治化宏开,西班牙立国其中,不能无所浡厉,然至今尚不足为第二等权也。(12)至立政之际,民智污隆,难易尤判。(13)如英

国平税一事,明计学者持之盖久,然卒莫能行,坐其理太深,而国民抵死不悟故也。(14)后议者以理财启蒙诸书,颁令乡塾习之,至道光间,遂阻力去,而其令大行,通国蒙其利矣。(15)夫言治而不自教民始,徒曰百姓可与乐成,难与虑始;又曰非常之原,黎民所惧,皆苟且之治,不足存其国于物竞之后者也。

VII

[1](1)But the Eden would have its serpent, and a very subtle beast too. (2)Man shares with the rest of the living world the mighty instinct of reproduction and its consequence, the tendency to multiply with great rapidity. (3)The better the measures of the administrator achieved their object, the more completely the destructive agencies of the state of nature were defeated, the less would that multiplication be checked.

七

[1](1)但是,这个伊甸乐园也有它的蛇,并且还是一种很阴险的动物。(2)人和其他生物一样都有强大的生殖本能,而其直接后果是,面临着高速繁殖的倾向。(3)行政长官实现其目的的措施越好,自然状态的破坏作用就消除得越彻底,

导言九　汰蕃

[1](1)虽然,假真有如是之一日,而必谓其盛可长保,则又不然之说也。(2)盖天地之大德曰生,而含生之伦,莫不孳乳,乐牝牡之合,而保爱所出者,此无化与有化之民所同也。(3)方其治之未进也,则死于水旱者有之,死于饥寒者有之。(4)且兵刑疾疫,无化之国,其死民也尤深。(5)大乱之后,景物萧寥,无异新造之国者,其流徙而转于沟壑者众矣。(6)洎自新治出,物竞平,民获息肩之所,休养生聚,各长子孙。(7)卅年以往,小邑自倍。(8)以有限之地产,供无穷之孳生,不足则争,干戈又动,周而复始,循若无端,此天下之生所以一治而一乱也。(9)故治愈隆则民愈休,民愈休则其蕃愈速。(10)且德智并高,天行之害既有以防而胜之。(11)如是经十数传、数十传以后,必神通如景尊,能以二馒头哺四千众而后可。(12)不然,人道既各争存,不出于争,将安出耶?(13)争则物竞兴、天行用,所谓郅治之隆,乃傥然不终日矣。(14)故人治者,所以平物竞也,而物竞乃即

对于繁殖的限制　伏于人治之大成,此诚人道物理之必然,昭然如日月之必出
也就会越少。　　　入,不得以美言饰说,苟用自欺者也。

[2]On the other hand, within the colony, the enforcement of peace, which deprives every man of the power to take away the means of existence from another, simply because he is the stronger, would have put an end to the struggle for existence between the colonists, and the competition for the commodities of existence, which would alone remain, is no check upon population.

[2]另一方面,由于在该殖民地之内,厉行和睦相处剥夺了每一个仅仅因为他是强者而掠夺别人的生存资料的人的权力,就会结束殖民者之间的生存斗争,唯一留下来的在日用品上的竞争是阻止不了人口增长的。

[3](1)Thus, as soon as the colonists began to multiply, the administrator would have to face the tendency to the reintroduction of the cosmic struggle into his artificial fabric, in consequence of the competition, not merely for the commodities, but for the means of existence. (2)When the colony reached the limit of possible expansion, the surplus population must be disposed of somehow; or the fierce struggle for existence must recommence and destroy that peace, which is the fundamental condition of the maintenance of the state of art against the state of nature.

[3](1)然而,殖民者一开始繁殖,就不仅会引起对日用品的竞争,而且也会引起对生存资料的竞争,这样就会使行政长官面临着宇宙斗争在这个人为组织中重新掀起的趋向。(2)当人口增长达到该殖民地可能扩展的极限时,必须设法把过剩的人口处理掉;否则,

[2](1)设前所谓首出庶物之圣人,于彼新造乌托邦之中,而有如是之一境,此其为所前知,固何待论。(2)然吾侪小人,试为揣其所以挽回之术,则就理所可知言之,无亦二途已耳。(3)一则听其蕃息,至过庶食不足之时,徐谋所以处置之者;一则量食为生,立嫁娶收养之程限,使无有过庶之一时。(4)由前而言其术,即今英伦、法、德诸邦之所用。(5)然不过移密就疏,挹兹注彼,以邻为壑,会有穷时,穷则大争仍起。(6)由后而言,则微论程限之至难定也,就令微积之术,格致之学,日以益精,而程限较然可立,而行法之方,将安出

激烈的生存斗争就又会重新开始,从而会破坏作为维持人为状态对抗自然状态的基本条件的那种和平。

耶?(7)此又事有至难者也。(8)于是议者曰:是不难,天下有骤视若不仁,而其实则至仁也者。(9)夫过庶既必至争矣,争则必有所灭,灭又未必皆不善者也。(10)则何莫于此之时,先去其不善而存其善。

[4](1)Supposing the administrator to be guided by purely scientific considerations, he would, like the gardener, meet this most serious difficulty by systematic extirpation, or exclusion, of the super-fluous. (2) The hopelessly diseased, the infirm aged, the weak or deformed in body or in mind, the excess of infants born, would be put away, as the gardener pulls up defective and superfluous plants, or the breeder destroys undesirable cattle. (3) Only the strong and the healthy, carefully matched, with a view to the progeny best adapted to the purposes of the administrator, would be permitted to perpetuate their kind.

[4](1)假如行政长官在单纯是科学原则的指导下去思考问题,他就会像园丁一样采用有系统地消灭或排除过剩者的办法来对付这种极其严重的困难。(2)无法医治的病患者、多病者、老年人、身体虚弱者或身心残废的人以及过剩的婴儿,将会像园丁根除有缺陷、多余的植株那样,或者像育种者消灭不合意的牲畜那样被淘汰掉。(3)为了养育出最符合于行政长官所要求的子孙后代,只有经过仔细挑选结成配偶的身体强壮和健康的人,才会被允许传宗接代。

[2](11)圣人治民,同于园夫之治草木。(12)园夫之于草木也,过盛则芟夷之而已矣,拳曲拥肿则拔除之而已矣。(13)夫惟如是,故其所养者,皆嘉葩珍果,而种日进也。(14)去不材而育其材,治何为而不若是?(15)罢癃、愚痫、残疾、颠丑、盲聋、狂暴之子,不必尽取而杀之也,鳏之、寡之,俾无遗育,不亦可乎?(16)使居吾土而衍者,必强佼圣智聪明才桀之子孙,此真至治之所期,又何忧乎过庶?(17)主人曰:唯唯,愿与客更详之。

[3]复案:(1)此篇客说,与希腊亚利大各所持论略相仿。(2)又嫁娶程限之政,瑞典旧行之民欲婚嫁者,须报官验明家产及格者,始为胖合。(3)然此令虽行,而俗转淫佚,天生之子满街,育婴堂充塞不复收,故其令寻废也。

VIII

八   导言十   择难

[1](1)天演家用择种留良之术于树艺牧畜间,而繁硕茁壮之效,若庑左契致也。(2)于是以谓人者生物之一宗,虽灵蠢攸殊,而血气之躯,传衍种类,所谓生肖其先,代趋微异者,与动植诸品无或殊焉。(3)今吾术既用之草木禽兽而大验矣,行之人类,何不可以有功乎?(4)此其说虽若骇人,然执其事而责其效,则确然有必然者。(5)顾惟是此择与留之事,将谁任乎?(6)前于垦荒立国,始设为主治之一人,所以云其前识独知,必出人人,犹人人之出牛羊犬马者,盖必如是而后乃可独行而独断也。(7)果能如是,则无论如亚洲诸国,亶聪明作元后,天下无敢越志之至尊;或如欧洲,天听民听,天视民视,公举公治之议院,为独为聚,圣智同优,夫而后托之主治也可,托之择种留良也亦可。(8)而不幸横览此三洲六十余国之间,为上下其六千余年之记载,此独知前识,迈类逾种如前比者,尚断断乎未尝有人也。

(1) Of the more thoroughgoing of the multitudinous attempts to apply the principles of cosmic evolution, or what are supposed to be such, to social and political problems, which have appeared of late years, a considerable proportion appear to me to be based upon the notion that human society is competent to furnish, from its own resources, an administrator of the kind I have imagined. (2) The pigeons, in short, are to be their own Sir John Sebright. (3) A despotic government, whether individual or collective, is to be endowed with the preternatural intelligence, and with what, I am afraid, many will consider the preternatural ruthlessness, required for the purpose of carrying out the principle of improvement by selection, with the somewhat drastic thoroughness upon which the success of the method depends. (4) Experience certainly does not justify us in limiting the ruthlessness of individual "saviours of society"; and, on the well-known grounds of the aphorism which denies both body and soul to corporations, it seems probable (indeed the belief is not with-

out support in history) that a collective despotism, a mob got to believe in its own divine right by demagogic missionaries, would be capable of more thorough work in this direction than any single tyrant, puffed up with the same illusion, has ever achieved. (5) But intelligence is another affair. (6) The fact that "saviours of society" take to that trade is evidence enough that they have none to spare. (7) And such as they possess is generally sold to the capitalists of physical force on whose resources they depend. (8) However, I doubt whether even the keenest judge of character, if he had before him a hundred boys and girls under fourteen, could pick out, with the least chance of success, those who should be kept, as certain to be serviceable members of the polity, and those who should be chloroformed, as equally sure to be stupid, idle, or vicious. (9) The "points" of a good or of a bad citizen are really far harder to discern than those of a puppy or a shorthorn calf; many do not show themselves before the practical difficulties of life stimulate manhood to full exertion. (10) And by that time the mischief is done. (11) The evil stock, if it be one, has had time to multiply, and selection is nullified.

(1)近年来出现的,比较彻底的无数次试用宇宙进化的原理,或者假定是这样的原理于社会的和政治的问题,我认为很大一部分是基于这样的看法,即认为人类社会有能力从自己的人力资源中提供我所想象的那种行政长官。(2)简言之,鸽子们将成为他们自己的约翰·塞伯莱特爵士。(3)一个无论是个人的或是集体的专制政府,应具有超自然的智力,还得具有用选择来实现社会改进原则这样一个目的所需要的、恐怕许多人会认为是超自然的残忍性,这种选择还得有使这种方法赖以获得成功的相当严密的彻底性。(4)经验的确没有给我们提供可以限制住个别"社会救世主们"的残忍性的根据;而且,根据人所熟知的否认团体

[2](1)且择种留良之术,用诸树艺牧畜而大有功者,以所择者草木禽兽,而择之者人也。(2)今乃以人择人,此何异上林之羊,欲自为卜式;汧渭之马,欲自为其伯翳,多见其不知量也已。(3)案原文用白鸽欲自为施白来。(4)施,英人最善畜鸽者也,易用中事。(5)且欲由此术,是操选政者,不特其前识如神明,抑必极刚戾忍决之姿而后可。(6)夫刚戾忍决诚无难,雄主酷吏皆优为之。(7)独是先

具有身体和心灵的格言,看来,集体专制——一伙通过煽惑人心的传道师的煽惑而得以相信自己具有神权的暴徒——在这方面很可能做得比任何单独一个被同样妄想冲昏头脑的暴君所能做到的,更要彻底(这在历史上确实并非没有先例)。(5)但智力却是另一回事。(6)事实是"社会救世主们"爱好这种做法,适足以证明他们没有多少智力。(7)而他们所拥有的那点智力,通常都出卖给他们依赖其资源而生存的殷实资本家们。(8)然而,我怀疑,即使是一位对人的气质最敏锐的审查者,当他面对着一百个十四岁以下的男女儿童时,能否有丝毫成功的把握,挑选出哪些是对社会肯定有用的成员而应予以保留,哪些肯定是愚蠢、懒惰和邪恶的而应用氯仿[麻醉剂——译注]予以杀掉。(9)一个好的或一个坏的公民的"特点",确实比一只小狗或短角牛犊的"特点"更难于辨别;在生活的实际困难使人的气质充分激发出来以前,很多特点是不会表现出来的。(10)而等到那个时候,坏事已经干出来了。(11)坏的家族,即便只是一个,也已经有时间去繁殖,而选择便归于无效了。

觉之事,则分限于天,必不可以人力勉也。(8)且此才不仅求之一人之为难,即合一群之心思才力为之,亦将不可得。(9)久矣,合群愚不能成一智,聚群不肖不能成一贤也!(10)且从来人种难分,比诸飞走下生,奚翅什伯?(11)每有孩提之子,性情品格,父母视之为庸儿,戚党目之为劣子,温温未试,不比于人。(12)逮磨砻世故,变动光明,事业声施,赫然惊俗,国蒙其利,民戴其功。(13)吾知聚百十儿童于此,使天演家凭其能事,恣为抉择,判某也为贤为智,某也为不肖为愚,某也可室可家,某也当鳏当寡,应机断决,无或差讹,用以择种留良,事均树畜。(14)来者不可知,若今日之能事,尚未足以企此也。

IX

[1](1)I have other reasons for fearing that this logical ideal of evolutionary regimentation—this pigeonfanciers' polity—is unattainable. (2)In the absence of any such a severely scientific administrator as we have been dreaming of, human society is kept together by bonds of such a singular character, that the attempt to perfect society after his fashion would run serious risk of loosening them.

九

[1](1)另外有一些理由使我担心这种严格的进化组织——鸽子饲养家的社会组织——的逻辑理想是难于达到的。(2)在没有我们所设想的那种具有严格科学态度的行政长官的情况下,人类社会是依靠这样一种单一的特性联结在一起的,因此按照他的方式使社会完善化的尝试,就会陷入使这些联结变得松弛的严重危险。

[2](1)Social organization is not peculiar to men. (2a)Other societies, such as those constituted by bees and ants, have also arisen out of the advantage of cooperation in the struggle for existence; (2b)and their resemblances to, and their differences from, human society are alike instructive. (3)The society formed by the hive bee fulfils the ideal of the communistic aphorism "to each according to his needs, from each according to his capacity". (4)Within it, the struggle for existence is strictly limited. (5)Queen, drones, and workers have each their allotted sufficiency of food; each performs the function assigned to it in the economy of the hive, and all contribute to the success of the whole cooperative society in its competition with rival collectors of nectar and pollen and with other enemies, in the state of nature without. (6)In the same sense as the garden, or the colony, is a work of human art, the bee polity is a work of apiarian art, brought about by the cosmic process, working through the organization of the hymenopterous type.

[2](1)社会组织不是人类所独有的。(2)像蜜蜂和蚂蚁所组成的其他社会组织,也是由于在生存斗争中能够得到通力合作的好处而出现的。(3)它们的社会组织和人类社

导言十一 蜂群

[1](1)故首出庶物之神人既已杳不可得,则所谓择种之术不可行。(2)由是知以人代天,其事必有所底,此无可如何者也。(3)且斯人相系相资之故,其理至为微渺难思。(4)使未得其人,而欲冒行其术,将不仅于治理无以复加,且恐其术果行,则其群将涣。(5)盖人之所以为人者,以其能群也。(6)第深思其所以能群,则其理见矣。

[1](7)虽然,天之生物,以群立者,不独斯人已也。(8)试略举之:则禽之有群者,如雁如乌;兽之有群者,如鹿如象,如米利坚之犎,阿非利加之猱,其尤著者也;昆虫之有群者,如蚁如蜂。(9)凡此皆因其有群,以自完于物竞之际者也。(10)今吾将即蜂之群而论

会的相似点和差异，同样对我们很有启发。(4)在蜂群组成的社会中实现了"各尽所能，按需分配"这种共产主义格言的理想。(5)在这社会内，生存斗争是受到严格限制的。(6)蜂后、雄蜂和工蜂都享有分配给自己的充足食料；个个都在完成蜂群经济分工中所担负的任务，并在同外界自然状态中采集花蜜和花粉的竞争者及其他敌人的竞争中，为整个合作的社会的成就做出贡献。(7)正如园地或殖民地是人工技艺的成品那样，蜂群社会则是宇宙过程通过膜翅目类型的组织所造成的蜜蜂技艺的成品。

之，其与人之有群，同欤异欤？(11)意其皆可深思，因以明夫天演之理欤？

[2](1)夫蜂之为群也，审而观之，乃真有合于古井田经国之规，而为近世以均富言治者之极则也。(2)复案：古之井田与今之均富，以天演之理及计学公例论之，乃古无此事，今不可行之制。(3)故赫氏于此意含滑稽。(4)以均富言治者曰：财之不均，乱之本也。(5)一群之民，宜通力而合作。(6)然必事各视其所胜，养各给其所欲，平均齐一，无有分殊。(7)为上者职在察贰廉空，使各得分愿，而莫或并兼焉，则太平见矣。(8)此其道蜂道也。(9)夫蜂有后，蜂王雌故曰后。(10)其民雄者惰，而操作者半雌。(11)采花酿蜜者皆雌而不交不孕，其雄不事事，俗误为雌，呼曰蜂姐。(12)一壶之内，计口而禀，各致其职。(13)昧旦而起，吸胶戴黄，制为甘荠，用相保其群之生，而与凡物为竞。

[3](1)Now this society is the direct product of an organic necessity, impelling every member of it to a course of action which tends to the good of the whole. (2)Each bee has its duty and none has any rights. (3)Whether bees are susceptible of feeling and capable of thought is a question which cannot be dogmatically answered. (4)As a pious opinion, I am disposed to deny them more than the merest rudiments of consciousness. (5)But it is curious to reflect that a thoughtful drone(workers and queens would have no leisure for speculation)with a turn for ethical philosophy, must needs profess himself an intuitive moralist of the purest water. (6a)He would point out, with perfect justice, that the devotion of the workers to a life of ceaseless toil for a mere subsistence wage, cannot be accounted for either by enlightened selfishness, or by any other sort of utilitarian motives; (6b)since these bees begin to

work, without experience or reflection, as they emerge from the cell in which they are hatched. (7) Plainly, an eternal and immutable principle, innate in each bee, can alone account for the phenomena. (8) On the other hand, the biologist, who traces out all the extant stages of gradation between solitary and hive bees, as clearly sees in the latter, simply the perfection of an automatic mechanism, hammered out by the blows of the struggle for existence upon the progeny of the former, during long ages of constant variation.

[3](1)这样说来,这种社会,是官能上的需要的直接产物,这种需要促使它的每个成员都为整体的利益不断工作。(2)每个蜜蜂都有其职责,但没有任何权利。(3)蜜蜂究竟有没有感情,能否思考,这是一个不能武断地回答的问题。(4)坦率地说,我倾向于认为它们只具有一些最初级的意识。(5)然而,有一个新奇的设想,就是设想一只具有伦理哲学倾向的、能思考的雄蜂(蜂后和工蜂没有空暇去思考问题),必然会自称是一个最纯正的直觉主义道德家。(6)它会完全公正地指出,工蜂为了仅够维持生存的报酬而毕生不断地辛勤劳动,这是无法用利己主义或其他任何一种功利主义的动机来衡量的;这是因为这些蜜蜂一从蜂房中孵化出来,就在无经验、无思想的情况下开始工作。(7)很明显,只有蜜蜂固有的一种永恒不变的原理才能说明这种现象。(8)另一方面,生物学家探索了单个生活的蜜蜂和群体生活的蜂群之间次第演变的各个阶段;可以清楚地看到,群体生活的蜂群组织的产生,只是一种自发性机理的完善化,这

[2](14)其为群也,动于天机之自然,各趣其功,于以相养,各有其职分之所当为,而未尝争其权利之所应享。(15)是辑辑者,为有思乎?(16)有情乎?(17)吾不得而知之也。(18)自其可知者言之,无亦最粗之知觉运动已耳。(19)设是群之中,有劳心者焉,则必其雄而不事之惰蜂。(20)为其暇也,此其神识智计,必天之所纵,而皆生而知之,而非由学而来,抑由悟而入也。(21)设其中有劳力者焉,则必其半雌,盻盻然终其身为酿蓄之事,而所禀之食,特葆然仅足以自存。(22)是细腰者,必皆安而行之,而非由墨之道以为人,抑由扬之道以自为也。(23)之二者自裂房苗羽而来,其能事已各具矣。(24)然则蜂之为群,其非为物之所设,而为天之所成明矣。(25)天之所以成此群者奈何?(26)曰:与之以含生之欲,辅之以自动之机,而后冶之以物竞,锤之以天择,使肖

种机理是在不断变异的长时期内，经过生存斗争对单个生活的蜜蜂的子孙后代进行锤炼而产生出来的。

而代迁之种，自范于最宜，以存延其种族。(27)此自无始来，累其渐变之功，以底于如是者。

X

[1](1)I see no reason to doubt that, at its origin, human society was as much a product of organic necessity as that of the bees. (2)The human family, to begin with, rested upon exactly the same conditions as those which gave rise to similar associations among animals lower in the scale. (3)Further, it is easy to see that every increase in the duration of the family ties, with the resulting cooperation of a larger and larger number of descendants for protection and defence, would give the families in which such modification took place a distinct advantage over the others. (4)And, as in the hive, the progressive limitation of the struggle for existence between the members of the family would involve increasing efficiency as regards outside competition.

十

[1](1)我看没有理由怀疑，人类社会在开始的时候，也像蜜蜂的社会一样，是一种官能上的需要的产物。(2)首先，人的家庭的产生所依赖的条件与较低等的动物中进行类似的联合所需的条件是完全相同的。(3)其次，可以很容易看出，家庭结合的持久性的每一步进展，其结果是使其越来越多的子孙后代为保卫和防御而合作，因而使得发生了这种变化的家庭比其他的家庭具有明显的优点。(4)就像在蜂群中那样，对家庭成员间生存斗争的逐步限制，提高了关于外界竞争的效率。

导言十二　人群

[1](1)人之有群，其始亦动于天机之自然乎？(2)其亦天之所设，而非人之所为乎？(3)群肇于家，其始不过夫妇父子之合，合久而系联益固，生齿日蕃，则其相为生养保持之事，乃愈益备。(4)故宗法者群之所由昉也。(5)夫如是之群，合以与其外争，或人或非人，将皆可以无畏，而有以自存。(6)盖惟泯其争于内，而后有以为强，而胜其争于外也，此所与飞走蠕泳之群同焉者也。

[2](1)But there is this vast and fundamental difference between bee so-

ciety and human society. (2) In the former, the members of the society are each organically predestined to the performance of one particular class of functions only. (3) If they were endowed with desires, each could desire to perform none but those offices for which its organization specially fits it; and which, in view of the good of the whole, it is proper it should do. (4) So long as a new queen does not make her appearance, rivalries and competition are absent from the bee polity.

[2](1)但是,蜜蜂的社会和人类社会之间有着巨大的、根本的差别。(2)在蜜蜂社会中,各成员在器官构造上就注定了只能执行一种特殊的任务。(3)如果它们有什么愿望的话,那就是每只蜂只能希望去完成特别适合于它的体质的任务;从整体利益来看,由它去完成这个任务也是适合的。(4)只要不出现新的蜂后,在蜜蜂社会内就不会有对抗和斗争。

[1](7)然则人虫之间,卒无以异乎?(8)曰:有。(9)鸟兽昆虫之于群也,因生而受形,爪翼牙角,各守其能,可一而不可二,如彼蜜蜂然。(10)雌者雄者,一受其成形,则器与体俱,姁姁然趋为一职,以毕其生,以效能于其群而已矣,又乌知其余?(11)假有知识,则知识此一而已矣;假有嗜欲,亦嗜欲此一而已矣。(12)何则?(13)形定故也。

[3](1)Among mankind, on the contrary, there is no such predestination to a sharply defined place in the social organism. (2) However much men may differ in the quality of their intellects, the intensity of their passions, and the delicacy of their sensations, it cannot be said that one is fitted by his organization to be an agricultural labourer and nothing else, and another to be a landowner and nothing else. (3) Moreover, with all their enormous differences in natural endowment, men agree in one thing, and that is their innate desire to enjoy the pleasures and to escape the pains of life; and, in short, to do nothing but that which it pleases them to do, without the least reference to the welfare of the society into which they are born. (4) That is their inheritance (the reality at the bottom of the doctrine of original sin) from the long series of ancestors, human and semihuman and brutal, in whom the strength of this innate tendency to selfassertion was the condition of victory in the struggle for exist-

ence. (5a) That is the reason of the *aviditas vitœ*—the insatiable hunger for enjoyment—of all mankind, which is one of the essential conditions of success in the war with the state of nature outside; (5b) and yet the sure agent of the destruction of society if allowed free play within.

［3］（1）与此相反，在人类社会的组织中并没有这样预先注定要承担严格规定的职务。（2）尽管许多人在智力的程度上、在感情的强烈程度上和感觉的灵敏程度上各有所不同，但不能说某一个人的体质只适合于当个农夫，而不适合做其他工作，另一个人，只适于当个地主，而不适于干其他行业。（3）况且人们的天资虽然差别很大，但有一点是一致的，那就是他们都有贪图享乐和逃避生活上的痛苦的天赋欲望。（4）简单说来，就是只愿做他们所喜欢的工作，而丝毫不去考虑他们所在的社会的福利。（5）这是从他们的漫长的一系列祖先——人类、猿类和禽兽那里继承来的天性（这是原罪教义来源的根据），他们这些祖先中的这种天赋的"自我肯定"倾向的力量是在生存斗争中取得胜利的条件。（6a）这也就是所有人类的贪生——对享乐的贪得无厌的渴求——的原因，它是在与外界自然状态的斗争中取胜的基本条件之一，（6b）但

［1］（14）至于人则不然，其受形虽有大小强弱之不同，其赋性虽有愚智巧拙之相绝，然天固未尝限之以定分，使划然为其一而不得企其余，曰此可为士，必不可以为农；曰此终为小人，必不足以为君子也。（15）此其异于鸟兽昆虫者一也。（16）且与生俱生者有大同焉，曰好甘而恶苦，曰先己而后人。（17）夫曰先天下为忧，后天下为乐者，世容有是人，而无如其非本性也。（18）人之先远矣，其始禽兽也。（19）不知更几何世，而为山都木客；又不知更几何年，而为毛民猺獠；由毛民猺獠，经数万年之天演，而渐有今日，此不必深讳者也。（20）自禽兽以至为人，其间物竞天择之用，无时而或休，而所以与万物争存，战胜而种盛者，中有最宜者在也。（21）是最宜云何？（22）曰独善自营而已。（23）夫自营为私，然私之一言，乃无始来斯人种子，由禽兽得此，渐以为人，直至今日而根株仍在者也。（24）古人有言，人之性恶。（25）又曰人为孽种，自有生来，便含罪恶。（26）其言岂尽妄哉！（27）是故凡属生人，莫不有欲，莫不求遂其欲，其始能战胜万物，而为天之所择以此。（28）其后用以相贼，而为天之所诛亦以此。（29）何则？（30）自营大行，群道将

是如果任其在内部自由发展,也就成了破坏社会的必然因素。

息,而人种灭矣。(31)此人所与鸟兽昆虫异者又其一也。

[2]复案:(1)西人有言,十八期民智大进步,以知地为行星,而非居中恒静,与天为配之大物,如古所云云者。(2)十九期民智大进步,以知人道,为生类中天演之一境,而非笃生特造,中天地为三才,如古所云云者。(3)二说初立,皆为世人所大骇,竺旧者,至不惜杀人以戢其说。(4)卒之证据厘然,弥攻弥固,乃知如如之说,其不可撼如此也。(5)达尔文《原人篇》,希克罗德国人《人天演》,赫胥黎《化中人位论》,三书皆明人先为猿之理。(6)而现在诸种猿中,则亚洲之吉贲音奔、倭兰两种,非洲之戈栗拉、青明子两种为尤近。(7)何以明之?(8)以官骸功用,去人之度少,而去诸兽与他猿之度多也。(9)自兹厥后,生学分类,皆人猿为一宗,号布拉默特。(10)布拉默特者,秦言第一类也。

[4](1)The check upon this free play of selfassertion, or natural liberty, which is the necessary condition for the origin of human society, is the product of organic necessities of a different kind from those upon which the constitution of the hive depends. (2) One of these is the mutual affection of parent and offspring, intensified by the long infancy of the human species. (3) But the most important is the tendency, so strongly developed in man, to reproduce in himself actions and feelings similar to, or correlated with, those of other men. (4) Man is the most consummate of all mimics in the animal world; none but himself can draw or model; none comes near him in the scope, variety, and exactness of vocal imitation; none is such a master of gesture; while he seems to be impelled thus to imitate for the pure pleasure of it. (5) And there is no such another emotional chameleon. (6) By a purely reflex operation of the mind, we take the hue of passion of those who are about us, or, it may be, the complementary colour. (7) It is not by any conscious "putting one's self in the place" of a joyful or a suffering person that the state of mind we call sympathy usually arises; indeed, it is often contrary to ones sense of right, and in spite of one's will, that "fellow-feeling makes us wondrous kind", or the reverse. (8) However complete may be the indifference to

public opinion, in a cool, intellectual view, of the traditional sage, it has not yet been my fortune to meet with any actual sage who took its hostile manifestations with entire equanimity. (9) Indeed, I doubt if the philosopher lives, or ever has lived, who could know himself to be heartily despised by a street boy without some irritation. (10) And, though one cannot justify Haman for wishing to hang Mordecai on such a very high gibbet, yet, really, the consciousness of the Vizier of Ahasuerus, as he went in and out of the gate, that this obscure Jew had no respect for him, must have been very annoying.

十

[4](1)对这种作为开创人类社会的必要条件的"自我肯定"或天赋自由的任意发展的制止，是一种与蜂群赖以组成的需要不同的官能上的需要的产物。(2)这些需要之一就是人类在长期的幼稚时代加强了父母与子女的相互之爱。(3)但是，最重要的是在人类异常强烈地发展着一种倾向，即各个人自己身上都重复表现出与别人的行动和感情相似或相关的行动和感情这种倾向。(4)人是动物界中最善于模仿的。(5)只有人会绘画、仿效，在模仿声音的范围、多样化、准确性上没有哪一种动物能赶上他；也没有哪一种动物是这样一种善于表情的能手；但他好像只是为了寻求其中的快乐而去模仿。(6)而且，再也没有另一种像人那样富于情感变化的东西了。(7)只要依靠心理上纯粹的反射作用，我

导言十三　制私

[1](1)自营甚者必侈于自由，自由侈则侵，侵则争，争则群涣，群涣则人道所恃以为存者去。(2)故曰自营大行，群道息而人种灭也。(3)然而天地之性，物之最能为群者，又莫人若。(4)如是则其所受于天，必有以制此自营者，夫而后有群之效也。(5)复案：人道始群之际，其理至为要妙。(6)群学家言之最晣者，有斯宾塞氏之《群谊篇》，柏捷特《格致治平相关论》二书，皆余所已译者。(7)夫物莫不爱其苗裔，否则其种早绝而无遗，自然之理也。(8)独爱子之情，人为独挚，其种最贵，故其生有待于父母之保持，方诸物为最久。(9)久，故其用爱也尤深。(10)继乃推类扩充，缘所爱而及所不爱。(11)是故慈幼者仁之本也。(12)而慈幼之事，又若从自营之私而起。(13)由私生慈，由慈生仁，由仁胜私，此道之所以不测也。(14)又有异者，惟人道善以己效物，凡仪形肖貌之事，独人为能。(15)案：昆虫禽兽亦能肖物，如南洋木叶虫之类，所在多有，又传载寡女丝一事，则尤异者，然此不足以破

们就能领会我们周围的人们的感情色调,或者可能是补充的色彩。(8)通常所谓同情的心理状态,并不总是要靠任何自觉行动"使自己置身于"愉快者或受苦人的地位才能产生;的确常常是和一个人的正义感相反,而且不管一个人的愿望如何,"同情心使我们亲切得出奇",或者适得其反。(9)尽管传说中的古贤人能用一种冷静而理智的眼光,对舆论是多么地毫不在乎,我却还没有这样的运气遇到任何一个实际存在的贤人,对待敌意的表示能完全泰然处之。(10)我确实怀疑,现在和过去是否有这样的哲学家,他明明知道自己受到一个街头的孩子故意的蔑视,而毫不动怒。(11)虽然人们不能替哈曼想要把摩迪开吊死在那样一个很高的绞架上进行辩护,但是,说真的,当阿哈苏鲁斯的这位大臣出入宫门而这个卑贱的犹太人对他毫不尊敬时,他的内心一定是很恼火的。

此公例也。(16)故禽兽不能画,不能象,而人则于他人之事,他人之情,皆不能漠然相值,无概于中。(17)即至隐微意念之间,皆感而遂通,绝不闻矫然离群,使人自人而我自我。(18)故里语曰:一人向隅,满堂为之不乐;孩稚调笑,戾夫为之破颜。(19)涉乐方车辰,言哀已啼。(20)动乎所不自知,发乎其不自已。

[2](1)或谓古有人焉,举世誉之而不加劝,举世毁之而不加沮,此诚极之若反,不可以常法论也。(2)但设今者有高明深识之士,其意气若尘垢秕糠一世也者,猝于涂中,遇一童子,显然傲侮轻贱之,谓彼其中毫不一动然者,则吾窃疑而未敢信也。(3)李将军必取霸陵尉而杀之,可谓过矣。(4)然以飞将威名,二千石之重,尉何物,乃以等闲视之,其憾之者犹人情也。(5)案:原文如下:埃及之哈猛,必取摩德开而枭之高竿之上,亦已过矣。(6)然彼以亚哈木鲁经略之重,何物犹大,乃漠然视之,门焉再出入,傲不为礼,其则恨之者尚人情耳。(7)今以与李广霸陵尉事相类,故易之如此。

[5](1) It is needful only to look around us, to see that the greatest restrainer of the antisocial tendencies of men is fear, not of the law, but of the opinion of their fellows. (2a) The conventions of honour bind men who break legal, moral, and religious bonds; (2b) and, while people endure the extremity of physical pain rather than part with life, shame drives the weakest to suicide.

[5](1)只需要观察一下我们的周围,就可以看出,对人们的反社会倾向最大的约束力并不是人对法律的畏惧,而是对他的同伴的舆论的畏惧。(2a)传统的荣誉感约束着一些破坏法律、道德和宗教束缚的人们;(2b)人们宁可忍受肉体上的极大痛苦,也不愿与生命告别,而羞耻心却驱使最懦弱者去自杀。

[2](8)不见夫怖畏清议者乎?(9)刑章国宪,未必惧也,而斤斤然以乡里月旦为怀。(10)美恶毁誉,至无定也,而礼俗既成之后,则通国不敢畔其范围。(11)人宁受饥寒之苦,不忍舍生,而愧情中兴,则计短者至于自杀。

[6](1)Every forward step of social progress brings men into closer relations with their fellows, and increases the importance of the pleasures and pains derived from sympathy. (2) We judge the acts of others by our own sympathies, and we judge our own acts by the sympathies of others, every day and all day long, from childhood upwards, until associations, as indissoluble as those of language, are formed between certain acts and the feelings of approbation or disapprobation. (3) It becomes impossible to imagine some acts without disapprobation, or others without approbation of the actor, whether he be one's self, or any one else. (4) We come to think in the acquired dialect of morals. (5) An artificial personality, the "man within", as Adam Smith calls conscience, is built up beside the natural personality. (6) He is the watchman of society, charged to restrain the antisocial tendencies of the natural man within the limits required by social welfare.

[6](1)社会的发展每前进一步,都使人们和他们的伙伴之间的关系更密切一些,也就增加了由同情心产生的快乐与痛苦的重要性。(2)我们以自己的同情心去判断别人的行为,我们也以别人的同情心来判断我们自己的行为,这样从童年时代开始,每日每时都是如此,一直到某些行为同被赞许或遭非难这样的感情之间,形成了如同语言的联系一样不可分割的联系。(3)不可能设想有某些

[2](12)凡此皆感通之机,人所甚异于禽兽者也。(13)感通之机神,斯群之道立矣。(14)大抵人居群中,自有识知以来,他人所为,常衡以我之好恶;我所为作,亦考之他人之毁誉。(15)凡人与己之一言一行,皆与好恶毁誉相附而不可离。(16)及其久也,乃不能作

行为未得到执行者赞许,或者另外一些行为不遭到他的非难,不论这个执行者就是他本人,还是另一个人。(4)我们可以用学来的道德方面的语言来进行思考。(5)除了天然的人格以外还建立起一种人为的人格,即"内在人",亚当·斯密,把它称为"良心"。(6)它是社会的看守人,负责把自然人的反社会倾向约束在社会福利所要求的限度之内。

一念焉,而无好恶毁誉之别。(17)由是而有是非,亦由是而有羞恶。(18)人心常德,皆本之能相感通而后有。(19)于是是心之中,常有物焉以为之宰,字曰天良。(20)天良者,保群之主,所以制自营之私,不使过用以败群者也。

　　[3]复案:(1)赫胥黎保群之论,可谓辨矣。(2)然其谓群道由人心善相感而立,则有倒果为因之病,又不可不知也。(3)盖人之由散入群,原为安利,其始正与禽兽下生等耳,初非由感通而立也。(4)夫既以群为安利,则天演之事,将使能群者存,不群者灭;善群者存,不善群者灭。(5)善群者何?(6)善相感通者是。(7)然则善相感通之德,乃天择以后之事,非其始之即如是也。(8)其始岂无不善相感通者?(9)经物竞之烈,亡矣,不可见矣。(10)赫胥黎执其末以齐其本,此其言群理,所以不若斯宾塞氏之密也。(11)且以感通为人道之本,其说发于计学家亚丹·斯密,亦非赫胥黎氏所独标之新理也。

　　[4]又案:(1)班孟坚曰:不能爱则不能群,不能群则不胜物,不胜物则养不足。(2)群而不足,争心将作。(3)吾窃谓此语,必古先哲人所已发,孟坚之识,尚未足以与此也。

XI

[1](1) I have termed this evolution of the feelings out of which the primitive bonds of human society are so largely forged, into the organized and personified sympathy we call conscience, the ethical process. (2) So far as it tends to make any human society more efficient in the struggle for existence with the state of nature, or with other societies, it works in harmonious contrast with the cosmic process. (3) But it is none the less true that, since law and morals are restraints upon the struggle for existence between

men in society, the ethical process is in opposition to the principle of the cosmic process, and tends to the suppression of the qualities best fitted for success in that struggle.

十一

[1](1)那些用以锻造出人类社会极大部分原始结合的情感,进化成为我们叫作良心的这种有组织的和人格化了的同情心。(2)我曾把这种情感的进化叫作伦理过程。(3)就其有助于促使人类的每一个社会更有效地同自然状态或同其他社会进行生存斗争来看,伦理过程所起的作用与宇宙过程形成了和谐的对照。(4)但是,同样真实的是,由于法律和道德对于社会中人们之间的生存斗争的约束,伦理过程就与宇宙过程的原则发生了对抗,并有助于抑制在生存竞争中最适于取得成功的特质。

导言十四 恕败

[1](1)群之所以不涣,由人心之有天良。(2)天良生于善相感,其端孕于至微,而效终于极巨,此之谓治化。(3)治化者,天演之事也。(4)其用在厚人类之生,大其与物为竞之能,以自全于天行酷烈之际。(5)故治化虽原出于天,而不得谓其不与天行相反也。(6)自礼刑之用,皆所释憾而平争。(7)故治化进而天行消,即治化进而自营减。

[2](a)It is further to be observed that, just as the selfassertion, necessary to the maintenance of society against the state of nature, will destroy that society if it is allowed free operation within; (b)so the selfrestraint, the essence of the ethical process, which is no less an essential condition of the existence of every polity, may, by excess, become ruinous to it.

[2](a)可以进一步看到,正如维持社会在对抗自然状态中所需要的"自我肯定",如果允许它在内部自由发展,就会破坏那个社会;(b)"自我约束",这个伦理过程的要素,同样也是每个社会存在的基本条件,如果约束过多,也会对社会起破坏作用。

[1](8)顾自营减之至尽,则人与物为竞之权力,又未尝不因之俱衰,此又不可不知者也。(9)故比而论之,合群者所以平群以内之物竞,即以敌群以外之天行。(10)人始以自营能独伸于庶物,而自营独用,则其群以漓。(11)由合群而有治化,治化进而自营减,克己廉让之风兴。(12)然自其群又不能与外物无争,故克己太深,自营尽泯者,其群又未尝不败也。(13)无平不陂,无往不复,理诚如是,无所逃也。

[3](1) Moralists of all ages and of all faiths, attending only to the relations of men towards one another in an ideal society, have agreed upon the "golden rule", "Do as you would be done by". (2) In other words, let sympathy be your guide; put yourself in the place of the man towards whom your action is directed; and do to him what you would like to have done to yourself under the circumstances. (3) However much one may admire the generosity of such a rule of conduct; however confident one may be that average men may be thoroughly depended upon not to carry it out to its full logical consequences; it is nevertheless desirable to recognise the fact that these consequences are incompatible with the existence of a civil state, under any circumstances of this world which have obtained, or, so far as one can see, are, likely to come to pass.

[3](1) 具有各种信仰的各个时代的道德家，只注意到理想社会中人与人的关系，都一致同意"己所不欲，勿施于人"这个"金科玉律"。(2) 换句话说，就是让同情心当你的向导，使你自己置身于你的行动所指向的那个人的地位，并且，对他做那些当你处在这种情况时你愿意对你自己所做的事。(3) 不管人们多么赞美这个行为准则的高尚，不管人们多么深信一般人不能够把这种行为准则贯彻到它的充分的逻辑上的后果，但是，还要承认这个事实，即在这个世界上已有的，或者就人们能见到的，可能发生的任何情况下，这样的后果是与社会的存在不相容的。

[1](14) 今天下之言道德者，皆曰：终身可行莫如恕，平天下莫如絜矩矣。(15) 泰东者曰：己所不欲，勿施于人。(16) 所求于朋友，先施之。(17) 泰西者曰：施人如己所欲受。(18) 又曰：设身处地，待人如己之期人。(19) 凡斯之言，皆所谓金科玉条，贯彻上下者矣。(20) 自常人行之，有必不能悉如其量者。(21) 虽然，学问之事，贵审其真，而无容心于其言之美恶。(22) 苟审其实，则恕道之与自存，固尚有其不尽比附也者。

[4](1) For I imagine there can be no doubt that the great desire of every wrongdoer is to escape from the painful consequences of his actions. (2) If I put myself in the place of the man who has robbed me, I find that I am possessed by an exceeding desire not to be fined or imprisoned; if in that of the

man who has smitten me on one cheek, I contemplate with satisfaction the absence of any worse result than the turning of the other cheek for like treatment. (3) Strictly observed, the "golden rule" involves the negation of law by the refusal to put it in motion against law-breakers; and, as regards the external relations of a polity, it is the refusal to continue the struggle for existence. (4) It can be obeyed, even partially, only under the protection of a society which repudiates it. (5) Without such shelter, the followers of the "golden rule" may indulge in hopes of heaven, but they must reckon with the certainty that other people will be masters of the earth.

[4](1)因为我设想,毫无疑问每个犯罪的人的极大愿望是要逃脱他的行为所造成的痛苦结果。(2)假如我使自己置身于一个抢劫过我的人的地位,那么我会发现我的迫切愿望就是不要被罚款或者坐牢;假如使我自己置身于打我一边脸的人的地位,那么我的另一边脸没有被回打得更厉害,我就会感到满意。(3)严格地说,这个"金科玉律",由于拒绝对法律破坏者实施法律,就会否定了法律;在一个社会的外部关系方面,它就是不允许继续进行生存斗争。(4)只有在抛弃这种"金科玉律"的社会的保护下,它才能被人遵守,即使是部分地被遵守。(5)没有这种掩护,这条"金科玉律"的拥护者们就会沉溺于对天堂的向往,但是他们必须考虑到另外的人们将成为这个世界的主人是必然的事实。

[1](23)盖天下之为恶者,莫不务逃其诛。(24)今有盗吾财者,使吾处盗之地,则莫若勿捕与勿罚。(25)今有批吾颊者,使吾设批者之身,则左受批而右不再焉,已厚幸矣。(26)持是道以与物为竞,则其所以自存者几何?(27)故曰:不相比附也。(28)且其道可用之民与民,而不可用之国与国。(29)何则?(30)民尚有国法焉,为之持其平而与之直也。(31)至于国,则持其平而与之直者谁乎?

[5] What would become of the garden if the gardener treated all the weeds and slugs and birds and trespassers as he would like to be treated, if he were in their place?

[5]如果园丁处在杂草、蛞蝓、鸟和入侵者的地位而像他希望别人对待他自己那样,去对待这些东西,那么园地将会变成什么样子呢?

[2]复案:(1)赫胥黎氏之为此言,意欲明保群自存之道,不宜尽去自

营也。(2)然而其义隘矣。(3)且其所举泰东西建言,皆非群学太平最大公例也。(4)太平公例曰:"人得自由,而以他人之自由为界。"(5)用此则无前弊矣。(6)斯宾塞《群谊》一篇,为释此例而作也。(7)晚近欧洲富强之效,识者皆归功于计学,计学者首于亚丹·斯密氏者也。(8)其中亦有最大公例焉,曰:"大利所存,必其两益。(9)损人利己非也,损己利人亦非;损下益上非也,损上益下亦非。"(10)其书五卷数十篇,大抵反复明此义耳。(11)故道、咸以来,蠲保商之法,平进出之税,而商务大兴,国民俱富。(12)嗟乎!(13)今然后知道若大路然,斤斤于彼己盈绌之间者之真无当也。

XII

[1](1a) Under the preceding heads, I have endeavoured to represent in broad, but I hope faithful, outlines the essential features of the state of nature and of that cosmic process of which it is the outcome, so far as was needful for my argument; (1b) I have contrasted with the state of nature the state of art, produced by human intelligence and energy, as it is exemplified by a garden; (1c) and I have shown that the state of art, here and elsewhere, can be maintained only by the constant counteraction of the hostile influences of the state of nature. (2a) Further, I have pointed out that the "horticultural process" which thus sets itself against the "cosmic process" is opposed to the latter in principle, (2b) in so far as it tends to arrest the struggle for existence, by restraining the multiplication which is one of the chief causes of that struggle, and by creating artificial conditions of life, better adapted to the cultivated plants than are the conditions of the state of nature. (3) And I have dwelt upon the fact that, though the progressive modification, which is the consequence of the struggle for existence in the state of nature, is at an end, such modification may still be effected by that selection, in view of an ideal of usefulness, or of pleasantness, to man, of which the state of nature knows nothing.

十二

[1](1)在前面几节中,我力求在我的论证

导言十五 最旨

[1](1)上十四篇,皆诠

所需要的范围内,对宇宙过程及其所产生的自然状态的主要特点,作一个粗略的轮廓性的,但我希望是忠实的说明。(2)我用一个园地为例子,把自然状态同由人的智力和能力所造成的人为状态,做了对比。(3)我已证明了人为状态在任何地方只有对自然状态的敌对影响不断进行抵抗,才得以维持。(4a)我还进一步指出,这种违反"宇宙过程"而建立起来的"园艺过程",在原则上是同"宇宙过程"对立的,(4b)因为它倾向于通过限制构成生存斗争的主要原因之一的繁殖,并通过创造比自然状态条件更适于栽培植物的人为的生活条件,来制止生存斗争。(5)我还阐明过这样的事实:虽然作为自然状态中生存斗争结果的前进变化已经结束,但是这样的变化仍然会通过人为选择而产生作用,这种选择是根据一种对人有用和使人感到满意的理想来进行的,而这种理想,自然状态是不知道的。

天演之义,得一一复按之。(2)第一篇,明天道之常变,其用在物竞与天择。(3)第二篇,标其大义,见其为万化之宗。(4)第三篇,专就人道言之,以异、择、争三者,明治化之所以进。(5)第四篇,取譬园夫之治园,明天行人治之必相反。(6)第五篇,言二者虽反,而同出一原,特天行则恣物之争而存其宜,人治则致物之宜以求得其所祈向者。(7)第六篇,天行既泯,物竞斯平,然物具肖先而异之性,故人治所以范物,使日进善而不知,此治化所以大足恃也。

[2](1a)I have proceeded to show that a colony, set down in a country in the state of nature, presents close analogies with a garden; (1b)and I have indicated the course of action which an administrator, able and willing to carry out horticultural principles, would adopt, in order to secure the success of such a newly formed polity, supposing it to be capable of indefinite expansion. (2a)In the contrary case, I have shown that difficulties must arise; that the unlimited increase of the population over a limited area must, sooner or later, reintroduce into the colony that struggle for the means of existence between the colonists, (2b)which it was the primary object of the administrator to exclude, insomuch as it is fatal to the mutual peace which is the prime condition of the union of men in society.

[2](1)我已讲过,在某一地区划定一块在自然状态中的殖民地,这与一个园地极相似。(2)我还指出了,一

[1](8)第七篇,更以垦土建国之

位能够并愿意按照园艺法则办事的行政长官,为了在这一新建立并认为有无限扩展前程的政区能获得成功,应该怎样行事。(3)在相反的情况下,我曾指出困难必会发生;在有限地区内,人口的无限增加迟早必定会把殖民者之间对于生存资料的竞争再度引入这个殖民地。(4)而排除这种竞争正是这位行政长官的主要目的,因为这种竞争对于人类在社会中团结的主要条件——相互之间的和平是致命的祸患。

事,明人治之正术。(9)第八篇,设其民日滋,而有神圣为之主治,其道固可以法园夫。(10)第九篇,见其术之终穷,穷则天行复兴,人治中废。

[3](1a) I have briefly described the nature of the only radical cure, known to me, for the disease which would thus threaten the existence of the colony; (1b) and, however regretfully, I have been obliged to admit that this rigorously scientific method of applying the principles of evolution to human society hardly comes within the region of practical politics; not for want of will on the part of a great many people; but because, for one reason, there is no hope that mere human beings will ever possess enough intelligence to select the fittest. (2) And I have adduced other grounds for arriving at the same conclusion.

[3](1)对于会这样威胁到殖民地生存的这种弊病,我已经简单地叙述过我认为是唯一的根治方法。(2)但不管怎样地令人感到遗憾,我仍然不得不承认这种把进化原理应用到人类社会来的严格的科学方法,是很难用于实际的政治领域的;这并不是由于大多数人缺乏愿望,而是由于有一个原因,那就是不能指望单凭人类自己会有足够的智力来选择最适的生存者。(3)我还引证了关于达到同一结论的其他理由。

[1](11)第十篇,论所以救庶之术,独有耘莠存苗,而以人耘人,其术必不可用。

[4](1) I have pointed out that human society took its rise in the organic necessities expressed by imitation and by the sympathetic emotions; and that, in the struggle for existence with the state of nature and with other societies, as a part of it, those in which men were thus led to close cooperation had a great advantage. (2) But, since each man retained more or less of the faculties common to all the rest, and especially a full share of the desire for unlimited

self-gratification, the struggle for existence within society could only be gradually eliminated. (3) So long as any of it remained, society continued to be an imperfect instrument of the struggle for existence and, consequently; was improvable by the selective influence of that struggle. (4) Other things being alike, the tribe of savages in which order was best maintained; in which there was most security within the tribe and the most loyal mutual support outside it, would be the survivors.

[4](1)我并指出人类社会起源于由模仿和同情心体现出的官能上的需要;我还指出在同自然状态及作为自然状态一部分的其他的社会进行的生存斗争中,那些能像这样把人们引向密切合作的社会有着极大的有利条件。(2)但是由于每个人都或多或少具有所有其他人共有的才能,特别是充分具有无限度的自我满足的欲望,因此社会内部的生存斗争只能逐渐地加以消除。(3)只要这种情况多少还继续存在着,社会就会继续是生存斗争的一种不完备的工具,因而,可能通过那种斗争的选择性的影响而得到改善。(4)假定其他条件不变,那么,在一个野蛮人的部落中,如果秩序维持得最好,部落内部最为稳定,部落外部并有最真诚的相互支持,这个部落将是生存者。

[1](12)第十一篇,言群出于天演之自然,有能群之天倪,而物竞为炉锤。(13)人之始群,不异昆虫禽兽也。(14)第十二篇,言人与物之不同,一曰才无不同,一曰自营无艺。(15)二者皆争之器,而败群之凶德也,然其始则未尝不用是以自存。

[5](1) I have termed this gradual strengthening of the social bond, which, though it arrests the struggle for existence inside society, up to a certain point improves the chances of society, as a corporate whole, in the cosmic struggle—the ethical process. (2) I have endeavoured to show that, when the ethical process has advanced so far as to secure every member of the society in the possession of the means of existence, the struggle for existence, as between man and man, within that society is, *ipso facto*, at an end. (3) And, as it is undeniable that the most highly civilized societies have substantially reached this position, it follows that, so far as they are concerned, the struggle for existence can play no important part within them. (4) In other words, the

kind of evolution which is brought about in the state of nature cannot take place.

[5](1)社会结合的逐渐强化,虽然在社会内部制止了生存斗争,但在宇宙过程斗争中却在一定程度上增进了社会作为一个共同体的生存机会。(2)我把这种社会结合的逐渐强化称作伦理过程。(3)我曾力图证明如果这种伦理过程进展到能保证社会中每个成员都获得生存资料的程度,那么在那个社会中人与人之间的生存斗争,事实上就结束了。(4)并且,不可否认,最文明的社会实质上已达到这个地步,所以对它们来说,生存斗争在它们里面是不能起什么重要作用的。(5)换句话说,不会发生在自然状态中实现的那种进化。

[1](16)第十三篇,论能群之吉德,感通为始,天良为终;人有天良,群道乃固。(17)第十四篇,明自营虽凶,亦在所用;而克己至尽,未或无伤。

[6](1a)I have further shown cause for the belief that direct selection, after the fashion of the horticulturist and the breeder, neither has played, nor can play, any important part in the evolution of society; (1b) apart from other reasons, because I do not see how such selection could be practised without a serious weakening, it may be the destruction, of the bonds which hold society together. (2) It strikes me that men who are accustomed to contemplate the active or passive extirpation of the weak, the unfortunate, and the superfluous; who justify that conduct on the ground that it has the sanction of the cosmic process, and is the only way of ensuring the progress of the race; who, if they are consistent, must rank medicine among the black arts and count the physician a mischievous preserver of the unfit; on whose matrimonial undertakings the principles of the stud have the chief influence; whose whole lives, therefore, are an education in the noble art of suppressing natural affection and sympathy, are not likely to have any large stock of these commodities left. (3) But, without them, there is no conscience, nor any restraint on the conduct of men, except the calculation of selfinterest, the balancing of certain present gratifications against doubtful future pains; and experience tells us how much that is worth. (4) Every day, we see firm believers in the hell of the theologians commit acts by which, as they believe when cool, they risk eternal

punishment; while they hold back from those which are opposed to the sympathies of their associates.

[6](1)我还进一步指出形成下面这种信念的起因,即在社会的进化中,像园艺家和育种工作者所做的那种直接选择,既没有起过也不能起到什么重要作用。(2)除其他理由外,还因为,如果不严重削弱,甚至毁灭使社会结合在一起的纽带,我看不出这样的选择怎样能够付诸实践。(3)使我感到惊讶的是,有这么一些人,他们习惯于图谋主动或被动地灭绝人们当中的弱者、不幸者和多余者,他们为自己的这种行为辩护,自称这是由宇宙过程所批准的,是保证种族进步的唯一途径;假如他们坚持下去的话,必然会把医学列入妖术中,而且把医生看作是不适于生存的人的恶意的保护者;在他们撮合婚姻时,种马繁殖原则产生了主要影响;因此他们的整个一生都是在培育一种抑制自然感情和同情心的高贵技艺。(4)[讽刺语——译注]看来,他们的这些东西[指自然感情和同情心——译注]剩下不太多了。(5)但是,如果没有这些东西,就会既没有良心,也没有对人类的行为的任何约束,剩下的只是自私自利的打算,和对某些眼前的利益与难以预料的未来的痛苦之间的权衡。(6)经验告诉我们,这究竟有多大价值。(7)我们每天都看到坚信神学家的地狱的信徒在做着一些事情,当他们冷静下来时,就会相信他们所做的那些事是冒着永世惩罚的危险的;同时那些与他们的伙伴们的同情心相反的事

[2](1)今者统十四篇之所论而观之,知人择之术,可行诸草木禽兽之中,断不可用诸人群之内。(2)姑无论智之不足恃也,就令足恃,亦将使恻隐仁爱之风衰,而其群以涣。(3)且充其类而言,凡恤罢癃、养残疾之政,皆与其治相舛而不行,直至医药治疗之学可废,而男女之合,亦将如会聚牸牝之为,而黩夫妇之伦而后可。(4)狭隘酷烈之治深,而慈惠哀怜之意少。(5)数传之后,风俗遂成,斯群之善否不可知,而所恃以相维相保之天良,其有存者不可寡欤?(6)故曰:以人择求强,而其效适以得弱。(7)盖过庶之患,难图如此。(8)虽然,今者天下非一家也,五洲之民非一种也。(9)物竞之水深火烈,时平则隐于通商庀工之中,世变则发于战伐纵横之际。(10)是中天择之效,所眘而存者云何?(11)群道所因以进退者奚若?(12)国家将安所恃而有立于物竞之余?(13)虽其理诚奥博,非区区导言所能尽,意者深察世变之士,可思而得其大致于

情,他们却不去做。　　　　　　　　言外矣夫!

[3]复案:(1)赫胥黎氏是书大指,以物竞为乱源,而人治终穷于过庶。(2)此其持论,所以与斯宾塞氏大相径庭,而谓太平为无是物也。(3)斯宾塞则谓事迟速不可知,而人道必成于郅治。(4)其言曰《生学天演》第十三篇《论人类究竟》:"今若据前事以推将来,则知一群治化将开,其民必庶。(5)始也以猛兽毒虫为患,庶则此患先祛。(6)然而种分壤据,民之相残,不啻毒虫猛兽也。(7)至合种成国,则此患又减,而转患孳乳之浸多。(8)群而不足,大争起矣。(9)使当此之时,民之性情知能,一如其朔,则其死率,当与民数作正比例;其不为正比例者,必其食裕也;而食之所以裕者,又必其相为生养之事进而后能。(10)于此见天演之所以陶钧民生,与民生之自为体合。(11)物自变其形能,以合所遇之境,天演家谓之体合。(12)体合者,进化之秘机也。(13)虽然,此过庶之压力,可以裕食而减;而过庶之压力,又终以孳生而增。(14)民之欲得者,常过其所已有。(15)汲汲以求,若有阴驱潜率之者。(16)亘古民欲,固未尝有见足之一时。(17)故过庶压力,终无可免,即天演之用,终有所施。(18)其间转徙垦屯,举不外一时挹注之事。(19)循是以往,地球将实,实则过庶压力之量,与俱盈矣。(20)故生齿日繁,过于其食者,所以使其民巧力才智,与自治之能,不容不进之因也。(21)惟其不能不用,故不能不进,亦惟常用,故常进也。(22)举凡水火工虞之事,要皆民智之见端,必智进而后事进也。(23)事既进者,非智进者莫能用也。(24)格致之家,孜孜焉以尽物之性为事。(25)农工商之民,据其理以善术,而物产之出也,以之益多。(26)非民智日开,能为是乎!(27)十顷之田,今之所获,倍于往岁,其农必通化植之学,知水利,谙新机,而已与佣之巧力,皆臻至巧而后可。(28)制造之工,朝出货而夕售者,其制造之器,其工匠之巧,皆不可以不若人明矣。(29)通商之场日广,业是者,于物情必审,于计利必精,不然,败矣。(30)商战烈,则子钱薄,故用机必最省费者,造舟必最合法者,御舟必最巧习者,而后倍称之息收焉。(31)诸如此伦,苟求其原,皆一群过庶之压力致之耳。(32)盖恶劳好逸,民之所同。(33)使非争存,则耳目心思之力皆不用。(34)不用则体合无由,而人之能事不进。(35)是故天演之秘,可一言而尽也。(36)天惟赋物以孳乳而贪生,则其种自以日上。(37)万物莫不如是,人其一耳。(38)进

者存而传焉,不进者病而亡焉,此九地之下,古兽残骨之所以多也。(39)一家一国之中,食指徒繁,而智力如故者,则其去无噍类不远矣,夫固有与争存而夺之食者也。(40)不见前之爱尔兰乎?(41)生息之夥,均诸圈牢。(42)然其究也,徒以供沟壑之一饱。(43)饥馑疾疫,刀兵水旱,有不忍卒言者。(44)凡此皆人事之不臧,非天运也。(45)然以经数言之,则去者必其不善自存者也。(46)其有子遗而长育种嗣者,必其能力最大,抑遭遇最优,而为天之所择者也。(47)故宇宙妨生之物至多,不仅过庶一端而已。(48)人欲图存,必用其才力心思,以与是妨生者为斗。(49)负者日退,而胜者日昌。(50)胜者非他,智德力三者皆大是耳。(51)三者大而后与境相副之能恢,而生理乃大备。(52)且由此而观之,则过庶者非人道究竟大患也。(53)吾是书前篇,于生理进则种贵,而孳乳用稀之理,已反复辨证之矣。(54)盖种贵则其取精也,所以为当躬之用者日奢,以为嗣育之用者日啬。(55)一人之身,其情感论思,皆脑所主,群治进,民脑形愈大,襞积愈繁,通感愈速。(56)故其自存保种之能力,与脑形之大小有比例。(57)而察物穷理,自治治人,与夫保种诒谋之事,则与脑中襞积繁简为比例。(58)然极治之世,人脑重大繁密固矣,而情感思虑,又至赜至变,至广至玄。(59)其体既大,其用斯宏,故脑之消耗,又与其用情用思之多寡、深浅、远近、精粗为比例。(60)三比例者合,故人当此时,其取物之精,所以资辅益填补此脑者最费。(61)脑之事费,则生生之事廉矣,物固莫能两大也。(62)今日欧民之脑,方之野蛮,已此十而彼七;即其中襞积复叠,亦野蛮少而浅,而欧民多且深。(63)则继今以往,脑之为变如何,可前知也。(64)此其消长盈虚之故,其以物竞天择之用而脑大者存乎?(65)抑体合之为,必得脑之益繁且灵者,以与蕃变广玄之事理相副乎?(66)此吾所不知也。(67)知者用奢于此,则必啬于彼。(68)而郅治之事,用脑之奢,又无疑也。(69)吾前书证脑进者成丁迟,谓牝牡为合之时。(70)又证男女情欲当极炽时,则思力必逊。(71)而当思力大耗,如初学人攻苦思索算学难题之类,则生育能事,往往抑沮不行。(72)统此观之,则可知群治进极,宇内人满之秋,过庶不足为患。(73)而斯人孳生迟速,与其国治化浅深,常有反比例也。"(74)斯宾塞之言如此,自其说出,论化之士十八九宗之,计学家柏捷特著《格致治平相关论》,多取其说。(75)夫种下者多子而子夭,种贵者少子而子寿,此天演公例。(76)自草木虫鱼,以至人类,所随地可察者,斯宾氏之说,岂不然哉!

XIII

十三　　　　　　　　导言十六　进微

[1](1)前论谓治化进则物竞不行固矣,然此特天行之物竞耳。(2)天行物竞者,救死不给,民争食也,而人治之物竞犹自若也。(3)人治物竞者,趋于荣利,求上人也。(4)惟物竞长存,而后主治者可以操砥砺之权,以磋琢天下。(5)夫所谓主治者,或独具全权之君主;或数贤监国,如古之共和;或合通国民权,如今日之民主。(6)其制虽异,其权实均,亦各有推行之利弊。(7)案:今泰西如英、德各邦,多三合用之,以兼收其益,此国主而外所以有爵、民二议院也。(8)要之其群之治乱强弱,则视民品之隆污,主治者抑其次矣。(9)然既曰主治,斯皆有导进其群之能。(10)课其为术,乃不出道、齐、举错,与夫刑赏之间已耳。(11)主治者悬一格以求入,曰必如是,吾乃尊显爵禄之,使所享之权与利,优于常伦焉,则天下皆奋其才力心思,以求合于其格,此必然之数也。(12)其始焉为竞,其究也成习。(13)习之既成,则虽主治有不能与其群相胜者。(14)后之衰者驯至于亡,前之利者适成其弊。(15)导民取舍之间,其机如此。(16)是故天演之事,其端恒娠于至微,而为常智之所忽。(17)及蒸为国俗,沦浃性情之后,悟其为弊,乃谋反之。(18)操一筳以障狂澜,酾杯水以救燎原,此亡国乱群,所以相随属也。(19)不知一群既涣,人治已失其权,即使圣人当之,亦仅能集散扶衰,勉企最宜,以听天事之抉择。(20)何则?(21)天演之效,非一朝夕所能为也。

[1] That progressive modification of civilization which passes by the name of the "evolution of society" is, in fact, a process of an essentially different character, both from that which brings about the evolution of species, in the state of nature, and from that which gives rise to the evolution of varieties, in the state of art.

[1]文明的前进变化,通常称为"社会进化", 　　[2](1)是故人治天

实际上是一种性质上根本不同的过程,既不同于在自然状态中引起物种进化的过程,也不同于在人为状态中产生变种进化的过程。

演,其事与动植不同,事功之转移易,民之性情气质变化难。

[2](1)There can be no doubt that vast changes have taken place in English civilization since the reign of the Tudors. (2)But I am not aware of a particle of evidence in favour of the conclusion that this evolutionary process has been accompanied by any modification of the physical, or the mental, characters of the men who have been the subjects of it. (3)I have not met with any grounds for suspecting that the average Englishmen of today are sensibly different from those that Shakspeare knew and drew. (4)We look into his magic mirror of the Elizabethan age, and behold, nowise darkly, the presentment of ourselves.

[2](1)英国的文明,从都铎王朝统治时期以来,无疑已经发生了巨大的变化。(2)但是我不知道有任何一点证据足以支持如下的结论:伴随着这种进化过程,作为这个王朝臣民的人们体质上或精神上的特征发生了变化。(3)我不曾发现有任何根据去揣度今天的一般英国人同莎士比亚所知道的和描写的英国人有什么可以觉察到的区别。(4)我们从他那伊丽莎白时代的魔镜中,就可以看到我们自己清晰的肖像。

[2](2)持今日之英伦,以与图德之朝相较,自显理第七,至女主额勒查白,是为图德之代,起明成化二十一年至万历三十一年。(3)则贫富强弱,相殊远矣。(4)而民之官骸性情,若无少异于其初。(5)词人狭斯丕尔之所写生,狭,万历间英国词曲家,其传作大为各国所传译宝贵也。(6)方今之人,不仅声音笑貌同也,凡相攻相感不相得之情,又无以异。

[3](1)During these three centuries, from the reign of Elizabeth to that of Victoria, the struggle for existence between man and man has been so largely restrained among the great mass of the population(except for one or two short intervals of civil war), that it can have had little, or no, selective operation. (2)As to anything comparable to direct selection, it has been practised on so small a scale that it may also be neglected. (3a)The criminal law, in so far as by putting to death, or by subjecting to long periods of imprisonment,

those who infringe its provisions, it prevents the propagation of hereditary criminal tendencies; (3b) and the poor-law, in so far as it separates married couples, whose destitution arises from hereditary defects of character, (3c) are doubtless selective agents operating in favour of the non-criminal and the more effective members of society. (4) But the proportion of the population which they influence is very small; and, generally, the hereditary criminal and the hereditary pauper have propagated their kind before the law affects them. (5) In a large proportion of cases, crime and pauperism have nothing to do with heredity; but are the consequence, partly, of circumstances and, partly, of the possession of qualities, which, under different conditions of life, might have excited esteem and even admiration. (6) It was a shrewd man of the world who, in discussing sewage problems, remarked that dirt is riches in the wrong place; and that sound aphorism has moral applications. (7) The benevolence and open-handed generosity which adorn a rich man, may make a pauper of a poor one; the energy and courage to which the successful soldier owes his rise, the cool and daring subtlety to which the great financier owes his fortune, may very easily, under unfavourable conditions, lead their possessors to the gallows, or to the hulks. (8) Moreover, it is fairly probable that the children of a 'failure' will receive from their other parent just that little modification of character which makes all the difference. (9) I sometimes wonder whether people, who talk so freely about extirpating the unfit, ever dispassionately consider their own history. (10) Surely, one must be very 'fit', indeed, not to know of an occasion, or perhaps two, in one's life, when it would have been only too easy to qualify for a place among the "unfit".

[3](1)在从伊丽莎白王朝到维多利亚王朝的三个世纪中,人与人之间的生存斗争曾在大多数的人口中被如此广泛地制止(除一、二次短暂的内战时期外),以致它只起过极少的选择作用,或者完全不起作用。(2)至于可以同直接选择相比的事,由于进行

[2](7)苟谓民品之进,必待治化既上,天行尽泯,而后有功,则自额勒查白以至维多利亚,此两女主三百余年之间,英国之兵争盖寡,无炽然用事之天行也。(8)择种留良之术,虽不尽用,间

的规模那样地小,因而也可能予以忽视。(3a)刑法,仅限于对违犯它的条款的人们处以死刑或长期徒刑,因而防止了遗传性犯罪倾向的扩展;(3b)而贫民法则仅仅使因气质上的遗传性缺陷而造成贫穷的夫妻离婚。(4)这两种法律无疑都起了有利于社会中非刑事的和较有能力的成员的选择因素的作用。(5)但是它们所影响的人口比例是很小的,而且通常遗传性罪犯和遗传性贫民在法律影响他们之前,就已经繁殖了他们的种类。(6)在大多数情况下,犯罪和贫困与遗传无关,而一部分是环境影响的结果,一部分是由于具有这样的特质,这种特质在不同中生活条件下还可以引起尊重甚至赞赏。(7)在讨论沟内污物问题时指出污物乃是在错误场所中的财富的人,是世界上的一个精明人,而这条正确的格言可以应用到道德上去。(8)为富人装饰门面的仁慈和慷慨博施可以使一个贫民变成乞丐;能力和勇敢是一个飞黄腾达的军人晋升的阶梯,冷静和大胆机智可以使一个大金融家赢得财富,而在不利的条件下,却又可以很容易把他们引上绞架,或引进监狱。(9)还不只此,一个"失败者"的子女们可能从他们双亲的一方获得造成全部差别的那点气质上的微小变化。(10)有时我在怀疑,那些畅谈要灭绝不适者的人们是否曾冷静地考虑过他们自己的历史。(11)的确,一个人竟不知道在他自己一生中,可能有一次或两次几乎很容易失足陷入"不适者"之列,那他一定是个最"适者"了。

有行者。(9)刑罚非不中也,害群之民,或流之,或杀之,或锢之终身焉。(10)又以游惰訾窳者之种下也,振贫之令曰:凡无业仰给县官者,男女不同居。(11)凡此之为,皆意欲绝不肖者传衍种裔,累此群也。(12)然而其事卒未尝验者,则何居?(13)盖如是之事,合通国而计之,所及者尠,一也;民之犯法失业,事常见诸中年以后,刑政未加乎其身,此凶顽民惰民者,已婚嫁而育子矣,又其一也。(14)且其术之穷不止此,世之不幸罹文网,与无操持而惰游者,其气质种类,不必皆不肖也。(15)死因贫乏,其受病虽恒在夫性情,而大半则缘乎所处之地势。(16)英谚有之曰,粪在田则为肥,在衣则为不洁。(17)然则不洁者,乃肥而失其所者也。(18)故豪家土苴金帛,所以扬其惠声;而中产之家,则坐是以冻馁。(19)猛毅致果之性,所以成大将之威名;仰机射利之奸,所以致驵商之厚实。(20)而用之一不当,则刀锯囹圄从其后矣。(21)由此而观之,彼被刑无赖之人,不必由天德之不肖,而恒由人事之不详也审矣。(22)今而后知绝其种嗣俾无遗

(12)[讽刺语,谓缺乏自知之明。——译注] 育者之真无当也。

[4](1)In my belief the innate qualities, physical, intellectual, and moral, of our nation have remained substantially the same for the last four or five centuries. (2)If the struggle for existence has affected us to any serious extent (and I doubt it) it has been, indirectly, through our military and industrial wars with other nations.

[4](1)我相信,我们民族在体质、智力以及道德方面的固有特质,在过去的四五个世纪中,在实质上没有起变化。(2)如果说生存斗争已经影响我们到了某种严重程度(我怀疑此点),那是间接地,通过我们同其他民族的军事上和工业上的战争而来的。

[2](23)今者即英伦一国而言之,挽近三百年治功所进,几于绝景而驰,至其民之气质性情,尚无可指之进步。(24)而欧墨物竞炎炎,天演为炉,天择为冶,所骎骎日进者,乃在政治、学术、工商、兵战之间。(25)呜呼,可谓奇观也已!

[3]复案:(1)天演之学,肇端于地学之僵石古兽。(2)故其计数,动逾亿年,区区数千年数百年之间,固不足以见其用事也。(3)曩拿破仑第一入埃及时,法人治生学者,多挟其数千年骨董归而验之,觉古今人物,无异可指,造化模范物形,极渐至微,斯可见矣。(4)虽然,物形之变,要皆与外境为对待。(5)使外境未尝变,则宇内诸形,至今如其朔焉可也。(6)惟外境既迁,形处其中,受其逼拶,乃不能不去故以即新。(7)故变之疾徐,常视逼拶者之缓急。(8)不可谓古之变率极渐,后之变率遂常如此而不能速也。(9)即如以欧洲政教、学术、农工、商战数者而论,合前数千年之变,殆不如挽近之数百年。(10)至最后数十年,其变弥厉。(11)故其言曰:耶稣降生二千年时,世界如何,虽至武断人不敢率道也。(12)顾其事有可逆知者,世变无论如何,终当背苦而向乐。(13)此如动植之变,必利其身事者而后存也。(14)至于种胤之事,其理至为奥博难穷,诚有如赫胥氏之说者。(15)即如反种一事,生物累传之后,忽有极似远祖者,出于其间,此虽无数传无由以绝。(16)如至今马种,尚有忽出遍体虎斑,肖其最初芝不拉野种者。(17)或谓此即《汉书》所云天马。(18)驴种亦然,此二物同原证也。(19)芝不拉之为驴马,则京垓年代事矣。(20)达尔文畜鸽,亦往往数十传后,忽出石鸽野种也。(21)又每有一种受性偏胜,至牉合得宜,有以相剂,

则生子胜于二亲。(22)此生学之理,亦古人所谓"男女同姓,其生不蕃",理也。(23)惟胖合有宜不宜,而后瞽瞍生舜,尧生丹朱,而汉高吕后之悍鸷,乃生孝惠之柔良,可得而微论也。(24)此理所关至巨,非遍读西国生学家书,身考其事数十年,不足以与其秘耳。

XIV

[1](1)What is often called the struggle for existence in society(I plead guilty to having used the term too loosely myself), is a contest, not for the means of existence, but for the means of enjoyment. (2)Those who occupy the first places in this practical competitive examination are the rich and the Influential; those who fail, more or less, occupy the lower places, down to the squalid obscurity of the pauper and the criminal. (3)Upon the most liberal estimate, I suppose the former group will not amount to two per cent. of the population. (4)I doubt if the latter exceeds another two per cent; but let it be supposed, for the sake of argument, that it is as great as five per cent.

十四

[1](1)通常所谓的社会中的生存斗争(我为自己很不严谨地使用这个术语表示抱歉),乃是一种不是为了取得生存资料,而是为了取得享受资料的斗争。(2)在这场实际斗争的测验中名列前茅的是一些富有者和有权势的人;而那些多少是失败了的则处于较低的地位,一直沦落到贫民和罪犯的污秽黑暗的境地。(3)根据最宽的估计,我推测前一类的总数占不到人口的2%。(4)我怀疑后者的人数是否会超过另一个2%,但是,为了论证起见,就假定它高达5%。

导言十七 善群

[1](1)今之竞于人群者,非争所谓富贵优厚也耶?(2)战而胜者在上位,持粱啮肥,驱坚策骄,而役使夫其群之众;不胜者居下流,其尤病者,乃无以为生,而或陷于刑罔。(3)试合英伦通国之民计之,其战而如是胜者,百人之内,几几得二人焉;其赤贫犯法者,亦不过百二焉。(4)恐议者或以为少也,吾乃以谓百得五焉可乎?

[2](a)As it is only in the latter group that any thing comparable to the struggle for existence in the state of nature can take place;(b)as it is only among

this twentieth of the whole people that numerous men, women, and children die of rapid or slow starvation, or of the diseases incidental to permanently bad conditions of life; (c) and as there is nothing to prevent their multiplication before they are killed off, while, in spite of greater infant mortality, they increase faster than the rich; (d) it seems clear that the struggle for existence in this class can have no appreciable selective influence upon the other 95 per cent of the population.

[2](a)由于只是在后一类人群中才能发生可与自然状态中的生存斗争相比的事;(b)由于只是在全人类的这个二十分之一中,无数的男人、女人和儿童才是迅速或缓慢地饿死的,或者死于长期的恶劣的生活条件引起的疾病;(c)由于在他们被夺去生命之前无法防止他们的增殖,尽管有较高的婴儿死亡率;他们还是比富人增加得快;(d)由于这些原因,这一阶层中的生存斗争不能对人口的其他95%具有明显的选择影响,这一点似乎是清楚的。

[1](5)然则前所谓天行之虐,所见于此群之中,统而核之,不外二十得一而已。(6)是二十而一者,溃然在泥涂之中,日有寒饥之色,周其一身者,率猥陋不蠲,不足以遂生致养,嫁娶无节,蕃息之易,与圈牢均。(7)故其儿女,虽以贫露多不育者,然其生率常过于死率也。(8)虽然,彼贫贱者,固自为一类也。(9)此二十而一者,固不能于二十而十九者,有选择举错之权也。(10)则群之不进,非其罪也。

[3](1) What sort of a sheep breeder would he be who should content himself with picking out the worst fifty out of a thousand, leaving them on a barren common till the weakest starved, and then letting the survivors go back to mix with the rest? (2a) And the parallel is too favourable; (2b) since in a large number of cases, the actual poor the convicted criminals are neither the weakest nor the worst.

[3](1)如果一个绵羊育种工作者仅满足于从一千只绵羊中挑出最劣的50只,把它们留在不毛的公地上,直等那些最弱者饿死后,再把残存者赶回而混于其他绵羊中,那他会是一种

[1](11)设今有牧焉,于其千羊之内,简其最下之五十羊,驱而置之硗确不毛之野,任其弱者自死,强者自存,夫而后驱此后亡者还入其群,以并畜同牧之,是之牧为何如牧乎?

什么样的育种工作者呢？(2a)这个比喻的确是太适当了，(2b)因为，在大多数情况下，真正穷的贫民和被定了罪的犯人既不是最弱者，也不是最劣者。(12)此非过事之喻也，不及事之喻也。(13)何则？(14)今吾群之中，是饥寒罹文网者，尚未为最弱极愚之种，如所谓五十羊者也。

[4](1)In the struggle for the means of enjoyment, the qualities which ensure success are energy, industry, intellectual capacity, tenacity of purpose, and, at least as much sympathy as is necessary to make a man understand the feelings of his fellows. (2a)Were there none of those artificial arrangements by which fools and knaves are kept at the top of society instead of sinking to their natural place at the bottom, (2b) the struggle for the means of enjoyment would ensure a constant circulation of the human units of the social compound, from the bottom to the top and from the top to the bottom. (3)The survivors of the contest, those who continued to form the great bulk of the polity, would not be those 'fittest' who got to the very top, but the great body of the moderately "fit", whose numbers and superior propagative power, enable them always to swamp the exceptionally endowed minority.

[4](1)在争取享受资料的斗争中，保证获得成功的特质是活力、勤勉、智力、顽强的意志，以及至少足以使一个人能了解其伙伴们的感情所需的同情心。(2)如果不存在那种把愚人和恶人保持在社会上层而不是把他们降到他们理所当然的底层位置的人为安排，那么争取享受资料的斗争将会保证在社会复合体中形成各人群单位由底到顶和由顶到底的

[1](15)且今之竞于富贵优厚者，当何如而后胜乎？(16)以经道言之，必其精神强固者也，必勤足赴功者也，必智足以周事，忍足济事者也；又必其人之非甚不仁，而后有外物之感孚，而恒有徒党之己助，此其所以为胜之常理也。

[2](1)然而世有如是之民，竞于其群之中，而又不必胜者则又何也？(2)曰世治之最不幸，不在贤者之在下位而不能升，而在不贤者之在上位而无由降。(3)门第、亲戚、援与、财贿、例故，与夫主治者之不明而自私，之数者皆其沮降之力也。(4)譬诸重浊之物，傅以气脬木皮；又如不能游者，挟救生之环，此其所以为浮，而非其物之能溯洄兔没以自举而上也。(5)使一日者，取所傅而去之，则本地亲下；必终归于其所。(6)而物竞天择

恒久性的循环。(3)斗争胜利的生存者,即那些继续形成社会的大部分的人,将不是那些达到最上层的"最适者",而是中等的"适者"大众,他们的数量和较高的增殖力使得他们能够常常压倒那些得天独厚的少数。

之用,将使一国之众,如一壶之水然,熨之以火,而其中无数莫破质点,暖者自升,冷者旋降,回转周流,至于同温等热而后已。(7)是故任天演之自然,而去其牵沮之力,则一群之众,其战胜而亨,而为斯群之大分者,固不必最宜,将皆各有所宜,以与其群相结。(8)其为数也既多,其合力也自厚,其孳生也自蕃。(9)夫以多数胜少数者,天之道也,而又何虑于前所指二十而一之莠民也哉!(10)此善群进种之至术也。

[5](1a)I think it must be obvious to every one, that, whether we consider the internal or the external interests of society, it is desirable they should be in the hands of those who are endowed with the largest share of energy, of industry, of intellectual capacity, of tenacity of purpose, while they are not devoid of sympathetic humanity; (1b) and, in so far as the struggle for the means of enjoyment tends to place such men in possession of wealth and influence, it is a process which tends to the good of society. (2) But the process, as we have seen, has no real resemblance to that which adapts living beings to current conditions in the state of nature; nor any to the artificial selection of the horticulturist.

[5](1)我想,对每个人都应是明白的,不管我们从社会的内部或外部利益去考虑,让财富和权力掌握在那些赋有最大的能力、勤勉、智力、顽强意志且不是缺乏同情心的人性的人们手里,那是很理想的。(2)只要争取享受资料的斗争有助于把这样的人们置于拥有财富和权势的地位,那就是一个有助于造福社会的过程。(3)但是正如我们所看到的那样,这个过程,和在自然状态中使生物适应于当时条件的那种过程,并无真正相似之处;和园艺家的人为选择,也没有任何相似之处。

[3](1)今夫一国之治,自外言之,则有邦交;自内言之,则有民政。(2)邦交民政之事,必操之聪明强固,勤智刚毅而仁之人,夫而后国强而民富者,常智所与知也。(3)由吾之术,不肖自降,贤者自升,邦交民政之事,必得其宜者为之主,且与时偕行,流而不滞,将不止富强而已,抑将有进种之效焉。(4)此固人事之足恃,而有功者矣。(5)夫何必择种留良,如园夫之治草木哉!

[4]复案:(1)赫胥黎氏是篇,所谓去其所传者,最为有国者所难能。(2)能则其国无不强,其群无不进者。(3)此质家亲亲,必不能也;文家尊尊,亦不能也;惟尚贤课名实者能之。(4)尚贤则近墨,课名实则近于申商。(5)故其为术,在中国中古以来,罕有用者,而用者乃在今日之西国。(6)英伦民气最伸,故其术最先用,用之亦最有功。(7)如广立民报,而守直言不禁之盟。(8)宋宁宗嘉定七年,英王约翰与其民所立约,名马格那吒达,华言大典。(9)保、公二党,递主国成,以互相稽察。(10)凡此之为,皆惟恐所传者不去故也。(11)斯宾塞群学保种公例二,曰:凡物欲种传而盛者,必未成丁以前,所得利益,与其功能作反比例;既成丁之后,所得利益,与功能作正比例。(12)反是者衰灭。(13)其《群谊篇》立进种大例三:一曰民既成丁,功食相准;二曰民各有畔,不相侵欺;三曰两害相权,已轻群重。(14)此其言乃集希腊、罗马与二百年来格致诸学之大成,而施诸邦国理平之际。(15)有国者安危利灾则亦已耳,诚欲自存,赫、斯二氏之言,殆无以易也。(16)赫所谓去其所传,与斯所谓功食相准者,言有正负之殊,而其理则一而已矣。

XV

[1](1) To return, once more, to the parallel of horticulture. (2) In the modern world, the gardening of men by themselves is practically restricted to the performance, not of selection, but of that other function of the gardener, the creation of conditions more favourable than those of the state of nature; to the end of facilitating the free expansion of the innate faculties of the citizen, so far as it is consistent with the general good. (3) And the business of the moral and political philosopher appears to me to be the ascertainment, by the same method of observation, experiment, and ratiocination, as is practised in other kinds of scientific work, of the course of conduct which will best conduce to that end.

十五　　　　　　　　　　　　导言十八　新反

[1](1)我们再来同园艺　　　　[1](1)前言园夫之治园也,有二事焉:一曰

作一对比。(2)在现代世界中,人们对自身进行的园艺工作实际上并不是去进行选择,而是局限于执行园丁的另一种职务,即创造比自然状态更为有利的条件,以促进公民的天赋能力在与公益一致的情况下达到自由发展的目的。(3)伦理学家和政治哲学家的任务,我认为应该是用其他科学工作中所采用的同样的观察、实验和推论的方法,去确定最有助于达到此项目的行动方针。

设其宜境,以遂群生;二曰芟其恶种,使善者传。(2)自人治而言之,则前者为保民养民之事,后者为善群进化之事。(3)善群进化,园夫之术,必不可行,故不可以力致。(4)独主持公道,行尚贤之实,则其治自臻。(5)然古今为治,不过保民养民而已。(6)善群进化,则期诸教民之中,取民同具之明德,固有之知能,而日新扩充之,以为公享之乐利。(7)古之为学也,形气、道德,歧而为二,今则合而为一。(8)所讲者虽为道德治化形上之言,而其所由径术,则格物家所用以推证形下者也。(9)撮其大要,可以三言尽焉。(10)始于实测,继以会通,而终于试验。(11)三者阙一,不名学也。(12)而三者之中,则试验为尤重。(13)古学之逊于今,大抵坐阙是耳。

[2](1) But, supposing this course of conduct to be scientifically determined and carefully followed out, it cannot put an end to the struggle for existence in the state of nature; and it will not so much as tend, in any way, to the adaptation of man to that state. (2a) Even should the whole human race be absorbed in one vast polity, within which "absolute political justice" reigns, the struggle for existence with the state of nature outside it, and the tendency to the return of the struggle within, in consequence of overmultiplication, will remain; (2b) and, unless men's inheritance from the ancestors who fought a good fight in the state of nature, their dose of original sin, is rooted out by some method at present unrevealed, at any rate to disbelievers in supernaturalism, every child born into the world will still bring with him the instinct of unlimited selfassertion. (3) He will have to learn the lesson of selfrestraint and renunciation. (4) But the practice of selfrestraint and renunciation is not happiness, though it may be something much better.

[2](1)但是,假定这种行动方针已被科学地确定并仔细地贯彻,

[1](14)凡政教之所施,皆用此术以考核扬榷之,由是知其事之窒通,与能得

它也不可能制止自然状态中的生存斗争,也绝不会有助于人对自然状态的适应。(2a)即或整个人类都被吸收到一个由"绝对的政治公正"统治着的巨大的社会里去,人和社会外部的自然状态的生存斗争,以及由于过度增殖而使内部斗争重现的趋势,都将依然存在;(2b)除非人类从他们那些在自然状态中打过一场漂亮仗的祖先们那里继承过来的那份原罪已被现在尚未泄露的、至少对不相信超自然主义的人尚未泄露的某种方法所根除,否则每个降生到世上来的孩子都将仍然随身带来无限"自我肯定"的本能。(3)他将必须学习"自我约束"和断绝欲念。(4)但是实践"自我约束"和断绝欲念并不是幸福,尽管它或许比幸福好得多。

所祈向否也。(15)天行物竞,既无由绝于两间。(16)诚使五洲有大一统之一日,书车同其文轨,刑赏出于一门,人群大和,而人外之争,尚自若也;过庶之祸,莫可逃也。(17)人种之先,既以自营不仁,而独伸于万物矣。(18)绵传虽远,恶本仍存,呱呱坠地之时,早含无穷为己之性。(19)故私一日不去,争一日不除。(20)争之未除,天行犹用,如日之照,夫何疑焉?(21)假使后来之民,得纯公理而无私欲,此去私者,天为之乎?(22)抑人为之乎?(23)吾今日之智,诚不足以知之。(24)然而一事分明,则今日之民,既相合群而不散处于独矣,苟私过用,则不独必害于其群,亦且终伤其一已。(25)何者?(26)托于群而为群所不容故也。(27)是故成已成人之道,必在惩忿窒欲,屈私为群,此其事诚非可乐,而行之其效之美,乃不止于可乐。

[3](1)That man, as a "political animal", is susceptible of a vast amount of improvement, by education, by instruction, and by the application of his intelligence to the adaptation of the conditions of life to his higher needs, I entertain not the slightest doubt. (2)But, so long as he remains liable to error, intellectual or moral; so long as he is compelled to be perpetually on guard against the cosmic forces, whose ends are not his ends, without and within himself; so long as he is haunted by inexpugnable memories and hopeless aspirations; so long as the recognition of his intellectual limitations forces him to acknowledge his incapacity to penetrate the mystery of existence; the prospect of attaining untroubled happiness, or of a state which can, even remotely, deserve the title of perfection, appears to me to be as misleading an illusion as ever

was dangled before the eyes of poor humanity. (3) And there have been many of them.

[3](1)人作为一种"政治动物",通过教育、指导和把智慧应用于使生活条件适应于其更高的需要,是能够得到巨大的进步的,对此,我毫不怀疑。(2)但是,只要他仍然会犯智力上或道德上的错误,只要他被迫去不断防备其自身内外的、具有与之不同目的的宇宙力量,只要难于破除的回忆和无望的抱负还在他头脑里作祟,只要承认自己智力的局限性迫使他承认自己对洞察生存奥秘的无能,那么要想得到无忧无虑的幸福,或者得到即使在遥远的未来堪称完美的一种状态,在我看来,都是像曾在可怜的人类的眼前闪现过的一种迷惑人的幻觉。(3)这样的人是有过很多的。

[2](1)夫人类自其天禀而观之,则自致智力,加之教化道齐,可日进于无疆之休,无疑义也。(2)然而自夫人之用智用仁,虽圣哲不能无过;自天行终与人治相反,而时时欲毁其成功;自人情之不能无怨憝,而尚觊觎其所必不可几;自夫人终囿于形气之中,其知识无以窥天事之至奥。(3)夫如是而曰人道有极美备之一境,有善而无恶,有乐而无忧,特需时以待之,而其境必自至者,此殆理之所必无,而人道之所以足闵叹也。(4)窃尝谓此境如割锥术中,双曲线之远切线,可日趋于至近,而终不可交。(5)虽然,既生而为人矣,则及今可为之事亦众矣。

[4](a) That which lies before the human race is constant struggle to maintain and improve, in opposition to the State of Nature, the State of Art of an organized polity; (b) in which, and by which, man may develop a worthy civilization, capable of maintaining and constantly improving itself, until the evolution of our globe shall have entered so far upon its downward course that the cosmic process resumes its sway; and, once more, the State of Nature prevails over the surface of our planet.

[4](1)摆在人类面前的是一种用以维持和改进一个有组织的政体的人为之国的不断的斗争,以与自然之国相对抗。(2)人在这种社会中并通过这种社会可以发展出一种

[2](6)邈古以来,凡人类之事功,皆所以补天辅民者也。(7)已至者无隳其成功,未至者无怠于精进,则人治与日月俱新,有非前人所梦见者,前者具在,岂不然哉!(8)夫如是以保之,夫如是以将

有价值的文化,这种文化能够维持和不断改进其自身,直到我们地球的进化开始下降过程,于是宇宙过程将恢复其统治;而自然之国将再次在我们星球表面上取得优势。

之。(9)然而形气内事,皆抛物线也。(10)至于其极,不得不反。(11)反则大宇之间,又为天行之事。(12)人治以渐,退归无权,我曹何必取京垓世劫以外事,忧海水之少,而以泪益之也哉!

[3]复案:(1)有叩于复者曰,人道以苦乐为究竟乎?(2)以善恶为究竟乎?(3)应之曰:以苦乐为究竟,而善恶则以苦乐之广狭为分。(4)乐者为善,苦者为恶,苦乐者所视以定善恶者也。(5)使苦乐同体,则善恶之界混矣,又乌所谓究竟者乎?(6)曰:然则禹墨之胼胝非,而桀跖之横恣是矣!(7)曰:论人道务通其全而观之,不得以一曲论也。(8)人度量相越远,所谓苦乐,至为不齐。(9)故人或终身汲汲于封殖,或早夜逞逞于利济。(10)当其得之,皆足自乐,此其一也。(11)且夫为人之士,摩顶放踵以利天下,亦谓苦者吾身,而天下缘此而乐者众也。(12)使无乐者,则摩放之为,无谓甚矣。(13)慈母之于子也,劬劳顾恤,若忘其身,母苦而子乐也。(14)至得其所求,母且即苦以为乐,不见苦也。(15)即如婆罗旧教苦行熏修,亦谓大苦之余,偿我极乐,而后从之。(16)然则人道所为,皆背苦而趋乐。(17)必有所乐,始名为善,彰彰明矣。(18)故曰善恶以苦乐之广狭分也。

[4](1)然宜知一群之中,必彼苦而后此乐,抑己苦而后人乐者,皆非极盛之世。(2)极盛之世,人量各足,无取挹注。(3)于斯之时,乐即为善,苦即为恶。(4)故曰善恶视苦乐也。(5)前吾谓西国计学为亘古精义、人理极则者,亦以其明两利为真利耳。(6)由此观之,则赫胥氏是篇所称屈己为群为无可乐,而其效之美,不止可乐之语,于理荒矣。(7)且吾不知可乐之外,所谓美者果何状也。(8)然其谓郅治如远切线,可近不可交,则至精之譬。(9)又谓世间不能有善无恶,有乐无忧,二语亦无以易。(10)盖善乐皆对待意境,以有恶忧而后见。(11)使无后二,则前二亦不可见。(12)生而瞽者不知有明暗之殊,长处寒者不知寒,久处富者不欣富,无所异则即境相忘也。(13)曰:然则郅治极休,如斯宾塞所云云者,固无有乎?(14)曰:难言也。(15)大抵宇宙究竟,与其元始,同于不可思议。(16)不可思议云者,谓不可以名理论证也。(17)吾党生于今日,所可知者,世道必进,后胜于今而已。(18)至极盛之秋,当见何象,千世之后,有能言者,犹旦暮遇之也。

后　　记

　　2005年夏刚完成全译理论核心问题——全译以小句为中转单位的机制研究,回头又拾起已做过十年的变译研究,感到峰回路转,相看两不厌。将严译《天演论》作为变译个案研究,在国内外还是首次。这是一个具有挑战性的选题,看似平淡无奇,实则别有洞天;而基于语料,将其原文与古文译本、现代译本对照,本身就是双重挑战。选这个题目,得亏有博士后协作导师李锡胤教授指导!

　　师从李先生是我的夙愿,可惜读博未能如愿。2005年,随20世纪现代汉语语法八大家之一的邢福义先生做完《小句中枢全译说》后,由李洪儒兄玉成我就直奔李先生门下做博士后,至此才夙愿得偿。2007年秋调入黑龙江大学之后,常与先生长谈短议,感受师之德高与学高,领悟学问之真谛。先生虚怀若谷,乐助后生,务实指导。选题之初,先生就首肯再三;写作之初,先生看纲目,高屋建瓴,一一臧否;写作之中,先生就笔者求教之问题总是敏捷作答,随后又以丰富的信息资料相赠;书稿草成,适逢先生赴上海外国语大学参加王季愚校长诞辰百年纪念会,他携上拙稿,沿途批阅,返哈没几日,又就稿中问题当面点拨,从思想的补正到文中错漏别字的检查,再到文献出处的核实,细致入微。先生费心斧正拙稿,可见一斑。在此,首谢先生。

　　2005年隆冬进站答辩的情景我依然记得,李锡胤、华劭、张家骅、金亚娜、郑述谱、陈国亭、邓军、王铭玉、孙淑芳诸位教授会上的那份真诚、那份热情、那份关爱令我难忘;那种求真的态度、那种追问的精神、那种豁达的学养时时浮现,叫我感动,是这样一批的教授以及一批批的后生使黑大俄语学科形成了一个磁场!身处场中的我,对他们的人格与学术魅力的熏陶和感染又岂是一个谢字了得？！又怎能忘林春泽教授、郑柏山先生、周伟刚先生、叶其松博士、王德庄老师等人的热心相助？！

2007年秋我离开了母校华中师范大学，离开了清秋飘香的武昌桂子山，每每南望，心中总涌起一股暖流。师从邢福义先生，置身邢家军，我学会了如何低调做人，如何踏实问学，如何观察语言现象，如何拷问翻译事实；那里的山水，总能赋予你灵性，那里的静幽，总能激起你的灵感，那是一个叫人难忘的问学之处。出站之际，对曾经在我进站时给予大力支持的邢福义先生、华中师范大学人事处、华中师范大学外国语学院，我要深鞠一躬！

此外，我还要再次感谢已过米字寿、精通俄英法汉的资深翻译家、语言学家李锡胤教授，他于我有舐犊之情，身为博士后协作导师的他总是称我为товарищ по перу（笔友），鼓励我潜心学问；另一位要感谢的是著名翻译学家仲伟合教授，身为广东外语外贸大学校长的他于我有知遇之情，是他盛情邀我加盟广外，为我搭建更好的翻译学研究平台。二位教授百忙之中欣然为拙著作序，体现了他们的呵护与支持。

本书真可谓十年磨一剑：2005年以"严复变译思想考"为题进入博士后流动站，2008年以"基于语料库的严复变译思想研究"为题获批国家社科基金项目，在《天演论》1905年出版111周年后的2016年由商务印书馆出版。出版之际有幸由冯华英编审做责任编辑，她不仅在文字上斧正拙稿，更重要的是不少内容受惠于她的修改建议，融入了她的学术构思！在向其求教过程中，本人充分地见证了"商务"的敬业精神与精湛的编辑艺术，在此向冯女士和商务印书馆特致谢意。

黄忠廉
2005年秋起笔
2008年春完稿
2015年春改定
于白云山下三语斋